황푸군관학교의
한인

# 黃埔 軍官

**지은이**

**강정애** 姜貞愛, Kang Jung-ae

한국방송통신대학에서 중국어를 전공하고 1991년 중국으로 유학했다. 지린(吉林)대학과 수저우(蘇州)대학에서 중국문학가 라오서(老舍, 1899~1966)와 차오위(曹禺, 1910~1996)를 연구하고 박사학위를 받았다. 2009년 중국 광둥성 광저우의 황푸군관학교 학생 묘원에서 한국인 두 분의 묘비를 발견한 후 광둥성, 광시성, 푸젠성에서 진행된 독립운동 연구에 종사하고 있다. 『광저우 이야기』(수류산방, 2010), 『중국 화남지역의 한국독립운동사』(수류산방, 2019, 비매품), 『하이난의 천인갱』(유페이퍼, 2022, 전자책) 등의 저서가 있다.

**황푸군관학교의 한인** 학생·교관편

**초판인쇄** 2024년 6월 5일 **초판발행** 2024년 6월 16일

**지은이** 강정애

**펴낸이** 박성모 **펴낸곳** 소명출판 **출판등록** 제1998-000017호

**주소** 서울시 서초구 사임당로14길 15 서광빌딩 2층

**전화** 02-585-7840 **팩스** 02-585-7848

**전자우편** somyungbooks@daum.net **홈페이지** www.somyong.co.kr

값 35,000원 ⓒ 강정애, 2024

ISBN 979-11-5905-909-4 03910

한인 **황푸군관학교의**

Koreans in the Whampoa Military Academy
Chapter, Cadets and Military Officers

강정애 지음

학생 · 교관편

황푸군관학교 옛터
출처_ 위키피디아.

# 황푸군관학교黃埔軍官學校

1924년 중국 국민당 지도자 쑨원孫文, 1866~1925이 광둥성 광저우에 세운 군사학교

| | |
|---|---|
| **개교일** | 1924년 6월 16일 |
| **유형** | 군사학교 |
| **설립목적** | 군 간부 양성 |
| **소재지** | 중국 광둥성 광저우시 교외의 황푸 |

황푸군관학교는 쑨원이 소련의 지원을 받아 설립한 중국근대사 최고의 군사학교이다. 공산주의 이론에 대한 확신이 없던 쑨원은 직속 부하이자 혁명 동지 천중밍陳炯明, 1878~1933의 정변을 계기로 군사의 중요성을 다시금 인식하였다. 그는 군사 지휘관을 양성하여 제국주의와 매국 군벌을 타도하고 통일 근대국가를 수립할 수 있다는 결론을 내렸다. 다시 말해 위기에 처한 중국을 구하기 위해 '정치적 식견으로 무장한 군사 지도자'를 양성하고자 한 것이다. 정식 명칭은 '육군군관학교'였으나 광둥성 광저우시 황푸에 위치했기 때문에 '황푸군관학교'라는 이름으로 더욱 자주 불렸다. 7기를 운영하여 약 1만 명의 군사 지도자를 배출하였으나 1928년 3월, 장제스蔣介石, 1887~1975가 난징에 중앙육군군관학교를 설립한 후 폐교되었다.

## 들어가는 말

국공합작으로 군사학교를 설립한 쑨원孫文은 동아시아 피지배민족 청년들에게 군사 훈련의 기회를 제공했다. 그들에게 황푸군관학교는 독립운동 기지와 같았다. 한인韓人 청년들은 국민당이나 공산당 어느 한 반열에서 혁명이론에 충실한 군사 교육을 받았다. 국공합작의 기치 아래 중국의 혁명을 완성하고 항전하여 조국의 독립과 해방을 실현하려는 목표는 같았기 때문이다.

조국 독립에 대한 열망만으로 입교한 한인 청년들, 이들은 빨갱이도 좌파도 아니다. 오직 일제에 빼앗긴 조국을 찾아야 한다는, 스스로 짊어진 사명이 있었을 뿐이다. 황푸군관학교가 세워지고 어느덧 100년이 지났다. 황푸군관학교의 한인들, 입교 당시 그들의 초심을 재조명해 본다.

1926년 말부터 1927년 초, 광저우에 집결한 한인들은 800여 명이었다. 그중 250여 명이 황푸군관학교에 입교했다. 이들은 누구일까? 중국의 국공합작에 희망을 걸고 조국 해방에 이바지하려는 순수한 마음을 가진 무명의 청년들이었다. 이들은 자신의 행적이 드러나면 고국의 부모 형제가 막심한 피해를 보기 때문에 국적과 호적을 바꾸고 이름을 몇 개씩 사용하면서 일제의 추적을 따돌렸다. 황푸군관학교를 졸업한 한인들은 중국혁명군에 복무하면서 한인 독립운동을 지원하거나 중국공산당 조직에 편입되어 공산주의운동에 투신했다. 민족협동전선을 수립하여 독립운동을 재정비한 이들도 있으나 절반 이상이 졸업 후 행방이 묘연하다.

지금까지 학술계에서는 황푸군관학교 한인 입교생의 현황과 황푸군관학교가 한국 독립운동에 미치는 영향 등 몇 편의 논문이 발표되었다. 아직 그들의 개인적인 입교 동기나 졸업 후 행적에 대해 하나로 묶은 연구는 없는 상태이다. 이들의 활동은 약간의 흔적만 남아 있다. 전무한 경우도 적지 않다. 이를 둔 채 시간이 더 흐르면, 그나마 남아 있는 작은 흔적마저 소실할 것이라는 조바심이 늘 있었다. 이를 막기 위한 무거운 부담 아래 약 10여 년간 모은 자료를 바탕으로 책의 집필을 시작했다. 특히 한상도 교수의『한국 독립운동과 중국 군관학교』, 염인호 교수의『김원봉 연구』, 김영범 교수의『혁명과 의열』에 언급된 1기부터 7기까지 한인 입교생에 관한 자료를 한 자리에 모았다.

중국 당안관에는 한인과 관련된 자료들이 부분적으로 남아있지만 외국인인 까닭에 열람할 수 없고, 또 국외에 거주하는지라 자료 수집도 쉽지 않았다. 이삭줍기식으로 여기저기 떠도는 기록 자료를 모았다. 깊이 있는 연구는 아니지만 그나마 국내외에서 처음으로 황푸군관학교의 한인을 한 곳에 모은 연구인지라 독자들의 지도 편달을 바라며 향후 더 깊은 연구가 진행되기를 소망한다. 흔쾌히 출판을 맡아준 소명출판에 진심으로 감사를 드린다.

# 차례

학생

황푸군관학교
1기생

## 황푸군관학교 1기, 그곳에도 한인이 있었다

『황푸군관학교동학록黃埔軍校同學錄』1~2기 명단에는 한인韓人 입교생이 없고, 3기부터 한인 학생 명단이 있다. 그러나 실제로는 1기생에 한인이 한 명 있었다. 1926년 6월 16일 황푸군관학교 2주년 기념식 연설에서 장제스 교장은 제1기에 한국 학생이 있다는 것을 두 차례 언급하였다.

> 또 한 가지 우리 학교는 중대한 책임이 있습니다, 여러분도 아시다시피, 제1기 학생 470명 중 한 명의 한국인뿐 아니라 안난安南,현재 베트남과 대만의 동지도 있습니다. 우리 학교는 일반적인 학교가 아닙니다. 우리 학교는 중국의, 동양의 억압받는 민족의 학교라 할 수 있는 동아시아의 혁명 중심지입니다. 우리 학교가 없었다면 중국은 구원받지 못했을 뿐 아니라 혁명은 성공할 수 없습니다. 무릇 동방의 피압박 민족 모두가 해방될 수 없습니다. 2년 동안 제1기생에 한국인이 한 명뿐이었는데 이제는 안난 등 각지 동지가 100명쯤 됩니다.

그렇다면 이 황푸군관학교 1기의 한국 학생은 누구일까? 대만의 학자 예위안훙葉袁宏은 1기생에 동북 출신이 3명 재학했는데 그중 보병과 제4대 소속이며 헤이룽장黑龍江 바이첸현拜泉縣 출신인 이병총李秉聰이라고 추정했으나 이병총의 행적이 전혀 나타나지 않아 그를 한인 1기 입교생으로 단정하기는 곤란하다.

황푸군관학교 제1기는 학생모집부터 입학시험까지 한 달 반이 걸렸다. 1924년 2월 6일 광저우 난티南提 2호현재 옌장로 239번지에 황푸군관학교 준비위원회가 설치되고, 3월 24일, 광저우시 원밍로文明路 고등사범학교에서 입학시험을 치렀다. 만약 입교생이 한국에서 출발해 광저우까지 와서 입학시험에 응하기에는 시간이 매우 촉박하다. 그렇다면 당시 광저우에 체류하며 활동하던 한인이 입학했다고 추정할 수 있다.

당시 광저우에 체류하다가 황푸군관학교 모집에 응시했을 가능성이 높은 인물은 황해도 신천 출신인 김철남[1895~1952]이다. 황푸군관학교가 창립되기 전부터 대원수부 호법군에 종군하는 한국인 두 명이 있었다. 1916년 중국 푸젠福建으로 망명한 김철남과 1918년 평양에서 광둥廣東으로 도항한 박태하[1893~?]이다. 황푸군관학교가 설립되기 1년 전, 1923년 6월, 김철남과 박태하는 쑨원과 함께 둥관東莞 스롱石龍에서 군벌 천중밍陳炯明의 잔여 부대를 격퇴하는 전쟁에 참전했다. 이때 『조선일보』는 김철남과 박태화의 활동을 아래와 같이 보도하였다.

중국 남방 정부의 원수元首 손일선孫逸仙 씨는 방금 호법군을 영솔하고 친히 스롱에 나가서 싸우는 중인데 호법군 중에는 조선 동포 김철남金鐵南, 박태하朴泰河 두 분이 종군하여 싸우는 대로 승리하여 전공戰功이 대단한데 김철남 씨는 육군 중위이며, 박태하 씨는 비행대 견습 사관으로 총탄을 무릅쓰고 모험 활동을 하여 결사적인 분투를 하므로 중국인의 병사와 장교들은 그의 용감함에 탄복한다고 하는데 이 두 분은 중국 전쟁에 대해 하등의 관계가 없는 사람들이지만 그들은 중국에 귀화하고 중국국민당과 악수하여 중국의 군벌 타파에 노력하는바, 이번 쑨원이 광둥을 점령할 때 그 두 사람의 활동이 자못 위대하였다더라.

박태하는 광둥항공학교 1기에 입교한 인물이다. 장제스가 제1기생 한국인 한 명을 언급한 시간이 1926년 6월이며 그 시점에 박태하는 이미 광둥항공학교에 재학하고 있어서 필자는 김철남이 황푸군관학교 1기생이었다고 추정한다.

중앙육군사관학교 8기 외국어 교관명단에 김철남은 푸젠성 민허우閩侯, 현재 푸저우 사람이다. 김철남은 원래 황해도 신천 출신이지만 푸젠 푸저우로 망명하여 푸저우 사람 중국 국적을 취득했다.

김철남은 광둥에 주재하는 푸젠군閩軍에서 활동하다가 황푸군관학교 1기에 입학했다. 황푸군관학교 1기 졸업생은 대부분 교도단의 당 대표, 대대장 혹은 연대장 등으로 보직을 받았다. 교도단은 1924년 6월 황푸군관학교 개교 후 곧이어 8월부터 창단을 준비하여 9월에 교도단 학병 72명을 공개 채용했다. 입단 시험에 응한 자 중에서 22명을 선발하여 10월부터 교도단 대대장에 임명하고 후먼虎門에서 교도단 훈련을 시작했다. 11월 20일, 황푸군관학교 교도단 두 개가 정식으로 성립되었을 때 교도단원은 모두 1,500명이었다. 김철남은 1925년 6~7월경에 성립된 제3교도단 단장 첸다쥔錢大鈞, 1893~1982 수하에서 교관으로 활동하다가 그해 11월 예팅叶挺, 1896~1946독립단으로 전근하여 부단장으로 복무했다.

# 김철남

金鐵男, 1895~1952

**약력**

1895년    황해도 신천 출생
1915년    경성 경신학교 수학
1916년    중국 푸젠성福建省 푸저우福州로 망명
1918년    중국 국적 취득, 광둥군 정부 대원수부 호법군 입대
1924년    황푸군관학교 1기 입교, 1기 졸업생 교도단 교관
1926년    북벌전쟁 참전
1927년    중국군사위원회 중앙항공위원회 방공防空감독부 직원
1929년    중앙육군군관학교 제8기 일본어 교관
1937년    중앙군사위원회 항공위원회 방공감독부 과장으로 복귀
1943년    임시정부 황해도 대표의원, 교통부 차장, 한국 공군설계위원으로 선임
1946년    해방 후 중국 베이징인민예술극원 입사
1952년    베이징에서 폐암으로 사망

김철남의 본명은 김병두이다. 황해도 신천군의 비교적 부유한 집안에서 출생했으나 한일병합 이후부터 가세가 기울어 김철남이 7살이 되었을 때는 학교도 못 다닐 정도로 가난했다. 부친의 슬하에서 중국 고전『대학大学』,『동학선습童学先习』,『사략초권史略初卷』 등을 배우다가 13세가 되어 비로소 한 교회학교에 입학했다. 그나마도 방과후에 교실 청소나 등갓을 닦으며 학비를 면제받아 졸업했다.

김철남은 14세에 상경해서 미국 선교사 언더우드Horace Grant Underwood, 1859~1916가 설립한 경신학교에 입학했다. 경신학교 설립자 언더우드의 아들 원한경Hora ce Horton Underwood 1890~1951이 그의 교수였다. 김철남은 음악적인 재능이 뛰어나서 교회 성가대의 독창과 낭송을 도맡았고, 원한경 교수는 김철남에게 영어와 서양 클래식 음악, 바이올린까지 직접 가르쳤다.

1912년부터 한국인들은 모국어도 사용하지 못할 정도로 일제의 감시가 심해져 망국의 비극과 고통이 한층 더 가중되었다. 김철남이 하교하던 어느 날이었다. 일본 사병 두 명이 담배를 피우며 웃고 떠들며 거리를 걷다가 그중 한 명이 갑자기 손을 뻗쳐 지나가는 여자아이의 머리채를 잡더니 담배꽁초를 아이의 얼굴에 꾹 눌러 껐다. 여자아이는 아프다고 비명을 지르는데 일본 병사는 낄낄대며 웃으며 지나갔다.

이 장면은 마치 비수처럼 김철남의 가슴에 깊숙이 꽂혔다. 며칠간 잠을 이루지 못하다가 조국을 떠나 구국의 길을 찾기로 결심하고 원교수에게 중국으로 가겠다고 말했더니 원교수는 푸젠 교회에 있는 친구 목사에게 추천서를 써주고 약간의 여비도 마련해 주었다.

1916년 초, 김철남은 부산에서 중국 화물선을 타고 푸저우로 왔다. 원교수의 친구 목사는 푸저우 구러우구鼓樓區 상우당尙友堂에 있었다. 상우당은 신해혁명 때 푸젠 혁명군사령부가 설치된 장소인데, 미국인 선교사 에디Mr. George. Sedddy 박사가 세웠다.

상우당에서부터 김철남이란 가명을 사용했다. 교회 일을 하면서 중국어를 익히고 중국 친구를 사귀었다. 중국도 정세가 혼란한 군벌 전쟁 상태라는 것을 알게 되고, 자신은 중국 군대에 입대하여 군사적인 지식을 배우고 전투 경험을 쌓는다면 조국 광복을 위한 현실적인 힘이 될 수 있다고 판단했다.

현자 혜존(賢子 惠存), 1924 병두 상(一九二四 炳斗像)이라고 적혀 있다.
현자는 중국으로 망명하기 전 여자친구였다. 1992년, 그의 아들 김정평이 아버지를 대신하여
독립유공자 서훈을 받으러 왔을 때, 여든이 넘은 현자 씨가 추서 행사장에 이 사진을 가지고 와
김정평을 만났다. 이에 비로소 김철남 중국 망명 전의 이야기가 드러났다.
출처_ 독립기념관 소장.

## 푸젠성 호법 군인

교회에서 만난 사람들이 김철남의 상황을 이해하고 중국군에 입대할 수 있도록 도왔다. 김철남은 광저우로 와서 푸저우 사람 팡성타오方聲濤, 1885~1934 사단장이 인솔하는 푸젠군福建軍 예비군으로 입대했다. 1917년 7월 쑨원이 광저우에서 호법군 정부를 수립할 때, 팡성타오는 광저우군 정부 위수사령廣州軍政府衛戍司令으로 취임한 푸젠 사람이다.

김철남의 직속 상사는 호국군 제2군의 39단장 양즈밍楊子明이었다. 양즈밍은 중국 육군대학과 일본 사관학교를 졸업한 장교인데 매일 일과가 끝나면 김철남에게 육군사관학교에서 배울만한 군사적 지식을 가르쳐 주었다. 깃발을 관리하는 기관旗官이라는 직위는 김철남이 중국군에 입대하여 처음 받은 군직이다.

김철남이 참여한 것으로 추정되는 전쟁은 1918년 5월 쑨원이 일으킨 2차 호법전쟁이다. 호국군 2총사령관 리례쥔李烈鈞, 1882~1946이 쑨원의 2차 호법운동 개시에 호응하여 가장 먼저 장시江西에서 전쟁을 일으켰다. 1918년 5월, 리례쥔은 광둥廣東 광시廣西 및 윈난의 군벌을 정면으로 공격하기 위해 팡성타오에게 전쟁 준비 명령을 내렸고, 이 명령으로 푸젠군이 참전했다.

쑨원은 호법전쟁에 실패하고 상하이로 갔다. 이듬해 대한민국 임시정부가 상하이에서 수립되었다. 김철남도 광저우를 떠나 상하이 임시정부의 황해도 임시의정원 의원으로 취임했다. 그러나 갓 수립된 대한민국 임시정부는 복잡한 국제 정세에 적절하게 대처하지 못했다. 운영 경비 부족과 내부 의원들의 의견 불화 등 심각한 어려움에 부닥쳐 정상적인 활동을 할 수 없었다.

1921년 12월, 김철남은 뜻있는 동포들을 결집하여 한인구락부를 조직했다.

상하이 바오캉로宝康路 65번지에 사무실을 마련하고 기관지 『신조파』를 발간하며 동포들의 우의와 단결을 도모했다.

1923년 3월, 쑨원이 재기해서 광저우에서 대원수로 취임했다. 김철남도 중국이 새로운 국면으로 발전했다고 여기고 광저우로 와서 호법군 푸젠 군대閩軍에 입대했다. 그 무렵, 광시군벌 선훙잉沈鴻英, 1870~1938과 광둥군벌 천중밍이 쑨원을 타도하기 위해 부단히 국부적인 전쟁을 일으켰다.

그해 5월부터 11월까지 쑨원은 친히 동강과 북강 전선을 오가며 군벌 타도 전쟁을 지휘했다. 김철남은 쑨원을 따라 동관 스룽전투에 참전했다. 계급은 호법군 육군 중위였으며 총탄을 무릅쓰고 결사적으로 전투에 임하는 김철남의 모습은 중국인 병사와 장교들을 탄복시켰고 이 전쟁에서 승리한 쑨원은 광둥에 기반을 닦을 수 있었다.

호법군 군사 활동에 종사하던 김철남은 1924년 6월 황푸군관학교가 개교하자 곧바로 1기에 입교했다고 추정된다. 황푸군관학교 1기 졸업생들은 대부분 교도단의 당대표, 대대장 혹은 연대장 등으로 보직을 받았다. 김철남이 1기 졸업 후 교도단 교관으로 편입될 가능성이 있는 대목이다.

김철남은 첸다쥔이 단장인 제3교도단의 교관이었다. 1924년 11월 20일, 황푸군관학교 2개 교도단이 정식으로 성립되었다. 교도단 제1대 단장은 허잉친何應欽, 1890~1987, 제2대 단장은 왕바이링王柏齡, 1889~1942이 맡았다가 후에 첸다쥔錢大鈞, 1893~1982이 제2대 단장을 대행하고 이듬해 4월, 제3대 교도단이 창설되었다.

김철남은 예팅叶挺, 1896~1946독립사단으로 전근하여 부단장직을 수행하며 동정전쟁과 북벌전쟁에 참전했다. 예팅독립단은 3개 대대와 2개 직속대 등 병력이 2,100여 명이었으며 그중 한국인이 160명이었다.

김철남은 예팅독립단의 선봉대로 북벌전쟁에 참전했다. 1926년 2월 국민 정부는 북벌전쟁을 시작하기 전에 선발대를 후난湖南으로 파송했다. 선발대가 후난의 탕성즈唐生智1890~1970 사령관과 협력하여 정세를 안정시키면 본격적인 북벌전쟁을 추진할 예정이었다.

1926년 5월 24일, 예팅독립단 선봉대는 뜨거운 날씨를 뚫고 철도선을 따라 자오칭肇慶과 장먼江門을 지나 후난으로 진군했다. 6월 2일, 후난에 도착한 예팅 독립연대는 8군 39연대와 협조하여 안런安仁 북쪽의 루톈綠田, 룽자완龍家灣 일대 를 진공하고 5일 요현攸縣에서 탕성즈군대의 지원을 받아 북벌군이 후난 지역 에서 북쪽으로 진군할 수 있는 길을 열었다.

그해 11월, 난창南昌을 함락시킨 장제스는 포로 3만여 명을 자신의 직계부대 로 편입하여 난창 북벌군 사령부를 설치했다. 김철남은 난창 북벌군 총사령부 참모부 소속이 되었다. 북벌군이 난창에 진입하자 민중들이 북벌군을 존경하 여 열렬히 환영했다. 열정적인 젊은 남녀 학생들은 친목, 방문 등 여러 가지 형 식으로 북벌군을 만나 교제했다. 김철남은 보령여학교의 리수쥔李素君, 본명 리바오 전(李寶珍)을 만나 교제하고, 북벌군 사령부가 난징으로 이동하기 전 결혼식을 올 리고 난창을 떠났다.


## 중국중앙항공위원회 방공감독부 직원

1927년 4월, 난징 국민 정부가 설립되고 김철남은 국민 정부 군사위원회 방 공 감독부에서 일했다. 승진이 빠르고 월급도 많아 정원이 딸린 넓은 이층집 한 채를 구입했다. 그의 집에는 손님들의 발길이 끊이지 않았는데 중국 동료와 친구들을 제외하면 대부분 한국 독립운동가였다.

김철남의 신분은 중국 군인이지만 조국 광복에 대한 애정은 남달랐다. 그의 집을 방문하는 사람들은 정치적 배경이나 사상이 서로 다른 동포들이었다. 김철남은 그들의 사상이나 배경에 구애받지 않고 가능한 범위에서 도왔다. 그의 집은 마치 한국 망명자들의 거처, 집회 장소, 혹은 여비와 도움을 요청하는 하나의 거점이 되었다. 그의 아내도 남편이 추구했던 광복의 대업을 이해하고 진심으로 지지했다.

1927년 4월 국민당의 "청당운동"으로 인해 사회주의 사상을 지닌 김철남은 오랫동안 특무기관의 의심과 감시를 받다가 구금되었다. 줄곧 좋은 관계를 유지하고 있던 황푸군관학교 제3교도단 단장 첸다췐의 도움으로 혐의는 벗고 출옥했으나 1929년 4월, 중앙군사위원회 방공감독사령부에서 파면되고 중앙군사학교 8기 일본어 교관으로 좌천되었다. 경제적 여건도 어려워졌다.

김철남은 손두환孫斗煥, 1895~? 등 20여 명의 동지들과 '유호 한국독립운동자동맹留滬 韓國獨立運動者同盟'을 조직했다. 이들은 러시아 소비에트를 지지하고 대중과 협력한다는 노선을 정하고 한글 잡지 『아보라』를 발간하며 좌경노선에 입각한 독립운동을 시도했다.

1937년 7월, 중일전쟁이 전면적으로 발발하자 김철남은 다시 중앙군사위원회 사령부의 항공위원회 방공감독부로 발령받았다. 항일전쟁 초기, 중국 각 지역에는 방공시스템이 구축되지 못했다. 김철남의 임무는 각 지방에 방공시스템을 설치하고 감독하는 일이었다. 특별히 공항에 방공시스템을 구축하는 데 주력했다. 난징이 함락되자 김철남은 승진하여 청두成都방공 사령부로 발령받았다.

그 무렵 대한민국 임시정부가 충칭으로 이전했다. 1941년 12월, 태평양전쟁 발발 후 일본의 패전 기색이 짙어졌다. 한국 독립운동계 좌·우파 인사들은 반일 혁명역량을 임시정부에 집중시키고 총단결하여 임시정부를 옹호한다는 선언을 발표했다.

1942년 10월, 김철남은 임시정부 황해도 대표 의원으로 선임되고, 1943년 11월, 임시정부 교통부 차장으로 임명되었다. 일본 투항 후 김철남은 상당한 금액의 중국군 퇴직금을 받았으나 노상에서 돈을 약탈당하고 중국 정부가 보낸 한국 임시정부 교민 수송용 목선에 승선하여 난징으로 돌아왔다.

조국이 삼팔선으로 분단되자 김철남은 고향 황해도로 돌아가지 않고 베이징인민예술극원北京人民藝術劇院에서 일자리를 찾았다. 김철남은 승마와 사격도 잘했다. 영어와 중국어, 일어에도 능통하고 음악도 즐겼다. 그가 번역한 한국 민요 〈반달〉은 '소백선小白船'이란 제목으로 중국 소학교 음악 교과서에 실렸다. 1927년 상하이 프랑스 조계지에서 경매로 구입한 프랑스 제품 Staner 바이올린은 피난 중에도 늘 가지고 다녔다.

그가 집에 있는 날에는 어김없이 저녁 식사 후 다섯 자녀와 아리랑, 금강산, 도라지, 반달 등 한국 민요를 불렀다. 자식을 음악가로 키우기 위해서가 아니었다. 그는 음악이 조국에 대한 감정을 불러일으키고, 사람을 지혜롭고 선량하게 한다고 믿었다. 1952년, 김철남은 폐암으로 베이징에서 세상을 떠났다.

김철남의 다섯 자녀들은 자연스럽게 작곡가, 바이올리스트, 음악 교사 등 음악인의 길을 걸었다. 장남 김정평金正平, 1928~은 문학과에 입학했다가 음악에 대한 미련을 버리지 못해 대학교 3학년 때 음대로 전학하여 음악인의 길로 들어섰다. 그는 중국 제1급 지휘자 및 작곡가로 활동했으며 중국 음악가협회 교향악애호가학회 부회장, 중국 영화음악학회 상무이사 등을 지냈고 현재2024 베이징에 거주하고 있다.

2019년 코로나 발생 직전, 저자는 베이징에서 우연히 김정평 어른을 만났다. 전쟁 중이지만 부모의 사랑을 넉넉히 받으며 성장한 덕분이리라. 장난기 많고 농담 잘하고 기억력 좋은 아흔의 노인이셨다. 마침 본인의 자서전 『잊을 수 없는 세월難忘的歲月』의 마무리를 하고 계셨다. 그는 부친 김철남에 대해 황푸군교가 설립되자 곧바로 입교했으며 졸업 후 첸다쥔이 인솔하는 제3교도단의 부단장이었다고 몇 번이나 강조했다.

참고문헌 및 자료

湖南省档案馆校 編, 『黄埔军校同学录』, 湖南人民出版社, 1989.7.

김광재, 「황푸군관학교와 한국독립운동」, 『화남지역 한국독립운동에 관한 학술회의』 대한민국주광저우총영사관, 2012.3.

「朝鮮將校 護法軍中에 活動」, 『조선일보』, 1923.6.16.

王萬齡, 「黃埔軍校의 回憶」, 『廣東文史資料』 37집, 1982.11.

李岚, 「黃埔軍校教导团的组建及早期人事分析」, 『国民革命与黃埔軍校, 纪念黃埔軍校建校』, 吉林人民出版社, 2004.8.

『金烈鈞集』 上冊, 中華書局, 1996.6.

김정평, 『잊을 수 없는 세월(难忘的岁月)』(미출판).

광둥항공학교
1기생

1924년 9월, 쑨원이 광저우 다샤터우에 창립한 광둥항공학교
출처_ 광저우화교박물관.

황푸군관학교 2기생은 1기생이 수업이 진행되던 1924년 8월부터 모집해서 1925년 9월 졸업했다. 이 기간은 군벌 천중밍陳炯明, 1878~1933이 쑨원을 타도하기 위해 두 차례의 동정전쟁을 일으켜 정세가 혼란해 외국인 학생의 입교가 중지되었다.

광둥항공학교 1기생이 졸업할 무렵, 황푸군관학교의 항공과 격인 광둥항공학교가 설립되었다. 광둥항공학교 1~2기는 항공 전문인 29명을 배출했다. 그 중 1기에 2명, 2기에 4명의 한인이 재학했다. 2기에 재학한 차정신, 장성철, 유철선, 이일태는 황푸군관학교 3기생에서 언급했다. 광둥항공학교 1기 박태하와 김진일을 언급하기 위해 광둥항공학교 1기에 대한 서술을 추가한다.

1924년, 쑨원은 혁명에 종사하는 공군 간부를 양성하기 위해 소련의 지원을 받아 광저우시 다샤터우大沙斗에 항공학교를 세웠다. 초창기 교명은 광둥비행학교였지만 일반적으로 광둥항공학교라고 통칭한다. 1924년 11월 개교한 광둥항공학교 1기생은 모두 10명인데 황푸군관학교 1기생 중에서 7명을 선발하고 비행기 수리공장의 김진일과 박태하 등 3명을 선발하여 모두 10명으로 개교했다.

박태하와 김진일은 임시정부 육군무관학교 1기를 수료하고 광둥항공학교로 파송된 임시정부 항공인 위탁 교육생이다. 광둥항공학교에 정식 입교 전 비행기 정비소에서 비행기 조종 기술을 습득하고 푸젠군벌전쟁에 비행기 조종사로 참전했다.

1922년 광저우 동산 신허푸(新河浦)에 설립한 비행기 수리공장
양센이가 로즈몬드(ROSAMONDE, 樂士文) 1호를 제조한 곳이며
박태하와 김진일이 비행기 조종 기술을 습득한 비행기 수리공장이다.
출처_ 광저우화교박물관.

# 박두현

朴泰河, 1893~?

약력

| | |
|---|---|
| 1893년 | 평안남도 강서군 출생 |
| 1918년 | 광둥으로 도항, 광저우 비행기공장 정비공으로 취업 |
| 1919년 | 상하이 임시정부 육군무관학교 1기 수료 |
| 1920년 | 임시정부 광둥비행학교 파견 교육생 |
| 1922년 | 비행 기술 습득, 푸젠북벌전쟁 참전 |
| 1923년 | 광둥항공국 직원, 의열단 활동 종사 |
| 1924년 | 광둥항공학교 1기 입교 |
| 1925년 | 광둥항공학교 1기 졸업 후 소련으로 유학 |
| 1928년 | 소련 연해주 수청 빠우롭스키촌 공산청년회 책임서기 |

박태하의 본명은 박두현으로 평안남도 강서군江西群 출신이다. 태하泰和, 泰河, 泰何, 泰夏, 太厦 등 한글 동음 이명을 많이 사용했으며 일제 문서에 의하면 박태하는 1916년 12월 평양에서 광둥으로 도항하여 비행기공장 실습생으로 취업했다.

대한민국 임시정부가 수립되기 전, 박태하가 어떻게 대원수부가 운영하는 광둥 비행기공장에서 일할 수 있었을까? 그 무렵, 광저우에는 중화민국 광둥군 정부 군사와 치안을 담당하는 광둥총수정처廣東總綏靖處 참의직을 지냈던 김복金復, 본명 김규흥, 1872~1936이 한국인들의 독립운동을 지원하고 있었다. 박태하는 김복의 주선으로 비행기공장에 취업한 것으로 추정된다.

1917년, 쑨원이 광저우로 남하하여 호법군 정부를 건립할 때만 해도 중국의 항공계는 불모지였다. 위험한 항공 기술을 배우려는 중국인들은 소수였다. 비행기 정비소가 곧 비행학교였다. 미국에서 항공 기술을 습득한 화교 비행가들이 항공 조종술과 비행기 수리하는 법을 가르쳤다.

1919년 상하이에 대한민국 임시정부가 성립되자 박태하는 상하이로 가서 임시정부가 설립한 육군무관학교 1기를 수료했다. 대한민국 임시정부는 제대로 된 시설은 갖추지 못했지만 1919년 12월 상하이 신민리新民里 23호에 소재하는 군무부 내에 6개월 교육 과정의 육군무관학교를 개교하고 다음 해 5월 1기생 졸업생 19명을 배출했다. 졸업생들은 '완전 사관 학생', '반 사관 학생', '국민군'으로 군적을 구분하고 완전 사관학생 과정을 수료한 자들은 참위에 임명했다.

대한민국 임시정부 육군 참위직을 받은 박태하는 광둥비행학교로 파견되었다. 그 무렵, 임시정부는 광둥 정부와 외교 관계를 수립하여 한국 청년들을 비행학교에 입학시키기로 약속한 상태였다. 1921년 9월, 광둥성 성장 천중밍이 임시정부 활동을 적극 지원하여 후이저우惠州회관에서 여월한인동향회旅粵韓人同鄉會를 조직했다. 박태하가 회장이었다.

박태하는 광저우와 상하이를 오가며 활동했다. 1921년 6월 상순경, 동양평화단 단장 공인孔仁, 李侃, 1887~?이 정연영鄭寅永, 김장호金章浩를 거느리고 가족과 함께 광둥으로 왔다. 박태하는 여월한인동향회의 일을 공인에게 맡기고 상하이로 가서 박은식朴殷植, 1859~1925이 항일 선전을 목적으로 발행하는 한자 신문『사민보四民報』회사에 기거하며 신문 출판을 도왔다. 일본 경찰은 박태하가 "임시정부의 명령을 받고 모험적인 행동을 하는 자"라고 파악했다.

1924년 가을, 광둥항공학교에 입학한 박태하는 비행기공장 옆에 설치한 군사 병영에 거주하면서 여월한인동향회와 비행학교를 근거지로 한인 군병을 모집했다. 1924년 9월, 만주 통의부 부장 김동삼金東三, 1878~1937이 지린吉林 어무현穆穆縣에서 박태하 앞으로 '동양혁명대의단' 간부 명단과 만주에서 응모한 신병 문무헌文武憲을 광저우로 보냈다.

그해 9월 하순, 박태하는 의열단장 김원봉金元鳳, 1898~1958과 홍콩의 중국인 선박 매매업자 천지陳吉로부터 모젤 권총 100정을 9,500불에 구입하기로 계약을 맺었으나 자금을 확보하지 못해 무산되었다. 그 일 이후 10월 5일, 박태하는 이종우李鍾雨, 양닝楊寧, 1901~1936, 김원봉 등과 비밀회의를 개최하여 인제회引濟會라는 결사대를 조직했다.

광둥항공학교 1기 기간 중 발발한 동정전쟁에 성능 좋은 비행기가 모두 동원되어 학생들은 충분한 비행기 조종 교육을 받지 못했다. 항공학교 교장은 소련의 군사고문이자 항공국 국장인 리미李靡 장군이었다. 1925년 7월, 소련 교장이 귀국하는 길에 1기생 중 우수한 학생을 선발하여 소련비행학교로 데리고 갔다.

1925년 9월 20일, 박태하는 소련으로 가는 배를 타고 출발하기 직전 아래와 같은 편지를 써서 가족에게 보냈다.

나는 조선인으로서 외국 정부의 국가유학생이 되어 문명한 국가에 가서 내 이상을 실현하게 되었습니다. 이것은 내 자신의 영광만이 아니고 전 조선 민족의 영광임으로 깊은 감사를 드리고 저도 무척 기쁩니다. 그리고 비행기에서 찍은 사진 한 장도 같이 동봉해서 보냅니다.

박태하는 모스크바항공학교에서 동족 김공집金公輯, 1896~1927을 만났다. 김공집은 1920년 3월과 6월 두 차례 광둥항공학교에 입학을 시도했으나 전쟁으로 인해 폐교 상태여서 뜻을 이루지 못했다. 1922년 쓰촨四川성 루저우강무당廬州

講武堂에 입학했다가 다시 허베이성河北省 한단邯鄲강습소 1기생 군사 훈련을 받고 소련으로 갔다. 1927년 7월 모스크바항공학교를 졸업하고 상급학교에 진학하여 셀프 호프에서 비행훈련을 받던 중, 8월 31일 기계 고장으로 비행기가 추락하여 사망했다.

박태하는 김공집의 장례를 치른 후 국내에 있는 그의 아들 김정옥을 수소문하여 편지를 보냈다.

내가 어느 때에 중국으로 가게 될지 알 수 없다. 중국의 시국만 좀 안정되면 나는 중국으로 가려 한다. 그리하면 군을 한 번 만나보려 한다. 내가 매월 20위안씩 보낼 터이니 그리 알고 있거라. 혹 유柳의 명의로도 부칠 것 같다. 조부모님과 어머님에게 안부 전해주기를 바란다. 군 역시 항상 건강하기를 늘 바라며 빌 것이다.

1928.1.23

그리고 김공집의 입관식, 장례 행렬, 비석 앞에서 박태하와 김공집의 러시아 부인이 함께 촬영한 사진도 편지에 동봉했다.

원래 소련에서 유학을 마치고 중국으로 돌아오려던 박태하의 계획은 무산되었다. 소련에서 항공 교육을 마친 박태하는 수청水淸의 빠울롭스키촌에 남았다. 공산청년회 책임 서기를 역임하면서 동포신문『선봉先鋒』발행에 많은 애착을 가졌다. 1928년 12월 28일 자 3면에 다음과 같은 글이 남아 있다.

### 『선봉』신문의 열성적 후원자 빠울롭스키촌 박태하 동무

수청구역마을 놉스미그 쏘비물관 내에 사는 박태하 동무공산청년회 책임 서기는 최근에『선봉』독자 18인을 새로 모집하였다. 이 동무의 열성은 농촌 문맹을 위한 그의

김공집의 부인과 찍은 사진에서 발췌

출처_ 국가보훈처.

인민주의의 정승정의로운 승리하는 바이라고.

박태하는 상하이 임시정부의 군인으로 활동했고 소련 비행사 자격증도 획
득했다. 조국을 일제에 침탈당하고 타국에서 문맹으로 살아가는 동포들에 대
한 연민이 박태하의 발목을 붙잡지는 않았을까? 그는 『선봉』 신문을 통해 교민
을 계몽하고, 문맹을 퇴치하기 위한 강습소도 운영하며 소련에서 생활했다.

한중 항공계의 초석

# 김진일

金震一, 1894~?

**약력**

| | |
|---|---|
| 1894년 | 평안남도 안주군 출생 |
| 1921년 | 임시정부 광둥비행학교 파견 교육생 |
| 1922년 | 비행 기술 습득, 푸젠북벌전쟁 참전 |
| 1923년 | 광둥항공국 직원, 의열단 활동 종사 |
| 1924년 | 광둥공업학교 재학<sup>차정신과 동선이 겹침</sup> |
| 1924년 | 광둥항공학교 1기 입교 및 졸업 |
| 1925년 | 황푸군관학교 3기 입교 및 졸업<sup>차정신과 동선이 겹침</sup> |
| 1925년 | 광둥항공학교 2기 입교<sup>차정신과 동선이 겹침</sup> |
| 1927년 | 소련 레닌그라드기계학교 유학 |
| 1939년 | 산시성 난정南鄭 항공대 근무 |
| 1943년 | 한국 공군설계위원 |
| 1948년 | 한국 공군 중령, 대한항공협회 이사장 |
| 1950년 | 한국전쟁 시 서울 창신동 자택에서 피납 |
| 2022년 | 독립유공자 건국장 추서 |

　　1894년 6월 25일생, 평남 안주군 출신 김진일 지사는 중국 공군에서 활동했다는 이유로 줄곧 독립유공자로 인정받지 못했다. 그러나 1921년경 광저우에서 의열단으로 활동한 기록이 일본 문서에 남아 있어, 약 100년이 지난 2022년에야 103주년 3·1절 계기 건국포장 독립유공자로 추서되었다.

　　김진일은 임시정부가 광둥항공학교에 위탁하여 양성한 항공인이다. 1921년 임시정부의 광둥비행학교<sup>광둥항공학교의 개교 전 이름</sup> 위탁 교육생으로 파견되어 비행기 정비소에서 비행기 조종법을 배웠다. 한편 의열단 활동에도 참여했다.

의열단의 표면적 명칭은 여월한인회旅粵韓人會이다. 1924년 여월한인구락부 내부에 회비 횡령사건이 생겨 회원들이 해체되고 활동이 중지되었다. 김진일이 앞장서 옛 회원들을 만나 독려하고 월 회비를 1위안씩 거두어 한인구락부라는 이름으로 의열단 활동을 재개했다.

1924년 8월 28일, 한인구락부 임시회의가 광저우시 후이아이로惠爱路, 산시군陝西軍 군무사무실에서 개최되었다. 회의 참석자는 김진일, 박태하, 서응호徐應浩, 1899~?, 양닝楊寧, 천병일千炳一, 1896~1943 등 의열단원 다수와 중국군에 복무하고 있는 한인들이었다.

김진일은 줄곧 중국 공군에 근무하면서 한국 독립운동을 지원했다. 1939년 5월 청두成都에서 한국인들이 조선의용대 모금 활동을 할 때 위문금을 보냈다. 1943년 산시성 난정南鄭에 소재하는 중국 항공대에 근무했다. 1943년 8월 19일, 김진일은 대한민국 임시정부의 공군설계위원으로 선임되었다. 임시정부는 미국과 중국 등에서 활동하는 모든 한국인 비행사와 기계사 공군을 집합하여 광복군 공군을 창설하려고 했다. 1945년 3월, 임시정부 군무부가 '한국광복군 건군 및 작전 계획'을 세우고 한국광복군 비행대를 편성하고 작전을 구상할 수 있었던 것은 전문적으로 공군 훈련을 받은 김진일과 같은 인물이 있었기 때문이었다.

광복 후 김진일은 한국항공의 기반을 다졌다. 교통부 항공분과 전문위원으로 선임되어 항로 개척과 민간항공 및 국제항공 심의 전문위원으로 활동했다. 한국전쟁 중인 1950년 7월 13일, 김진일은 현역 공군 중령이었다. 위장병을 요양하면서 서울 종로구 창신동 자택에 머물고 있었는데 동대문구에 주둔하던 북한 내무서원이 와서 잠시 물어볼 것이 있다고 데려가서 북한으로 압송했다.

북한은 부족한 인테리 문제를 해결하기 위해 '손님 모시기'라는 작전으로 남한 사회 각 분야의 지도자를 비롯해 지식인과 기술자, 청년 등을 북으로 데려갔다. 부족한 지식인들을 총원하고 전쟁 수행과 전후 복구에 필요한 인력을 조달하려는 목적이었다.

김진일 지사는 피납 후 생사 확인이 불가능하다는 이유와 공적이 부족하다는 이유로 서훈을 받지 못하다가 광둥항공학교 입교 100년이 다가오는 시점에 업적을 인정받고 서훈을 받게 되었으니 그나마 대한민국 후손된 국민의 얼굴을 들게 되었다.

대한항공협회 이사장 김진일 명함
출처_후손 제공.

## 푸젠군벌전쟁 참전

'항공 구국'이라는 기치를 든 쑨원은 고장이 나서 방치된 비행기 두 대를 수리하여 대원수부 소속 비행기로 편입하고 항공처航空處를 설치했다. 1920년에는 크고 작은 수상비행기 4대와 육상 비행기 4대를 확보하여 항공처를 항공국航空局으로 확장했다.

1922년, 쑨원은 해외에서 비행 기술을 습득한 비행사와 기술자들로 구성된 비행기부대도 항공대로 승격했다. 그러나 쑨원이 공을 들였던 항공국과 비행기공장은 1922년 6월 광둥성 성장 천중밍이 일으킨 정변으로 인해 전부 불태워졌고 쑨원은 상하이로 쫓겨났다.

그해 10월 쑨원의 북벌군 사령관 쉬총즈許崇智, 1886~1965가 푸젠福建 독군督軍 리호우지李厚基, 1870~1942를 쫓아내고 푸젠을 수복하여 쑨원의 형세를 역전시켰다. 쉬총즈가 1만여 명의 군인을 거느리고 푸저우福州를 공격할 때 대원수부 산하의 항공대가 참전했는데 갓 비행기 조종 기술을 습득한 김진일과 박태하가 참전했다. 전쟁 결과는 의외로 좋았다.

1922년 12월 10일로 예정된 안창남安昌南, 1901~1930의 고국 방문 비행을 며칠 앞둔 시점이었다. 박태하와 김진일이 비행기를 조종하여 푸젠의 군벌전쟁에 참전했다는 기쁜 소식이 알려졌다. 1922년 12월 3일, 『조선일보』는 박태하와 김진일을 "대륙 항공을 비행하는 봉황의 두 날개"에 비유하여 비행 기술을 극찬했다.

신경의 감각이 민활하고 신속하여, 박과 김진일은 이를 공부한 지 몇 날이 못됨에도 불구하고 그 기술이 가장 신묘할 뿐만 아니라 실제 전쟁에 참여하여 중국의 공기한중 공동의 원수를 진탕하고 풍운을 정복하여 그 성명이 중국 군인계에 진동하며 계속하여 남경 혁명군에 종군하여 방금 장쾌한 활동에 종사하는 중이라 하니 이 비보를 접한 우리는 우리 민족의 비행가가 점점 증가하는 동시에 그 기능이 점점 진보되어 장차 서양을 압도하는 기세로 진행함을 가히 기쁜 마음을 스스로 금치 못하며 겸하여 박·김 양군의 기술이 동서양의 비행계를 정복하여 대 승리를 얻는 장래의 새 성공을 성심성의로 두 손을 높이 들어 축하하노라.

1922년 11월 18일 『독립신문』도 "작년 가을부터 광둥의 비행학교에 입학하여 비행을 연습하던 박태하와 김진일 두 사람은 졸업기도 전, 실습생 신분으로 비행기를 조종하여 참전했으며 이들은 향후 자신의 특기를 살려 전공을 하겠다”는 결심을 보도했다.

쑨원의 항공 혁명사업은 계속 군벌의 방해를 받았다. 1923년 4월 대원수부 항공국장 겸 비행기공장장 양셴이楊仙逸, 1891~1923이 국외에서 비행기 10대를 구입해 들여오다가 군벌의 공격을 받아 6대가 파손되고 겨우 4대만 광저우에 들여왔다.

쑨원은 아예 미국에서 비행기 제작 기술을 습득한 양셴이을 광저우로 초청하여 비행기를 제작했다. 양셴이는 3개월 만에 비행기 한 대를 제조했다. 쑨원의 부인 쑹칭링宋慶齡, 1893~1981이 광저우에서 제조한 첫 비행기에 시승해서 성공적으로 비행장을 한 바퀴 돌고 착륙했다. 쑨원은 쑹칭링의 용감성을 기려 비행기명을 쑹칭링의 학명을 따서 ‘ROSAMONDE樂士文’이라고 지었다.

그 무렵, 박태하와 김진일은 광둥항공국 직원이 되어 광저우 다샤터우 비행장과 둥관東莞 스룽石龍 비행기공장을 드나들었다. 월급은 항공국장 천요우런陳友仁, 1875~1944으로부터 25위안그 당시 5인 가족 한 달 생활비가 8위안 정도을 받고, 쑨원으로부터 별도 수당 15위안을 받았다. 쑨원은 항공혁명의 기치를 들고 항공계 발전을 도모했으나 그해 10월 중순, 또 천중밍의 공격을 받아 다샤터우 비행장, ‘ROSAMONDE’ 비행기와 기기를 모두 잃었다.

황푸군관학교를 설립한 1924년, 그해 가을에 광둥항공학교도 설립했다. 소련의 경제적 지원으로 설립되었고 교장도 소련인이었다. 광둥항공학교가 정식으로 개교하자 박태하와 김진일은 1기생으로 입학했다. 교장은 1기 졸업생 5명을 선발해서 소련의 항공학교로 유학을 보내 부족한 교육을 보완하도록 조치했다. 김진일은 광둥항공학교 1기 졸업 후 소련으로 유학을 떠나지 않고 차정신이란 이름으로 황푸군관학교 3기 보병대에 입교했다. 자신의 신분이 노

광동항공학교 1기생 10명.
오른쪽 첫 번째 김진일, 두 번째 박태하.

1924年 广州

출되지 않도록 광둥항공학교에서는 김진일, 황푸군관학교에서는 차정신이란 이름을 사용했다. 다시 말해 황푸군관학교 3기를 졸업한 차정신은 김진일이란 이름으로 광둥항공학교 2기에 재입학한 것이다.

1926년 5~6월부터 광둥항공학교 2기 비행반 학생들은 두 차례로 나누어 소련항공학교로 유학을 떠났다. 김진일은 두 번째 파송되는 팀에 포함되었다. 중국인 동료 10여 명과 상트페테르부르크기계학교에서 기계를 전공하고 중국으로 돌아와서 줄곧 중국 공군에서 활동했다.

참고문헌 및 자료

湖南省档案馆 校编, 『黃埔軍校同学录』, 湖南人民出版社, 1989.7.

『대한민국임시정부자료집 9 – 군무부』, 국사편찬위원회, 2006.12.

洪允静, 「獨立運動과 飛行士 養成」, 『國史館論叢』 제107집, 2005.8.

「광둥재류선인(朴斗鉉)의 通信에 관한 件 2」, 『不逞團關係雜件 – 朝鮮人의部 – 在支那各地』 4, 1925.10.6(한국사데이터베이스, 국외항일운동자료 일본외무성기록).

「上海情報 – 不逞鮮人 幹部들의 去來, 共産主義宣傳員의 入鮮, 在露領 獨立團의 資金調達, 上海經由 佛國方面 轉航鮮人 黃鎭南의 動靜(1921.7.7)」, 『조선소요사건관계서류 – 大正8年乃至同10年 朝鮮騷擾事件關係書類 共7冊 其2』(한국사데이터베이스, 한국근대사료DB).

「朝鮮人 行動에 관한 件」, 『不逞團關係雜件 – 朝鮮人의部 – 在支那各地』 3, 1924.9.26(한국사데이터베이스, 국외항일운동자료 일본외무성기록).

黃汉冈, 「创办飞机学校」, 『孙中山在广州』, 广东人民出版社, 1996.10.

房建昌, 「广州的日本居留民团和韩侨及台湾人」, 『广州文史第五十五』, 广东人民出版社 1999.8.

陳兆机, 「广东航空学校初期情况回憶」, 中国人民政治协商会议广东省委员会文史资料研究委员会 编, 『文史资料选辑』第四辑, 1962.3.

「大陸天空에 鳳翼을 雙佛」, 『조선일보』, 1922.12.3.

「我兩飛行生歸滬」, 『독립신문』, 1922.11.18.

「김진일 조부 실종신고서」.

황포군관학교
3기생

한인들은 황푸군관학교 3기부터 본격적으로 입교했다. 신해혁명 때부터 숙부 천치메이陣其美, 1878~1916와 약소민족 해방운동에 종사해 온 천궈푸陳果夫 1892~1951는 프랑스 조계지 내에 새로 개업한 허타이신河泰新 호텔에 사무실을 두고 학생을 모집하였기 때문이다. 그는 임시정부의 소개를 받은 적지 않은 한인 청년들을 황푸군관학교에 입학시켰다.

황푸군관학교 3기생은 1,300명이 입학하여 1,233명이 졸업했다. 그중 한인은 차정신車廷信, 장성철張聖哲, 유철선劉鐵仙, 이일태李逸泰, 이빈李彬 5명이다. 이들은 누구의 도움이 없이 당당히 자신의 실력으로 입학하고 졸업했다. 졸업 후 2년간 국민군에서 복무해야 하는 규정에 따라 차정신, 장성철, 유철선, 이일태는 광둥항공학교 제2기에 입학해서 의무 복무를 수행하고 이빈은 황푸군관학교 4기 교관으로 재직했다.

한편 국민당 정부는 북벌전쟁으로 점령한 차오저우, 우한, 난징, 창사에 황푸군관학교의 분교를 설립하여 병사를 모집하고 훈련해서 병력을 보충했다. 그중 황푸군관학교 3기와 동등한 학적 처우를 받는 차오저우분교에 정확한 이름을 알 수 없는 한인 한 모 군과 최 모 군이 있다.

# 차정신

車廷信, 1898~?

**약력**

1898년    평안남도 대동군 출생

1919년    대동군 만세 시위 참여, 중국 망명

1919년    『한일관계사료집』 출판 조력

1919년    상하이 임시정부 육군무관학교 1기 수료

1920년    평안남도 대동군 연통제 조사원

1921년    임시정부 광둥비행학교 파견 교육<sup>김진일과 동선 겹침</sup>

1924년    광둥공업학교<sup>김진일과 동선 겹침</sup>

1925년    황푸군관학교 3기 입교 및 졸업

1925년    광둥항공학교 2기<sup>김진일과 동선 겹침</sup>

1927년    소련 유학<sup>김진일과 동선 겹침</sup>

\* 소련 유학에서 중국으로 돌아온 후 차정신이란 이름을 사용하지 않음

---

황푸군관학교 3기 보병대 차정신은 평안남도 대동군 출신이다. 차정신車貞信, 김진일金震一, 김지일金志一, 차지일車志一 등의 가명을 사용했다.

## 망명 동기

1919년 3월 4일, 평안남도 원장院場 장날, 대동군大同郡의 반석교회磐石敎會, 원장교회院場敎會, 합성학교合成學校 주도의 연합 만세 시위가 있는 날이었다.

독립선언 행사가 예정된 10시에 군중 천여 명이 모여 기도와 독립선언서

낭독, 연설 등 정해진 순서에 따라 독립선포식을 거행하고 시가행진을 시작했다. 대형 태극기를 앞세우고 나팔수와 학생들은 선두에, 부녀자와 노인들이 뒤를 따르며 태극기를 흔들고 대한독립 만세를 외쳤다.

시위대 행렬은 동포 10여 명이 구금된 사천沙川헌병분견소를 향했다. 사천 시장 북쪽에 이르자 미리 대기하고 있던 헌병의 발포로 수많은 사상자가 났지만 격분한 군중은 죽어도 좋다는 자세로 계속 전진했다. 수적으로 우세한 시위대가 구금된 동지 전원을 구출했는데 현장에서 동포 19명이 죽고 부상자는 40여 명에 달했다. 그 과정에서 차정신을 포함한 청년 6명의 집단구타로 헌병 1명이 죽었다.

차정신의 부친 차진규1862~1919는 만세 시위 선두에서 행진하던 중 일경에 피체되어 모진 고문을 받고 1919년 3월 13일 옥중에서 57세의 나이로 세상을 떠났다. 차정신의 어머니 윤씨도 일본 경찰로부터 지독한 형을 받고 그해 7월 세상을 떠났다. 차정신은 상하이로 망명했지만 일본 헌병을 죽였다는 이유로 8월 13일 평양지방법원의 궐석재판에서 사형 선고를 받았다.


## 임시정부 활동 조력자

상하이 임시정부로 망명한 차정신은 임시정부가 국제연맹회에 제출할 『한일관계사』 출판을 도왔다. 한국이 일제의 식민지로 전락한 이래 일제는 한민족의 역사를 심각하게 왜곡했다. 임시정부는 역사적으로 한민족이 자주독립 국가였다는 사실을 밝히는 『한일관계사』를 발간하여 민족을 교육하는 한편, 국제회의에 제출하여 일제 침략의 부당성과 가혹한 식민 통치의 실상을 밝히려고 했다.

1911년 7월 11일, 임시사료편찬회가 구성되었다. 총재는 안창호安昌浩, 1878 ~1938, 주임은 이광수李光洙, 1892~1950, 간사는 김홍서金弘敍, 1886~1959 등이며 차정신 등 보조원을 포함해 모두 33명이 출판에 종사했다. 이 책은 자료수집에서부터 어려움이 많아 전체적으로 체계가 통일되지 못했다. 그래서 책 제목을 『한일관계사』라고 확정하지 못하고, 자료적 성격을 띤 『한일관계 사료집』으로 정하여 자료수집부터 간행까지 84일 만에 총 4권, 739면A4판, 인쇄본을 간행했다.

1920년 11월, 『한일관계 사료집』 출판 후, 차정신은 임시정부의 연통제 정책에 따라 평안남도 대동군 조사원으로 활동했다. 연통제는 임시정부가 국내에 실시하는 지방행정제도이다. 교사, 학생, 전도사, 승려 등으로 변장한 조사원과 선전원들이 고향이나 지리가 익숙한 지역으로 파견되었다. 가족이나 친지가 있어 보호받을 수 있기 때문이다. 조사원들은 파송된 지방의 유력자, 재산가, 학교, 종교 등 지역의 여러 상황을 조사하여 임시정부에 보고했다. 차정신의 연통제 조사원 활동은 길지 않았다. 연통제에 관련된 사람들은 철저한 감시 아래 1921년 후반에 이르러 거의 소멸했기 때문이다.

차정신은 대한적십자사에 가입해서 회원 모집에 종사했다. 임시정부는 장차 독립전쟁을 일으킬 계획을 하고 전쟁에서 다친 병사들을 구호하기 위해 간호사양성소를 설치했다. 당시 조선의 적십자사는 일본에 소속되었기 때문에 새로이 대한적십자사를 발족하고 회원 78명이 4개 팀으로 나뉘어 적십자사 회원을 모집했다. 차정신은 임시정부가 설립한 임시 육군무관학교 1기를 수료하고 참위직을 받아 광둥비행학교로 파견되었다.

(상) 차정신의 광둥항공학교 졸업 사진
출처_ 광둥항공학교 자료집.
(하) 1950년대 김진일
출처_ 후손 제공.

# 차정신과 김진일이 동일인일 가능성

차정신은 황푸군관학교 3기 졸업 후 광둥항공학교에 입학했으나 광둥항공학교 자료에는 차정신이란 이름은 없고 김진일이란 이름만 남아 있다. 현 학술계는 김진일과 차정신을 별개의 인물로 구분했으나 1894년 6월 25일생, 평남 안주군 출신 김진일과 1898년 9월 7일생 평남 대동군 김제리 출신 차정신은 동일인으로 추정된다. 일제의 감시를 피하고자 김진일이란 가명으로 자신에 대한 정보를 교란한 것으로 보인다.

김진일과 차정신이 동일인이라는 연결고리는 1924년 5월, 광저우 일본영사관의 경찰이 광둥공업학교에 재학하는 김진일이 평양에서 궐석재판으로 사형선고를 받은 차정신임을 확인하기 위해 일본 외무성에 차정신의 사진을 송부해달라고 요청하는 사이 김진일은 상하이로 도피했다는 일본 공문서 기록이다.

김진일과 차정신이 동일인이라고 추정하는 이유는 이렇다. 김진일은 광둥항공학교 1기를 졸업하고 차정신이란 이름으로 황푸군관학교 3기 보병대에 입교했다. 그 무렵 황푸군관학교의 한국혁명군인회는 황푸군교 교장 장제스로부터 한국인 1천여 명을 입학시켜 독립된 한국사단을 조직하기로 허락받은 상황이었다. 사단 편성은 추후의 일이고, 우선 입교생 1천 명을 모집하는 일이 급선무였다.

1926년 5월 23일, 동산東山 차정신의 집에서 '한국혁명군인회' 회의를 개최했다. 안건은 황푸군관학교 응시생을 모집하기 위해 출장자를 시베리아로 파송하는 일이다. 회의 결과, 황푸군관학교 입오생入伍生 정중호鄭中浩를 북만주와 시베리아 방면으로 보내 학생을 모집하기로 했다. 정중호는 300불을 받아 5월 29일 중국 기선 태순호泰順號를 타고 광저우에서 출발해서 상하이를 경유하여 목적지로 향했다.

차정신과 김진일이 동일인이라는 또 다른 연결고리는 신문에 보도된 차정신의 가명이다. 1927년 2월 25일 『조선일보』에 광둥항공학교의 차지일, 유철선, 장성철 3명이 비행 기술을 배우기 위해 소련으로 유학을 간다는 기사가 실렸다. 차지일은 김진일의 가명이다.

그 이후 중국 항공계에 활동하는 인물 중에 차정신이란 이름은 다시 나타나지 않는다. 중국항공대에 근무하는 김진일의 이름만 남아 있고 1943년 8월 19일, 대한민국 임시정부의 공군설계위원으로 선임되었다. 2016년에 애족장 추서를 받았으나 후손이 확인되지 않아 훈장을 전달하지 못하는 상황이다.

참고문헌 및 자료

湖南省档案馆 較编, 『黄埔軍校同学录』, 湖南人民出版社, 1989.7.

『대한민국임시정부자료집 9 – 군무부』, 국사편찬위원회, 2006.12.

한상도, 『한국독립운동과 중국군관학교』, 문학과지성사, 1994.3.

김정인·이정은, 『한국독립운동의 역사 제19권 – 국내 3·1운동 I』, 독립기념관한국독립운동사편찬위원회, 2009.11.

송상도, 「宋賢根(四)乙未抗日」, 『騎驢隨筆』(『한국사료총서』 2집, 한국사데이터베이스).

「부서별 직원 명단」, 『대한민국임시정부자료집』 45(한국사데이터베이스 한국근대사료DB).

「독립단 의주지국」, 『대한민국임시정부자료집』 별책 92권 조선민족운동연감(한국사데이터베이스 한국근대사료DB).

「噫老夫妇의 殉死」, 『독립신문』, 1919.9.2.

「在廣東工業學校 在學中인 車廷信의 逮捕에 관한 寫眞請求 件」, 『不逞團關係雜件 – 朝鮮人의部 – 在支那各地』 3, 1924.5.13(한국사데이터베이스, 국외항일운동자료 일본외무성기록).

陈兆机, 「广东航空学校初期情况回忆」, 中国人民政治协商会议广东省委员文史资料研究委员会 编, 『文史资料选辑』 第四辑, 1962.3.

# 장성철

張聖哲, 1900~1963

**약력**

1900년    평북 의주 출생

1919년    3·1운동 때 중국 망명

1925년    황푸군관학교 입교

1925년    광둥비행학교 2기 입교

1928년    소련 레닌그라드항공학교에서 9개월 유학

1928년    항저우 중앙항공학교 기계과장 취직

1931년    쿤밍비행장 수리소 공장장 재임

1943년    산시성陝西省 난정南鄭 중국항공대 근무

1942년    한중문화협회 쿤밍분회 설립 참여

1963년    해방 후 중국에서 사망

평북 의주 출신 장성철은 3·1운동이 일어났을 때 상하이로 망명했다. 원래 상업하겠다고 한동안 인삼 장사를 했으나 그의 뜨거운 정신이 잠재한 그의 마음은 생활에 안주할 수 없었다. 중국국민당에서 황푸군관학교 학생을 모집하자 이에 지원하여 분연히 일어나 황푸군관학교에 입학했다.

1924년 10월, 장성철은 황푸군관학교 학생군으로 입교해 사허沙河 병영에서 입오생

장성철

<sup>입학예비생</sup> 훈련을 받았다. 3개월간 경비업무와 사관생도 과정 및 입교에 필요한 군사 교육 등 훈련을 받고 3기 보병대에 정식으로 입교했다.

황푸군관학교 입교생은 학비와 모든 숙식비가 무료이지만 졸업 후 국민혁명군에 2년간 의무적으로 복무해야 하는 규정이 있다. 장성철은 1925년 10월부터 광둥항공학교 제2기에 입학했다. 광둥항공학교 2기 입교생은 22명인데 그중 한인은 황푸군관학교 3기에서 선발된 장성철, 김진일<sup>차정신</sup>, 류철선, 이승운<sup>이일태</sup> 4명이다.

광둥항공학교 2기생은 황푸군관학교 4기생 중에서 20명을 추가 선발하여 모두 42명이 되었다. 처음에는 비행반과 관찰반으로 나누어 교육을 받았는데 관찰반 학생들도 비행훈련을 받겠다고 요구하여 학교에는 교육용 비행기가 부족했다. 이런 상황에서 일부 교관들은 자기 학생이 더 많은 교육을 받을 수 있도록 규정 시간을 어기고 비행기를 사용하여 정상적인 비행 교육을 실시할 수 없었다.

교육을 보완하기 위해 광둥항공학교 2기생 조종사와 기계사 16명을 소련에 파견하였다. 그중 장성철과 유철선, 김진일 3명이 포함되었다. 1927년 2월 25일 『조선일보』에 「만발한 자경화는 발 아래<sup>足下</sup>에, 남중국 장공정복」이라는 기사와 소련으로 떠나는 세 명의 사진이 게재되었다.

김진일, 류철선, 장성철은 소련 전용 선박을 타고 블라디보스토크에 도착하여 다시 기차를 갈아타고 시베리아 철로를 통해 13일 만에 상트페테르부르크에 도착했다. 장성철은 상트페테르부르크항공학교에서 9개월간 훈련을 마치고 11월 중국으로 복귀했다.

광둥항공학교는 1~2기 학생 중 항공 전문인 29명을 배출했으나 실제로 15명만 중국 공군에 종사했다. 그나마도 그중 4명은 살해당하거나 질병, 사고로 죽었다. 광둥항공학교 1~2기 학생 중 중국 항공계에 실제로 종사한 자는 장성철과 김진일을 포함한 11명뿐이다.

장성철은 소련 유학 후 항저우杭州 젠치아오笕桥 중앙항공학교 기계과장으로 입사했다. 『삼천리』 잡지에 "항저우비행학교는 중국 육군이 경영하지만 조선인 청년을 위하여 개방되어 월사금이 없이 입학하고 졸업 후에는 중국 비행장교가 될 수 있다"는 광고가 실렸다. 이런 광고가 있어 비행사가 되려는 조선 청년들은 장성철과 인맥을 이용해서 중앙항공학교 입교를 시도했다.

항일전쟁 기간 중 중국국민당 공군의 가장 주요한 비행기수리소가 쿤밍昆明에 있었는데 장성철은 쿤밍비행장 공장장이었다. 비행기 발동 소리를 듣고 고장 난 곳을 정확히 찾아냈기 때문에 장제스를 비롯한 국민당의 고위 군정 요원들은 자신이 탈 비행기가 이륙하기 전 꼭 장성철에게 비행기 점검을 맡겼다고 한다.

1944년, 대한민국 임시정부는 장성철처럼 중국군에 복무하거나 미국 및 각 동맹국에 복무하고 있는 공군과 유능한 기계사들을 중심으로 광복군 공군을 창설하려고 했다. 1943년, 장성철은 산시성陝西省 난정에 소재하는 중국항공대에 복무하면서 한국광복군 총사령부와 협조했다. 비행기를 타고 전쟁 반대 전단지를 살포하는 등 대일전쟁 반대 선전을 하다가 임시정부의 공군으로 편입했다.

1945년 충칭에 집결한 대한민국 독립운동 진영은 인원수가 적음에도 불구하고 내부적으로 단결하지 못하고 분열이 아주 심각했다. 1942년 10월 11일, 중국 인사의 권유로 한국 독립운동 진영의 각 당파를 단결하기 위해 중한문화협회를 설립했다. 장성철은 윈난항공사령부에 근무하면서 한중문화협회 쿤밍분회 설립을 추진했다.

일본 투항 후 장성철은 조국으로 돌아가지 않고 중국에 남았다. 그러나 줄곧 중화민국 국민당 공군이었다는 과거를 숨겨야 했다. 변성명을 하고 동북지역을 배회하며 극도로 어려운 생활을 하다가 1963년 세상을 떠났다.

참고문헌 및 자료

湖南省档案馆校 編, 『黄埔軍校同学录』, 湖南人民出版社, 1989.7.

「在廣軍人의 動靜에 관한 件」, 『不逞團關係雜件－朝鮮人의部－在支那各地』 4, 1926.5.28(한국사데이터베이스, 국외항일운동자료 일본외무성기록).

「全奉南 訊問調書(第五回)－1936.3.17」, 『한민족독립운동사자료집 44－中國地域獨立運動 裁判記錄 2』(한국사데이터베이스 한국근대사료DB).

「南中國長空征服, 長江革命과 同胞消息」, 『조선일보』, 1927.2.25.

陈兆机, 「广东航空学校初期情况回忆」, 中国人民政治协商会议广东省委员会文史资料研究委员会 編, 『文史资料选辑』 第四辑, 1962.3.

원대한 포부를 가졌던 항공인

# 유철선

劉鐵仙, 1895~?

약력

| | |
|---|---|
| 1895년 | 서울 출생, 경성보성중학교 4년 졸업 |
| 1919년 | 상하이 임시정부로 망명, 북만주 통신연락원 |
| 1923년 | 윈난강무학당 입교 후 퇴학 |
| 1925년 | 광저우 황푸군관학교 3기 입교 및 졸업, 광둥항공학교 2기 입교 |
| 1927년 | 소련 유학 후 미귀환 |

유철선은 철선鐵善, 철선鐵宣, 철선彻善이라는 이명을 사용한 한성 출신이다. 통신연락처는 흑룡강성 만저우리滿洲里로 보병대 소속이다.

3·1운동 후 경성 보성중학교 4년 과정을 졸업하고 조국을 위해 독립운동을 하겠다는 원대한 포부를 안고 상하이로 왔다. 상하이 임시정부 활동의 일환으로 시베리아와 북만주 지방을 왕래하며 통신 연락을 하다가 1923년 임시정부의 추천을 받아 윈난강무학당云南講武學堂에 입학했다. 군사학교에서 전문적인 군사지식을 습득하고 훈련을 받은 후 조국의 독립운동 진영으로 투신할 계획이었다.

유철선
출처_『조선일보』, 1927.2.25.

이국의 군사학교에서 군사적 지식을 습득하고 훈련받는 그 자체도 대단한 역경이었지만, 당시 윈난강무학당에는 한인 밀정들이 수시로 독립운동을 방해했다. 밀정들의 행위는 단순한 정보 유출이 아니라 자기 동포와 형제를 파는 행위였다. 밀정의 횡포를 참을 수 없었던 유철선은 의심되는 학우를 때려 눕히고 학교에서 퇴출당했다.

윈난강무학당을 나온 후, 유철선은 중국의 풍물도 체험할 겸, 풍찬노숙하면서 윈난성에서 광저우까지 걸어서 왔다. 그리고 1925년 7월, 황푸군관학교 3기에 응시하여 아무런 특혜나 지원 없이 중국인들과 당당하게 겨루어 입교했다.

황푸군관학교에 재학하는 동안 유철선은 한국 혁명군인회 간부로서 여러 반일 활동에 참여했다. 한국 혁명군인회는 각지에서 한인 청년 천여 명을 모집하여 황푸군관학교와 광둥항공학교에서 훈련받고 2년간 국민당군에 의무 복무를 마친 뒤 이들만으로 한국 혁명군 사단을 조직하여 한국독립전쟁을 일으키려고 했다.

또한 그는 피압박민족연합회 조선지부에서도 활동했다. 피압박민족연합회는 상하이에서 발생한 '5·30참안' 이후 1925년 7월 9일, 광저우에서 조직되었다. 조선, 대만, 베트남, 인도, 안난현재 베트남, 중국의 항일 지사들이 일본과 영국 제국주의에 대한 중국인의 비분이 극도에 달한 기회에 각국의 피압박민족이 연합하여 제국주의를 타도하자는 취지로 창립한 단체이다. 피압박민족연합회에는 베트남인, 인도인, 중국인. 대만인이 7·8명 있었고 한인이 약 백여 명으로 수적으로 제일 많았다. 매월 회비는 40전이었다. 1926년 1월 18일, 피압박민족연합회는 광둥 각계 중국인들과 일본의 남만주 출병에 반대하는 배일 시위를 개최했다. 한인 약 48명이 시위에 참가하고 시위 도중 전단지를 살포하고 연설했다.

유철선은 여월한인구락부의열단가 주최한 1926년 3·1절 기념행사에도 참석했다. 행사에는 여월한인구락부 전체회원 36명과 황푸군교, 항공국, 중산대학의 동자군, 군인연합회, 전국총공회 등 각계 대표 100여 명이 참석하고, 사회자 박문곤?~?이 대회 취지를 발표하고 독립선언서를 낭독했다. 국민당 간부 랴오종카이廖仲愷, 1877~1925의 미망인 허샹닝何香凝, 1878~1972이 피압박약소민족이 단합해서 제국주의를 타도하자는 연설을 하고 다같이 "조선혁명 성공! 중국혁명 성공! 세계혁명 성공!"을 소리 높여 외치고 행사를 종료했다.

황푸군관학교 졸업 후 2년간 의무복무를 해야 하는 규정에 따라 유철선은 광둥항공학교 2기에 지원했다. 1927년 2월, 광둥항공학교 측은 유철선 등 16명을 선발해서 소련으로 유학을 보냈다. 유철선은 소련에서 9개월간 전 과정을 수료했으나 중국으로 돌아오지 않았고 이후 활동에 대해 알려진 바가 없다.

참고문헌 및 자료

중한회(中韓會) 소식지 제5기

湖南省档案馆校 編, 『黃埔军校同学录』, 湖南人民出版社, 1989.7.

「在廣鮮人劉鐵仙 및 金遠榮에 관한 件」, 『不逞團關係雜件－朝鮮人의部－在支那各地』 4, 1926.10.14(한국사데이터베이스, 국외항일운동자료 일본외무성기록).

「南中國長空征服, 長江革命과 同胞消息」, 『조선일보』, 1927.2.25.

中华全国总工会和省港罢工委员会 編, 『工人之路』 第18期, 1925.7.15.

최봉춘, 「광주폭동과 한국독립운동」, 『화남지역 한국독립운동에 관한 학술회의』, 대한민국주광저우총영사관, 2012.3.

「韓國獨立運動 第七周年 紀念에 관한 件」, 『不逞團關係雜件－朝鮮人의 部－在支那各地』 4, 1926.3.3(한국사데이터베이스, 국외항일운동자료 일본외무성기록).

陈兆机, 「广东航空学校初期情况回忆」, 中国人民政治协商会议广东省委员会文史资料研究委员会 編, 『文史资料选辑』 第四辑, 1962.3.

# 이일태

李逸泰, 1905~?

약력

| | |
|---|---|
| 1905년 | 함경남도 원산 출생 |
| 1919년 | 3·1운동 후 14세 때 중국 망명 |
| | 금문상사 점원, 사복의경 |
| 1925년 | 황푸군관학교 3기 입교 및 졸업 |
| | 병인의용대 활동 지원 |
| | 광둥항공학교 2기 입교 |
| 1926년 | 난창 제3연장 |
| 1926년 | 광둥항공학교 2기생 중 1차로 소련 유학 |
| 1930년 | 상하이 영국조계지에서 공산주의 선전하다가 체포 압송 |
| 1934년 | 한국독립당 난징지부로 복귀 |
| 1943년 | 중국군 3천명 인솔하는 참장參將으로 승진 |

이일태
출처_『동아일보』, 1933.11.20.

이일태의 본명은 이용식李龍植이며 이승운李承雲, 이병운李秉雲, 이건원李建元, 이간원李幹元 등 여러 가명을 사용했다. 『황푸군관학교동학록』에 기재된 이일태의 국적은 펑톈奉天 좡허莊河이지만 실제 본적은 원산부 상동 49번지이다. 황푸군관학교 입교 후 국민군 제2군관학교에서 훈련과 교육을 받았다.

## 상하이 프랑스 조계지 금문상사의 점원

이일태는 일곱 살 때 가족 전부가 러시아 연해주 블라디보스토크로 이주했다가 뜻대로 되지 않아 다시 고향 원산으로 돌아왔다. 이일태가 원산 보통학교를 졸업할 무렵, 원산 부두에서 미국 스탠더드 석유회사 상선이 귀항한다고 해서 미국으로 유학가려고 배를 탔으나 상하이에서 하선했다. 당시 14살이었다.

상하이에서 생활하려면 우선 생계를 유지하고 중국어를 배워야 했다. 이용식은 상하이 프랑스 조계지 샤페이로霞飞路, 현재 淮海中路에 있는 '금문상사일명 金文洋行' 점원으로 취직하고 보석학교保石学校 야간부에서 주경야독했다.

금문상사金文公司, 金文洋行 주인 김시문金時文, 1892~1978은 '상인 독립운동가'라고 불리는 사업가였다. 김시문은 가난한 한인 유학생들에게 학비를 빌려주거나 지원해 주고, 곤란한 상황에 부닥친 한인들의 신용보증도 서주면서 낯선 상하이 정착하는 동포를 도왔다. 또 잡화점 외에 깨끗하고 아담한 꽤 큰 다과점도 운영했다. 과자나 카스텔라를 구워 팔고, 빙수와 음료 등을 취급하는 이 다과점도 독립운동가들에게 개방하여 한인들의 모임이나 회의 장소로 활용했다.

사업이 정착하자 김시문은 암암리에 독립운동을 지원했다. 비록 어떠한 독립운동 단체에도 가입하지 않았지만 일본 경찰에 체포된 독립운동가의 가족을 돕고, 수익의 일부를 정기적으로 임시정부에 제공했다. 1925년 임시정부가 예산이 부족하여 『독립신문』을 발간하지 못했을 때, 개인적으로 출자해서 187기부터 190기까지 출판했다.

이일태는 금문상사 점원이지만 사복을 입은 의경처럼 상하이 동포 사회를 지켰다. 상하이 프랑스 조계지 내의 동포 사회는 다양하고 복잡했다. 동포 중에는 독립운동의 비밀을 캐내려는 밀정도 있었다. 이일태는 가게를 찾는 손님들을 유의 깊게 살피면서 프랑스 조계지와 공공 조계지를 수시로 드나드는 수상한 사람들의 행동을 파악하여 임시정부의 경무국장 김구를 도와 프랑스 조계지 동포 사회와 치안을 유지했다.

징안스로靜安寺路를 경계로 남쪽은 프랑스 조계지이다. 프랑스 경찰은 국제법을 준수하며 조계지에 거주 등록한 한인들을 극진히 보호했다. 한국 독립운동계에서는 이런 국제적 관계를 이용하여 일본의 주권이 미치지 않는 프랑스 조계지에 인성소학교, 예배당, 소년단, 동자군, 흥사단, 임시정부 교민단, 동아일보 상하이 지부 등을 세워 운영했다.

징안사로를 경계로 북쪽 공공 조계지에는 일본영사관이 있다. 주로 독립운동과 무관한 동포들, 즉 외국인 회사나 상점에 고용된 사람들, 자영업자, 행상, 노동자, 매춘부, 댄서 등 천업賤業에 종사하는 이들이 홍커우虹口에 분산해서 거주하였다. 그들 중에는 공공 조계지에서 돈을 벌어 수입의 일부를 임시정부 지원금으로 보내는 이들도 있었다.

독립운동 지사들에게 있어서 공공 조계지는 사지死地나 마찬가지이다. 영국 조계지와 프랑스 조계지 경계지역에서 독립운동 지사들이 교묘하게 실종되기도 했다. 일제는 정탐꾼을 시켜 김구를 유인하여 공공 조계지에 데리고 오면 중국과 영국 당국에 통보하고 포박해서 잡아가려고 했다. 한인들은 프랑스 조계지를 벗어났다가 납치되면 호소할 곳조차 없기 때문에 김구는 14년간 프랑스 조계지를 한 발짝도 떠나지 않았다. 심지어 그의 부인이 공공 조계지 내 병원에서 임종할 때도 공공 조계지에 발을 들이지 않았다.

임시정부 측에서는 상하이로 유입하는 한국 청년들의 신원이 완전히 확인될 때까지 엄중한 경계와 조사를 했다. 정복 입은 경찰과 사복 입은 의경 대원들이 밀정을 처단하고, 변절한 자들을 경계하면서 동포 사회 치안을 유지했다.

# 황푸군관학교 3기에 입교

임시정부가 수립될 당시에는 금방이라도 무슨 획기적인 일이 일어날 것만 같았는데 시간이 갈수록 그렇지 못했다. 임시정부는 국제회의에 대표단을 파송하고 독립청원서를 보내 평화적이고 외교적인 방법으로 일본이 한국에 대한 식민 통치를 포기하도록 온갖 노력을 했다. 그러나 임시정부의 그런 외교 활동으로는 독립을 쟁취할 수 없다는 것이 분명해지자 임시정부에 대한 지지는 점차 약화되었다.

임시정부의 상황이 날로 어려워지자, 일부 사람들은 무장 투쟁을 하겠다고 만주로 가거나 한국으로 돌아갔다. 독립운동 대열에서 이탈하는 사람들이 많이 생겼다. 한때 2천 명에 가까웠던 상하이 한인들이 한두 해 사이에 500명 정도로 줄었다. 독립운동을 하러 상하이에 왔던 한인들은 점차 침체에 빠지고 상하이에 머물러 있는 것이 무의미하다는 생각이 들 정도였다.

이일태도 상하이를 떠나 광저우 황푸군관학교 3기에 입학했다. 학적부에는 본적이 압록강 맞은편에 있는 펑톈奉天 좡허庄河라고 적었다. 입교 후 국민군 제2군관학교에서 훈련과 교육을 받았다.

국민군 제2군관학교는 1925년 가을, 건국 호남군建國湘軍이 황푸군관학교를 본받아 광저우에 세운 군사학교이다. 쑨원은 국민 정부를 수립하고 황푸군관학교를 창립한 뒤 국민 정부 군사위원회 산하의 모든 혁명군을 국군으로 간칭했다. 황푸군관학교의 군을 제1군, 건국 후난군은 제2군, 건국 윈난군은 제3군, 건국 광둥군은 제4군, 푸젠군은 제5군으로 지정하여 군마다 당 대표와 정치부를 설치했다.

초창기 제2군관학교 본부는 광저우시 판위학궁番禺学宮에 설치되었다. 그 후

천자부두天字码头와 선전深圳 다펑大鵬 강방사령부 자리江防司令部旧址로 이전하면서 3기까지 운영하고 1926년 8월 폐교했다. 그 과정 440명 학원 중 호남인 422명, 장시인 6명, 후베이인 6명, 광둥인 1명, 조선 국적자 2명이 훈련을 받았다. 조선 국적자는 이일태와 이동회李東華, 1896~1934이다.

이일태는 황푸군관학교에 재학하면서 남하한 병인의용대 활동을 지원했다. 1926년丙寅 1월 1일, 상하이 임시정부 경무국 산하 이일태의 의경 동료들이 병인의용대를 조직했다. 이들은 임시정부를 보위하면서 상하이에 주재하는 일본 관헌과 친일파를 처벌하는 것이 목적이었다. 처벌 대상 사진을 복사해 들고 다니면서 목표로 하는 사람을 숙청하고 상하이 일본총영사관에 폭탄을 투척하는 등 과격한 방법으로 독립 투쟁을 전개하던 단체이다.

이일태는 황푸군관학교에서 공산주의를 수용했다. 국공합작을 원활하게 진행하라는 코민테른의 지시에 따라 황푸군관학교 내에 중국공산당 특별지부가 설립되었다. 프랑스에서 유학한 저우언라이周恩來, 1898~1976가 정치부 주임으로 부임해 소련의 경험을 참고로 중국 실정에 맞는 중국공산당 군대와 정치 업무 방안을 명확하게 제정했다. 1926년에는 육군군관학교라는 학교 명칭도 중앙군사정치학교로 개명했다.

황푸군관학교 3기부터 교관과 학생들 사이에 공산주의가 급속하게 확산하였다. 학생들은 군사 교육 외에도 사회, 경제, 정치, 역사, 주의, 정책, 당의 강령 등 정치 수업을 받았다. 쑨원의 삼민주의 재해석을 배우고 마르크스 레닌주의 원리와 농민운동 전개 방법도 배웠다.

학생들 사이에 공산주의에 대한 관심과 공감대가 형성되고, 1925년 2월, 공산당 소그룹 '청년 군인연합회'가 조직되었다. 이들은 기관지 『청년 군인』을 발간하여 공산당의 주장과 이론을 소개하며 공산주의를 전파했다.

당시 장제스 교장의 부관으로 재직하던 손두환은 중국 '청년 군인연합회'를 본보기로 1926년 3월 28일 중산대학 제2교실에서 '한국혁명군인회'를 조직했다. 국민당이나 공산당에 가입하여 어떤 방법으로든지 혁명 활동에 참여하기를 원하는 다수의 한인 학생이 중국공산당 주위로 모이고 공산주의를 수용하는 학생과 교관이 많아졌다.


## 광둥항공학교 2기에 입교


이일태는 황푸군관학교 3기 졸업 후 5기의 구㆑대장 교관으로 활동하다가 1925년 7월, 이헌원李轩元이라는 이름으로 광둥항공학교 2기에 입학했다. 광둥항공학교 제2기생 중에는 교육 수준이 높은 공산당원이 많았다. 그들은 일어, 영어, 불어, 독어, 노어 등 한 가지 이상의 외국어를 구사하고 외국 교관들과 수업할 수 있을 정도로 어학 실력도 좋았다.

1926년 5~6월, 2기 비행반 학원 중 이일태를 포함한 12명이 소련으로 유학을 떠났다. 이일태는 중국인 3명과 모스크바비행학교에서 교육받고 나머지 동학들은 모스크바쑨원대학과 쌍트페테르브르크기계학교에서 교육받았다.

모스크바에 체류하는 동안 이일태는 항공 교육보다 공산주의 심화 교육을 받은 것으로 보인다. 쑨원이 소련 측과 군사양성 방안을 논의할 때, 처음에는 중국 학생들이 러시아 군사학교에 와서 훈련을 받거나 소련 홍군 장교가 중국에 와서 군관학교의 운영 방안을 논의하기도 했다.

그렇지만 소련 교관이 중국 남부 날씨에 적응하는 것도 쉽지 않고 중국어 배우기도 어려울 뿐 아니라 대규모의 군사전문가를 파견할 수도 없는 점을 감안해서 중국 내에 중국인이 군사학교를 설립하는 방법을 채택하고 황푸군관학교를 설립했다. 그러나 공산주의를 중국에 발전시키려는 코민테른은 소련으로 유학 온 학생들에게 공산주의 교육을 강화한 것으로 보인다.

유학을 마치고 소련에서 중국으로 귀환한 이일태는 항공 관련 업무에 종사하지 않고 공산주의를 전파하는 선전원으로 변신했다. 1930년 4월 20일 중공당원 3명과 상하이 공공 조계지에서 전차 직공들에게 공산주의 강연을 하다가 상하이 공동 조계지 최고 행정관리 기구인 공부국工部局 경찰에 체포되었다. 이일태와 함께 소련으로 갔던 동료 한 명도 난징에서 체포되었다.

이일태는 일본영사관에 인도되어 5월 13일 본적지 원산으로 압송되고, 함흥지방법원 원산지청에서 공판을 받았다. 1930년 5월 22일 국내 신문에 "중국 황푸군관학교를 졸업하고 중국군에 복무하다가 모스크바육군비행학교를 졸업한 뒤 상하이에서 활동하던 이용식일명 이병운이 체포되다"라는 기사가 실렸다. 이일태의 본명은 이용식이었다. 황푸군관학교 제3기에는 이일태라는 이름을 사용하고 광둥항공학교 제2기생 중국 측 자료에는 이헌원李乾元, 이간원李干元, 이병운李秉雲이라는 이름이 남아 있다.

이일태는 9월 19일 함흥지방법원에서 징역 2년을 구형받았다. 그에 대한 발표는 다음과 같다.


십사 세의 어린 소년으로서 부모 슬하를 떠나 혈혈단신으로 인정과 풍토가 다른 상하이로 밀항하여 조선 사람이 경영하는 금문상사에서 일하며 중국인이 경영하는 보석 학원에서 수업하고 광둥에 있는 국립 제2군관학교를 마치고 다시 국립 대사두 육군항공학교에 입학하여 21세에 난창 제3연장의 지위에 나아가게 되었다. 그는 그사이에 조선 모 운동부의 거두와 연락을 취하여 모종 계획을 하는 동시에 마춘식 일파에 의하여 결성된 차이나 광둥 고려청년동맹에 가맹하고 역시 많은 활동을 하다가 사정에 의해 군대를 사퇴하고 상하이 영국 조계지에 돌아와 권투 선수로 있으며 한인 청년동맹의 일원으로써 운동하다가 난징 정부가 공산당을 소탕하려고 불조계에 잠복하였다가 불국영사관원에게 체포되어 즉시 일본영사관을 거쳐 고향 원산으로 호송되었다.

## 한국독립당으로 복귀

한국에서 형기를 마치고 중국으로 돌아온 이일태는 난징南京에 소재하는 모 군대에 복역하면서 한국독립당 난징지부에서 활동했다. 한국독립당은 임시 정부가 해체될 위기에 처했을 때, 이동녕李東寧, 1940~1962 등 임시정부를 어렵게 고수해 온 간부들이 과거 10여 년간 유지한 임시정부를 해체하지 않기 위해 결성한 정당이다. 한국독립당은 병인의용대 의열 투쟁 방략을 계승하여 민족 주의의 입장을 견지했다.

미확인 자료에 의하면 이일태는 1943년 소령少校 계급으로 중국군 영장營長 이 되어 3천 명을 인솔하는 참장參將으로 승진했다. 국민당과 공산당의 합작과 결렬 과정을 전부 체험하고 시대의 흐름에 휩쓸려 공산주의에 편향했으나 과거를 털고 중국국민당과 한국독립당으로 귀속했다. 이일태의 이름은 1934년 한국독립당 난징지부 명단에 나타난 이후 어떤 자료에도 보이지 않는다.

참고문헌 및 자료

湖南省档案馆校 編, 『黃埔軍校同学录』, 湖南人民出版社, 1989.7.

염인호, 『김원봉연구』, 창작과비평사, 1993.1.

추헌수, 『대한민국 임시정부사』, 독립기념관한국독립운동사연구소, 1989.5.

「중국서 활동하든 이용식의 공판」, 『동아일보』, 1930.9.30.

김광재, 『어느 상인독립군 이야기, 상하이 한상 김시문의 생활사』, 선인, 2012.7.

『일체침략하 한국36년사』 9, 1930.5.18(한국사데이터베이스).

「한국독립당 당원명단(1934.6)」, 『대한민국임시정부 자료집』 33(한국사데이터베이스).

孙科志, 『上海韩人社会史研究』, 学苑出版社, 2004.5.

李宗蔚, 「孙中山与建国湘军讲武堂」, 『文史周刊』, 480기.

# 이빈

李彬, 1905~1927

약력

| | |
|---|---|
| 1905년 | 함경북도 의주 출생 |
| 1920년 | 임시정부 연통제 의주 소년 선전원 |
| 1925년 | 황푸군관학교 3기 입교 |
| 1926년 | 졸업 후 황푸군관학교 4기 정치과 대대 구대장 복무 |
| 1927년 | 광저우코뮌 기간 일본군과 교전 중 사망 |

함경북도 의주 출신 이빈의 연락처는 지린성 왕칭현汪淸縣 바이차오거우百草溝 상부지商埠地이다. 황푸군관학교 졸업 후 제4기 정치과대대大隊의 구대장 교관으로 복무하다가 1927년 중국공산당이 일으킨 광저우기의에 참가하고 사미엔에 주재하는 일본군과 교전하던 중 사망했다.

이빈
출처_ 중앙군사정치학교 4기 동학록 자료.

## 민족 의식이 강한 의주 사람

이빈은 민족 의식이 강한 의주 사람이다. 1919년 3월 1일 만세 시위 이후 의주에서는 한 달 이상 크고 작은 격렬한 만세 시위가 계속되었다. 3월 2일 오후, 천도교인들이 인근지역 농민 3,000여 명과 만세를 불렀다. 3월 3일, 고종황제 국장일에는 의주 일대의 1,200명이 읍내로 집결하여 시위운동을 벌였는데 일본 헌병들은 총검과 쇠갈고리로 진압했다.

격분한 의주 군중은 결사항쟁을 다짐했다. 의주 농업학교 학생들은 별도의 독립선포식을 거행하고 일본인 교직원이 물러나지 않으면 등교하지 않겠다고 동맹휴학에 들어갔다. 양실학교 학생 600여 명이 3월 4일 단독으로 시위를 벌였다. 헌병의 저지로 해산했으나 6일에 학생 200여 명이 산에 올라가 태극기를 달고 만세를 부르고 300여 명은 운동장에서 만세를 불렀다.

3월 15일 오후에는 청성진 부근에서 300여 명이 만세 시위를 벌이고 3월 16일에는 광평면의 200여 명이 조선총독부 광무과 출장소 부근에서 독립 만세를 부르고 시위를 벌였다. 3월 30일에는 고령삭면 영산시장에서 3천여 명이 대규모 시위를 벌이다가 군중과 헌병들이 투석전을 벌이고 헌병주재소에 몰려가 숙소를 파괴해 버렸다.

4월 2일 옥상면에서는 색다른 시위가 전개되었다. 약 2천 명이 옥상면 사무소로 몰려가 직원에게 "우리는 이미 독립을 선언하였으니 금일 이후 면사무소는 마땅히 폐지하고 우리가 새로 조직한 자치민단을 면사무소에 설치할 테니 청사와 비품 재산 등을 일체 넘기라"고 요구했다. 그리고 사무실을 점거하여 약 10일간 자치 업무를 집행했다.

계속되는 시위에 놀란 일본군은 더욱 강압적인 태도로 의주 시가에 기관총을 걸어 놓고 시민을 경계하며 통행을 제한하고 집회를 금지 시켰다. 이에 맞선 상인들은 철시하고, 노동자들은 파업을, 농민들은 양곡과 땔감 반출과 매매를 중단해서 일본인들을 곤궁에 빠트렸다. 일부 조선인 관리들도 놀라 동맹퇴직을 결의하고 사직서를 제출한 후 상하이로 탈출하는 일도 속출했다.

의주 사람들은 일제의 탄압을 받으면서도 임시정부 정책에 따라 연통제를 활발하게 실시했다. 1920년 1월 3일 의주감옥에 감금 중이던 독립군 80명이 탈옥해서 도주했다. 6월 19일 의주군 제1선전대장 이경집李敬執, 1879~?이 검거되고, 28일 의주 청년단 황사민이 검거되었다. 7월 24일 의주 군청 통신원 양승업梁承業이 검거되어 심문 받던 중 자백하여 연통제에 연루된 군 직원 및 각 면 직원이 사방으로 흩어져 피신하고 연통제는 무너졌다.

## 임시정부의 소년 선전원

일제강점기 수많은 우국지사가 나라 잃은 서러움을 안고 압록강을 건너기도 했지만, 왜놈의 통치하에 사는 것보다 자유를 찾자고 가족과 함께 남북 만주로 이주하는 사람도 많았다. 일부 가장들은 자녀를 공부시켜야만 향후 일본 세력을 꺾을 수 있다고 생각하여 자녀들을 중국으로 유학을 보냈다. 이렇게 중국에 온 15~16세 학생 중에는 자원해서 임시정부의 시정방침과 비밀문서, 독립신문 등을 비밀히 전달하는 이들도 있었다.

이빈이 독립운동하는 부모를 따라 중국으로 왔는지, 이주하는 부모를 따라 중국에 왔는지 망명 동기는 알 수 없지만, 1920년 6월, 15세 소년 이빈이 상하이 임시정부로부터 의주 선전원으로 파송된 기록이 있다. 상하이 임시정부는 어린아이라도 철저한 민족 의식이 있다고 인정되면 동지로 인정했다. 소년 이빈은 압록강을 건너 국경을 넘었다. 만주 안동安東, 현재 단동에서 배를 타고 압록강만 건너면 의주이다. 임시정부 선전원, 소년 이빈이 고향에 가서 할 수 있는 일은 무엇이었을까?

선전원들은 임시정부의 시정방침이나 문서를 전달하고 또 국내에서 모은 자금과 정보를 임시정부로 전달했다. 전쟁을 대비해 군사적 지식과 경험을 가진 자의 인적 사항을 파악하고 독립운동에 대한 민심의 동향, 일제의 계엄戒嚴 정도와 유혹, 수단과 방법, 독립운동을 하다가 처형된 자, 다친 자, 공을 세운 자, 100위안 이상 독립운동자금을 기부한 자 등을 파악해서 임시정부에 보고했는데, 소년 이빈은 어른들이 파악하고 수집한 자료들을 임시정부로 전달했을 것이다.


## 실전에 투입된 황푸군관학교 입교 예비생

이빈은 군사 지도자 교육을 받기 위해 교민기관으로부터 파견된 인물로 추정된다. 그는 황푸군관학교에 입교하기 전부터 무기를 능숙하게 다룰 줄 아는 군인이었다. 그가 군관학교 입교 전 무장군사 활동에 참여한 인물이라고 추정하는 이유이다. 임시정부는 지리적으로 국제외교가 적합한 상하이에 설치했지만, 실제 독립군은 국내 진공에 편리한 만주에 주둔하면서 국경을 넘어 일제와 전쟁을 했다. 이빈의 연락처 왕칭현 바이차오거우는 북로군정서 관할지역이며 한인 자치 기구인 국민회가 소재하고 국민회 산하에 무장독립운동단체 독군부가 소재했다.

이빈은 황푸군관학교 입교 예비생 과정부터 실전에 투입되었다. 황푸군관학교는 3기부터 군교 입학 전 3개월간 입오생 훈련 제도를 실시했다. 입오생기간은 3개월이지만 3기 입오생은 혼란한 정국으로 인해 6개월간 실전에 투입되었다.

이빈은 두 차례 동정전쟁에 참전했다. 입오생 훈련이 시작되고 불과 한 달쯤 지났을 무렵, 광둥군 총사령 천중밍이 홍콩 영국 제국주의자들과 결탁해서 광둥 혁명정부를 공격했다. 쑨원이 북상하여 광저우를 비운 사이이다. 천중밍은 자신을 '광둥의 왕'이라고 자칭하며 영국과 북양군벌 돤치루이段祺瑞, 1865~1936의 지원을 받아 10만 병력을 인솔해서 후이저우惠州 동강東江 일대에 진을 쳤다.

황푸군관학교 측은 신병으로 구성된 두 개 교도단과 3기 입오생 제1영, 제2영, 학생과 보병총대, 포병영 등 3천여 명 황푸군관학교 학생군을 조직해서 참전했다. 교장 장제스가 학생군을 지휘하고 정치부 주임 저우언라이도 직접 전쟁터로 나갔다.

전황이 긴급해지자 소련 군사고문들은 속성으로 신병을 교육했다. 기관총 사용법, 조준법, 사격, 수류탄 던지기, 전투 동작 등을 가르치고 행군을 하면서 야영 시 경계법, 지세를 이용한 교련 등, 정식 입교 후에나 배울 과목들을 가르쳤다. 여기다 소련에서 공급한 보창, 기관창, 수류탄 등 성능 좋은 병기를 사용하니, 훈련을 제대로 받지 못한 신병 교도단과 3기 입오생들이지만 단시간 내에 전투력이 강한 전사가 되었다.

교도단은 소련 군사고문의 지휘에 따라 2월 상순부터 광저우-홍콩 철도선을 따라 하루에 10~20리를 행군했다. 소련의 고문은 말을 타지 않고 보행으로 교도단과 학생군을 직접 인솔하고 작전을 지휘했다. 어느 날 장무터우樟木头에 이르러 갑자기 방향을 바꾸어 후이저우 단수이淡水 동정전쟁의 현장에 이르렀다.

전투 경험이 없는 사병들은 실탄을 들고 실전을 치렀다. 2월 12일 새벽, 단수이에서 치른 전쟁은 엄청난 사상자를 냈지만 '동정 연합군'의 승리로 끝났다. 황푸군관학교 학생군은 비록 신병이었지만 혁명에 참여한다는 굳은 의지로 노련한 군벌 병력에 맞서 견고한 혜주성을 함락하고 1925년 4월 22일 제1차 동정전쟁을 승리로 이끌었다.

1925년 3월 12일, 북상한 쑨원이 세상을 떠났다. 동정연합군 일원으로 참전한 군벌 양시민楊希閔, 1886~1967과 류전환劉震寰, 1890~1972이 국민혁명군을 배신하고 천중밍과 결탁하여 제2차 동정전쟁을 일으켰다. 윈난雲南 군벌 탕지야오唐繼堯, 1883~1927와 북양군벌 돤치루이가 양시민과 류전환에게 사람을 보내 천중밍을 토벌하지 못하게 지시했다.

양시민과 류전환은 광저우 공산화를 방지한다는 명목으로 자신의 군대를 광저우에 집결시켰다. 황푸군관학교에 급식비와 군복을 보내지 않고 병기공장에서 생산한 무기 보급도 중단시켰다.

국민혁명군은 변절한 양시민과 류전환의 군대를 진압해야 했다. 제2차 동정전쟁이다. 황푸군관학교 제3기 입오생 총부대와 황푸군관학교 2기생과 해군이 양시민과 류전환 진압전쟁에 동원되었다. 입오생들에게는 보창 한 개와 탄약 250개, 수류탄 두 매, 삽 한 자루, 도시락과 물병 한 개, 비옷과 담요 한 장이 배당되었다. 새벽 4시에 기상하여 입오생 단장 장즈중张治中, 1890~1969의 인솔하에 화력선 한 척과 목선 3대에 나누어 타고 전선으로 향했다.

3기 입오생은 6월 7일부터 14일까지 황푸黃埔와 후문虎門 진입로를 방어했다. 그 사이 황푸군관학교 제2기생 학생군과 해군이 강을 건너 양시민과 류전환 군대를 진압하고 전쟁 시작 하루 반 만에 제2차 동정전쟁은 승리로 끝났다.

황푸군관학교 학생군의 사기는 하늘을 찌를 듯 높아졌다. 3기 입오생은 두 달도 안 되는 훈련을 받고 실전에 참전하여 노련한 광둥, 윈난, 광시 군벌 연합 부대와 싸워 혁명정부의 후환을 제거했다. 쑨원의 정치이론은 탁상공론이 아닌 현실적인 혁명 투쟁이라는 것을 신병들은 확인했다.

1925년 광저우의 혁명 열기는 뜨겁고 정세는 혼란하고 복잡했다. 쑨원이 추구하는 또 하나의 혁명 목표는 중국을 위협하는 제국주의를 제거하는 것이다. 양시민과 류전환의 반란이 진압될 무렵, 6월 23일 광둥성과 홍콩의 노동자 10만 명이 대파업을 하고 반제국주의 시위를 전개했다.

5월 30일 상하이에서 발생한 반제국주의운동이 전국적으로 확산되었다. 성항省港파업이라고 불리는 광저우 반제국주의 시위이다. 1925년 4월, 상하이 일본인 방직공장에서 일본인이 중국인 여자 노동자를 학대했다. 이에 항거해서 일본 자본 계열의 41개 공장 노동자 8만여 명이 근무 개선을 요구하며 파업에 들어갔다. 일본 방직공장 측에서 노동운동을 지휘하는 구정홍顧正紅, 1905~1925을 총살하자 5월 30일 상하이 학생 2천여 명이 조계지 수복을 외치며 반제국주의 시위를 벌였다.

영국 경찰이 시위에 나선 학생 100여 명을 체포하자 군중 1만여 명이 영국 경찰서로 몰려가 체포된 학생을 석방하라고 요구했다. 이때 경찰이 총을 난사해 13명이 사망했다. 수십 명이 중상을 입고 53명이 체포되었다. 상하이 노동자 약 20만 명이 6월 1일부터 총파업에 들어갔다.

중국공산당은 전국적 파업을 단행하기 위해 광저우에서 제2차 전국 노동대회를 개최하여 노동운동 강령과 결의안 30여 개를 통과시키고 전국 총공회를 조직했다. 그 사이 홍콩과 광둥 노동자들이 단결해서 반제국주의 시위를 벌이고 학생들은 동맹휴학을, 상인들은 파업에 돌입했다.

광저우 반제국주의 시위에 앞서 6월 18일, 홍콩에서 노동자 20만 명이 대파업을 단행했다. 홍콩의 노동자 대부분은 광둥 사람이었다. 홍콩의 선원, 상인, 전차 수금원, 인쇄소, 환경미화원 등이 파업을 선포하고 홍콩을 떠나자 홍콩은 삽시간에 혼란에 빠졌다. 쓰레기가 산더미처럼 쌓이고 중국의 채소와 육식이 홍콩으로 반입되지 않아 물가는 폭등했다. 파업 3일째가 되던 6월 21일, 홍콩 노동자위원회가 정식으로 파업을 선언하고 반제국주의 선언문을 선포했다.

두 차례 동정전쟁에 참전한 황푸군관학교 제3기 입오생들은 숨돌릴 틈도 없이 광저우 반제국주의 시위에 참가했다. 6월 23일 오전 8시, 광둥과 홍콩의 시위대 5만여 명이 동교장에 집합했다. 허잉친何應欽, 1890~1987 총대장이 인솔하는 황푸군관학교 교도단과 3기 입오생 800여 명은 행렬의 맨 뒤에서 군가를 부르고 "제국주의를 타도하자", "불평등조약을 취소하자" 등의 구호를 외치며 사멘沙面 방향으로 행진했다.

시위 행렬이 사지沙基, 현재 6·23로에 왔을 때, 프랑스 조계지 내 빅토리호텔현재 승리호텔 지붕에서 외국인 한 명이 총을 쏘았다. 이를 신호로 사멘의 서쪽 다리 아래에 잠복 중이던 영국과 프랑스 군인이 시위 행렬을 향해 총을 쏘았다. 미처 대피하지 못한 군중들 52명이 사망하고 179명이 중상을 입었다. 황푸군관학교 학생 중 사상자 31명은 대부분 3기 입오생이었다.

반제국주의 시위가 끝난 뒤 제3기 입오생 과정도 마무리되었다. 학교 측은 본의 아니게 6개월 동안이나 입오생 훈련을 한 3기생들에게 성대한 입학식을 베풀어 주었다. 3기생은 3개 대대에 9개 보병대와 1개의 기병대로 편성하여 정식 수업을 시작하고 1926년 1월 졸업했다.


## 광저우기의에 참여

이빈은 혁명사상이 투철하고 총기를 잘 다루는 본보기 공산당원이다. 군교 3기 졸업 후 제4기 정치과 대대 교관으로 근무하다가 중국공산당이 일으킨 광저우기의에 참가했다. 1927년 12월, 중국공산당은 국민당 정부를 전복시키고 광저우에 소비에트 연방정부를 수립하고자 폭동을 일으켰다.

국공 합작으로 설립된 황푸군관학교는 창립 이후 2년 동안 전반적으로 협력을 잘했다. 그러나 중국혁명에 대한 관점은 근본적으로 달랐다. 겉으로 보기에는 협력이 잘 되는 것처럼 보였지만 사실 내부에는 좌·우파 투쟁이 아주 심각했다.

1927년 4월부터 좌파와 우파 사이에 잠재되어 있던 혁명적 이념에 대한 균열이 완전히 표면화되었다. 국민당은 학교 내에 깊게 침투한 공산당 세력을 제거하기 위해 무력을 동원했다. 그해 12월, 공산당은 공개적으로 폭동을 일으켜 국민당을 공격했다. 이 거사를 공산당은 '광저우기의'라고 명명하고 국민당은 '광저우폭동'이라고 한다.

한인 중에도 국민당이 먼저 무력으로 공산당을 탄압하고 국공합작을 결렬시켰다고 분노하며 공산주의에 동조하는 사람들이 많았다. 한인 공산주의자들은 공산당 혁명군사령부에 배치되기도 하고, 황푸군관학교의 교도관, 중국 학교의 강사, 군대 장교, 학생 등의 신분으로 중국공산당혁명운동에 참여하고 있었다.

황푸군관학교 교도단은 광저우기의가 진행되는 3일 동안 주력군이었다. 적위대에서 뛰어난 활약을 보인 사람들은 이전에 무기를 잡았던 경험이 있거나 혁명사상의 기초가 잘 다져진 이빈 같은 사람들이었다.

1927년 12월 12일, 중국공산당 쿠데타 본부 측에서 조선인 비행기 조종사 한 명을 배당해 주기를 요청했다. 다샤터우 비행장에 있는 총 10대의 비행기 중 쓸 만한 것이 5대였으나 그를 조종할 수 있는 조종사가 한 명도 없었기 때문이다.

이빈은 이용李鏞, 1888~1954, 양도부梁道夫, 본명 양달부, 1302~? 등 한인 교도단들과 다샤터우에 갔다. 다샤터우와 외국 조계지 샤몐은 강을 사이에 두고 돌 한 개 던지면 닿을 만한 거리이다. 샤몐에 접해 있는 주장珠江 변에 중국 배와 외국 함대 여러 척이 정박해 있었다. 그중에는 일본의 포함도 두 척 있었는데, 한 척이 이빈 일행을 향해 기관총을 쏘았다. 그 순간 이빈을 비롯한 한인 교도단들은 분노가 치솟음을 느꼈다.

당초 공산당 중앙위원회 측에서는 조계지를 공격하면 외교적인 문제가 발생할 것을 고려해 샤몐은 공격하지 않기로 했었지만 이빈 일행은 일제 침략의 원수를 갚아야 한다는 생각뿐이었다. 단 세 발의 발포가 연통 세 개를 박살내 허공에 날렸다. 이 교전에서 이빈은 25세의 나이로 전사했다.

참고문헌 및 자료

湖南省档案馆校 編, 『黃埔軍校同学录』, 湖南人民出版社, 1989.7.

김정인·이정은, 『한국독립운동의 역사 제19권 – 국내 3·1운동 I』, 독립기념관한국독립운동사편찬위원회, 2009.11.

『대한민국임시정부자료집 별책 2 – 조선민족운동연감』(한국사데이터베이스 한국근대사료DB).

유기석, 『30年, 유기석회고록』, 국가보훈처, 2010.11.

黃鐵民, 「黃埔軍校追憶点滴」, 『黃埔軍校回忆录专辑』广东文史资料第三十七辑, 广东人民出版社, 1982.11.

# 한 모 군 과 최 모 군

북벌전쟁을 수행하는데는 많은 군인이 필요했다. 황푸군관학교 지도부는 혁명군이 승리한 지역에 분교를 세워 병사를 모집하고 군사 훈련을 시켜 병력을 보강했다. 그중 1925년 12월 광둥성 차오저우에 세워진 분교에서 1926년 6월 배출된 340여 명의 졸업생은 본교 3기와 동등한 자격을 인정받고 각 군의 하급 간부로 파견되어 북벌전쟁에 참전했다.

차오저우분교 졸업생 중에 두 명의 한국인 한 모 군과 최 모 군이 있었다. 1926년 10월, 경신참변 후 독립군을 인솔하여 시베리아로 갔던 김홍일金弘一, 1898~1980이 혁명군에 가담하려고 산터우 동로군 경비사령부에 왔을 때이다. 동로 경비사령부의 사령관 허잉친이 김홍일과 막역한 친구였다. 허잉친은 푸젠으로 출전중이었고 허잉친의 동생이 사령관직을 대행하고 있었다.

산터우 동로군 사령부에서 김홍일은 뜻밖에 러시아 이만에서 같이 활동하던 이용과 해후했다. 김홍일과 이용은 자유시사변 이후 이만에서 흩어진 한인 독립군을 모아 고려 의용군을 결성하고 또 군사학교도 같이 운영하던 동지였다.

이용의 수하에 한인 한 모 군과 최 모 군이 산터우분교를 졸업하고 장교 실습을 하고 있었다. 김홍일은 푸젠성 전쟁터로 찾아가 출전 중인 허잉친을 만났다. 허잉친은 상하이에 있는 쑨촨팡孫傳芳, 1885~1935 부대에 한국인 비행기 조종사가 있다는 사실을 알고 김홍일에게 항공부대원 전원을 국민 혁명군으로 귀순시켜 달라고 부탁했다.

김홍일은 동로군 경비사령부에서 실습하고 있는 한 모 군과 최 모 군을 상하이로 보냈다. 이들은 상하이로 가서 쑨촨팡 부대의 조종사 최용덕崔用德, 1898~1969을 만나 상의했다. 쑨촨팡은 자신의 예하 한인 공군이 혁명군에게 합류할 가능성을 의심하고 이미 한인들의 비행을 금지시킨 상태였다. 이에 대응해 한국인 조종사와 기계사들은 항공기를 분해해 주요 부품을 가지고 상하이 한 호텔에 머물며 혁명군이 상하이로 들어오기를 기다리고 있었다.

한 모 군과 최 모 군이 이 사실을 김홍일에게 전해주었고, 그 이후 이들의 행방에 대한 자료는 더 이상 확인되지 않는다.

참고문헌 및 자료
님 웨일즈·김산, 송영인 역, 『아리랑』, 동녘, 2005.8.
黃鐵民, 「黃埔軍校追憶点滴」, 『黃埔軍校回忆录专辑』广东文史资料第三十七辑, 广东人民出版社, 1982.11.
김홍일, 『대륙의 분노』, 문조사, 1972.7.

황푸군관학교
4기생

후난성 당안관에서 출판한 『황푸군관학교동학록』

1926년 3월부터 10월까지 진행된 4기생 가운데 『황푸군관학교동학록』에 등재된 한인 입교생은 25명이다. 의열단의 단장 김원봉이 최림崔林으로 변성 명하고 의열단 다수를 데리고 입교했다. 4기생 중에는 만주 군정부에서 파견 된 독립군, 조선공산당운동에 투신하다가 망명한 진보자 등이 입교했다. 의열 단 이동화는 제2혁명군관학교에서 군사 훈련을 받았지만 제4기생 기간에 입 교해서 4기로 분류했다. 이번 글에는 4기생으로 약간의 자료가 있는 자들을 포함해 28명을 수록했다.

# 오창근

吳昌槿, 1900~1968

약력

| | |
|---|---|
| 1900년 | 평안북도 선천 출생 |
| 1921년 | 만주 통의부 사령부 부관보비서 의용군 특무 정사正士 |
| 1924년 | 허난 성립 중앙군관정치학교 파견 |
| 1926년 | 황푸군관학교 전학 |
| | 졸업 후 중국군 복무 |
| 1928년 | 만주로 귀환 후 국민부에 복무 |

평안북도 선천군 출신인 오세진은 오창근이라는 가명을 사용했다. 포병대대 포병1대 소속이며 연락처는 펑톈 싱징현興京縣 왕칭면旺淸門이다.

오창근
출처_『독립유공자 공적조서』.

오창근은 지린 싱징興京현 왕칭면汪淸門에 소재하는 군정자치단체 대한통의부가 군사지도자를 육성하기 위해 파견한 독립군이다. 대한통의부 의용군은 장사將士, 정사正士, 부사副士, 참사參士 계급이 있는데 오창근은 대한통의부 사령부 부관보비서副官輔秘書인 의용군 특무정사特務正士였다.

대한통의부는 경신참변과 자유시사변으로 흩어진 독립군 진영을 재정비하기 위해 조직된 군단이다. 1920년 10월, 일본군은 청산리전투에서 대패한 보복으로 조선인 마을을 습격해 민간인을 폭행하고 학살하며 민가, 학교, 성당 등 온 마을을 불살랐는데 이를 경신 참변이라고 한다. 불완전한 통계에 의하면 경신참변으로 인해 그해 10월과 11월 두 달간 옌볜延邊 등 8개 현에서 일본군에 의해 3,600여 명이 피살되고 가옥 3,200여 채, 학교 41개, 교회 16개소가 불탔다.

한국독립군 2천여 명은 일본군의 토벌을 피해 중국 국경을 넘어 소련 아무르주흑룡강주 자유시에 집결했다. 국제혁명군을 편성하던 소비에트 연방정부가 한국독립군이 국제혁명군에 가입하면 한국의 독립운동을 지원해 준다고 했기 때문이다. 그러나 1921년 6월, 자유시에 집결한 한국독립군은 통수권 문제로 동족간에 충돌이 생겨 대규모 참변이 발생했다. 정확한 숫자는 알 수 없지만 자유시사변으로 인해 500여 명이 사망하거나 행방불명이 되었고 800여 명이 포로로 잡혔다.

경신참변과 자유시사변으로 인해 한국독립군 진영이 참혹하게 붕괴되자 남만주에 남아 있던 무장 독립운동 단체 대표들이 번시本溪 환런현에 모여 대책회의를 열었다. 8월 23일 8개 단團과 9개 회會의 대표 71명이 환런현 마췌엔즈馬圈子에 모여 남만주지역에 소재하는 독립군 단체를 무조건 수용하여 하나의 단체를 만들기로 결의하고 대한통의부를 결성했다.

대한통의부는 임시정부라고 할만큼 큰 규모로 조직되었으며 남만주에서 가장 강력한 민족운동단체로 발족했다. 총장은 김동삼金東三, 1878~1937, 부총장 채상덕蔡相德, ?~1926을 선임하고 산하에 참모부, 민사부, 군사부, 법무부, 재무부 등 9개 부서를 설치하고 각 부서마다 임원을 두었다. 1923년에는 퉁화通化현, 환런현, 지안集安현, 콴뎬寬甸현, 싱안興安현, 류허柳河현, 린장臨江현, 창바이長白현 등에 26개 지방 현에 통의부 총괄사무소를 설치하고 총감 이하 임원도 선임했다.

통의부의 군사는 의용군이라고 칭했다. 통합한 단체가 보유했던 독립군 800여 명을 5개 중대와 유격대, 헌병대로 조직하고 지속적으로 군사를 모았는데 상당한 학식과 건장한 체구를 지닌 20~30대 청년 400여 명이 지원했다. 통의부는 1924년 1월 8일 개최된 중앙회의에서 군사 교육에 주력하되 적당한 지점에 장교 양성소를 설치하고 재질이 구비된 청년을 발탁하여 외국학교에 파견하여 군사상 전문 학술을 습득하게 하기로 의결했다.

오창근, 이우각, 박건웅, 김창림이 허난河南 성립 중앙군관정치학교에 파견되었다. 광저우 황푸군관학교가 설립되자 오창근은 허난 성립 중앙군관정치학교를 떠나 1925년 가을 광저우 황푸군관학교에 입교했다. 황푸군관학교 졸업 후 교도단에서 활동하다가 1928년 만주로 돌아가 통의부, 신민부와 참의부가 통합하여 성립된 국민부에서 활동했다.

참고문헌 및 자료

湖南省档案馆校 編, 『黃埔軍校同学录』, 湖南人民出版社, 1989.7.

박걸순, 「大韓統義府 研究」, 『한국독립운동사연구』 제4집.

「오창근」(한국사데이터베이스 근현대인물자료).

「오창근 공훈록」, 『대한민국 독립유공자 공훈록』 제9권, 국가보훈처, 1991.

# 박건웅

朴建雄, 1906~?

약력
1906년　평안북도 의주 출생
1924년　대한통의부 파견 독립군, 허난성립 중앙군관정치학교 수학
1925년　황푸군관학교로 전학, 입오생 교관

　박건웅의 본명은 김정우金正友이다. 보병과 1사단 보병 4중대 소속이며 연락처는 평톈 싱징현 왕칭면이다. 그는 만주 소재 대한통의부가 파견한 독립군이다. 허난성립 중앙군관정치학교에서 수학하다가 1925년 가을 광저우의 황푸군관학교로 전학했다.

　황푸군관학교 졸업 후 박건웅은 입오생 교관으로 재직하다가 1927년 12월 중국공산당이 일으킨 광저우기의에 참가했다. 봉기가 시작하던 날, 박건웅은 오성륜吳成崙, 1900~1947, 박영朴英, 1887~1927과 장파쿠이張發奎, 1896~1980, 황치샹黃其翔, 1898~1970, 천궁보陳公博, 1892~1946 등 국민당 간부를 생포하거나 사살하는 분견대에 투입되었다.

　1927년 12월 11일 새벽 3시 반, 박건웅 분견조는 트럭을 타고 장파쿠이가 체류하는 제4군 군부 소재지 자오칭肇慶회관으로 향했다. 게릴라전에 능숙한 박영 형제가 선두에서 진입하고 권총을 잘 쏘는 오성륜이 2선을 맡고, 박건웅과 몇 명이 뒤에서 지원사격을 하기로 작전을 짰다.

　그날은 일요일이었다. 잠을 자다가 총소리를 들은 장파구이는 공산당이 폭

동을 일으켰다고 판단하고 잠옷 차림으로 빠져나갔다. 거기서 전동선박 한 대를 빌어 혁명군 제5군 군장 리푸린李福林, 1874~1952의 사령부가 있는 다탕大塘으로 피신했다. 장파쿠이를 놓친 박건웅 분견조는 광둥성 정부 주석 천궁보가 머물고 있는 성 정부 초대소 쿠이웬葵園에 갔으나 천궁보도 이미 도피를 한 뒤였다. 장파쿠이가 폭동이 일어난 것을 알고 천궁보에게 연락해 리푸린 사령부로 불러내 도피시킨 것이다.

박건웅은 비록 중국공산당이 일으킨 광저우기의에 참여하고 스스로를 공산주의자라고 칭했지만 그는 민족 문제를 우선시했다. 교조적인 좌편향노선에서 벗어나 민족 해방을 추구하는 공산주의자였다. 광저우기의의 실패 후 박건웅은 백색공포가 만연한 베이징에서 김원봉과 조선공산당재건동맹을 조직했다. 1928년 3월 조선공산당ML당의 책임비서 안광천安光泉, 1897~?이 일제의 감시를 피해 베이징으로 탈출했다.

김원봉은 의열단 노선을 조선에서 활발하게 진행되는 조선공산당운동과 협력하기로 결정했다. 안광천과 협력하여 베이징에 조선공산당재건동맹 중앙지부와 조선과 만주에 지부를 설립했다. 산하에 레닌주의정치학교도 설립해서 조선공산당 재건 활동에 투입할 인재를 양성했다.

박건웅은 베이징지부 책임자로 활동하면서 레닌주의정치학교 운영에 관여했다. 그러나 레닌주의정치학교가 지나치게 공산주의 노선으로 편향했다고 판단하고 1932년 10월, 김원봉과 헤어져 조선공산당재건동맹을 떠났다.

1936년 3월, 박건웅은 김성숙, 손두환, 김철남 등 20여 명의 진보적 독립운동가들과 조선민족해방동맹을 결성했다. 이들은 공산주의 사상을 신뢰하지만 한국 공산주의자들이 중국혁명에 지나치게 몰두하다가 민족운동이 매몰될 것을 우려했다.

조선민족해방동맹은 민족 문제를 우선시하고 중국혁명의 좌편향 노선에서 벗어나 제3국제공산당과 어떤 관계도 맺지 않았다. 그래서 일부러 모임의 명칭에도 공산주의라는 단어를 넣지 않았다.

박건웅은 조선의용대 일부 대원들이 공산당 팔로군과 합류하는 것도 반대하고 임시정부가 창건한 광복군으로 단결하기를 주장했다. 1940년 11월 조선의용대의 확대간부회의에서 화북진출을 결의했지만 이미 10월 초순부터 의용대의 3개 구대는 북상하여 팔로군 활동 근거지로 진입하기 위해 뤄양洛陽으로 집결을 완료했거나 진행 중이었다.

1941년 1월, 박건웅과 김성숙은 뤄양으로 가서 조선의용대의 화북진출을 만류했다. 이들은 조선민족해방동맹 중앙집행위원회의를 열어 전선을 통일하기 위해 몇 가지 방안을 제시했다. 그중 하나가 반일민주통일전선 원칙하에 임시정부로 총집결하자는 것이었다.

박건웅과 김성숙은 임시정부가 한국 광복군을 창립한 것은 우리 민족의 혁명외교상 일대 수확이며 군사 통일에 있어서도 가장 유리한 존재라고 강조하고 현존 단독 행동부대 및 모든 혁명 청년들이 임시정부 광복군으로 집결하고 각 당파 대표들이 공동으로 당을 지휘하자고 제의했다.

이 결의안에 대해 조선민족해방동맹 중앙집행위원 7명 중 박건웅과 김성숙 등 4명이 찬성하고, 나머지 3명은 반대

김성숙의 가족 사진 속 박건웅

했다. 그러나 1941년 3월 중순부터 5월까지 조선의용대 3개 지대 80%가 4진으로 나뉘어 황하를 건너 국민당 몰래 타이항산太行山 공산당 팔로군의 항일 근거지로 들어갔다.

1942년 10월부터 박건웅은 충칭의 임시정부 활동에 참여했다. 제34차 임시의정원 회의에서 임시정부 의원으로 선출되고 병무부, 선전부, 외교부, 생계부 실무위원과 임시약헌개정위원, 건국강령개정위원을 두루 역임했다. 그는 줄곧 중도파 입장에서 우파 민족주의와 좌파 공산주의의 정치적 성향을 조화시키고 한인 통합 방안 및 근대 민족국가 건설론을 제시했다.

해방 이후 박건웅은 1946년 3월 남한으로 귀국하여 좌우합작운동에 참여하였다. 1948년 민족자주연맹 중앙집행위원의 신분으로 평양에서 열리는 남북연석회의에 참가하고 남한으로 돌아왔다. 남한과도입법의원 의원, 산업추진위원회 위원장직을 수행했으나 1950년 6·25전쟁 중 북한의 '손님 모시기' 작전에 의해 납북되었다.

참고문헌 및 자료

湖南省档案馆校 編, 『黄埔军校同学录』, 湖南人民出版社, 1989.7.

「오창근」(한국사데이터베이스 근현대인물자료).

金雨雁·卜灿雄, 「广州起义中的朝鲜义士」, 『广州起义研究』, 广东人民出版社, 1987.10.

张发奎, 「广州暴动的回忆」, 『广州起义』, 中共党史资料出版社, 1988.5.

염인호, 『김원봉연구』, 창작과비평사, 1993.1.

한상도, 『한국독립운동과 중국군관학교』, 문학과지성사, 1994.3.

김영범, 『혁명과 의열』, 경인문화사, 2010.4.

한상도, 「제2차 세계대전 시기 박건웅의 임시정부 활동과 시대인식」, 『한국독립운동사연구』 제41집 2012.4.

이종한, 『정율성평전』, 지식산업사, 2006.12.

「박건웅」, 한국민족문화대백과사전.

대한통의부 독립군

# 이우각

李愚懿, 1902~?

약력

1902년      한국<sup>미상</sup>에서 출생
1924년      허난성립 중앙군관정치학교로 파견 유학
1925년      황푸군관학교로 전학
1927년      우한 국민혁명군에 복무

본적은 한국이며 보병과 1사단 보병7중대 소속이다. 그의 연락처 펑톈 류허
柳河 산웬푸동명학교三源浦東明學校는 남만주에서 유명한 민족학교이다. 설립자
한경희韓敬禧, 1881~1935 목사는 민족 의식이 뚜렷하고 우수한 교사를 초빙하여 차
세대에게 한국 역사와 지리를 가르치고 철저한 반일 민족 의식을 강조하며 독
립운동 간부를 양성하고자 했다.

이우각은 박건웅, 오창근1900~1968, 김창림과 대한통의부에서 파송한 독립군
이다. 허난성립河南省立 중앙군관정치학교에 파견된 이들은 1925년 가을 광저
우의 황푸군관학교로 전학했다.

1927년, 황푸군관학교 졸업 후 우한 국민혁명군에 복무하면서 우한한국혁
명청년회에서 적극적으로 활동했다는 기록이 남아 있고 그 이후 행적은 보이
지 않는다.

참고문헌 및 자료

湖南省档案馆校 編, 『黃埔軍校同学录』, 湖南人民出版社, 1989.7.

「오창근 공훈록」, 『대한민국 독립유공자 공훈록』 제9권, 국가보훈처, 1991.

「오창근」(한국사데이터베이스 근현대인물자료).

국가보훈처, 「武昌 韓國革命靑年會의 成立情報와 要求事項」, 『자료한국독립운동』 2권.

# 강평국

姜平國, 1898~?

약력

| | |
|---|---|
| 1898년 | 경기도 안성 출생 |
| 1924년 | 중국 망명, 의열단 가입 |
| 1926년 | 황푸군관학교 입오생 교관 |
| 1928년 | 베이징에서 의열 활동 |

강평국의 본명은 강건식姜建植이다. 보병과 1사단 보병1중대 소속이며 연락처는 의열단 단원과 동일한 베이징北京 시안문내西安門內 마오우골목茅屋胡同 7호7號이다. 1924년 3월 중국으로 망명한 강평국은 베이징에서 활동하다가 4기에 입학했다. 군교 졸업 후, 사허沙河병단에서 입오생 교관으로 재직하다가 다시 베이징으로 이동하여 의열단 활동에 종사했다.

강평국은 변절자 김천우를 처형했다. 그 내막은 다음과 같다. 김천우는 베이징 한인청년회 집행위원이었다. 유학자 심산心山 김창숙金昌淑, 1879~1962은 한국 내 민심이 독립운동에 대해 전혀 관심이 없는 것이 염려스러웠다. 격한 수단을 동원해서라도 국민들을 진작시켜야 한다고 판단한 그는 청년결사대 나석주羅錫疇, 1892~1926에게 경비와 무기를 주어 한국으로 잠입시켰다.

1926년 12월 26일, 중국인으로 변장한 나석주가 웨이하이威海에서 배를 타고 서울로 잠입했다. 다음 날 조선인의 경제를 약탈하는 조선식산은행과 동양척식주식회사에 폭탄을 투척했는데 이 사건으로 일본인 3명이 죽고 직원 4명이 부상을 당했다. 체포된 나석주는 스스로 목숨을 끊었다.

　베이징 주재 일본영사관은 이 사건에 대해 아무런 단서를 잡지 못했다. 그러던 와중에 김천우가 영국 조계지 공제병원에 입원해서 치질 치료를 받고 있던 김창숙이 나석주사건의 주범이라고 밀고했다. 김창숙은 한국으로 압송되어 14년 징역을 받았다.

　이에 의열단이 김천우 처벌에 나섰다. 1928년 4월 11일 강평국과 한인 무정부주의자 동지가 톈진 바이허白河에서 김천우를 교살했다. 이 사건은 대외에 알려지지 않았으나 경찰에 체포된 의열단원 이종원李鐘元, 1902~?의 진술 과정에서 밝혀졌다.

참고문헌 및 자료

湖南省档案馆校 編, 『黃埔軍校同学录』, 湖南人民出版社, 1989.7.
김영범, 『혁명과 의열』, 경인문화사, 2010.4.
「無政府主義聯盟 大連에서 第2回公判」, 『동아일보』1929.2.12.
「東邦聯盟事件 第三回公判」, 『동아일보』, 1929.4.8.

# 유원욱

柳远郁, 1904~?

**연락처**

베이징 시안문西安門 내 마오우골목 7호茅屋胡同7號

**약력**

1904년    한국 출생

1926년    황푸군관학교 보병과 1사단 2중대

---

『황푸군관학교동학록黃埔軍校同学录』에 남아 있는 유원욱의 이름은 창해滄海이다. 활동 자료는 없지만 황푸군관학교 동학록에 학적 기록이 있고 연락처가 강평국과 동일한 주소여서 의열단으로 추정되는 인물이다.

---

참고문헌 및 자료

湖南省档案馆校 編,『黃埔軍校同学录』, 湖南人民出版社, 1989.7.

# 박효삼

朴孝三, 1906~?

약력

| | |
|---|---|
| 1906년 | 함경남도 출생 |
| 1926년 | 황푸군관학교 제4보병대 학생 연대 중대장 재임 |
| | 동북보안사령관 두뤼밍杜聿明여단장 휘하의 대대장 |
| 1927년 | 광저우기의와 난창봉기 참가 |
| 1935년 | 국민혁명군 제25사단 149연대 3대대장 복무 |
| | 조선민족혁명당 입당, 중앙집행위원 |
| 1938년 | 조선의용대 부대장, 제1구대장 역임 |
| 1941년 | 조선의용군화북지대 지대장 |
| 1942년 | 타이항산太行山에서 일본군과 교전 |
| | 조선독립동맹 중앙집행위원, 조선의용군 부사령 |
| 1946년 | 개인 자격으로 북한 입경 |
| 1950년 | 북한군 9사단 1군단장, 한국전쟁 참전 |

1940년대 타이항산 공산당구역에서
활동하던 조선의용군 시절의 박효삼

함경남도 함흥 출신 박효삼은 보병과 1사단 보병3중대 소속이며 연락처는 함경남도 함흥군 함흥면 중하리 90호이다.

군사적 자질이 뛰어난 박효삼은 황푸군관학교 4기 졸업 후 중국공산당 중앙당부 중대장으로 활동했다. 군교 6기 기간, 황푸학교는 외국인 학생 600명으로 독립학생대를 편성했다. 독립학생대 제1중대는 한국인, 제2중대는 베트남인,

제3중대는 말레이시아인이었다. 학생대의 대대장은 채원개蔡元凱, 1895~1974였고, 박효삼은 한국학생 1중대 중대장이었다. 그 기간 6기생 2총대 보병과 3중대 1구대장도 겸임했는데 그 당시 직위은 상위였다. 북벌전쟁 때 박효삼은 동북보안사령 장관인 두뤄밍杜聿明, 1904~1981 여단장 휘하에서 대대장으로 활약했는데 총명하고 용감하여 두 장군의 많은 총애를 받았다.

## 조선의용대 부대장

1938년 10월 우한에서 조선의용대가 창설되자 박효삼은 중국 군대에서 퇴출하여 조선의용대 부대장에 취임했다. 1938년 10월 10일 결성된 조선의용대는 약 200여 명이었다. 초창기 조선의용대는 대본부와 제1구대區隊와 제2구대로 편성되었고 박효삼은 제1구대 대장이었다.

1938년 10월 23일, 우한이 함락되기 직전, 박효삼은 장시江西 북부와 후베이湖北 남부, 후난湖南을 관할하는 제9전구를 지원하기 위해 조선의용대 제1구대 76명을 인솔해서 창사長沙로 이동했다. 1구대는 주로 표어와 벽보를 제작하여 붙이고 홍보물을 뿌리는 등 선전 활동에 주력하여 중국 인민들로부터 크게 환영를 받고 때로는 중국군과 함께 직접 전투에 참전하기도 했다. 창사는 일제의 점령을 대비해 미리 도시 전체를 불태워 초토화된 상태였다. 조선의용대 1구대 대원들은 화재로 소실된 창사 재건과 이재민 구호 활동 등 국민당 군대 적후 활동에 종사했다.

조선의용대가 국민당 통치 구역에서 2년간 활동하는 동안 조선의용대 대원이 늘어 1939년 말에는 314명이 되었다. 대원들은 대부분 이념을 떠나 오직 조국과 민족을 구하겠다는 일념이었다. 궁극적으로는 국내 진입의 가능성이 크다고 판단했기 때문에 조선의용대 지원자가 늘었다. 제1구대 일부 대원과 신병들로 조선의용대 3지대支隊를 구성했다. 조선의용대 구대區隊를 지대로 변경하고 박효삼이 혼성 3지대장을 맡았다.

1940년 11월 4일 개최된 제1차 조선의용대 간부 확대회의에서 조선의용대는 화북지역으로 진출하기로 결의했다. 그 무렵 일본이 화북을 점령하여 일본인을 대상으로 장사하는 상인이나 노동자 등 한인 약 20만여 명이 시안西安과 린현臨縣 일대로 유입되었다. 이 회의에서 조선의용대는 창립 이래 2년간 직접 전선에는 진출하지 않았지만 중국군 후방에서 진행한 적진교란, 첩보 및 선전 활동이 비교적 성공적이라고 평가했다.

더하여 향후 독립전쟁에 대비하려면 더욱 많은 병사가 필요한 바, 화북에 들어온 한인을 대상으로 사병을 모집하기로 결정했다. 특히 일본 군대에 복역하고 있는 학도병들을 조선의용대로 귀순시키기로 결의했다. 학도병들은 나라가 망한 상황에서 어쩔 수 없이 강제 징용되어 일본의 군대에서 복역하고 있지만 그들의 심중에는 일본군을 벗어나 일본과 전쟁하기를 갈망할 것이라는 이유였다.

조선의용대 일부 열혈청년들은 국민당 통치구역에서 후방업무만 할 것이 아니라 중국공산당 팔로군 근거지로 들어가 공산당군과 함께 총을 들고 일본군과 싸우자고 주장했다. 그 무렵 중국 제129사단장 류바이청劉伯承, 1892~1986과 정치위원장 덩샤오핑鄧小平, 1904~1997의 부대가 산시山西 동남쪽 타이항산에, 신사군新四軍은 장강長江 남북 양안에 주둔하여 일본군과 교전하고 있었다.

조선의용대가 팔로군 활동 근거지로 이동하는 일에 대해 조선의용대 총대장 김원봉이 중공 군사위원 저우언라이에게 승인해 줄 것을 비밀히 요청했다.

그리고 국민당 군사위원회에는 조선의용대가 화북으로 가서 한인사병을 모집할 수 있도록 승인해 줄 것을 요청했다. 이에 중국군사위원회는 조선의용대가 화북전선으로 갈 수 있도록 통행증과 화북과 인접한 뤄양 국민당 제1전구로 진입할 수 있는 안내서를 발급해 주었다.

1941년 1월 1일 새벽, 박효삼은 조선의용대 주력군을 인솔해서 충칭重慶을 떠났다. 린현에 이르러 팡빙쉰房炳勳, 1879~1963 주석이 인솔하는 국민당 부대와 두 달간 협력하여 활동했다. 린현은 산시성과 허베이성이 연접된 지역이어서 일본군, 공산당 팔로군, 친일 중국군, 국민당군이 뒤섞여 활동하는 혼란한 지역이었다.


## 타이항산에서 팔로군과 항일전쟁


박효삼이 의용대원을 인솔해서 팔로군이 활동하는 타이항산으로 진입했다. 1940년 말부터 1941년 5월까지 화중과 화남에 흩어져 활동하던 조선의용대 120여 명은 뤄양에 집결해서, 8월부터 두 달 동안 4차례에 걸쳐 중국군사위원회의 동의 없이 비밀리에 허베이河北성 시다촌西達村 팔로군 주둔지로 들어갔다.

팔로군 제129사단과 제385여단에서는 한 개 중대를 파견하여 조선의용대 주력군을 맞았다. 부총사령관 펑더화이彭德懷, 1898~1974와 정치부주임 뤄루이칭羅瑞卿, 1906~1978이 시다촌광장에서 성대하게 환영대회를 열어주었다.

조선의용대 대원 100여 명과 팔로군 병사들은 마치 오랜만에 만난 가족처럼 부둥켜안고 손뼉을 치고 노래를 부르고 구호를 외치며 환호했다. 환영회가 끝난 뒤 펑더화이, 뤄루이칭, 류보청 사단장이 의용대원들을 접견했다. 이틀

뒤 조선의용대는 129사단 주둔지와 강을 사이에 두고 마주보는 서현涉縣 중웬
촌中原村에 자리를 잡았다.


## 조선의용군 화북지대 지대장

이 무렵, 최창익崔昌益, 1896~1956이 자유로운 조선민족공화국을 건립하기 위해
조선인이 많이 살고 있는 동북에서 항일 활동을 전개해야 한다는 '동북진출'
을 주장하며 '화북조선청년연합회'를 결성하고 산시성山西省 요현遼縣 통위진桐
峪鎭에서 조선청년을 모집하고 있었다.

1941년 7월 7일, 조선의용대와 화북조선청년연합회가 연합하여 조선의용
대를 '조선의용대 화북지대'로 개편했다. 박효삼은 조선의용대 화북지대 지대
장에 선임되어 3개 구대 66명을 인솔했다. 조선의용대 화북지대 결성 후 간부
40여 명은 휴식을 취하면서 약 40일간 토론회를 가졌다.

조선의용대 대원들은 공산당 활동 구역을 동경해서 숱한 난관을 극복하고
타이항산으로 진입했다. 하지만 이곳은 태양이 찬란하게 비치는 그런 이상적
인 활동지역이 아니었다. 논은 없고 좁쌀과 옥수수만 재배할 수 있는 척박한
땅이었다. 현지 주민조차 식량과 소금, 옷 등 생필품이 극도로 부족했다. 팔로
군은 좁쌀과 옥수수로 연명하고 무기와 탄약도 부족해서 명중할 수 있다고 확
신이 설 때만 총을 쏘는 상황이었다. 장시간 토론을 하는 동안 조선의용대 구
성원 사이에 약간의 의견차이는 있지만 공산당구에 대한 막연한 동경에서 벗
어나 팔로군 근거지에 대한 실태를 구체적으로 파악할 수 있는 시간이 되었다.

지난 2년간 조선의용대가 국민당구역에서 상당히 성공적으로 활동한 만큼,

각 대원은 보수적인 태도를 버리고 정치적으로 결속하여 팔로군과 협력하며 무장 투쟁과 무장 선전 활동에 참여하기로 결론을 내렸다. 그리고 일부 대원들은 사병을 모집하고 게릴라전에 참여하기 위해 산시山西 중부와 산둥山東, 안후이安徽 등지로 파견나갔다.

화북지대 대토론 결의에 따라 1941년 8월 16일부터 간부훈련반을 개설했다. 간부훈련반은 의용대 내의 신입 대원 30명을 교육하기 위해 개설했으며 그들을 하급 간부로 양성하기 위해서였다.

국민당지역에서 정치선전에 주력해 온 윤세주尹世冑, 1900~1942와 김학무金學武, 1911~1943, 중공지역에서 경험을 쌓은 최창익 등 경험한 풍부한 교원들이 조선 문제, 정치상식, 시사 문제를 가르치면서 민족해방 투사가 될 수 있도록 민족 각오를 높이고, 계급 투쟁과 민족 투쟁을 이해할 수 있는 초보적 사회과학을 가르쳤다. 학생들은 6개월간 교육과 훈련을 받고 중공 각급 군정 기관 및 단체에 배치되었다.

조선의용대의 주요 임무는 무장 선전 활동이었다. 박효삼은 팔로군의 전략에 맞춰 조선의용대 1지대 무장 선전대를 인솔해서 스자좡石家莊, 위안스元氏, 찬황燦皇지역에서 적군을 붕괴하는 무장 선전 활동을 전개했다. 매일 저녁 어두워지면 대원들은 사복으로 갈아입고 장비를 소지하고 유격지대 깊숙이 들어갔다. "당신들의 처자와 가족이 집에서 빨리 돌아오기를 기다리고 있다", "장군들은 비행기를 타고, 병사들은 걸어서 죽어가고 있다", "너희 부모님은 백골 단지를 안고 울고 계신다", "우리는 당신들의 귀순을 환영하며 포로를 우대한다"라고 마이크를 들고 일본군 부대를 향해 크게 고함을 질렀다.

폭우가 내리거나 무더운 날에도 밤낮 적진을 향해 반전 구호를 외치거나 반전 노래를 불렀다. 일본군을 붕괴시키는 표어를 써 붙이고 귀순을 희망하는 편지를 썼다. 때로는 일본인으로 변장해서 적진으로 들어가 무기를 탈취하고 일본군 장교를 생포해 나올 정도로 박효삼 대원들의 행동은 과감해졌다.

박효삼은 조선의용대 화북지대 제2중대 20여 명을 인솔하여 후자좡에서 팔로군과 연합하여 일제와 교전을 치렀다. 1941년 12월 2일, 위안스현에서 좌담회를 개최한 뒤 약 20킬로미터 떨어진 북영北營에 가서 민중 약 400명과 민중대회를 열었다. 다음 날 3일에도 헤이수이동黑水洞에서 민중 400명과 집회를 하고, 4일에는 왕자좡王家庄에서, 6일에는 쑤춘蘇村에서 촌 간부 간담회와 민중대회, 9일에는 적과 200미터 떨어진 스바오石堡에서 적진을 향해 반전 구호를 외치고 10일에도 쑤춘에서 군중 200여 명과 군중집회를 열었다.

위안스현 선전작업을 마무리한 12일 새벽, 일본군 300여 명이 조선의용군 2중대가 숙영한 후자좡을 포위했다. 예기치 못한 총소리를 듣고 대원들이 도망하려고 할 때, 이미 포위당하고 맹렬한 공격이 가해지고 있었다.

박효삼은 대원들과 총격을 가하면서 포위를 벗어나 한 고지를 점령했다. 박효삼 부대가 일본군과 혈투를 벌이는 사이 위안스현의 정부 간부 및 군중들이 일제의 포위를 뚫고 빠져 나갔다. 손일봉孫日峰, 1912~1941, 최철호崔鐵鎬, 1915~1941, 왕현순王現淳, ?~1941, 박철동朴鐵東, ?~1941, 주동욱朱東旭, ?~1941이 전사했다. 분대장 김사량金史良, 1914~1950은 중상을 입고 김학철1916~2001은 다리에 총을 맞고 포로가 되어 일본으로 끌려갔다.

1942년 5월, 일본군은 전차와 비행기까지 동원하여 본격적인 제2차 소탕전을 개시했다. 5월 24일 일본군 3만여 명이 몇 갈래로 나뉘어 산시山西 랴오현 팔로군 전선 총지휘부와 함께 있던 조선의용군 주둔지를 포위했다. 5월 25일 팔로군 전선 총지휘부 펑더화이와 부참모장 줘취엔左權, 1905~1942 등 팔로군 고위 간부들도 포위를 당해 위험에 처했다.

팔로군과 조선의용대는 비전투원 가족까지 합쳐야 겨우 4~5천 명에 불과했다. 팔로군총사령부는 조선의용대에게 비전투요원이 탈출할 수 있도록 지원하라는 긴급 명령을 내렸다. 팔로군 경위부대와 박효삼이 인솔하는 조선의용대 전투요원들이 동서쪽에 있는 골짜기 산머리 두 개를 점령하고 일본군이 올라오는 것을 저지하는 동안 팔로군 비전투요원들은 북쪽으로 탈출했다. 조선의용대 대원들이 가진 무기는 보총 20여 개, 기관총 1개, 체코식 기관총 3정이 전부였다.

박효삼이 지휘하는 조선의용대와 팔로군 경위부대는 5시간 격전 끝에 일본군이 점령한 산머리를 탈환하고 포위된 아군을 구출했다. 팔로군사령부 참모장 쭤취엔은 적의 포위망을 뚫고 나오던 중 랴오현에서 전사했다. 5월 27일 조선의용대 비전투요원 40여 명은 4개 분조로 나누었다. 5월 28일, 진광화陳光華, 1911~1942와 윤세주가 소속된 소조가 일본군에게 노출되었다. 진광화가 적의 주의를 분산시키려고 앞장 섰다가 즉사하고, 윤세주는 상처를 입고 근처 움집에 은신하고 있다가 치료를 받지 못하고 사망했다.


## 조선의용군 부사령


1942년 7월, 화북청년연합회는 제2차 대표대회에서 화북청년연합회 명칭을 '화북동맹'으로 변경하고 조선의용대 화북지대를 '조선의용군'으로 명칭을 바꾸었다. 조선의용군은 현재는 비록 중국 항일전쟁을 지원하여 공산당군과 협력하고 있지만, 언젠가는 조선으로 들어가 민족의 독립 해방을 쟁취하는 것이 최종 목표였다.

조선의용군 하북지대의 주요 임무는 무장 선전 활동이다. 중일전쟁이 속전속결이 아닌 지구전으로 돌입하게 되자 중공 팔로군은 일본군과 정면 충돌을 피하고 적 후방지역에서 중국인의 장악력을 증대시켜 일본군을 와해를 시도했다. 간부훈련반 학습이 진행되는 동안 1941.10.5~20 제1차 무장 선전 활동을 전개했다. 화북지대는 과거 대적 선전 활동 경험이 있고 중국어에 능통한 30명으로 무장선전대를 조직하고 왕자인, 김창만 등이 작전을 지휘했다.

박효삼은 조선독립동맹 중앙집행위원회 상무위원 및 조선의용군 부사령관 직에 선임되었다. 조선의용군사령부는 타이항 방직공장, 조선의용군병원일명조선대중병원, 삼일상점, 의용군사진관 등을 경영해서 경제적 자립을 도모했다.

조선의용군 활동 소식이 동포 사회에 전해지면서 조선의용군에 가담하려는 자들이 점점 늘었다. 박효삼은 '조선청년 혁명 간부학교'를 설립해서 당·군정간부를 양성했다. 군정학교의 여건은 열악하지만, 학습열의가 높아 서현, 중웬, 난창으로 이동하면서 3년 동안 약 300여 명을 배출했다.


## 순조롭지 못한 귀국길

1945년 8월 6일과 9일, 미국이 두 차례 일본에 원자폭탄을 투척했다. 8월 10일 자정, 중국 집단군 총사령관 주더朱德, 1886~1976가 조선의용군에 관련된 6호 지령을 내렸다. "김무정武亭, 1905~1952을 총사령관으로, 박일우朴一禹, 1904~1955를 부사령관 겸 정치위원으로, 박효삼은 부사령관 겸 참모장으로 임명"하며 "조선의용군은 먼저 중국 동북을 경유해 조선반도에 진입해 해방전쟁을 일으켜 조선인민을 해방하라"는 지시였다.

박효삼은 조선의용군을 인솔해서 귀국 장정에 올랐다. 연안延安에서 평양까지 5,000여 킬로미터, 타이항산에서 활동하던 조선의용군 300여 명과 신사군에서 활동하던 조선의용군 70여 명은 매일 100여 킬로미터를 걸어 한 달 만에 장자커우张家口에 도착했다.

조선의용군이 마을 하나를 지날 때마다 조선 유민들이 끼어들어 행렬은 점점 길어졌다. 새로 합류한 사람들은 학병이나 징병 출신도 있지만 대개는 여러 가지 이유로 만주에 흘러 들어왔다가 귀국하려는 유민들이었다. 팔로군이 점령한 청더承德에서 기차를 타고 11월 2일 옌안을 떠난 지 두 달 만에 선양瀋陽에 도착했다. 1945년 11월 7일, 선양역 광장에서 소련 10월 혁명을 기념하는 열병식이 개최되었다. 행사에 참여한 조선의용군 대열은 약 2,000명에 이르렀다.

조선의용군은 선양에서 더 이상 조선으로 진군하지 못했다. 독립동맹과 조선의용군이 비바람 맞으며 귀국길에 올라 민족대이동을 하는 동안 해방된 조국에는 38선이 그어졌다. 국경선이 잘렸고 남북 양쪽에 소련군정과 미군정이 각기 따로 정치를 시작한 것이다.

일본이 투항하자 스탈린은 일본과 전쟁을 선포하고 곧바로 소련군을 만주와 한반도 북부에 상륙시켰다. 8월 8일 오후 11시 50분, 소련군 제25군이 소련에 거주하던 조선인 80여 명을 보트에 태우고 두만강 하류 경흥군 토리土里에 상륙했다.

8월 9일 0시부터 소련군은 함경북도 나진항만에 폭탄을 투하하여 일본 관동군 물자창고를 폭파해 나진항만은 불바다가 되고 일본군은 철수했다. 같은 날 새벽 5시부터 소련군은 웅기항만에 폭탄을 투하해 부두와 세관, 병영과 경찰 헌병대 건물을 폭파했다.

소련은 한반도 북쪽의 청진, 나진, 웅기항만을 점령했다. 만주와 일본을 오가는 항만과 통신을 차단하고 점차 서울과 한반도 전체를 점령할 예정이었다. 오후 5시 반에 소련 군함 2척이 입항했다. 조선의 일부 지식인들은 소련군 경비대를 찾아가 지역 행정부를 구성해 달라고 제안하기도 했다.

8월 11일 미국 군부는 소련의 한반도 점령을 막기 위해 38선을 경계로 남북한의 종전 문제를 처리하자고 소련에 제의했다. 미군합동참모본부 해리 트루먼Harry S. Truman, 1884~1972이 루스벨트 대통령의 재가를 거쳐 북위 38도선 이북은 소련이, 이남은 미군이 일본군의 투항을 접수하기로 협의했다. 8월 11일 저녁 하지 중장이 미 육군 24군단과 상급 부대인 10군10th Army을 인솔하여 한국에 상륙하고 일본의 항복을 접수했다.

소련군은 8월 하순부터 평양을 점령하여 일본군의 투항을 접수하고 삼팔선을 봉쇄하여 남북 통행을 막았다. 11월 말 박효삼과 소수의 조선의용군 간부들이 선두부대를 인솔해 압록강을 건너려고 시도했으나 신의주에서 소련군에게 무장 해제 당하고 쫓겨났다.

스탈린은 일본이 항복하고 조선에서 물러가면 미국보다 먼저 한반도에 소비에트령 인민공화국을 세울 준비를 하고 있었다. 블라디보스토크 군사양성소는 중국과 만주에서 의용군 활동을 하던 김일성金日成, 1912~1994, 최용건崔鏞健, 1900~1976, 김책金策, 1903~1951 등을 북한 정권을 창출할 한국인 군사 전문가로 양성하려 조선에 투입했다.

짧게는 10년, 길게는 30년간 중국에서 망명 생활을 하며 조국독립에 한평생을 바친 독립동맹 간부들은 소련의 간섭으로 해방 영웅이 아니라 개인 자격으로 입국을 했다. 1946년 3월 중국공산당 중앙동북국中央東北局이 발표한 '조선의용군朝鮮義勇軍에 관한 임시 편성 방안'에 따라 조선의용군 핵심 간부 박효삼과 박일우 등 일부 간부가 조선에 입경했다.

선양에서 평양 입국 허가를 기다리던 조선의용군 1,500여 명은 조선으로 입경하지 못하고 제1·3·5지대로 개편하여 남만주, 북만주, 동만주로 흩어져 동포를 보호하고 동북기지 건설에 참여했다.

박효삼은 북조선중앙훈련소 소장직을 맡고 연안파로 구성된 조선 신민당 중앙위원을 지냈다. 1948년 3월 조선노동당 제2대회에서 중앙위원회 위원으로 선출되고 중앙위원회 부부장을 지냈다. 1950년 6·25전쟁 때에는 북한군 9사단장, 1군단장으로 한국전쟁에 참전했다.

참고문헌 및 자료

湖南省档案馆校 編,『黄埔軍校同学录』, 湖南人民出版社, 1989.7.

刘东浩,「成立第三支队前后」,『朝鮮义勇軍第三支队』, 黑龙江朝鮮民族出版社, 1987.7.

한상도,『한국독립운동과 중국군관학교』, 문학과지성사, 1994.3.

김홍일,『대륙의 분노』, 문조사, 1972.6.

국가보훈처,『독립운동사 제6권 - 독립군전투사(하)』.

염인호,『김원봉연구』, 창작과비평사, 1993.1.

김영범,『혁명과 의열』, 경인문화사, 2010.4.

崔采,「向往太阳灿烂的太行山根据地」,『在中国的旷阔的大地』, 延边人民出版社, 1987.8.

김학철,『무명소졸』, 辽宁民族出版社, 1998.12.

염인호,『한국독립운동의 역사 제53권 - 조선의용대·조선의용군』, 독립기념관한국독립운동사연구소, 2009.9.

박효삼,「創立二周年活動의 成果」,『독립운동사』 제3권.

傅德华,「중공의 지도자와 재중국의 한국교민」,『중국항일전쟁과 한국독립운동』, 시대의창, 2005.4.

이종한,『정율성평전』, 지식산업사, 2006.12.

서명훈,「朝鮮义勇軍第三支队的诞生与活动」,『朝鮮族百年史话』第二集, 辽宁人民出版社, 1984.4.

민족 문제를 앞세운 혁명가

# 김원봉

金元鳳, 1898~1958

약력

| 1898년 | 경상남도 밀양 출생 |
| --- | --- |

1898년    경상남도 밀양 출생
1916년    독일 군사학 유학 준비차 중국 톈진 덕화학당 입교,
1918년    덕화학당 폐교로 금릉대학 영문과 입학
1919년    신흥무관학교 입교했다가 무장폭력 단체 의열단 조직
1924년    국공합작을 선언하는 중국국민당1차 전국대표대회 방청
1926년    의열단 17명 인솔해서 황푸군관학교 4기 입교 및 졸업
1927년    장제스의 '청당' 정변시 우한으로 이동, 중국공산당 난창南昌봉기 참가
1929년    조선공산당재건동맹 조직
1932년    중국국민당 삼민주의 역행사 지원받아 조선혁명군사정치학교 운영
1935년    조선민족혁명당 조직 및 총서기
1938년    조선의용대 창설, 총대장
1942년    한국광복군 부총사령 취임
1944년    대한민국임시정부의 군무위원, 군무부장
1948년    남북협상 때 월북, 조선민주주의인민공화국 제1기 대의원, 검열상
1950년    전시노동상
1956년    조선인민공화당조선노동당 중앙위원회 중앙위원
1957년    최고인민회의 상임위원회 부위원장
1958년    김일성 비판을 제기한 남조선노동당과 연안파 제거 작업 때 숙청

최림은 김원봉金元鳳이 황푸군관학교 입교시 사용한 가명이다. 1926년 봄, 김원봉은 상하이에서 국민당 원로 천궈푸陳果夫, 1892~1951의 소개서를 소지하고 박효삼, 박건웅 등 의열단원 17명과 함께 입학을 신청했다. 당시 군교 정치부 주임이었던 샤오리쯔邵力子, 1882~1967가 천궈푸의 소개 편지를 장제스 교장에게

전달하고, 입교생들은 간단한 시험을 치르고 전
원 제4기생으로 입학했다. 그는 보병과 1사단
보병 1중대에 소속되었다.

김원봉
출처_중앙군사정치학교 4기 동학록.

## 조국해방 방략을 모색한 소년

1910년 국권이 피탈되던 해, 김원봉은 일본인
이 설립한 학교에 다니고 있었다. 나라가 망했
다는 소식을 듣고 김원봉과 윤세주 등 몇몇 소년들은 설움을 이기지 못하고
울음을 터트렸다. 그 후 고의적으로 일어 수업 시간에 빠지고 학교도 결석했
다. 1911년 4월 29일 일본 천황의 생일을 기념하는 날, 김원봉은 친구들과 일
본국기를 구겨서 학교 화장실에 집어넣었다.

일본학교 졸업 후 고향 마을 갑부 전홍표全弘杓, 1869~1929가 사재를 털어 청소
년들의 항일 의식을 고취하기 위해 세운 동화학교에 편입했다. 전홍표 교장은
"우리 목숨이 붙어 있는 동안 강도 일본과의 투쟁을 하루도 게을리할 수 없다.
빼앗긴 국토를 도로 찾고 잃어버린 주권을 회복하기 전 우리는 언제나 부끄럽
고, 언제나 슬프고, 또 언제나 비참하다"는 말을 자주 했다. 이 말은 35년이 지
나도 잊히지 않고 김원봉의 뇌리에 생생하게 남아 교훈이 되었다.

김원봉은 친구 윤세주와 둘이서 체력을 단련한다고 연무단을 만들었다. 여
름 뙤약볕 아래 강가 모래밭에서 축구를 하고, 겨울에도 등교하기 전, 등산과
냉수욕을 했다. 일본 경찰이 전홍표 교장을 위험 인물로 지명하고 동화학교
폐교령을 내렸다. 김원봉은 이리저리 다니며 돈 80위안을 모아 학교지원금이

라며 교장에게 건넸다.

할머니의 배려로 상경하여 중앙학교에 편입했다. 민족이 위기에 처했지만 할머니는 고대광실에서 사치하며 호의호식하고 있었다. 거부감이 생긴 김원봉은 서울학교 생활을 접고 고향으로 되돌아와 절로 들어갔다. 1년 동안 절에 은거하여 독서를 하면서 국가의 살길을 모색했다.

제1차 세계대전이 한창일 때, 조선 애국자들은 강한 군사력을 가진 독일이 일본을 이길 것이라고 예견하고 한국이 독일과 협력하면 독립을 얻을 수 있다고 예견했다. 김원봉도 독일과 같은 강한 군대가 있어야 나라를 지킬 수 있다는 결론을 내리고 다시 상경하여 중앙학교에 재학하다가 독일로 유학가서 군사학을 배우기로 마음먹었다.

1916년 독일어를 배우기 위해 중국 톈진天津으로 와서 독일인이 세운 덕화학당에 입학했다. 그러나 김원봉의 기대와는 달리, 여름방학에 잠깐 귀국한 사이, 중국이 유엔에 가입하고 독일과 이탈리아에 전쟁을 선포하여 중국에 체류하던 독일인들은 추방을 당하고 덕화학당은 문을 닫았다.

김원봉은 다시 고향에서 김두전金斗全, 1983~1964, 이명건李命鍵, 1901~?과 친교를 맺고 해외로 나가 큰일민족해방운동을 하기로 약속했다. 김원봉의 고모부 황상규黃尚奎, 1890~1931가 이들에게 해외에 체류하는 동안 조국 산천을 잊지 말라고 김원봉에게는 약산若山, 이명건에게는 약성若星, 김두전에게는 약수若水라는 호를 지어주었다. 1918년 9월, 이들은 난징 금능대학金陵大學에 입학하고 영어를 배웠는데 얼마 지나지 않아 제1차 세계대전이 끝났다.

1919년 1월 18일, 영국, 프랑스, 미국 등 27개 전승국이 제1차 세계대전 후 국제 사회의 질서 및 약소국 문제 등을 논의하는 파리 평화회의를 개최했다. 상하이 임시정부는 김규식金奎植, 1881~1950을 회의에 파견해 일본이 강제로 체결한 한일병합조약이 무효임을 선언해 주기를 호소한다고 한다. 이 말을 들은 김원봉은 국가의 존립과 관련된 중요한 문제를 외국에 호소하여 해결할 수 없다고 결론을 내리고 자신이 직접 파리에 가서 일본 대표를 암살하려고 했으나 일이 누설되어 뜻을 이루지 못했다.

김원봉은 서간도에 농지를 구입해 젊은이들을 모아 농사를 지으며 군사를 양성하고 싶었다. 일찍부터 동북지역에서 독립운동을 하는 선배들의 의견을 듣기 위해 지린으로 가는 길에 한국에서 비폭력적인 방법으로 3·1만세운동이 일어났다는 소식을 들었다. '비폭력'이라는 단어에 또 반감이 생겼다. 온 국민이 비폭력으로 만세를 외치며 삼천리강산을 뒤흔들었다고 해서 과연 잃어버린 국권을 뺏어 올 수 있을지 의문이었다.

고모부 황상규가 활동했던 대한독립군정서를 찾아가 상황을 파악했다. 군대는 짧은 시간에 양성할 수 없다는 것을 알게 된 김원봉은 주저없이 한국독립군을 양성하는 서간도 지린 류허현柳河縣 산웬바오三元堡로 가서 신흥무관학교에 입학했다. 중국인 교수로부터 폭탄 제조법을 배우고 김상윤金相潤, 1897~1927, 한봉근韓奉根, 1894~1927, 이종암李鐘岩, 1896~1930, 권준權晙, 1895~1959과 같은 동지들을 만났다.


## 광복대업을 위해 의열단 조직

당장 군대를 조직할 수 없는 현실이라면 조국을 뺏은 강도 일본과 투쟁할 수 있는 대안은 폭력이었다. 마침 죽마고우 강세우가 밀양에서 3·1만세운동을 하고 중국으로 왔다. 김원봉은 언제까지 공부만 할 수 없으며 빨리 직접 행동이라도 추진해야한다는 급박한 생각이 들었다.

1919년 11월 9일, 동지 13명과 황상규의 지도하에 지린 중국인 판裵씨 집에서 밤새워 토론했다. 현재 임시정부 등 독립운동단체들이 미온적이고 온건한 방식으로 투쟁하고 있는바, 목숨을 아끼지 않는 열혈지사들이 "적의 군주 이하 각 대관과 일제의 고관을 암살하자", "적의 일체 시설물을 파괴하자"며 끊임없는 폭력으로 일본의 통치를 방해함으로써 조국 광복의 대업을 성취하자고 결의했다. 이렇게 하면 동포들도 애국심과 배일사상을 조장하고 민중적인 폭력을 일으킬 것이기 때문이다.

이들은 조선 독립과 세계평등을 위해 온 힘을 다할 것을 맹세하고 의열단을 결성했다. 활동지침 공약 10조를 제정하고, '7가살可殺', '5파破'라는 행동대상도 정했다. '7가살'이 뜻하는 암살 대상은 조선총독 이하 고관, 군부 수뇌, 대만총독대만총독도 친일파로 약소민족을 억압, 매국노, 친일파 거두, 염탐군, 반민족 토호열신이다. 파괴대상 '5파'는 조선총독부, 동양척식주식회사, 매일신보사 , 경찰서, 기타 왜적기관이다.

의열단은 곧바로 행동을 시작했다. 단장 '의백義白'에 선출된 김원봉은 비밀히 의열단 전략을 추진했다. 베이징, 톈진, 난징, 홍콩 등지를 오가며 단원을 모집하고 고성능 폭탄을 입수하면 이륭양행伊隆洋行 선박회사를 통해 한국으로 보냈다.

이륭양행 사장 쇼우George Lewis Shaw, 1880~1943는 영국계 아일랜드인이었다. 일제를 증오하는 그는 자신과 회사의 안위를 돌보지 않았다. 회사 2층에 임시정부 교통국交通局 안동지부安東支部를 설치하고 임시정부의 물품이나 의열단이 사용할 폭탄을 자신 소유의 기선에 실어 운반했다. 경비도 받지 않고 오로지 한국에 대한 동정심의 발로였다. 임시정부나 의열단 요원들은 이륭양행 선박을 이용해 상하이, 만주와 한국을 왕래하고 위험에 처하면 그의 집에 숨기도 했다.

1920년 9월 14일 부산에서 박재혁朴在革, 1895~1921이 고서古書 상인으로 위장하여 부산경찰서 서장을 향해 폭탄을 던졌다. 경찰서장은 죽이지 못했지만, 이 거사는 의열단원들이 죽음으로 정의를 실행하는 출발점이 되었다.

1920년 12월 27일 최수봉崔秀峰, 1894~1921이 밀양경찰서에 폭탄 2개를 던지고 사형 선고를 받았다. 1921년 9월 중순 김익상金益相, 1895~1942은 전기공으로 위장해 총독부 건물에 침입해 폭탄 3개를 던지고 경찰의 추적을 피해 중국으로 왔다. 1922년 3월 28일, 김익상, 오성륜1900~1947, 이종암李鐘巖, 1896~1930이 일본 침략을 책화한 다나카 기이치田中義一, 1864~1929 대장 암살을 시도하다가 미수에 그쳤다.

의열단 이름은 사회에 알려지지 않았고, 김원봉이 전체 과정을 극비리 진행했기 때문에 구성원들조차도 구체적인 상황을 몰랐다. 의열단 사무실이 상하이에 있었지만 김원봉은 야간에 극비로 드나들고 경찰의 눈을 피해 매일 밤 단원들의 처소로 옮겨 다니며 잠을 잤다.

의열단은 목표 달성을 위해 너무 잔혹한 수단을 동원한다는 비난을 많이 받았다. 임시정부 인사들조차 의열단의 과격한 수법이 정치적 효과보다 피해가 크다고 비난했다. 때로는 변절자가 생겨 의열단의 행동계획이 일경에 발각돼 실패로 끝나기도 했다.

의열단이 세간의 비판에 직면하자 류자명柳子明, 1894~1985이 역사학자 신채호申菜浩, 1880~1936에게 부탁해서 의열단의 독립운동 노선과 투쟁 방법을 대외에 천명하는 「조선혁명선언」을 발표했다.

민중은 우리 혁명의 대본영이다. 폭력은 우리 혁명의 유일한 무기이다. 우리는 민중속으로 가서 민중과 손잡고 끊임없는 폭력, 암살, 파괴, 폭동으로써 강도 일본의 통치를 타도하고, 우리 생활에 불합리한 일체 제도를 개조하여 인류로서 인류를 압박지 못하며, 사회로써 사회를 약탈하지 못하는 이상적 조선을 건설할지니라.

「조선혁명선언」이 의열단의 행동 목표와 항일 투쟁 노선을 정당화시켰다. 단원들은 폭탄이나 총과 함께 「조선혁명선언」도 소지하고 다녔다. 「조선혁명선언」이 발표된 후 임시정부의 김구金九, 1876~1949와 유학자 김창숙이 의열단 고문을 맡았다.

김원봉은 고전적인 유형의 테러리스트였다. 냉정하고 두려움을 몰랐다. 그는 거의 말이 없고 웃지도 않았다. 주로 도서관에서 독서로 시간을 보냈는데 투루게네프의 소설 『아버지와 아들』을 좋아하고 톨스토이의 글은 모조리 읽었다. 그는 여자들을 좋아하지 않았지만 빼어난 미남이고 로맨틱한 용모를 가졌기 때문에 멀리서 그를 동경하는 아가씨들이 많았다.

김원봉에게는 애국심과 동지를 뜨겁게 사랑하는 두 가지 성격이 있었다. 자기가 만난 사람을 설득시켜 동지로 만들겠다고 결심하면 며칠을 두고 모든 정열을 쏟아 뜻을 이루었다. 그런 김원봉의 모습이 동지들로부터 신뢰감을 얻었고 죽음을 두려워 않고 의욕적으로 의열 활동에 투신하도록 만들었다. 또 부하가 궁핍하다는 이야기를 들으면 자기가 입은 옷을 저당 잡히는 도량도 발휘하며 단원들 사이에 신뢰를 쌓았다.

의열단원들은 종교적인 신자처럼 테러를 숭배했다. 언제나 스포츠형의 양복을 단정하게 입고 머리도 깔끔하게 손질했다. 그들은 죽음을 두려워하지 않았다. 정예 용사처럼 자신들의 선혈로써 망국의 치욕을 씻어 낼 수 있다고 굳게 믿고 과감하게 일제 요인을 암살하고 반역자들을 처단했다.

## 암살과 파괴에서 대중운동으로 전환

의열단의 '암살과 파괴'라는 투쟁노선을 대중운동으로 전환시킨 계기는 1924년 1월, 광저우에서 개최된 중국국민당 제1차 전국대표대회였다. 쑨원이 국민당을 개조하여 소련과 연합하고 공산당과 협력한다는 국공합작을 선포했다.

2층 외국인 방청석에서 회의를 방청하던 김원봉은 그동안 자신이 추진해온 의열단 노선에 대해 깊이 숙고하는 기회가 되었다. 의열단 창립 이후 약 5년 동안 한국, 중국, 일본 등지에서 암살과 파괴로 일제를 타격했다. 자신은 배후에서 조종하며 일제와 투쟁을 지속했으나 실패한 점도 많았다. 의열단 창립 멤버 13명 중 5명이 투옥되거나 비밀을 지키기 위해 자살을 선택했고 무고한 사람들도 많이 희생되었다. 어떤 조직적인 투쟁이 필요했다.

1924년 조선에 공산주의가 확산되면서 의열단은 더 심각한 상태에 빠졌다. 간부이던 윤자영尹子榮, 1894~1938이 의열단을 이탈해 조선공산당에 입당하더니 상하이 삼일교회에서 청년동맹회를 창립했다. 청년동맹회는 의열단과는 달리 공개적으로 연극공연 등 행사를 진행하고 임시정부 기관지 『독립신문』에 청년동맹회를 홍보하며 회원을 모집했다. 의열단원 100여 명이 이탈하여 청년동맹회에 가입하고 상하이에 의열단원 15~16명이 남았다. 그나마 재정이 부족해 7~8명이 좁은 방에 모여 국수나 만두로 허기를 때우는 상황이었다.

김원봉은 비밀리에 쑨원을 방문했다. 쑨원은 김원봉에게 "나의 경험에 비추어 볼 때 조국 독립운동을 하는 데는 군사적 지식이 필요하다. 군사지식을 보유한 지도자가 병력을 지휘하여 일본군을 이길 수 있다. 원한다면 광저우 육군사관학교에 입학해서 체계적인 군사학을 공부하기 바란다"고 조언을 했다.

쑨원의 권고에 따라 사관학교에 입학한다면 김원봉은 의열단의 활동을 중단하고 노선을 변경해야 했다. 이 문제에 대해 동지들과 장시간 토론했는데 부단장 김상윤金相潤, 1897~1927이 극구 반대했다. 의열단 창립 이후 5~6년간 크고 작은 수백 건의 활동을 통해 의열단의 이름이 세상에 알려졌고, 김원봉의 명성도 대단한데 굳이 중국 사관학교에 입교해서 교육을 받을 필요가 없다고 말렸다.

그러나 김원봉은 확고한 결심을 되돌리지 않았다. 의열단 재기를 기대했던 김상윤은 샤먼廈門에서 자금조달을 위해 동분서주하다가 푸젠 취안저우泉州 설봉사雪峰寺에서 외롭게 세상을 떠났다.

김원봉은 의열단원 모두가 황푸군관학교나 중산대학에 입교해 훈련과 교육을 받고 핵심적인 민족지도자가 되기를 희망했다. 혁명은 일종의 제도 변혁이다. 일제 요인 몇 명을 암살하고 일제의 통치 기구 몇 개를 파괴하는 것만으로는 절대 제도를 변혁할 수 없다. 제도를 변화시키려면 일반 대중을 인솔해서 투쟁을 해야 하는데 김원봉은 자신이 먼저 군사적 지식을 배워야 한다고 확신했다.

1925년 여름, 김원봉은 중국국민당 정부의 지원을 받기 위해 광저우에 와서 랴오중카이廖仲愷, 1877~1925, 탄핑산潭平山, 1886~1956 등 국민당 좌파 지도자들을 찾아갔다. 그 무렵, 마침 광둥성과 홍콩이 연합하여 대파업을 거행하는 등 반제국주의 바람이 세차게 불고 있었다. 광저우 국민당 정부는 쑨원의 반제국주의 정책과 김원봉의 반제국주의 노선이 국민당 정책과 부합한다고 판단하여 김원봉에게 지원을 약속했다.

그리하여 8월, 김원봉은 의열단 단원 50~60명을 인솔하여 광주로 왔다. 그러나 공교롭게도 지원을 약속한 랴오중카이가 국민당 내 우파세력에 의해 암살을 당했다. 결국 국민 정부로부터 약속된 지원이 무산되었다. 이듬해 1926년 1월, 국민당 제2차 전국대표대회 참석차 광저우를 방문한 여운형呂運亨, 1886~1947이 황푸군관학교 교장 장제스를 만나 협조를 요청함으로써 김원봉의 희망이 성취되었다.

1926년 봄, 김원봉은 상하이에서 천귀푸로부터 받은 소개서와 1인당 은화 20위안, 배표를 받아 광저우로 와서 황푸군관학교에 입학했다. 김원봉은 황푸군관학교에 입교하는 학생들을 의열단원으로 확보했다. 1926년 9월, 5기에 입교한 오봉환吳鳳煥, 1905~?은 휴일에 한인 동창 80여 명과 학교 교정에서 간단한 의열단 선서식에 참여했다고 진술했다.

김원봉은 나아가 장차 의열단이 한국 독립운동의 주체적 정당이 되기를 준비했다. 1926년 겨울과 이듬해 봄, 광저우에서 두 차례 의열단집행위원회가 열렸다. 주요 의제 중 하나가 한국에서 조직할 수 없는 정치적 정당을 조직하는 것이었다. 그 무렵 광저우에 집결된 한인은 800여 명이었다. 여러 차례의 회의를 거쳐 의열단을 민족혁명당으로 개조하기로 결의했다. 민족혁명당은 의열단의 투쟁 전략이 달라진 것이지 조직 자체가 사라진 것은 아니었다. 김원봉은 최고지도자로 선임되고 중앙위원 11명이 선출되어 민족혁명당의 강령과 정책을 만들었다.

또 다른 하나의 의제는 의열단의 노선 변경이다. 황푸군관학교와 중산대학에서 교육을 받고 사상과 정치수준이 제고된 의열단원들은 이제 파괴나 암살 같은 단순한 수단과 방법으로는 독립운동을 전개할 수 없었다.

1927년 4월, 중국 국공합작이 결렬되었다. 국민당이 대규모 공산당을 숙청했다. 국공합작을 통해 민족운동의 진로를 찾으려던 한인 혁명가들의 기대도 무너졌다. 한국 독립운동계도 분열이 심화되고 짙은 먹구름이 드리워졌다. 김원봉은 광저우를 떠나 우한으로 가서 공산당 허룽賀龍, 1896~1969 부대에 소속되어 공산당이 일으킨 난창南昌봉기에 참가했다. 난창봉기를 마지막으로 그 이후 김원봉은 중국의 어떠한 쿠데타나 내부 전쟁에 참가하지 않았다.

1928년 11월, 의열단 창립 9주년을 기념한 중앙집행위원회에서 "강도 일본으로부터 조선의 절대독립을 탈환하기 위해 의열단의 유일한 방도는 협동 통일이며 광범위한 대중의 혁명적 욕구를 민족운동의 원동력으로 삼겠다"고 의열단의 임무를 천명했다.


## 김원봉이 공산당이라고 지적되는 이유


김원봉은 혁명 세력을 조선 민중속에 두고, 대중운동과 연계하기 위해 조선공산당 책임비서 안광천安光泉, 1897~?과 손을 잡았다. 1929년 봄, 조선공산당이 세 번째 일제로부터 박해를 받고 안광천이 베이징으로 도피해서 조선공산당 재건을 도모할 때였다.

김원봉은 진국빈陣國斌이라는 가명으로 조선공산당재건동맹을 조직했다. 사회주의자로 변신한 것이다. 조선공산당재건동맹 위원장은 안광천, 중앙위원으로 김원봉, 박건웅, 박문호朴文昊, 1907~1934, 이영준李英俊, 1900~?, 박차정朴次貞, 1910~1944 등 7명이 참여했다. 조선과 북경, 만주에 지부를 설치하고 조선지부 산하에 목포, 부산, 강릉, 대구, 경성, 평양, 신의주, 원산 등에 지방 간부국 조직을 설치했다.

조선공산당재건동맹 부속기관으로 레닌주의정치학교를 개설했다. 레닌주의정치학교는 6개월간 공산주의 이론, 조직과 투쟁 전술, 조선혁명사 등을 가르쳤는데 1930년 4~9월과 1930년 10월부터 1931년 2월까지 모두 21명을 배출했다. 혁명세력을 조선 민중속에 두고, 프롤레타리아 혁명운동을 전개한다는 취지였으나 성과는 전반적으로 부진했다. 레닌주의정치학교 출신들은 조선으로 가서 공장이나 농촌 민중속으로 잠입했다. 그러나 레닌주의정치학교가 정통 공산당 조직이 아니었기 때문에 이들은 조선 공산주의자들로부터 이단시되고 배척당했다.

이 시기 김원봉의 민족운동관은 좌익으로 기울고 사회주의 색채가 뚜렷하지만 결코 교주주의적인 레닌형의 극좌파는 아니었다. 어디까지나 항일의 큰 테두리 안에서 공산주의와 민족주의자의 협동이라는 민족협동전선을 지향한 것이다.

김원봉을 잘 아는 김성숙金星淑, 1898~1969은 김원봉에 대해 "그는 기본적으로 민족주의자요, 애국자이며 항일을 앞세운 투사이지 공산주의가 좋아서 출발한 것이 아니며 레닌주의정치학교도 공산주의 간부를 양성하겠다는 것이 아니었고 항일청년을 양성하기 위한 것이었다"고 회고했다.

1931년 레닌주의정치학교 3기 학생을 모집할 즈음 일제가 만주를 점령했다. 김원봉은 레닌주의정치학교 학생모집을 중단하고 곧바로 국민당 정부에 근무하는 황푸군관학교 동창 캉쩌康澤, 1904~1967와 텅제滕杰, 1905~2004를 찾았다. 이러한 김원봉 행동에 대해 기회주의자라는 의견이 분분했지만 김원봉은 반공노선을 강화한 국민당 정부와 협력할 수 있는 항일 투쟁 방안을 모색했다. 텅제는 국민당의 특무대인 역행사力行社의 서기였다. 텅제가 김원봉의 의견을 수렴하고 민족혁명당의 취지, 구성원 및 활동 상황 등을 장제스에게 보고했다.

1932년 5월, 장제스가 김원봉을 초대해 그의 의견을 물었다. 김원봉은 중·한의 공동의 적 천황을 타도하고 한국독립과 자유를 쟁취하기 위해 혁명간부

훈련반을 창설해서 단기적으로 혁명간부를 육성하려고 하는데 국민 정부의 재정과 장비, 훈련장소 등 학교설립 지원이 필요하며 빠르면 빠를수록 좋다고 강조했다.

장제스는 '한국의 절대독립'과 '만주국 탈환'을 목표로 조선혁명군사정치간부학교 설립을 허가했다. 국민 정부 군사위원회 산하에 간부훈련반 5개 대대가 있는데 조선혁명군사정치간부학교는 대외적으로 '군사위원회 간부훈련반 제6대대'라고 칭하고 일반적으로 조선혁명간부학교 또는 의열단간부학교로 불렀다.

1932년 10월 20일, 난징 교외 탕산湯山에 선사묘善祠廟라는 허물어져 가는 절을 수리하여 기숙사 겸 교실로 삼아 조선혁명간부학교를 시작했다. 학생들은 오전 6시에 기상하여 밤 9시에 취침하기까지 엄격한 훈련을 받았다. 김원봉이 교장이고 입교생과 교관은 국민당 정부로부터 매월 30~40위안의 월급을 받았다.

조선혁명간부학교를 시작하고 얼마 지나지 않아 일제가 국민당 훈련반에서 조선혁명간부학교가 운영된다는 것을 발견하고 중국 정부에 강력히 항의했다. 학교는 난징 황룡산黄龙山 톈닝사天寧寺로 이전해서 계속 운영했다. 1932년 10월~1933년 4월, 1933년 9월~1934년 4월, 1935년 3~9월, 모두 4년 동안 6개월간의 교육 기간으로 1기 26명, 2기 55명, 3기 44명 등 총 125명 청년 투사를 양성했다. 교육 과정에는 군사 교육 외 삼민주의와 유물사관 같은 정치도 가르쳤다.

중국 정부가 1기 졸업생 공작금으로 3만 위안을 보조하는 등 4년간 40만 위안을 지원했다. 1기졸업생은 2~3명이 한 조가 되어 조선이나 만주로 잠입하여 학생을 모집했다. 윤세주는 평톈에서 시인 이육사李陸史, 1904~1944를 포섭했다. 또 김원봉은 경남 동래에 사는 처남 박문희朴文熺, 1901~?에게 신간회 회원이나 동래 노동조합원중에서 5명을 포섭하라고 지시했다.

그 무렵 민족혁명당의 본부는 난징 화루강花露崗에 있었다. 난징 중화문 안 북서쪽으로 멀지 않은 곳에 화루강이라는 언덕이 있고, 그 언덕에 웅장한 절이 하나 있는데 절 입구 화강석에 '묘오율원妙悟律院' 현판이 새겨져 있었다. 절 문으로 들어서면 양쪽에 2층 누각이 있다. 이곳이 바로 민족혁명당 활동 기지이다. 조선민족혁명당 사람들은 여기에 머물면서 학습반을 개설하고 회의도 했다. 매년 국치일이 되면 하루 금식하면서 망국의 비애를 체험했다.


## 민족혁명당 창당


재중 한인 독립운동계는 1930년대 초까지만 해도 통일된 기구가 없었다. 1935년 7월 5일, 난징 중앙대학교에서 한국독립당, 의열단, 신한독립당, 조선혁명당, 미주대한독립당 등 5개 정당을 통합해서 재중 항일운동계에 있어서 규모가 가장 큰 정당 민족혁명당을 창당했다.

김원봉이 레닌주의정치학교를 운영한 공산주의자라는 이유로 김구와 한국독립당 계열의 몇몇 임시정부 인사들을 민족혁명당 참여를 거부했다. 이들을 제외하고 좌·우파 재중 한인 독립운동가들이 거의 집결하여 민족혁명당은 약 500명이나 되었다.

민족혁명당 창당시 서기장은 김원봉, 조직부 부장에 김두봉金枓奉, 1889~1960, 선전부 부장에 최동오崔東旿, 1892~1963, 국민부 부장에 김규식, 중앙집행위원 이청천李靑天, 1888~1957 등 15인과 후보위원 4인, 중앙검사위원 5인 후보위원 1인을 선임했다. 1936년 초에 이르러 상하이. 난징, 광둥, 난창, 베이징, 만주, 조선 등 요충지에 민족혁명당 지부를 조직하고 지방조직망도 갖추었다. 당명에 대해 좌파 측은 조선민족혁명당이라고 주장하고 우파 측은 한국민족혁명당이라고 주장했지만 결론을 내리지 못했다.

김원봉은 삼민주의 역행사로부터 월 2,500위안의 경상비 외에도 국민당 정부 및 중국 측 요인으로부터 재정지원을 받았다. 실질적인 당 운영은 서기장인 김원봉이 장악하고 의열단원들과 조선혁명군사정치간부학교 졸업생, 민족혁명당 당원이 당의 견인 역할을 하는 간부를 맡았다.

그러나 김원봉이 당권을 장악하고 점차 공산주의로 편향하자 여타 계열의 인사들이 의열단 중심의 독선적인 운영이라며 반발을 초래했다. 1935년 9월, 먼저 이청천池靑天, 1888~1957 계열이 김원봉의 독점적 당 운영에 불만을 품고 탈당했다. 창당 전부터 노선 문제로 갈등이 컸던 조소앙趙素昻, 1887~1958 계열도 9월 25일 '한국독립당 재건'을 선언하며 탈당하여 민족혁명당은 점차 민족 유일한 대당이라는 성격을 잃었다.

조선공산당의 최창익崔昌益, 1896~1957과 그의 부인 허정숙許貞淑, 1908~1991을 비롯해 소련에서 유학한 한빈韓斌, 1901~1957 등 사회주의 인사들이 잇따라 합류해서 민족혁명당은 공산주의 성격이 더욱 강해졌다.


## 국공 협력으로 결성된 조선의용대

1937년 7월, 본격적인 중일전쟁이 일어나자 중화부흥사中華復興社, 藍衣社 간사로 일하는 황푸군관학교 동기생 캉쩌가 김원봉에게 한국 청년들을 중국군에 파견하여 군사 훈련을 받게 하자는 제의를 했다.

김원봉은 긴급히 광저우 등지에서 100여 명의 한국 청년을 모집해 1937년 9월 난징의 중앙군사학교 싱즈墩子분교로 파견했다. 싱즈분교 한국인반은 교육을 시작한 지 한 달도 채 안 되어 일제에 노출되어 후베이성湖北省 장링진으로 옮겨 훈련을 계속했다. 1938년 일제가 중국의 중부권과 연해지역 대부분을 점령했다. 장제스는 전 민족이 힘을 모아 일제에 저항해야 할 시기임을 파악하고 항일의 깃발을 들고 제2차 국공합작을 선언했다. 국민당 정부가 우한으로 피난할 때, 김원봉도 민족혁명당원 가족들을 인솔해 우한으로 옮겨갔다.

우한이 중국의 마지막 보루가 되고 항일도시로 변했다. 중국공산당은 합법적인 지위를 확보하고 한커우漢口에 정치부 사무실을 설치했다. '정의의 검'이라고 불리는 소련 공군 의용대도 출동하여 일본 전투기의 공격을 저지했다. 국제적인 공산주의자, 무정부주의자 등 민족해방운동가들이 우한에 집결하여 중국이 우한을 보위하기를 진심으로 희망하며 지원을 아끼지 않았다.

1938년 7월 7일, 중일 개전 1주년을 맞아 김원봉은 중국항전의 '지원군'으로서 무장부대조선의용대 결성 계획안을 중국군사위원회 정치부에 제출했다. 한인 무장부대의 전투력은 중국중앙군관학교 장링분교에서 훈련을 마친 김원봉 계열 한국 청년 90여 명과 허난성河南省 뤄양洛陽분교에서 훈련을 받은 김구 계열의 한인 청년 92명을 포함해 약 180여 명이었다. 김홍일金弘壹, 1898~1980이 이들을 인솔하여 우한의 한 중학교에 수용시켰다.

장제스는 '조선의용군은 단독으로 활동하지 못하고 중국군대 안에서 활동한다', '조선인에 대한 모든 지휘와 명령권은 중국에 속한다', '조선인은 정찰과 구호 사업에 종사하고 일부는 군대에서 복무하되 군복무시는 반드시 전구 사령의 지휘를 받아야 한다' 등의 조건으로 조선의용대 성립을 승인했다.

1938년 10월 10일 본대와 제1분대, 제2분대로 편성해서 조선의용대를 창립했다. 김원봉, 김성숙, 류자명, 최창익 등 5명이 조선의용대 지도위원으로 선임되고 초창기에는 정치부 제2청에 소속되어 캉저가 관할하며 군비 처우는 국민당 군대와 같았다.

조선의용대가 창립된 지 13일 되던 날 일본군이 우한을 점령했다. 우한이 함락되기 이틀 전 조선의용대 제1지대 70여 명은 중국군을 지원하기 위해 중일전쟁이 가장 치열하게 진행중인 제9전구 창사長沙로 이동했다.

제2지대 73명은 제5전구 리종런李宗仁, 1891~1969사령부가 소재하는 후베이성의 라오허커우老河口로 이동했다. 우한을 떠나기 직전, 조선의용대 2지대 일부 대원들은 폐허가 된 우한 시내의 도로와 벽에 항일 표어를 쓰고 플래카드를 걸었다.

국민당 정부 군사위원회 정치부 제3청장 궈모뤄郭沫若, 1892~1978가 차를 타고 우한을 빠져 나갈 때였다. 일본 조계지의 주민들은 이미 빠져나가 시내는 마치 텅빈 묘지 같았다. 그런데 삼삼오오 무리를 지어 아스팔트 도로나 벽에 역청으로 글을 쓰고 어떤 이는 사다리에 올라가 부지런히 글을 쓰고 있는 장면이 궈무뤄의 눈길을 끌었다. '병사들은 후방에서 피를 흘리고 재벌들은 후방에서 향락을 즐긴다', '병사들은 피와 생명, 장정들은 금훈장' 등의 표어 문구는 자신이 어제 작문한 것인데 벌써 벽과 도로에 올라앉아 보는 사람들의 정신적 지주가 되고 있었다.

조선의용대는 중국군사위원회 정치부 소속이며 독자적인 작전권이 없었다. 전단지를 살포하거나 벽보를 부착하고 대일심리전을 전개하는 등 후방업무에 종사했다. 1939년 말 조선의용대 대원은 314명으로 늘었다. 1구대 일부와 귀순포로 등을 합하여 조선의용대 제3지대를 편성했다. 민족적 자존심이

조선의용대 창립 기념 사진

강한 조선의용대대원들은 후방업무만 하는 국민당 통치구를 벗어나 공산군
팔로군이 일본군과 교전하는 타이항산구太行山區에 들어가 총을 들고 직접 일
본군과 교전하기를 희망했다.

조선의용대는 국민당이나 공산당 모두 함께 일하고 싶어하는 대상이었다.
대원의 숫자는 많지 않지만 건강한 신체를 가졌고 한·중·일 3국의 언어를 잘
구사하고 문자에도 익숙하다. 대부분 민족혁명에 대한 확실한 이론과 전술을
갖춘 지식인들이었다. 의지가 확고하고 생각도 순수하며 사회적 관계도 복잡
하지 않고 어렵고 힘든 생활을 잘 견디며 희생을 두려워하지 않는 청년들이었
기 때문이다.

조선의용대 제2구대 지도위원이었던 최창익은 한인 청년들이 중국 항일운
동만 지원할 것이 아니라 동포들이 많이 거주하고 있는 동북으로 가서 항일운
동을 전개해야 한다는 '동북노선'을 주장했다. 동북으로 진입하기 위해 당분

간 중공 팔로군과 합류한다면서 1939년 3월, 조선의용대를 탈퇴했다. 그리고 조선의용대 제2구대 18명을 인솔해서 국민당 군사위원회의 승인을 받지 않고 옌안延安 공산당구로 들어갔고, 이후 '화북조선청년연합회'를 조직하자 다수의 민족주의자들이 최창익의 '동북노선'에 공감하며 공산당구로 자진해서 이동했다.

1940년 말부터 1941년 5월 사이 화중과 화남에 흩어져 주둔하던 조선의용대 120여 명이 뤄양 국민당구역에 집결했다. 이들은 국민당 군사위원회의 동의 없이 4진으로 나뉘어 공산당 팔로군구로 진입했다. 조선의용대가 승인을 받지 않고 공산당 구역으로 진입한 일은 장제스에게 큰 충격이었다.

조선의용대 대원 40여 명과 충칭에 남아 있던 김원봉은 북상하는 의용대와 연락을 취했다. 반공인사들은 김원봉이 조선의용대 역량을 공산당에게 넘겼다고 비판했다. 공산당 팔로군의 역량은 강해지고 국민당은 위기에 처했다. 국민당으로서는 조선의용대가 좌경화되어 공산주의 근거지로 이동하는 것은 용납할 수 없는 일이었다. 조선의용대 친공 성향이 뚜렷해지자 장제스의 태도도 달라졌다. 팔로군으로 이동한 조선의용대원을 철수시켜야 한다는 주장이 제기됐으나 중국군사위원장 허잉친何應欽, 1890~1897은 조선의용대가 다시 돌아온다고 해도 남아 있는 사람들에게 영향을 미칠 수 있으니 더 이상 확대하거나 거론하지 않고 무마했다.

김원봉의 입장도 난감했다. 김원봉은 저우언라이 공산당대표에게 자신도 화북으로 보내 달라고 요청했다. 저우언라이는 김원봉에게 충칭에 남아 혁명을 위해 투쟁하는 것이 가장 좋은 방법이라고 김원봉의 연안행을 거절했다. 한편 그는 국민당으로부터 경제적 지원을 받아 민족혁명당 가족의 생계를 책임져야 했기에 쉽게 충칭을 떠날 수도 없었다.

장제스는 점차 김원봉을 불신하고, 김구와 임시정부를 한국의 정통 독립운동 기관으로 인정하였다. 김구의 제안으로 중국 군사위원회는 한국광복군 창설을 승낙했다. 한국광복군은 국민당 군사위원회에 소속되어 국민당 군사위원회가 군비를 지원했다. 김원봉은 어쩔 수 없이 대한민국 광복군 부총사령관에 취임하고 조선의용대를 취소하고 소수 대원을 인솔하여 대한민국 광복군 제1지대로 편입하였다. 그러나 결과적으로 김원봉은 좌·우파로부터 오해를 받았다. 민족주의자들은 김원봉을 사회주의자라고 비판했고 공산주의 계열의 좌파들은 기회주의자라는 비판적인 시각으로 바라보았다.

## 해방 이후의 비극

1945년 12월, 김원봉은 서울로 돌아왔으나 자신이 설 자리를 확보하지 못했다. 해방된 조국에서 친일파 경찰에게 뺨을 맞고, 중국에서 경험하지 못한 수모를 당하고 테러 위협도 받았다. 조국 국토는 38선으로 양분되고 미소 양군이 주둔했다. 완전 독립을 이루지 못한 조국에서 김원봉은 대중적인 전국 조직을 결성하여 좌우합작과 민족반역자 배제 등을 주장하며 민족이 단합하여 임시정부를 수립해야 한다는 강한 정치적 신념을 견지했다.

1948년 4월, 김원봉은 체포망을 벗어나 남북협상회의에 참석한 후 남하하지 않고 북한에 남았다. 조선인민공화국 수립에 참가하여 1948년 8월 북한 최고인민회의 제1기 대의원, 같은 해 9월 국가검열상, 1952년 노동상, 1956년 당 중앙위 중앙위원, 1957년 최고인민회의 상임위원회 부위원장에 재임했다.

1956년 8월, 소련에서 흐르시초프[1894~1971]가 스탈린의 권력에 도전할 무렵

이다. 최창익을 중심으로 한 연안파 인사들도 소련의 반스탈린 세력들과 연계해서 김일성의 리더십은 독재이며 반국민적 정책이라고 비난하면서 김일성 반대파를 형성했다. 이 일로 인해 노동당의 최창익, 김두봉 등 연안파 인물들은 반당 반혁명분자로 지목되어 대대적으로 숙청을 당했다.

1958년, 북한당국은 '당의 유일사상 체계확립'을 강화하고 세대교체를 단행했다. 조선노동당에 새로운 젊은 간부들이 대거 등용되고 일제침략하 민족해방운동에 앞장서서 북조선 체제 성립에 기여했던 '구세대' 사람들은 더 이상 자리를 지키지 못했다. 이들은 외세와 결탁하여 '반국가적, 반혁명적 활동'을 획책한 '나쁜 놈'들로 낙인찍혀 쫓겨났다.

1957년부터 김원봉의 의열 투쟁은 개인적 테러리즘이라고 폄하를 받았다. 1958년 10월에 열린 최고인민회의 제4차 회의에서는 '반국가적, 반혁명적 활동 및 종파분자들과의 관계를 이유'로 김원봉은 최고인민회의 상임위원회 부위원장 직책에서 해임을 당하고 대의원 권한도 박탈당했다. 1958년 11월, 김원봉은 국제간첩이라는 죄목으로 숙청되었다. 30년 가까이 일제의 침략에 항거하며 조국의 국권회복과 민족해방운동에 심혈을 쏟았던 김원봉은 자신이 배출한 연안파 혁명인물들과 역사 속으로 사라졌다.

참고문헌 및 자료

湖南省档案馆校 編, 『黄埔军校同学录』, 湖南人民出版社, 1989.7.

金在明, 「义烈团与金元凤(上)」, 『月刊京乡』, 1987.11.

金在明, 「金元凤的苦恼与挫折」, 『月刊京乡』 下, 1987.12.

한상도, 『한국독립운동과 중국군관학교』, 문학과지성사, 1994.3.

金荣范, 『革命与义烈』, 景仁文化社, 2010.4.

宋建鎬, 『宋建鎬全集』 15, 한길사, 2002.

이정식·김학준·김용호 편, 『혁명가들의 항일회상』 민음사, 2005.

김광운, 「김원봉의 1945년 광복 이후 정치 행적과 성격」, 『한국독립운동사연구』 제68집.

님 웨일즈·김산, 송영인 역, 『아리랑』, 동녘, 2005.8.

「金元鳳安光泉握手, 北平本據로 組織」, 『조선중앙일보』, 1935.8.24.

金学哲, 『无名小卒』, 辽宁民族出版社, 1998.12.

郭沫若, 『洪波曲』, 人民文学出版社, 1979.3.

石源华, 『韩国独立运动与中国』, 上海人民出版社, 1995.4.

# 강인수

姜人壽, 1900~1992

**약력**

| | |
|---|---|
| 1900년 | 경상남도 밀양 출생 |
| 1926년 | 황푸군관학교 졸업 후 중국군에 복무 |
| 1945년 | 광둥지역 광복군 잠편지대 참모 |
| 1946년 | 중국 국공내전 참전 |
| 1951년 | 장제스와 대만으로 이동, 육군소장 |
| 1965년 | 대만군 은퇴 |
| 1992년 | 대만에서 사망 |

강인수姜人壽의 가명은 양검이며 경상남도 밀양 출신이다. 황푸군관학교 보병과 1사단 5중대 소속으로 졸업 후 줄곧 중국군에서 교관, 소대장, 대장, 부단장으로 승진하며 복무하다가 광복군 창군요원으로 입대했다.

일제 투항 후 강인수는 광둥지역 잠편지대 참모로 파견되었다. 대한민국 임시정부는 광둥에 한국광복군 잠편暫編 제6지대를 조직해서 일본군에 복무하던 한국적 사병을 편입시키려고 했다. 광둥성 일대에 주둔한 남중국파견군 제23군에 한적사병 2천여 명이 있었다. 이는 광복군 확군의 목적도 있지만 장차 귀국 시 그들로 하여금 독립 진영의 광복군이란 명분을 가지고 귀국하여 국군의 기간으로 편성할 목적도 있었다.

광둥의 전후처리 중국책임자는 제2방면군 총사령관 장파쿠이張發奎, 1896~1980였다. 1945년 9월 15일, 중국 제2방면군이 일본군의 투항을 받고 신일군新一軍

이 광저우를 접수했다. 9월 16일부터 전쟁포로관제를 실시하여 일본군을 무장 해제시키고 사병들을 지정된 집중영으로 보냈다.

최덕신崔德信, 1914~1989은 광저우를 접수한 신일군新一軍 38사의 한국인 참모였다. 임시정부는 최덕신을 광둥 잠편지대 지대장에 임명했다. 최덕신은 일본 투항을 접수하는 수항군의 일원으로 총사령관 장파쿠이와 상의하여 광둥성 각지에 산재한 한인과 한적사병을 집결시켰다. 광저우의 기존 한인모임인 광둥계림회廣東鷄林會를 기반으로 조선동민회를 발기하고 한인 귀환업무를 서둘렀다.

임시정부 특파원 조일문趙一文, 1917~2016이 광저우로 와서 장파쿠이사령관을 만났다. 일본군에 편입된 한국사병 2천여 명은 상당한 군사 훈련을 받았기 때문에 약간의 정신·사상 훈련을 해서 복국復國 관념 및 민족부흥정신을 길러 한국광복군 제6지대를 조직한다는 임시정부 계획을 전달하며 제2방면군 측에서 광복군 조직에 필요한 경비와 장소, 무기 등을 지원해 달라고 요청했다.

그러나 장파쿠이는 광둥성내에 외국군대가 조직된 경험이 없다는 이유로 조일문의 요청을 거부했다. 한교협회가 일체 경비를 담당하고 최덕신이 한적사병 관리와 훈련을 책임지는 방식으로 '한적사병집훈총대'를 조직했다. 집훈총대 성립 전례식도 거행했으나 광둥성에 흩어진 사병을 한 곳에 모아 일괄 관리하는 역할에 그쳤다.

1946년 4월 24일, 강인수는 최덕신과 광저우 한교와 한적사병을 인솔해서 귀국선에 올랐다. 그 무렵 중국 전역에는 일본군 부대의 수항과 접수 문제를 둘러싸고 중국국민당과 공산당이 치열하게 대립하는 국면으로 들어섰다. 강인수는 국민당군으로 귀대하고 제2차 국공내전에 참전했다. 국민당군이 중국을 떠날 때 강인수도 장제스를 따라 대만으로 철수했다. 1951년까지 대만 육군 소장이었고 1965년 은퇴 후에도 줄곧 대만에서 거주하다가 1992년 92세의 나이로 사망했다.

참고문헌 및 자료

湖南省档案馆校 編, 『黃埔軍校同学录』, 湖南人民出版社, 1989.7.
「강인수」, 『독립유공자 공적조서』.
국가보훈처, 『독립운동사 제6권－독립군전투사(하)』.
「양검」, 한국민족문화대백과사전.

# 권준

權晙, 1895~1959

약력

| | |
|---|---|
| 1895년 | 경상북도 상주 출생 |
| 1917년 | 경성공업전습소 졸업, 광복회 가입 |
| 1919년 | 신흥무관학교 입교, 의열단 결성 |
| 1924년 | 중국국민당 제1차 전국대표대회 방청 |
| 1926년 | 황푸군관학교 4기 입교 |
| 1926년 | 졸업 후 우한분교 교관 배속 |
| 1927년 | 우한한국혁명청년회 결성 및 비서직 수행, |
| | 동방피압박민족연합회 조선 대표, 한국유일당 난징촉성회 결성 |
| 1932년 | 조선혁명군사간부학교 교관 |
| 1933년 | 의열단 퇴출 |
| 1934년 | 난징 중국군 연장 |
| 1937년 | 중국군 상교上校 |
| 1944년 | 임시정부 내무부 차장 선임 |
| 1945년 | 우한지역 교포 선무단 단장, 한커우漢口 광복군 잠편지대제5지대 지대장 |
| 1949년 | 수도경비사령관 |

경북 상주 출신의 권준은 황푸군관학교 보병과 1사단 보병7중대 소속이다. 김원봉과 의열단을 결성했으나 조선혁명군사간부학교에 교관으로 복무할 때, 교장 김원봉과 의견이 맞지 않아 학교를 퇴출하고 의열단에서 탈퇴했다. 해방 후 교민을 인솔해서 귀국하고 한국 초대 수도경비사령관을 역임했다.

권준은 중국에서 독립운동을 하는 동안 권중환權重煥, 강병수姜炳秀 등의 이름을 사용했다.

## 의열단 재무 담당

권준은 1917년 경성공업전습소를 졸업하고 광복회에서 반일 투쟁을 하다가 1919년 중국 동북부로 망명했다. 신흥무관학교에서 군사 교육을 받던 중 김원봉과 의기투합하고 1919년 11월 9일, 지린성吉林省 바후巴虎문 밖에 사는 농민 판潘씨네 집에서 "정의로운 일을 맹렬하게 실행하자"고 결의하고 '의열단義烈團'을 결성했다.

권준은 의열단의 재무를 담당하여 자금을 조달했다. 김상옥金相玉, 1890~1923 종로경찰서 투탄의거, 김익상金益相, 1895~1925 조선총독부 투탄의거, 나석주羅錫疇, 1892~1926 동양척식주식회사 투탄의거, 김지섭金祉燮, 1884~1928 도쿄 나주바시二重橋 투탄의거 등에 필요한 자금을 조달하다가 조선에서 검거되어 잠시 옥고를 치르고 다시 상하이로 망명했다.

1924년 1월, 광저우에서 개최된 국민당 제1차 대표대회에 권준은 김원봉과 조선혁명가 신분으로 2층 외국인 방청석에서 회의를 경청했다. 경이로운 것은 물과 기름처럼 서로 융합할 수 없을 줄 알았던 국민당과 공산당이 혁명을 완수하기 위한 국공합작을 한다는 선포는 가히 충격적으로 들렸다. 한국독립운동계도 단합해야 한다는 것을 절실히 느낀 순간이었다.

권준은 의열단 재정난을 타개하기 위해 인삼장사를 했다. 1925년 5월, 김원봉이 국민당 중앙공농부장 랴오중카이廖仲愷, 1877~1925와 조직부장 탄핑산潭平山, 1886~1956 등 국민당 요인과 면담하고 의열단을 지원하겠다는 약속을 받았다. 이 약속을 믿고 의열단 50~60명이 광저우로 와서 정착했다. 그러나 그해 8월 랴오중카이가 암살을 당해 국민당 정부로부터 약속된 경제적 지원을 받을 수 없게 되었다. 권준은 광시 우저우梧州·난닝南宁 등지를 다니며 상하이에

서 구입한 고려인삼을 팔아 의열단 경비를 충
당했다.

우한_독립기념관.

## 우한한국혁명청년회留鄂韓国革命青年会 결성

권준은 황푸군관학교 우한武漢분교 훈련부
교관이자 우한한국혁명청년회의 핵심인물이
다. 광저우 본교에서 4기를 졸업하고 중국혁
명군 6군 포병영 부중대장으로 북벌전쟁에 참전하며 우한에 도착했다. 우한
분교는 국민당 정부가 북벌군을 충당하기 위해 설립한 학교이다. 광저우 본교
5기의 보병단과 공병단을 집단 전학시켰는데 재학중이던 한인 입교생 약 200
여 명도 우한분교로 전학했다.

우한분교학생은 6천여 명으로 증가하고 우한은 중국 혁명세력의 대본영으
로 부상했다. 의열단본부도 자연스럽게 우한으로 옮겨지고 동북, 화북, 상하
이 등에서 활동하던 한국 청년들이 몰려오면서 교민도 증가했다.

권준은 국민혁명군 내 한인군인과 우한분교 한인 학생, 우창武昌 중산대학
학생, 난후南湖학병단, 항공국 학생, 동포 등 50여 명을 중심으로 우한한국혁명
청년회留鄂韓國革命青年会를 조직했다. 우한분교는 우한한국혁명청년회에 학생모
집을 위탁하고 우한한국혁명청년회는 동북지방 등 각 지역과 연계해 한국 청
년들을 모집해 우한분교에 입학시켰다.

권준은 우한한국혁명청년회 비서로 재임하면서 한국 교민 상황을 중국국
민당중앙집행위원회에 보고하고 우한한국혁명청년회 성립 승인과 지원을 받

왔다. 우한한국혁명청년회는 청년들뿐 아니라 후베이성에 체류하는 한인들도 관할했다.

또 동방피압박민족연합회 조선 대표로 참석하여 집행위원에 선출되었다. 동방피압박민족연합회는 원래 광저우에서 결성되었으나 북벌전쟁이 승리하자 우한으로 이동하여 영국·일본·프랑스 조계지에서 일하던 노동자 인도인, 베트남인 등과 새로 결성했다. 국민당 정부가 매달 지원하는 2천 위안으로 한국어·중국어·영어, 3종 언어로 기관지 『동방민족』을 출판하여 약소민족 독립의 정당성과 절박성도 호소했다.

권준은 우한 시민들과 한커우漢口 영국 조계지 환수와 영국해병대 무장철수를 요구했다. 1927년 1월 3일은 우한시민이 국민 정부 수도 이전과 북벌전쟁 승리를 경축하는 날이었다. 우한분교 선전대는 장한관江漢關 인근에서 수만 명의 군중을 대상으로 강연회를 열었다.

강연회가 끝나고 시위 행렬이 영국 조계지를 지날 때였다. 영국해군이 기관총 16정을 걸어 놓고 공중을 향해 총을 쏘며 군중을 해산시키려고 위협했다. 기관총 위협에도 불구하고 군중들이 아랑곳하지 않자 영국해군과 군중 사이에 충돌이 발생했다. 며칠 후 1월 6일에도 영국 해병대가 주장九江에서 무고한 중국인민을 살해하는 사건이 발생해서 곳곳에서 수십만 시민이 항의하며 조계지 회수를 요구했다.

우한시민과 동방피압박민족연합회의 적극적인 요구와 협상 결과로 아편전쟁 이후 처음으로 제국주의가 중국인민에게 고개를 숙이고 한커우漢口와 주장의 영국 조계지를 반환했다.

## 조선혁명군 간부학교를 나오다

1932년 10월, 권준은 난징 장닝진江宁镇 선수암묘善寿庵庙에서 개교한 조선혁명군간부학교 교관으로 복무하며 축성학 등을 가르쳤다. 그러나 학교 운영방침에 대해 교장 김원봉과 의견이 맞지 않았다. 권준은 조선혁명군 간부학교를 나와 1933년 1월, 의열단에서 탈퇴했다.

이후 권준은 난징 헌병사령부에서 근무했다. 군사 활동은 비밀을 요구하는지라 이 시기 그에 관해 남겨진 자료는 희소하다. 1937년 말, 일제문서에 일제 통치기관이 줄곧 권준 개인에 대한 활동을 감시한다는 기록이 남아 있다.

1938년 조선의용대가 성립되자 권준은 조선의용대로 돌아왔다. 1944년, 중공군 대령직을 포기하고 임시정부의 내무부차장으로 활동하다가 해방을 맞았다. 대한민국 임시정부는 환국을 앞두고 중국 정부와 일본군 내의 한적사병 접수, 광복군 확군 문제, 일본군 무장해제 협조, 한국 교포들의 생명과 재산보호 등을 협의했다. 광복군 총사령 이청천李靑天 은 일본군 내 한적 사병을 일괄 접수하여 잠편지대를 각 도시에 설치하려고 했다. 광복군 외에 7개 잠편지대를 증설하여 도합 10개 지대로 확장하여 각 지대는 완전한 사단 편제로 조직하려는 계획이었다. 권준은 한커우漢口 잠편지대 지대장으로 활동하다가 교민들을 인솔해서 귀국하고 한국 초대 수도경비사령관으로 일했다. 1959년 10월 27일, 충청남도 대덕군 유성면 구암리에서 향년 65세로 병사하였다.

참고문헌 및 자료

湖南省档案馆校 編,『黄埔军校同学录』, 湖南人民出版社, 1989.7.

한상도,『한국독립운동과 중국군관학교』, 문학과지성사, 1994.3.

김광재,「일제시기 상해고려인삼상인의 활동」,『한국독립운동사연구』제40집, 독립기념관한국독립운
　　　동사연구소, 2011.12.

김성룡,『불멸의 발자취』, 민족출판사, 2005.

국가보훈처,『독립운동사 제6권－독립군전투사(하)』.

「수도경비사령부 초대사령관에 권준 임명」,『대한민국사연표』, 1949.7.12.

金成龙,「不朽的足迹(19)结成各地青年会」,『길림신문』, 2011.8.17.

# 이종희

李鐘熙, 1890~1946

약력

| | |
|---|---|
| 1890년 | 전라남도 김제 출생 |
| 1919년 | 의열단 가입 |
| 1922년 | 일본육군대장 다나카 암살 미수 |
| 1924년 | 의열단 활동 |
| 1925년 | 밀정 김달하 처단 |
| 1926년 | 황푸군관학교 4기 입교 |
| 1932년 | 난징 위수사령부 중대장 |
| 1935년 | 조선민족혁명당중앙집행위원 |
| 1938년 | 조선의용대 총무조장 |
| 1942년 | 광복군 제1지대 지대장 |
| 1943년 | 임시정부 의정원 의원 선임 |
| 1946년 | 부산에 도착, 선상에서 병사 |

## 서른에 중국 망명

전라남도 김제 출신 이종희가 중국에 망명했을 때, 서른 살이었다. 일반 망명자들처럼 3·1운동에 참여했다가 일제 경찰의 추적을 받아 중국으로 왔는지, 아니면 1920년대 초, 독립운동 기세에 고양되어 자극을 받아 망명했는지 전혀 알 수 없다. 뿐만 아니라 어디서 어떻게 성장하고 공부했으며, 중국 망명 경위에 대해서도 알려진 내용이 없다. 다만, 어디선가 교사로 일하다 전주의 유두환으로부터 백 원을, 박모로부터 또 얼마의 돈을 융통하여 만주로 떠났

광복군 시절로 추정되는 사진
출처_『독립유공자 공적조서』.

다는 얘기가 있지만 구체적인 사실은 확인되지 않는다.

이종희는 만주 지린성吉林省에서 의열단에 가입하고 정식 단원으로 활동했다. 1924년 10, 11월경, 의열단 동향에 관한 일제의 기록에 그가 의열단 단원의 한 사람으로 기재되어 있다.

1925년 3월, 이종희는 베이징에서 일제의 고급밀정 김달하金達河를 처단하라는 의열단의 명을 받고 실행했다. 김달하는 대한제국 정부의 외교부 하급관리로 재직하다 국망 후 중국으로 건너왔다. 능변에다 관료적 품위까지 곁들여 한인 사회와 독립운동가들에게 유력자로 대접받았다는 인물이었다.

김달하가 김창숙의 곤궁한 처지를 동정하는 말과 함께 조선총독부 경학원의 부제학 자리를 제의하며 귀국을 권유하였다. 김창숙金昌淑, 1879~1962이 김달하가 일본 밀정임을 확인하고 의열단 간부 류자명柳子明, 1894~1985에게 김달하 제거를 지시했다. 이에 유자명이 무정부주의 비밀결사 단체 다물단多勿團과 협력해서 김달하 처단계획을 세웠다.

이종희와 이기환이 실행자로 지명되었다. 이들은 김달하의 집을 방문하여 미리 작성된 사형선고서를 낭독하고 포승줄로 교살絞殺했다. 이 사건을 보도한 중국신문『경보京報』는 김달하는 '유명한 일본의 응견鷹犬'이라 칭하며 '죽어 마땅한 자'임을 강력하게 시사했다. 심지어 중국 경찰당국도 살인범의 수배와 체포에 적극적으로 나서지 않았다. 이 일은 의열단이 실행한 암살 수단의 마지막 거사이다.

# 김원봉 측근 인물

1925년 가을, 의열단 지도부 성원과 단원 다수가 중국 국민혁명의 책원지인 광저우廣州로 이동했다. 이종희도 의열단 방침에 따라 황푸군관학교 4기 보병과에 입학했다. 1926년 10월, 황푸군관학교를 졸업하고 중국군 소위로 임관한 이종희는 난창南昌에 주둔하는 국민혁명군 부대에 배속되어 의열단 난창지부원으로 활동했다.

1932년, 이종희는 난징에서 의열단 옛 동지 김원봉과 재회했다. 일제가 만주를 점령하자 김원봉은 운영하던 레닌주의정치학교를 청산하고 황푸군관학교 동문의 인맥을 활용하여 조선혁명간부학교를 설립했다. 이때 이종희는 난징위수사령부 관할 부대에서 중대장으로 근무하고 있었다. 김원봉이 이종희를 찾아와 해후하고 그에게 학교 운영과 교수로 참여해 달라고 요청한 것으로 추정한다. 이종희가 쾌히 승낙하여 조선혁명군사학교 총무와 위생학 교관을 겸하게 되었다.

그 무렵, 민족혁명당에도 가입해서 중앙집행위원을 역임했다. 김원봉이 5당을 통합해서 단일대당인 민족혁명당을 창당한 후, 의열단계열이 당무의 주도권을 장악하자 조소앙 계열과 이청천 계열이 이탈했다. 민주혁명당은 의열단 후신과 같은 모습으로 변했다. 이 무렵, 이종희는 조선민족혁명당의 당무 감찰과 당원 징계를 전담하는 중앙검사위원직을 수행하면서 민족혁명당을 추스렸다.

1938년 조선의용대를 창단한 김원봉은 이종희를 총무조장으로 지명되었다. 이때부터 이종희는 중국군에서 완전 퇴역하고 조선의용대 직무만 수행했다. 총무는 조선의용대의 본부와 3개 구대區隊의 운영 업무를 총괄하고 관리하는 직책이다.

국민당 정부가 우한에서 철퇴하고 충칭으로 이동할 때 이종희는 조선의용대 대본부 인원으로 구이린桂林으로 이동했다. 중국군사위원회 서남행영이 구이린에 창설되었기 때문이다. 서남행영은 중국의 제3·4·9전구 최전방과 후방 사이에서 작전을 지휘하는 전선 총사령부이다.

조선의용대 대본부도 조선의용대를 대표해서 외교적 교섭을 담당하며 중국 전구 최전방에 파견된 1구대와 2구대 그리고 후에 조직된 3구대를 지휘하고 감독했다. 구이린에서도 이종희는 조선의용대 대본부 총무조장으로 활약했다. 일제 기록에 의하면 대본부 인원은 대장 김원봉, 기밀주임 신영삼, 정치조장 김성숙, 총무조장 이집중 등 13명이었다. 이집중은 이종희의 가명이다.

1942년 12월, 조선의용대는 광복군으로 편입되어 1지대로 개조되었다. 이종희는 또 1지대 총무조장으로 임명되어 군량 수급과 예하 2개 구대 활동을 지도 감독하고, 병력모집, 대원 교육과 파견 등 전반적인 업무를 관할했다.

김원봉이 의열단, 민족혁명당, 조선의용대, 한국광복군으로 활동하는 동안 이종희는 한결같이 측근에서 주요한 총무 직책을 수행했다. 김원봉이 가장 신임하는 인물이었음을 짐작할 수 있는 대목이다.

충칭은 분지여서 안개가 많고 다습했다. 기후 탓으로 폐병을 앓고 목숨을 잃은 경우가 많았다. 1944년경, 이종희도 병을 얻어 결국 일선에서 물러나고 병상에서 광복을 맞았다. 1946년 여름, 병든 몸으로 해방된 고국으로 가는 배를 타고 부산에 도착했으나 콜레라가 창궐했다. 해외에서 입국하는 모든 승객은 검역이 완전히 끝나기까지 상륙을 못했다. 이종희는 끝내 고국 땅을 밟지 못하고 선중에서 작고했다.

참고문헌 및 자료

湖南省档案馆校 編,『黃埔軍校同学录』, 湖南人民出版社, 1989.7.

김영범,『한국 근대민족운동과 의열단』, 창작과비평사, 1997.10.

「풍랑속에서」,『조선족백년사화』제1집, 랴오닝인민출판사, 1982.6.

「尋訪왔던 怪靑年 一去後에 流血慘屍」,『동아일보』, 1925.8.6.

「중경에는 外交辦事處, 군대는 光復軍 편성, 임시정부 특파사무국 발표」,『자유신문』, 1945.11.10.

# 왕자량

王子良, 1899~?

**연락처**
경남 산청군 단성면 성산리

**약력**
1899년　　경상남도 산청군 출생
1926년　　황푸군관학교 4기 입교
　　　　　황푸군관학교 보병과 1사단步科1團 보병 9중대步兵9連
　　　　　의열단 난창지부에서 활동

---

　황푸군관학교 졸업 후 의열단 난창지부에서 활동했다는 기록 외에는 확인된 바가 없다.

---

**참고문헌 및 자료**
湖南省档案馆校 編,『黃埔軍校同學录』, 湖南人民出版社, 1989.7.

# 최영암

崔永岩, 1905~?

약력

1905년   함경북도 명천군 출생
1924년   참의부 독립군
1926년   평위상 군대 장교로 편입
1927년   참의부 복귀, 제2중대장 대리대장 취임
1930년   치안유지법 위반 및 살인죄로 7년 판결

---

함경북도 명천군明川郡 출신 최영암崔永岩의 가명은 최영택이다. 황푸군관학교 보병과 2사단 보병 1중대 소속이며 입교 전 최영암은 만주 독립군단 참의부 독립군이었다. 1924년 지안集安현에서 결성된 참의부는 지안, 푸송撫松, 창바이長白, 안투安圖, 통화通化, 류허柳河 등지의 한인을 관할하며 임시정부와 협력하여 항일 무장 투쟁을 전개했다.

참의부는 소재지가 압록강 대안이라는 지리적인 이점을 최대한 활용하여 자주 국경을 넘어 조선으로 진입해서 일본군 초소를 습격하고 일본군과 교전했다. 참의부는 1924년 4월부터 7월까지 20여 차례 국내에 진격하여 무장 활동을 했는데 이는 1924년 독립군이 한국에 진입하여 전개한 게릴라전의 2/3 이상을 차지한다. 참의부 독립군이 이런 좋은 성과를 낼 수 있었던 것은 대원들의 의지도 강했지만 평안도 출신이 많아 지리에 밝았기 때문이다.

참의부의 손꼽는 전승은 일본 총독 사이토齊藤實, 1858~1936가 탄 압록강 시찰

경비선을 습격하여 혼비백산낸 사건이다. 1924년 5월 19일, 참의부 군사부는 사이토가 압록강으로 직접 시찰을 나온다는 정보를 입수했다. 곧바로 참의부 군인 8명으로 경비 소대를 구성하고 공격에 유리한 지점에서 그들을 급습하니 사이토를 태운 일본 경비선은 혼비백산하여 달아나 버렸다.

1924년, 최영택은 참의부의 제1중대 2소대 1분대장인 안정길安定吉, ?~1925의 지휘하에 평안북도 강계江界에 출동하여 적의 전선과 전주를 절단하거나 쓰러트리고 적의 우편물도 3~4차례 압수했다. 그리고 연광鉛鑛사무소와 성우면城于面 내동內洞에 있는 일본인의 목재소도 불태웠다.

황푸군관학교 보병과를 졸업하고 최영택은 평위상馮玉祥, 1882~1948 군대에 가담했다. 한동안 평위상군대의 장교로 활동하다가 동북으로 가서 참의부 제2중대장 대리 대장으로 취임했다.

참의부 군사장 이종혁李鐘赫, 1891~?은 밀정이라고 의심 받는 인물이었다. 그는 동경육군사관학교를 졸업하고 한국으로 돌아와 대한제국의 제24연대에서 훈육등 육군중위勳六等 陸軍中尉로 근무했다. 다시 일본으로 건너가 후쿠오카福岡에서 근무하다가 다이쇼 7년1918, 시베리아에 출병하여 정육위훈육중위正六位勳陸中尉 직을 받고 조선으로 전근했다. 1919년 3·1만세운동이 일어나고 시국이 변하자 이종혁은 일본군 중위직을 포기하고 중국으로 망명하여 중국 국민군 제1방면군 평위상군대에 가담했다. 1924년 평위상군대의 참모장이 되어 삼십만 대군을 지휘하며 북경에 웅거하다가 장줘린張作霖, 1875~1928 군대와 전쟁을 치렀다. 그해 12월 경수선京綏線 고비사막전쟁에서 대패하고 죽을 고비를 넘기며 교묘히 만주로 탈주했다.

임시정부의 국무위원 조성환曺成煥, 1875~1948의 소개로 이종혁은 참의부에 가담하여 군사위원장직을 맡았는데 대장 사이에 내부분쟁이 일어났다. 이종혁은 5부대 대장 대리 최영택을 데리고 봉천으로 도피했다. 그러나 평소 이종혁을 의심하던 최영택이 일본영사관에 이종혁은 밀정이라고 신고했다.

1930년 9월 17일, 두 사람은 선천宣川 부근에서 체포되어 신의주로 압송되었다. 최영택은 신의주지방법원에서 치안유지법 위반 및 살인 죄명으로 징역 7년 판결을 받았다. 형이 선고되자 최영택은 갑자기 자리에서 일어나 피고석 책상을 주먹으로 치며 큰 소리로 "10년이 길지 않다. 사형은 면했으니 조선독립 만세, 조선독립군 만세"를 외치고, 만류하는 간수를 뿌리치고 일장 연설을 하여 장내를 긴장시켰다.

참고문헌 및 자료

湖南省档案馆校 編, 『黃埔軍校同学录』, 湖南人民出版社, 1989.7.

「我獨立軍의 活動」, 『독립신문』, 1924.7.26.

「參議府軍事長 李鍾赫 公判」, 『조선일보』, 1929.2.7.

「参议府第二中队长崔永岩十年判決」, 『东亚日报』, 1930.3.7.

「參議府員役10年言渡」, 『조선일보』, 1930.3.8.

「김선호 공훈록」, 『대한민국 독립유공자 공훈록』 제12권, 국가보훈처, 1996.

허용구, 「총독의 똑딱선을 습격」, 『조선민족백년사화』 제1집, 랴오닝인민출판사, 1982.6.

# 김종

金鍾, 1896~1945

**약력**

1896년    전라남도 담양 출생

1919년    헤이룽장 애국청년혈성단과 서무부장

1926년    황푸군관학교 4기 입교

1931년    쓰촨성四川省 조선민족혁명당 제1특별당구 조직, 조선혁명군사정치학교 2기 전술교관

1933년    장시 난창南昌 국민군 3군 교도사 상위上尉

1938년    조선의용대 제1지대 1구대장

1940년    조선의용대 광복군에 편입

전라남도 담양 출신 김종金鍾의 가명은 김용재이다. 보병과 2사단 보병 3중대 소속이다.

김종은 1919년 3·1운동에 가담했다가 중국 동북으로 망명했다. 헤이룽장黑龍江성 우윈烏雲현 페이다툰培達屯에서 애국청년혈성단 서무부장직을 수행하면서 항일운동을 했다. 후에 의열단義烈團에서 활동했다. 1926년 황푸군관학교4기에 입학했다.

황푸군관학교 졸업 후, 김종은 중국군에 복무하면서 김원봉과 쓰촨성四川省에서 조선민족혁명당 제1특별당구를 조직하고 조선 혁명간부학교 2기 교관으로 활동했다. 김종은 조선혁명간부학교에 많은 심혈을 쏟은 것으로 보인다. 조선혁명간부학교 1기 졸업생이 입교생을 모집하러 한국으로 갈 때였다. 1기 졸업생 중 정의은鄭義恩, 1912~1980에게 자신의 고향에 가서 조카 둘을 데려오게

했다. 정의은은 훗날 중국의 유명한 작곡가가 되는 정율성鄭律成, 1914~1976의 둘째 형이다. 정의인이 김종의 형을 찾아 동생의 뜻을 전했더니 두말하지 않고 자신의 두 아들을 데려가라고 승낙했다. 정의은은 자신의 동생 정율성과 김용재의 조카 두 명을 포함해 모두 6명을 중국으로 데려고 와 혁명간부학교 2기에 입학시켰다.

1933년 말, 김종은 장시江西 난창南昌 국민군 3군 교도사 3사단 2중대에서 상위로 복무했다. 그 이후 조선의용대 제1지대 1구대장으로 활동하다가 1940년 임시정부의 한국광복군에 편입했다. 광복군에 복무하는 동안 김종은 일본군이 점령한 후베이성湖北省성 라오허커우老河口에서 한국사병을 모집하고 일본군 포로를 심문하거나 일본 서류를 수집하여 번역하는 등 대적 홍보 활동에 투신했다.

허난河南에서 일본이 투항했다는 소식을 들은 김종은 귀국하려고 상하이에 도착했으나 교통사고로 사망해 귀국하지 못했다.

참고문헌 및 자료

湖南省档案馆校 編, 『黃埔軍校同学录』, 湖南人民出版社, 1989.7.
『대한민국 독립유공자 공훈록』 제5권, 국가보훈처, 1984.
이종한, 『정율성평전』, 지식산업사, 2006.12.
「이용재」, 한국민족문화대백과사전.
金在明, 「金元鳳의 苦惱와 挫折(下)」, 『월간경향』, 1987.12.

# 노건

卢建, 1905~?

약력
1907년    평안북도 정주군 출생
1923년    난징 동명학원東明學院에서 수학
1926년    황푸군관학교 정치과 입교, 졸업후 장교 복무

노건의 본명은 노영희卢英熙이다. 1923년 난징 동명학원에서 1년간 수학하고 중국 국적을 취득하여 황푸군관학교 정치과에 입교하였다. 연락처는 정주군 보인輔仁병원이다. 졸업 후 중위가 되어 장제스군에서 복무했다는 내용 외에는 밝혀진 구체적인 활동이 없다.

참고문헌 및 자료
湖南省档案馆校 編, 『黃埔軍校同学录』, 湖南人民出版社, 1989.7.
陈予欢, 『雄关漫道』, 中山大学出版社, 2009.12.

# 노을용

盧乙龍, 1895~1935

약력

| | |
|---|---|
| 1895년 | 충청남도 홍성군 출생 |
| 1919년 | 중국망명, 의열단 가입 |
| 1926년 | 중국혁명군에 복무, 우창에서 의열단 활동 |
| 1932~1933년 | 조선혁명군사학교 교관 |
| 1932년 | 매국노 제거에 주력 |
| 1934년 | 정주에서 피살 |

노을용은 충청남도 홍성군洪城郡 출신이며 보병과 2사단 보병 6중대 소속이다. 황푸군관학교 졸업 후, 중국 혁명군에 복무하면서 광둥과 우창에서 의열단으로 활동하고, 1932~1933년 조선혁명간부학교 1기 교관으로 근무했다.

1932년 윤봉길의거 이후, 일본 경찰과 헌병대는 한국독립운동가를 수색하는데 혈안이 되었다. 이 틈을 이용해 친일파 한인도 증가하여 교민 사회의 치안이 문란해졌다. 이런 상황에서 노을용은 중국군 상위로 복무하면서 매국노 색출과 친일파 앞잡이를 제거하는 데 주력했다.

노을용이 베이징에서 한인 부일배 이모李謀를 죽이려다 미수에 그친 사건이 있었다. 추적하던 일본 경찰은 베이징과 톈진에서 아무런 종적도 잡지 못하고 노을용이 조선으로 잠입했다는 단서를 잡았다.

1934년 5월 23일, 조선경무국이 조선 각 도에 노을용 지명수배령을 내렸다. 1931년 상하이에 체류하던 윤행섭이 노을용과 동향인지라 한국에 잠깐 귀국을 했다가 상하이로 돌아올 때 노을용의 어머니를 상하이로 모셔 온 적이 있다. 이 연유로 노을용과 관련된 조선일보 홍성지국 고문 윤대영尹大榮과 그의 아들 윤행섭이 조사를 받았다. 윤대형의 부인까지 소환하여 장시간 취조했으나 모두들 발설하지 않고 노을용을 보호했다.

그는 일본 경찰의 매서운 추적은 잘 피했으나 본인의 실수로 죽었다. 중국인 동창생 모 씨에게 조선혁명간부학교 자금을 융통해 달라고 요청했다가 거절을 당했다. 노을용은 홧김에 권총으로 동창을 사살하고 도피하다가 정저우鄭州에서 총살당했다.

참고문헌 및 자료

湖南省档案馆校 編, 『黃埔軍校同学录』, 湖南人民出版社, 1989.7.

「노을룡」, 『독립유공자 공적조서』.

한상도, 『한국독립운동과 중국군관학교』, 문학과지성사, 1994.3.

「義烈團員 指名手配」, 『조선일보』, 1934.5.24.

「洪城署員活動, 尹氏家宅搜索」, 『조선일보』, 1934.7.31.

「義烈團 盧乙龍 鄭州에서 被殺」, 『동아일보』, 1935.7.14.

# 이기환

李箕煥, 1900~?

약력

| | |
|---|---|
| 1900년 | 황해도 개성 출생 |
| 1926년 | 황푸군관학교 관리부 직원 |
| 1927년 | 무정부주의자로 전향 |
| 1928년 | 샤먼 선전원양성소 군사훈련교관, 천영이속민단편련처泉永二屬民團編練處 교관, 사먼廈門 태백 |
| | 삼상점에서 불법 체포, 한국으로 압송 |

이기환은 황해도 개성 출신이며 보병과 2사단 보병 7중대 소속이다. 황푸군관학교 졸업 후 학교관리부 직원으로 근무하다 공산당 광저우기의에 참가했다가 무정부주의로 돌아섰다.

1927년 12월 11일 일요일이었다. 주말이면 광저우에 가정이 있는 군관학교의 직원들은 모두 귀가해서 교내가 조용했다. 무료한 주말을 보내던 오후 5시경, 강변 쪽에서 두 차례 총성이 들렸다. 총성이 울린 곳으로 달려가 보니 최용건崔庸健, 1900~1976이 인솔하는 특무영 2중대 동포 사병들이 목선 한 척을 타고 부두를 막 떠나려던 중이었다.

특무영 2대 5중대는 모두 200여 명인데 그중 한인이 150여 명이다. 이기환은 그들에게 어디로 무엇을 하러 가는지 묻지도 않고 동포들이 탄 배 위로 뛰어올랐다. 이들은 중국공산당이 일으킨 봉기를 지원하러 가는 길이었다.

교전 중 이기환은 국민당군에 체포되어 일본영사관으로 송치되었다. 임시

이기환 　　　　출처_ 일제감시대상인물카드 "이기환(1924)"(한국사데이터베이스 한국근대사료DB).

정부가 개입해서 석방되고 목숨은 건졌지만, 한동안 공포 속에서 헤매다가 국민당과 공산당은 협력을 할 수 없는 극단적인 모순이 있다는 것을 발견하고 국민당과 일하기 싫다며 무정부주의자로 돌아섰다.

아나키즘이라고 하는 무정부주의는 국가권력과, 자본주의를 반대하고, 마르크스 레닌주의와 같은 권위적인 공산주의와도 대립되는 사상이다. 아나키즘은 목적이 방법과 수단을 규정하며 방법과 수단이 목적을 규정할 수 없다는 관점에서 일제에 빼앗긴 조국을 탈환하기 위해 무기를 들었다. 그래서 일제가 무정부주의 계통의 사람들을 테러·살인·강도·방화를 하는 무시무시한 집단 사람들로 몰아붙였다.

1928년 이기환은 중국 무정부주의자들과 푸젠성 신농촌 건설운동에 투신했다. 푸젠의 신농촌 건설운동은 비록 직접적인 우리의 독립운동은 아니지만 혁명 근거지를 마련하고 이를 기반으로 일본제국주의를 타도하려고 한 점에서 민족해방운동으로 연결된다.

## 샤먼 선전원양성소 군사훈련교관

이기환이 신농촌건설운동에 참여하게 된 것은 상하이 국립노동대학에서 일하던 이정규李正奎, 1897~1984와 관련이 있다. 이정규는 중국 무정부주의자들이 설립하는 노동대학 설립 준비위원이었다.

1927년 4월 12일 장제스의 청당정변 이후 장차 어떻게 청년들을 지도할 것인가를 고민하던 국민당 원로들은 노동과 고학, 지식과 노동을 결합한 새로운 형태의 국립노동대학을 설립하려 했다. 사회지도자를 양성하여 장기적으로 사회를 개조하고자 한 것이다.

푸젠의 행정 관료 친왕산秦望山, 1896~1970 또한 무정부주의 성향의 국민당 소속이었다. 당시 푸젠의 남쪽, 민남지역의 농촌에는 토비와 공산분자들로부터 받는 피해가 막심했다. 원래 지방색이 강한데다 군대와 행정관리가 부패해서 치안은 극도로 혼란스러웠고 농촌에는 각종 총기까지 나돌았다.

친왕산은 농촌 젊은이들을 훈련시켜 민중을 괴롭히는 토비와 지주들로부터 자신의 농촌을 지키려는 신농촌 건설운동을 추진했다. 1927년 5월 초부터 중학 졸업생 200명을 선발하여 취안저우泉州 시내 쥐원랑左文襄祠 사당에 친장秦江현 선전원양성소를 설립해서 농촌청년 간부 양성 교육을 시작했다. 이들을 훈련시켜 자기가 사는 마을에 자치自治·자위自衛를 실시하는 것이 목적이었다.

친왕산은 농촌운동에 대한 실제경험도 없고 막연한 개념만으로 일을 시작한지라 교육 계획과 내용도 구체적으로 기획하지 못한 상황인데 산악지대의 토비가 시내로 들어와 해군육전대와 지방 토호들과 결탁하여 행패를 부렸다. 친왕산은 부득불 모집한 학생들을 안전한 샤먼廈門으로 임시 피난을 시키고 대책을 강구하러 이정규를 찾아갔다. 훈련을 맡을 수 있는 군인 출신 한 사람,

학과를 맡을 수 있는 교수 한 명, 그리고 이정규만 있으면 되니 빨리 인선을 하여 샤먼으로 떠나자는 것이었다.

이정규는 항일 투쟁의 신세를 갚는다는 뜻에서 신농촌운동에 참여하면서도 이 운동이 건실해진 후에는 오히려 우리 항일운동에 대해서 더 많은 도움을 받을 수 있을 것이라는 계산이 있었다.

이정규는 샤먼 선전원양성소 군사교관으로 이기환을 선임했다. 샤먼 선전양성소는 다퉁大同부두 부근 공장 건물 2층집이었다. 비를 막을 정도의 판잣집 두 개가 교실이고 주방 하나, 사무실 겸 직원 숙사 하나가 전부였다. 이정규는 7월 1일부터 개학하여 서양사회운동사. 공산주의 비판, 정치론, 농촌사회조직론 등을 강의했다.

이기환은 아침, 저녁 1시간 반 동안 목총을 들고 보건체조 비슷한 군사 훈련을 실시했다. 그 외 격일로 정신훈화라는 시간을 개강했는데 학생들로부터 많은 환영을 받았다. 선전원양성소는 아침 6시부터 밤 8시까지 훈련, 학과 강의, 수양 강좌, 좌담회 등 눈코 뜰 사이 없는 빽빽한 일정이었으나 학생과 교사들은 융화된 분위기 속에서 교육을 잘 진행했다.


## 천영이속민단편련처泉永二屬民團編練處 교관


9월에 양성소 교육을 마치고 10월 취안저우로 돌아가 민단을 발족했다. 당초 25개 현에 민단을 건립하려고 했으나 25개 현은 푸젠성 전체의 절반에 해당하는 면적으로 인구가 전체 성의 3/5나 되었다. 민단이 이렇게 광범한 지역을 관할하기에는 너무 벅차고 또 성 정부와 마찰을 일으킬 요소도 있었다.

그래서 취안저부泉州府의 진장晋江, 하이안海安, 통안同安, 진먼金門 4개 현과 용춘부永春府의 용춘永春, 안시安溪, 다톈大田, 용안永安 4개 현에 국한하여 민단을 조직했다. '천영이속민단편련처'라는 간판을 내걸고 성 정부 및 관계 군정기관에 통보하여 각계를 초청하여 개정식도 했다.

샤먼양성소를 졸업한 100여 명 학생들은 천영이속민단편련처의 하급간부로 배치되었다. 자유자치의 생활, 협동노동의 생활, 협동방위의 생활의 3대 목표를 내걸고 삼삼오오 조를 짜서 행동을 개시하여 11~12월에 진장, 하이안, 통안, 용안 4개 현에 민단 조직을 완수했다.

화교들이 대금 30만 위안을 지원해서 단복 3천 벌을 제작하고 무기도 구입했다. 이기환은 마푸노 전법으로 군사 훈련을 시켰다. 마푸노 전법이란 적은 수량의 무기로 방어선을 지키는 방법이다. 총을 가진 병사가 맨 앞줄에 서고 무기가 없는 병사는 후열에 있다가 교전 중에 앞 열의 병사가 쓰러지면 후 열의 병사가 쓰러진 병사의 무기를 잡고 계속해서 싸우는 방법이다. 농민유격대가 혁명을 위협하는 독일과 오스트리아 연합군을 몰아낸 전법이다.

이기환이 마푸노 전법으로 군사 훈련을 실시하는 동안 1927년이 지나고 1928년을 맞았다. 천영 2속8현 위원장과 민단 간부들이 연석회의를 열어 새해 사업계획을 세우는데 안시安溪 산악에 있던 토비 4~5천 명이 음력 연말 경 비보충을 위해 취안저우를 공략하러 온다는 소식이 전해졌다. 자력을 길렀던 몇몇 민간지위단은 민단편련처에 등을 돌리고, 토비들은 민단편련처를 포위하고 공격했다. 토비들은 육전대도 공격했는데 육전대는 저항도 하지 않고 흩어져 민단편련처 전선은 순식간 무너졌다.

5~6개 현의 위원장과 단장이 와서 취안저우를 사수할 것인가? 철수할 것인가? 문제를 놓고 긴급회의를 열었다. 이들은 외국 동지들의 안위를 보위한

다는 명목으로 철퇴를 결정했다. 웅대한 계획을 가지고 거창하게 출발한 민단 편련처는 중국 정국의 혼란과 재정난으로 인해 파란곡절만 겪고 10개월 만에 끝이 났다.


## 이기환 석방운동

1928년 3월 초순, 이기환은 토비와 결탁한 지주와의 싸움에서 패배하고 샤먼으로 도피하여 태백삼상회에 머무르고 있었다. 태백삼상회는 인삼과 홍삼을 파는 독립운동가들의 연락장소였다. 임시정부의 부의장이었던 이강李剛, 1878~1964도 태백삼상회에 머물고 있어서 이기환은 이강과 샤먼시내에서 반일 강연회를 몇 번 개최했다.

일본영사관 측에서 대만 불량배 40여 명을 동원시켜 태백삼상회를 포위하고 습격하고 이강과 이기환을 체포해 갔다. 그날 밤 샤먼대학廈門大学에 있던 이명제와 이윤병도 체포되었다.

샤먼의 중국 경찰은 이 사건을 못 본 체하며 방관했다. 중국 경비사령부 측에서 일본영사관에 이강과 이기환을 중국 정부로 인도하라고 요구했으나 일본 측은 반응이 없었다. 샤먼의 몇몇 신문사가 여론을 조성하며 이 일에 대해 크게 관심을 표명했다.

『민종일보民鐘日報』,『강성보江聲報』는 호외까지 발행해서 일본이 중국 영토를 침범하여 강도 같은 행위를 저질렀다고 규탄했다. 일본영사관 경찰이 조계지가 아닌 샤먼 시내에서 중국의 합법적 기관 민단편련처 직원을 체포하여 감금한 사건은 불법이며 중국의 국권을 무단 침해한 사건이었다.

취안저우 선전양성소를 졸업한 젊은이들은 자신의 스승이 불법으로 잡혀가는 것을 눈 뜬 채 볼 수 없다고 격노했다. 민중들은 중국 경찰이 무능하여 외세에 아첨하고 일본이 무서워 중국의 주권을 상실한 치욕스러운 일을 당하고도 수수방관한다고 규탄했다. 부두노동자들이 규찰대를 조직해서 이강과 이기환이 감금된 배를 습격하여 빼내려고 계획을 짰다. 3일 후인 3월 5일, 한·중·일의 무정부주의자들이 연합하여 반일회反日會 : 샤먼각계반일침략주권위원회를 조직했다. 청년학생, 교사, 노동자, 상인, 어민 등 각계 대표들이 모여 대책을 논했으나 뾰족한 방법이 없었다.

반일회는 현지 국민당군사령부에 협조를 요청하고 24시간 이내에 체포된 이강과 이기환, 이명제와 이윤병 4명을 석방하지 않으면 강경하게 대응하겠다고 일본영사관에 통보했다. 규찰대가 6일부터 해상을 봉쇄했다. 일본 윤선 개성환開城丸이 화물을 신고 입항을 시도했으나 하역을 못하고 지룽基隆으로 돌아갔다. 일본영사관의 소형선박이 승객을 하선시키려고 시도했으나 규찰대가 강경하게 저지했다. 이렇게 되니 외국 영사관 구역 구랑위鼓浪嶼와 샤먼 시내와의 해상교통이 완전히 두절되었다. 그 사이 일본영사관 경찰은 선박에 감금한 이기환과 이강을 구랑위 일본영사관 구치소에 감금했다.

반일회는 해상봉쇄에 이어 일본상품 불매운동을 조성했다. 『민종일보』가 샤먼을 중심으로 '일화배척日貨排斥' 여론을 조성하니, 가장 먼저 산터우汕斗 지방에서 호응을 했다. 이어 상하이 등 각지에서도 일본상품 배척운동이 전개되었다.

3월 12일, 반일회는 쑨원孫文, 1866~1925 서거 3주년 기념대회를 기해 중국 중앙정부가 정식으로 대일교섭을 통해 이들이 석방될 수 있도록 요청했다. 이에 국민 정부 외교부가 일본 정부에 항의 전보를 보냈다면서 각계 민중들에게 정부의 교섭결과를 기다리라고 통보해 왔다.

일본영사관 경찰 측은 이명제와 이윤병은 그 사안이 경미하여 당지에서 석방할 수 있으나 이강과 이기환은 조선에서 범죄를 저지르고 중국으로 도피한 혁명가들임으로 조선으로 송환해서 심판해야 한다는 중재안을 중국 정부 측에 보내왔다.

반일회는 일본의 중재안을 거부하고 체포된 한인 4명 전원 석방하고 일본 경찰은 샤먼에서 철수할 것을 요구했다. 3월 19일, 일본영사 경찰은 협상이 중단된 시간을 이용해 이기환과 이강을 봉산환鳳山丸에 승선시켜 대만을 경유해 한국으로 압송했다.

반일회는 3월 23일 오전 6시부터 총파업을 강행했다. 샤먼 일대 모든 항구의 하역 작업, 해관, 우체국, 은행업무가 정지되고 학교수업도 중단되었다. 일본 측은 반일운동이 고조되며 사태가 심각해지자 군함 5척을 샤먼으로 파견하여 중국 노동자 규찰대원을 구타하며 배에 꽂힌 중국 국기를 찢어버렸다.

일본 측의 이러한 행위는 더욱 중국민중의 분노를 불러 일으켰다. 반일운동은 푸젠성 남쪽으로 퍼졌다. "조선혁명동지를 지원하자", "이기환 동지를 대신하여 복수하자", "일본 제국주의를 타도하자" 등의 표어와 플래카드가 도처에 붙었다. 그 사이 이기환은 조선으로 압송되었지만 사건은 여기서 끝나지 않았다.

일본상품을 싣고 일본기를 꽂은 선박 한 척이 위풍당당하게 취안저우 부근 안하이安海에 정박했다. 취안저우는 비통상항인지라 일본배가 입항할 수 없는 항구이다. 통상조약을 위반한 해적 행위지만 성 정부가 나서기 불편한 상황이어서 반일회가 나섰다.

이정규와 민단훈련요원 40여 명이 일본선박에 올라갔다. 7백 톤 소규모 밀수 선박이었다. 선원은 대만인 10명과 조선인 1명이었고 일본인은 선장을 포함하여 모두 7명이었다. 여행증명서의 행선지는 일본에서 샤먼까지였지만 통상허가증이나 세관수속도 없고 선원증도 소지하지 않았다.

반일회사람들은 일본 선원들을 모두 민단본부에 감금시키고 언론 통신사에 이 사실을 알렸다. 그리고 이강·이기환과 일본 선원 7명을 교환하자는 제의를 했으나 일본 측이 교환조건을 받아들이지 않았다.

다음날 중산공원에서 반일회 주최로 대규모 군중대회를 열었다. 일본인 무정부주의자가 앞장서서 "일본제국주의를 타도하자"는 구호를 크게 외치며 시가행진을 했다. 시가행진이 끝나고 일본 선원 7명을 수천 명 군중 앞에서 심문하고 이들로 하여금 민중 앞에서 일본 국기를 찢게 했다. 그리고 일본 경찰이 어떤 예기치 않은 방법으로 일본 선원들을 탈취해 갈 것을 우려해 취언저우에서 100여 리 떨어진 황산黃山의 한 지역으로 데려가 감금시켰다.

취안저우민단이 일본 선원을 납치했다는 뉴스가 대서특필되었다. 『민종일보民鐘日報』는 일본 측이 이강과 이기환을 체포한 사건을 보도하고 일본 선원의 밀수행위에 대해 강력히 비난했다. 『샤먼신문廈門新聞』은 일본 측을 두둔하여 민단이 비도덕적 행위로 일본 선원을 납치했다고 비난하며 두 신문사가 치열하게 논쟁을 했다.

일본영사관은 이 사건을 자체적으로 해결할 수 없게 되자 본국 정부에 해결책을 요구했다. 이에 일본외교부가 난징 정부에 천주민단이 일본 선원을 구금한 데 대해 항의하고 즉각 석방을 요구했다.

국민 정부가 이기환 등 한인 체포 문제에 대해 중앙 정부가 외교적인 방법으로 대일교섭을 통해 해결한다고 통보했다. 말은 그렇게 했지만 난징의 국민 정부는 샤먼 일대에 계엄을 선포했다. 이에 불응하는 민단에 대해서는 강력한 조치를 취하겠다는 통보도 보내왔다.

한편 반일회는 붙잡아 둔 일본 선원들을 풀어 주려니 억울한 마음이 들었다. 반일회 측은 일본 선원들을 황산에서 데리고 와 한 줄로 묶어놓고 "나는 일본 천황을 대신하여 일본 제국주의의 만행을 사과한다"라고 쓴 종이를 등 뒤에 붙였다. 그리고 이들을 취안저우 중심가의 중산공원으로 데리고 가서 공원을 돌고 무릎을 꿇렸다. 사죄하는 모습을 찍어 배포하고 중국 관원에게 일본 선원들을 넘겼다.

일본영사관에서는 자기 나라의 천황을 욕보였다고 노발대발하였다. 일본 화물을 몰래 인수했던 대만인 무역상이 인수한 물품의 2/3에 해당하는 금액을 지불하겠으니 눈감아 달라는 교섭이 왔으나 민단 측에서는 이를 거절했다.

푸젠성 정부 측에서 친왕산에게 전보를 보냈다. "만일 빠른 시일 내에 일본 선원을 석방하지 않으면 일본 측은 일본 교민의 안전과 이익을 보호하기 위하여 군대를 파견한다고 하니 전반적인 정세가 중요한 점을 감안하여 조속 일본인을 석방하여 일본 측의 침략 구실을 근절하라"는 요지였다.

한 달간 대치했지만 해결할 수 없는 문제였다. 일본영사관 측에서 사람을 현 정부로 보내 사과하고 앞으로 이런 일이 발생하지 않도록 하겠다는 서명을 했다. 현 정부가 일본인을 석방하고 배와 화물을 전부 몰수했다. 배에 실렸던 녹나무는 여명고중黎明高中에서 경매로 구입하여 책상, 의자 등 학교 기물을 만들었다.

그러나 젊은 한국 친구들은 들끓는 억울한 감정을 억누르지 못했다. 장수민張水民이 일본 측 괴뢰기관인 대만공회에 폭탄을 던졌다. 대만 건달 몇 명이 부상을 당하고 1928년 봄 이기환사건은 결말이 났다.

참고문헌 및 자료

湖南省档案馆校 編,『黃埔軍校同学录』, 湖南人民出版社, 1989.7.

「崔庸健参观中国革命博物馆时谈参加广州起义的韩国同志」,『广州起义』, 中共党史资料出版社, 1988.

현용순, 「풍랑속에서」,『조선민족백년사화』제1집, 요녕인민출판사, 1982.6.

이정규,『우관문존』, (사)국민문화연구소 출판부, 2014.12.

陈登才, 「访问范天均先生的记录」,『无政府主义思想资料选』下册, 北京大学出版社, 1991.5.

정화암,『이 조국 어디로 갈 것인가』, 자유문고, 1982.

林春洙, 「1920~30년대 중국 신문에 실린 한국 관계 기사 연구」,『국사관농총』제90집.

현룡순, 「풍랑속에서」,『조선족백년사화』제1집, 辽宁人民出版社, 1982.6.

유기석,『30年 유기석회고록』, 국가보훈처, 2010.11.

# 이종원

李钟元, 1902~?

약력
1902년    한국 출생
1926년    황푸군교 4기 입교
1928년    무정부주의동방연맹 가입, 신채호와 국제수표 위조 활동 가담
          체포, 무기징역 언도

보병과 2사단 보병 5중대 소속 이종원은 무정부주의동방연맹의 일원으로 활동하며 신채호申采浩, 1880~1936와 국제위체國際爲替 위조에 가담했다.

1928년 신채호는 국제 수표를 위조하여 독립운동에 필요한 자금을 조달하려고 했다. 베이징 우편관리국 외국 위체계에 근무하는 대만인 임병문林炳文이 외국위체 200장을 위조해서 베이징 우편관리국을 통해 일본, 대만, 조선 만주 등 32개소의 우편국에 발송했다. 총 64,000위안에 달하는 거금이다.

1928년 4월, 임병문은 만주의 대련은행에서 위체 2,000위안을 가명으로 찾아 베이징의 이필현李弼鉉, 1902~1930에게 부치는 데 성공했다. 이에 고무된 임병문은 일본 고베新戶의 일본은행에서 2,000위안을 더 찾으려고 하다가 일경에 체포되었다.

신채호는 중국인 류병택이라는 가명으로 일본에서 위폐를 교환하려다가 체포되어 뤼순旅順감옥으로 이송되었다. 5월 초순 이종원도 일본에서 체포되어 5월 17일 다롄大連으로 호송되었다.

참고문헌 및 자료

湖南省档案馆校 編, 『黃埔军校同学录』, 湖南人民出版社, 1989.7.

「국제위체사건등 事實大槪是認」, 『조선일보』, 1929.2.12.

「密偵을 殺害 白河에 暗葬」, 『동아일보』, 1928.6.3.

# 전의창

田義昌, 1904~?

약력
1904년    평안북도 선천에서 출생
1927년    만주 고려공산당과 협력
1929년    치안유지법 위반으로 체포

---

전의창은 평안북도 선천宣川 출신이다. 황푸군관학교 보병과 1사단 보병 6중대에 소속되어 훈련을 받고 졸업 후 만주에서 고려공산당에서 활동에 종사했다.

1929년 조선총독부는 3·1운동 이후 10년간 일제통치의 발전상황을 보이기 위해 조선박람회를 개최했다. 고려공산당은 이 기회를 이용해 크게 공산주의를 선전할 준비를 했다. 이 일을 수행하기 위해 전의창은 경의선京義線을 타고 경성으로 오던 중 기차 안에서 검거되었다. 조선박람회 방해자들이 잠입한다는 정보를 접수한 당국은 이들을 체포하기 위해 70일 동안 23,000~24,000위안 돈을 썼으나 경찰당국은 별로 큰 증거를 찾지 못했다. 실제 전의창 일행을 체포할 때 든 경비는 약 430위안이었다.

전의창은 평안북도 선천 천도교 종리원宗理院에 몸담고 있으면서 고려공산당 활동에 참여했다. 선천은 기독교와 천도교가 발달한 데다 조선 제일의 광산왕이라고 불리는 최창학崔昌學이 경영하는 동면東面금광, 백현白峴금광, 삼성三成광업사무소가 3개나 있어서 지식층이나 노동자 계층 모두 비교적 안정적이고 경제적으로도 여유롭게 살았다.

1929년 8월 중순, 경찰이 선천 천도교 교당을 수색하던 중 청년당원 전의창을 체포했다. 전의창은 자신은 상인이며 금궤 9개 시가 8백 원어치를 밀수하여 판매했다고 진술하고 넘어갔다. 그로부터 1년 후 중국 펑톈奉天에서 경성여관을 운영하며 상업에 종사하던 김의종金義鐘이란 동료가 금장사를 하러 한국에 들어왔다가 체포되었다. 그가 진술을 하던 중 전의창은 금궤 밀수꾼이 아니라 사실 고려공산당 활동에 종사하고 있다는 것이 밝혀졌다.

참고문헌 및 자료
湖南省档案馆校 編, 『黃埔軍校同学录』, 湖南人民出版社, 1989.7.
「朝搏開期中에 入京한 靑年四名」, 『조선일보』 1929.11.27,
「선천서 활동개시, 청년1명 검거」, 『중외일보』, 1929.9.30.
「금궤밀수는 虛傳, 共黨혐의로 被逮」, 『중외일보』, 1930.9.24.

# 윤의진

尹義進, 1906~?

약력

1906년    경성부 적선동 출생

1925년    백호청년회 위원

1926년    황푸군관학교 4기 입교

---

윤의진은 보병과 2사단 보병 1중대 소속이다. 1927년 2월 3일, 일본 경찰 고등과에서 수배용으로 작성한 일제감시 대상인물 카드에 의하면 윤의진의 본명은 윤익헌尹益憲이며 본적지는 경기도 경성부 적선동이다.

윤익헌

출처_ 일제감시대상인물카드 "윤익헌"

(한국사데이터베이스 한국근대사료DB).

윤의진은 1925년 조직된 백호청년회에서 활동하다가 중국으로 망명했다. 신문보도에 의하면 백호청년회는 1925년 8월 19일 오후 7시 반, 경성 시내 천연동향상회관天然洞向上會館에서 창립 총회를 개최했다. 조선총연총동맹, 아현청년회, 신흥청년동맹, 한양청년연맹, 경성노동청년회, 경성청년연합회, 서울청년회 등이 모였다. 백호청년회는 상부상조의 정신으로써 우정을 돈독히 하고 함양한 지식을 교환하며 인격을 수양하고 덕업으로 생활을 안정시키는 동시에 공적인 사업을 돕고 문화보급을 위해 노력한다는 취지로 조직한 청년회이다.

창립총회는 의장선거, 축사 낭독, 당국 금지 규약을 통과시키는 순서로 진행되었다. 의원 30명도 선출하고 만세를 세 번 부른 후 회의를 폐회했다. 윤의진은 백호청년회 창립총회에서 위원으로 선임되었다.

황푸군관학교 졸업 후 윤의진 행적에 대한 자료는 보이지 않는다.

참고문헌 및 자료

湖南省档案馆校 編, 『黄埔軍校同学录』, 湖南人民出版社, 1989.7.
「白虎創立經過」, 『동아일보』, 1925.9.1.

# 이문필

李文筆, 1903~?

약력
1903년    출생지 미상, 국적은 한국
1926년    황푸군관학교 4기 입교
1935년    소련 이만의 한인학교 교원

이문필은 이산珥山이라는 자호字號를 쓰는 보병대 2사단 보병 1중대 소속이다. 『황푸군관학교 동학록』에 기록된 본적은 현 내몽고 남부 쑤이위안綏遠특별구이지만 국적은 한국인으로 분류되었다. 연해주 이주 한인의 후손으로 추정된다. 통신 연락처는 쑤이위안구 양현陽縣 농회 제13구이다.

황푸군관학교 졸업 후 소련 동포 사회에서 활동했다고 추정된다. 1935년 소련 이만의 한 한인학교 교원 목록에서 이문필이란 이름을 볼 수 있다. 쑤이위안은 소련 국경과 연접한 지역이다.

참고문헌 및 자료
湖南省档案馆校 編, 『黃埔軍校同学录』, 湖南人民出版社, 1989.7.
「希望我们的事业新的转变」, 『先锋』, 1935.3.24.

# 김홍묵

金洪墨, 1901~1933

약력
| | |
|---|---|
| 1902년 | 경성에서 출생 |
| 1925년 | 경상북도 사회운동자동맹 조직 |
| 1926년 | 황푸군관학교 4기 공병과 입교 |
| 1928년 | 상하이 농민폭동 지원 |
| 1930년 | 홍군 14군 1사단에서 유격 활동 지휘 |
| 1931년 | 루이진瑞金 중화소비에트 홍군학교 교사 |
| 1932년 | 장시江西독립 4사단 사단장 |
| 1933년 | 장쑤江苏에서 전사 |

김홍묵은 경성京城 수운동 출신이며 본명은 장세걸張世杰이다. 한국에서 사회주의운동에 종사하다가 황푸군관학교에서 외국인 사관 후보생을 모집한다는 소식을 듣고 중국으로 망명하여 황푸군관학교 공과工科에 입교했다.

1925년 2월, 김홍묵은 대구에서 20여 명의 청년들과 경상북도 사회운동자동맹을 조직했다. 신사상을 연구하고 선전하기 위한 신사상회도 발기했다. 이어 상주에서 개최된 경북 사회운동자간친회에서 경북 사회운동자 위원에 선출되었다.

1925년 3월 15일, 대구에서 경북 청년대회를 개최하려고 했으나 경찰로부터 집회 금지를 당하고 오찬회를 열어 간담회를 대신했다. 포항청년회와 영일청년회 등 각 단체에서 모인 대표 60여 명은 경찰의 엄중한 감시하에 오찬회

출처_ 중국공농홍군 14군기념관.

형식으로 회의를 개최했다. 김홍묵은 이 회의에서 민중대회소집이 방해받을 때 교섭하는 민중운동자대회소집 반대 단체연합위원회 대표로 선임되었다.

경북 청년대회에 앞서 1월 22일, 대구 제4청년회에서 레닌 추모제를 개최했다. 일본 경찰은 이 행사를 불량배 활동으로 간주하고 『중외일보』 대구지국을 갑자기 수색해서 기자와 신문배달원 등을 잡아갔다. 이에 격분한 대구제4청년회는 철성단전 수양단과 긴급회의를 열고 이 사건은 도저히 묵과할 수 없는 일인즉, 일본 경찰관을 탄핵하기로 결의했는데 김홍묵은 10명의 탄핵소추위원 중 한 명으로 선출됐다.

1925년 7월 대구제4청년회 제1회 정기총회에서 임원으로 선임된 김홍묵은 7월 31일 '혁조사革造社'를 설립해서 문예·학술·사상비평을 중심으로 신사상류 월간잡지 『혁조』와 『현대 여성』을 발간했다. 또 한편 한성 조선 사회운동자동맹 발기 준비위원도 맡았다.

김홍묵에 관련된 기사는 1925년 7월 이후 언론에서 사라졌다. 1926년 1월, 황푸군관학교 4기 공병과에 김홍묵의 이름이 나온다. 졸업 후 김홍묵 활동에 대한 자료는 중국 측 자료에만 남아있다. 김홍묵은 국민혁명군 제4군에 배치되어 선전과 선동 업무에 종사했다. 북벌전쟁 후 중국공산당 난창봉기와 광저우 봉기에 참여했다가 주력군이 패배하여 상하이로 돌아왔다. 김홍묵은 장쑤성江蘇省위원회에 소속되어 지하 활동을 하며 노동자 폭동을 도왔다. 1927년 3월 21일 새벽, 중국공산당 상하이구上海區 위원회가 일으킨 제3차 무장봉기에 참여했다. 다음날 3월 22일, 중국공산당은 제2차 상하이 시민대표대회를 개최하고 상하이 시민 정부를 수립한 봉기이다.

4월 12일, 청당정변 때, 김홍묵은 체포되었다. 중국국민당은 공산당 기관을 봉쇄하고 공산당 지도자들은 체포했다. 김홍묵은 한국인 동료와 상하이 노동자들이 조직한 시민단체 업무를 돕다가 체포되어 난징감옥에 갇혔다. 감옥에서 윤호尹昊이라는 한국인 동료가 죽었다. 분노한 한국 교민들이 국민당 정부에 항의하면서 김홍묵이 도주하도록 도왔다.

1930년 8월부터 김홍묵은 장쑤성 타이신泰興에서 홍14군 1사를 지휘하며 유격 활동과 지하공작을 계속했다. 폭동으로 지방 도시 정권을 탈취하라는 상급의 지시를 받고 농민 5만 명을 동원해 황치아오黃橋폭동도 일으켰다. 내부 밀고로 폭동은 실패했으나 김홍묵은 좋은 평가를 받았다.

1931년 겨울, 김홍묵은 군사 간부가 되어 장시 루이진瑞金 중화소비에트 구역으로 파견되었다. 중앙소비에트 구역에는 김훈金勳, 양림과 김무정金武亭, 1905~1952이 군사 교관으로 활동하고 있었다. 김홍묵도 그들과 홍군학교 교사로 활동했다.

제3차 공산당 토벌전쟁 후 장시江西 독립 제4사단은 64사단으로 개편하고 홍군 12군 36사와 농공 홍군 제22군을 합병했다. 64사단은 장시 동쪽의 지방 홍군贛東 紅軍 독립사단이라고도 불렸다. 전임 독립 4사단장 롱진린龍普霖이 공산당 혁명을 비관하고 부대를 인솔해서 국민당으로 전향하려다 잡혀 소비에트 구역에서 재판받고 총살되었다.

강서군구 총지휘자인 천이陳毅, 1901~1972가 홍군 본부에 경력 있는 사단장급 간부를 보내달라고 요청했는데 장쑤지역에서 전투 경험이 있는 김홍묵이 발탁되어 독립 제4사단 사단장이 되었다. 정치부 주임이 신임 대장을 소개해서 김홍묵의 신상이 알려졌다. 김홍묵은 장세걸이라는 본명으로 활동하고 국민당 제4차 공산당 토벌전쟁 중 장쑤 리촨黎川에서 국민당 중앙군 계열의 제90사단과 교전하다가 죽었다. 32세였다.

참고문헌 및 자료

湖南省档案馆校 編,『黃埔軍校同学录』, 湖南人民出版社, 1989.7.

「慶北同盟組織」,『조선일보 』, 1925.2.25.

「前後하야 禁止當한 慶北의 二靑年會大會」,『조선일보』, 1925.3.24.

「大邱警察 을 彈劾」,『동아일보』, 1925.2.14.

「革造社를 創立하야 思想書類發刊」,『조선일보 』, 1925.7.10.

「『革潮』『現代女性』」,『동아일보』, 1925.7.31.

「朝鮮社會運動者同盟 發起 準備委員會의 動靜에 關한 件-1925.4.23」,『국내항일운동자료 : 경성지방법원 검사국 문서-檢察事務에 關한 記錄 2』(한국사데이터베이스 한국근대사료 DB).

「红军中秘密的外国将领, 长期无人知晓, 70多年后身份终于公开」, 这才是战争, 2020.6.7

# 백홍

白紅, 1903~?

| | |
|---|---|
| 본적 | 한성漢城 |
| 소속 | 정치과대대政治科大隊 정치대대 1대 |
| 연락처 | 南京管家桥太平巷2호 차리석车利錫 전달 |

약력
1903년    한성 출생
1926년    황푸군관학교 정치과 대대 입교

백홍의 통신연락처가 임시정부 임시의정원 차리석车利錫, 1881~1945이란 점을 감안했을 때 임시정부와 관련 있는 인물로 보인다.

참고문헌 및 자료
湖南省档案馆校 編, 『黃埔軍校同学录』, 湖南人民出版社, 1989.7.

# 노세방

勞世芳, 1900~?

| | |
|---|---|
| 자호 | 金森 |
| 본적 | 평안남도 평양 |
| 소속 | 정치과대대政治科大隊 정치대대 1대 |
| 연락처 | 광둥성 광저우 국립광둥대학 |

약력
1900년  평안남도 평양 출생
1926년  황푸군교 4기 정치과에 입교
1927년  우한 주둔 국민혁명군에 복무, 우한한인혁명청년회 조직

우창武昌 한국혁명청년회의 상무위원으로 활동했다.

참고문헌 및 자료
湖南省档案馆校 編,『黄埔軍校同学录』, 湖南人民出版社, 1989.7.
국가보훈처,「武昌 韓國革命靑年會의 成立情報와 要求事項」,『자료한국독립운동』 2권.

# 박익제

朴益济, 1901~?

| | |
|---|---|
| 본적 | 한국 |
| 소속 | 정치과대대政治科大隊 정치대대 1대 |
| 연락처 | 광저우 다샤터우항공학교 유철선 전달 |

약력
1901년  한국 출생출생지 미상
1926년  황푸군관학교 4기 정치과 입교

---

일본 기밀문서에 박익제는 항공학교에 재학 중인 유철선을 통해 입교를 시도하였다는 간략한 자료만 남아 있다.

---

참고문헌 및 자료

湖南省档案馆校 編, 『黃埔軍校同学录』, 湖南人民出版社, 1989.7.

# 문선재

文善哉, 1902~?

약력

1902년    평안남도 평원군 출생, 평양농업학교에서 수학, 지린 사범학교 수학
1925년    황푸군관학교 4기 정치과
1926년    상하이 병인의용대
1927년    국민혁명군 광저우제3경비단 배속
1928년    난징 국민당, 총사령부 헌병대 정치부 근무,
          중국공산당 입당, 조선공산당 비서장 구연흠의 비서
1931년    중화소비에트 조선대표, 치안유지법 위반 2년 언도

문선재
출처_ 중앙군사정치학교 4기 동학록.

문선재의 본명은 문종목文宗穆이며 평안남도 평원군平原郡 출신이다. 정치과政治科 대대大隊 2대 소속이며 연락처는 헤이룽장성黑龍江省 통하현通河縣 송강의원松江醫院이다.

문선재는 평양농업학교에서 수학하다가 중국으로 왔다. 지린사범학교를 수학하고 상하이에서 병인의용대에 가담하여 친일파를 처형하는 등 임시정부를 보호하는 활동을 하다가 황푸군관학교 4기에 입학했다. 군교 졸업 후 소련고문단을 수행해서 광저우에 온 동포 김병현?~?과 제3경비단에 소속되

었다. 김병현은 모스크바 홍군사관학교 출신 장교이다.

문선재는 정치운동을 잘했다. 1927년 12월 11일 새벽, 중국공산당이 광저우 봉기를 시작할 때, 문선재와 김병현은 경비단 소속 국민당 군인 차이션시蔡慎熙와 타오저우濤鑄, 1908~1969를 선동해서 광저우기의에 참가하도록 끌어들였다. 그리고 곧 경비단 전체 단원을 설득하여 한 개 중대가 광저우기의에 참가하도록 전향시켰다.

기의 실패 후 김병현은 하이루平海陸豊으로 철퇴하고 문선재는 난징의 국민당 헌병사령부 정치부에서 당 업무 사무원으로 근무했다. 그러나 곧 사임하고 중국공산당에 입당하여 조선공산당 비서장 구연흠具然欽, 1883~1937의 비서직을 수행했다.

1931년 12월 6일, 상하이 조계지에서 비밀 활동을 하던 구연흠이 체포되었다. 일본뿐 아니라 프랑스나 영국, 미국영사관도 공산당에 대한 적대감을 노골적으로 드러내고, 일본 경찰이 조계지에 들어와 공산당원을 검거해도 묵인하고 공산주의자들을 체포하는데 협조했다. 문선재는 구연흠을 대신해 중화 소비에트 대표회의에 참석하려고 상하이 공공 조계지 자푸로乍浦路에 있는 한 중국인 집에 숨어있다가 일본 경찰에 체포되어 조선으로 압송되고 징역 2년을 구형받았다.

참고문헌 및 자료

湖南省档案馆校 編,『黄埔軍校同学录』, 湖南人民出版社, 1989.7.
「文善裁에 二年役求刑」,『조선일보』, 1932.1.30.
金山,「广州公社」,『广州起义』, 中共党史资料出版社, 1988.
「全中国苏维埃大会」,『东亚日报』, 1932.1.12.

# 최혁우

崔赫宇, ?~?

평안북도 의주宜州 출신이다. "조선혁명군에 의해 황푸군관학교에 파송되었고 졸업 후 중국군대에 복무했다"는 기록만 남아 있다.

참고문헌 및 자료
李基東, 「黃埔軍校出身的韓国人将校们」, 『新東亜』1987.8.

# 강연권

姜淵權, 1902~?

약력
| | |
|---|---|
| 1902년 | 평안북도 정주군 옥천면 출생 |
| 1926년 | 황푸군관학교 정치과 입교 |
| 1927년 | 국민당 혁명군 장교 사임 |
| 1928년 | 병인의용대 |
| 1929년 | 신의주지방법원 징역 4년 판결 |
| 1931년 | 2년 만기 출옥 |
| 1948년 | 애국동지회, 남북협상 입국거부 당함. |

평북 정주군 옥천면 출신 강연권은 정치과 소속이다. 강연권은 강연모라는 이명으로 상하이와 난징, 광둥을 넘나들면서 독립운동을 하다가 1926년 황푸군관학교 정치훈련반에 입교했다.

졸업 후 국민당 혁명군 제2군 제6연대 소속으로 장제스가 인솔하는 천중밍 토벌전쟁에 참전하고 공을 세워 대위로 진급했다 그러나 그는 중국군을 사임하고 잠깐 고향에 갔다가 다시 상하이로 와서 병인의용대 단장 강창제姜昌濟, 1898~1965의 권유로 병인의용대에 가담했다.

강연권은 상하이 프랑스 조계지에서 밀정을 방지하는 경호 활동에 종사하다가 1929년 7월 초에 검거되어 신의주로 압송되었다. 무력적 조선 독립운동에 종사했다는 이유로 치안유지법 위반죄를 적용해 4년 구형을 받았다.

참고문헌 및 자료

「丙寅義勇隊員 姜淵權 上告 公判 期日」, 『동아일보』, 1930.2.28.

「丙寅義勇隊員 姜淵權의 公判」, 『동아일보』, 1929.10.25.

폭탄 제조 교관

# 이동화

李東華, 1896~1934

약력

1896년   경상남도 동래군 출생, 이후 블라디보스토크로 이주
         독일 병기공장 연수
1920년   의열단 가입
         폭탄 제조법 습득
1926년   황푸군관학교 4기 입교, 국민혁명군 제2군관학교에서 훈련 받음.
         제2군 기관총훈련 교관, 러시아 군사고문 통역
         북벌군 우창 선봉대
1927년   북벌군 난징 선봉대
1932년   조선혁명군사간부학교 군사조 교관
1932년   중국군사위원회 특수경찰학교에서 폭탄 사용법 교수 중 희생

이동화는 경상남도 동래군 출신이지만 일찍이 연해주 블라디보스토크로 이주했다. 여러 개의 가명을 사용했으며 그의 묘비에 이해강이라고 새겨져 있지만 그의 후손들조차도 본명을 정확히 모른다고 한다.

## 국민혁명군 제2군관학교에 입교

1926년 의열단원 12명이 황푸군관학교 4기에 입교할 때, 이동화는 건국상군建國湘軍이 설립한 국민혁명군 제2군관학교 2기에 입교해 군사 교육을 받았

조선혁명군사정치학교 교관 시절 이동화
출처_ 후손 소장.

다. 국민혁명군 제2군관학교는 호남군建國湘軍이
황푸군관학교를 본받아 세운 군사학교이다.

1924년 9월, 후난성 성장이자 후난군 총사령관
탄옌카이譚延闓, 1880~1930가 후난군을 지휘하여 북양
군벌 토벌에 나섰다. 그해 11월, 후난군은 장시江西
간저우贛州에서 지안吉安으로 행군하다가 북양군
의 매복 공격을 받았다.

후난군은 전쟁 직전 5개 사단의 3개 종대였는
데 8개 단團만이 남을 정도로 참패했다. 1925년 1
월, 탄옌카이는 광둥성 샤오관韶關에서 후난군 정
훈처를 설치하고 군대를 정비했다. 군인 중에 노
약자를 내보내고 황푸군교를 본받아 건국상군建
國湘軍이라 칭하고 강무당姜武堂도 개강했다. 쑨원
은 국민 정부를 수립하고 국민 정부 군사위원회 산
하의 군민 혁명군을 국군으로 간칭하며 황푸군관학교 군을 건국 제1군, 후난군을
건국 제2군, 윈난군을 건국 제3군, 광둥군을 건국 제4군, 푸젠군을 건국 제5군으로
지정하여 각 군마다 당 대표와 정치부를 설치했다.


## 작탄전문가

이동화는 황푸군관학교에 입교하기 이전 이미 작탄제조 전문가였다. 그는
소년 시절 러시아 블라디보스토크로 가서 10월혁명을 체험하고 사회주의 사

상을 수용했다. 그때 러시아에 체류하던 중국인 노동자들과 독일의 병기공장에서 무기 제조법을 배웠다.

1920년 전후, 이동화는 소련의 공산국제 파견을 받아 중국 동북 지방 지린吉林에 왔다가 김원봉을 만나 의열단에 가입했다. 의열단은 일제통치기관을 파괴하고 일제 고관 등 친일파를 암살하려면 대량의 폭탄이 필요했다.

김원봉이 설치한 상하이 비밀 폭탄 제조소에서 폭탄 제조법를 지도한 사람은 마잘이라는 헝가리 사람이었다. 마잘은 제1차 세계대전에 참전했다가 포로가 되었고 전쟁이 끝난 뒤 귀국할 경비가 없어 외몽고에 체류하면서 한국인 의사 이태준李泰俊, 1883~1921과 교류하던 중 김원봉이라는 사람이 폭탄 제조 전문가를 찾는다는 소개를 받았다. 그러나 마잘과 김원봉이 만나기 전, 이태준이 러시아 백위파 군인에게 학살당했다. 마잘은 자신의 폭탄 제조 기술로 기꺼이 조선 민족을 돕겠다는 마음으로 상하이로 와서 이태준으로부터 이름만 들었던 한국 사람 김원봉을 찾아 극적으로 만났다.

김원봉은 상하이 조계지에 건물 한 채를 빌어 지하실에서 폭탄을 연구하고 제조했다. 이동화가 조수였다. 마잘과 이동화는 한 집에 살면서 파괴용, 방화용, 암살용 폭탄을 시한폭탄과 전기 폭탄으로 구분해서 만들었다.

폭탄이 제조되면 장비를 장착하여 배를 타고 상하이에서 약 50리 떨어진 작은 섬으로 가서 제조한 폭탄 기능을 실험했다. 실험에 성공한 폭탄들은 곡물자루에 넣는 등 다양한 방법으로 한국으로 운송하고, 한국에 있는 의열단 동지들이 폭탄을 받아 총독부나 경찰서 등 조선을 통치하는 일본 식민기관을 파괴했다.

이동화는 졸업 후 국민혁명군 제2군에 남아 기관총 사용법을 가르치고 러시아 군사고문의 통역도 했다. 1926년 북벌전쟁이 시작되자 국민혁명군 2군 6

사단에 소속되어 종군했다. 종군을 하면 이동화는 늘 선봉이었다.

9월 북벌군 주력군이 한양漢陽과 한구漢口를 점령하고 우창武昌을 포위 공격할 때, 이동화는 전선의 최선두에서 조선 남아의 늠름한 기개를 보여주었다. 1927년 3월 24일, 북벌군이 난징南京을 공략할 때도 이동화는 기관총대를 인솔해서 선봉대로 가장 먼저 입성했다.

북벌전쟁에서 한인 장교들은 이동화처럼 죽음을 두려워하지 않고 용감하게 맹활약한 것으로 유명하다. 이에 따라 중국 장성들은 앞다투어 한인 장교를 자신의 부대에 영입하려고 했고, 한인 장교들은 주로 철군鐵軍이란 명예를 가진 장파쿠이張發奎, 1896~1980와 주페이더朱培德, 1888~1937부대, 제3군 청첸程潛, 1882~1968의 제6군에 배치되었다.

이동화는 의창宜昌에서 사진관을 운영하는 한 한국인으로부터 쓰촨四川 아가씨 천수전陣淑貞, 1903~1951을 소개받아 1928년 봄 창사長沙에서 결혼식을 올리고 집을 떠났다. 중매인은 이동화가 혁명을 하는 광둥 사람이라고 소개했다.

이듬해 춘절, 이동화는 장녀 의방義方이 태어났다는 소식을 듣고서야 죄송한 마음으로 집에 돌아왔다. 춘절 기간 며칠 머물다가 또 곧 집을 나섰다. 떠날 때마다 어디로 가며 언제 돌아온다는 아무런 말이 없었다. 부인 또한 혁명가 남편이 어디에서 무슨 일을 하는지 구체적으로 묻지 않았다. 1930년, 천수전의 친정집에서 사기 결혼을 당했다고 염려할 즈음, 차녀 의중義重, 1930~2020이 태어났다.

그때 이동화 부인의 동생이 이동화가 허난에 있다는 소식을 들었다. 그녀는 곧바로 마차 한 대를 빌어 자신의 언니와 아이들을 태우고 밤새 달려 이동화를 찾아갔다. 마차 안이 너무 추운데 의방의 양말이 벗겨진 것을 몰랐다. 발톱이 마차의 한 부분에 마찰하여 전부 빠졌다. 그 후 의방의 발가락은 다시 발육하지 않아 평생 동안 발톱 없는 작은 발가락으로 살았다.

결혼 후 3년간 이동화는 동분서주했으나 독립운동은 순조롭지 못했다. 국공합작은 결렬되고 코민테른은 조선공산당을 해체했다. 일본제국의 침략야욕은 점점 노골화되고 밀정들이 많이 활동할 때였다. 이런 상황에서도 이동화는 3년 동안 숨어 지내면서 줄곧 의열단의 암살과 파괴 활동에 종사했다.

1930년 허난에서 가족과 재회했지만, 가정생활은 불안정하고 늘 가난했다. 그럼에도 불구하고 이동화는 자신이 조선 독립을 위해 공헌하고 있다고 자부했다. 이동화는 한양漢陽 병기공장병원의 외과의사인 처남을 통해 한양의 월호月湖호수 부근에서 수차례 폭약을 구입했다. 이때 이동화는 광둥 사람 왕사장으로 칭하고 다녔다.

1932년, 이동화가 조선혁명군사간부학교 교관으로 재직할 때 가족들은 학교와 가까운 난징 장닝진江寧鎭으로 이사했다. 조선혁명군사간부학교는 이목을 피하고자 대외적으로는 중국국민당 군사위원회 간부훈련반 6대라고 불렀다. 이동화는 조선혁명간부학교에서 폭탄 제조법, 폭탄 사용법, 경중기관총 감독, 특수 기술, 보병 조전, 비밀공작법 등 군사 교육 대부분의 과목을 가르쳤다.

1931년 일본이 동북을 점령하여 중국의 형세는 더욱 긴박해졌다. 1932년 중국군사위원회는 항저우에 특수경찰학교를 설치하고 폭탄 제조 기술과 폭탄 사용법을 가르칠 교수로 이동화를 차출했다.

이동화는 학생들과 교외에서 폭탄 실험을 하던 중 불량 폭탄 하나를 발견했다. 문제가 생길 수 있다고 생각한 이동화는 수류탄을 들고 학생들에게 일정 거리 밖으로 물러서게 한 뒤 폭탄을 던지려고 안전핀을 뽑는 순간 수류탄이 폭발했다. 파편이 이동화의 오른쪽 관자놀이에 박혀 뇌수가 흘렀다. 오른손 엄지손가락과 검지는 완전히 잘려 나가고 중지는 절반 정도 남았다.

이동화의 동료이자 부산 사람 조빈1899~1946, 曹斌, 김빈(金斌), 김병태(金餠泰), 조국모(曹國棟) 등의 가명을 사용했다이 이동화의 사망 소식을 알리러 부인을 찾아왔다. 그러나 차마 사실을 말하지 못하고 "형이 많이 아프니 큰딸을 데리고 이동화를 보러 항저우로 가자"고만 말했다. 그때 이동화 부인은 둘째 딸을 출산하고 산후조리를 시작한 지 14일째였다. 어쨌든 꼭 가야 한다는 조빈에게 이끌리다시피 하여 다섯 살 된 첫딸 의방을 데리고 기차를 타고 항저우로 향했다.

이동화의 부인이 항저우에 도착한 다음 날 아침, 눈이 조금 내렸다. 부인이 이동화를 보려고 도착한 곳은 병원이 아니라 빈소가 설치된 커다란 천막이었다. 천막 안에 강단이 있고 강단 좌우에 이동화를 추모하는 대련對聯이 걸려 있었다.

중국군사위원회에서 이동화의 죽음을 진심으로 비통하게 여기고 준비한 장례식은 장엄했다. 검은 망사를 팔에 두른 애도 인파가 줄을 이었다. 중앙에 놓인 관 속에 군복을 입고 군모를 쓴 이동화가 누워 있었다. 이동화의 군모 옆으로 머리를 싸맨 흰 거제가 튀어나오고 손은 거제로 감싸 있었다. 빈소 옆방에 그가 입었던 검붉은 혈흔이 묻은 군복이 걸려 있다.

이동화 부인과 딸은 소복을 입고 다리를 솜으로 두텁게 감쌌다. 다섯 살배기 첫딸 의팡이 위패를 들고 솜으로 감싼 무릎을 꿇으면 누군가가 부축해서 일으켜 한 걸음씩 앞으로 나가고 장례 행렬이 그 뒤를 따랐다.

이동화는 항저우杭州 서호西湖에서 그리 멀지 않은 마오쩌둥의 별장 딩자산丁家山에 매장했다. 묘비에 새긴 묘비주의 이름은 이동화가 아니라 이해강李海崗이며 그의 부인과 세 아이의 이름이 새겨져 있다.

참고문헌 및 자료

염인호, 『김원봉연구』, 창작과비평사, 1993.1.

한상도, 『한국독립운동과 중국군관학교』, 문학과지성사, 1994.3.

박태원, 『약산과 의열단』, 깊은샘, 2008.8.

李宗薰, 「孫中山与建国湘軍讲武堂」, 『文史周刊』 480기 5166호.

이선자, 「조선혁명군정간부학교 교관 이동화의 이의방 면담록」(전 충칭 대한민국 임시정부기념관 부
관장 이선자가 두 차례(2009.11.9 · 2010.10.29) 이동화 지사의 장녀 李乂方(1929년 1월생)의 자택
에서 면담 후 기록한 글).

『송건호전집』 15권, 한길사, 2002.12.

황푸군관학교
5기생

황푸군관학교 5기[1926.11~1927.8] 수업기간은 중국 정국이 혼란스럽고 국공 분열이 표면화된 시간이었다. 5기 입교생은 모두 3,300여 명이었으나 졸업자가 2,418명으로 줄었다. 1927년 4월과 7월 두 차례 발생한 반공정변으로 인해 좌익으로 의심받는 상당수의 생도들이 스스로 퇴교했기 때문이다.

황푸군관학교 5기생은 1926년 1월 3일부터 8월까지 3차례 입교하고 8월 이후 입교자는 6기로 구분하여 5기와 6기는 중복되는 수업이 있었다. 북벌전쟁이 승승장구할 때, 1926년 12월, 5기의 정치과, 포과砲科, 공과工科 학원은 북벌전쟁에 참전하면서 우한분교로 단체 전학을 했다. 5기 한인 입교생은 약 200여 명이었으나 조선·한국계는 6명이 졸업했다. 5기생 오봉환은 자신과 박시창, 박우근, 장흥 4명이 5기 졸업생이라고 진술했는데 학적부에 남아 있는 광저우 본교 졸업생은 신악, 안유재, 장익, 김호원, 장흥 5명이며, 우한분교에서 박시창과 오봉환이 졸업했다.

참고문헌 및 자료
陈予欢, 『大浪淘沙―黄埔军校第五期生研究』, 广东人民出版社, 2015.11.

# 장흥

張興, 1903~1983

약력

| | |
|---|---|
| 1903년 | 경기도 고양군 출생 |
| | 파주공립보통학교 졸업 후 농업 종사 |
| 1925년 | 중국 망명 |
| 1926년 | 여운형의 추천으로 황푸군관학교 입교 |
| | 황푸군관학교에서 의열단 가입 |
| 1931년 | 난징南京 중앙헌병사령부에서 우편물 검사원 |
| 1935년 | 난징 장정총대기요壯丁總隊機要 간부 |
| 1940년 | 중앙헌병 제8단 소교단小校團 |
| 1942년 | 광복군 고위참모 |
| 1949년 | 헌병사령부에서 해임 |
| 1954년 | 국방부 제4국장 |

장흥은 경기도 고양군 출신이며 5기 보병과 소속이다. 파주공립보통학교를 졸업하고 농업에 종사하다 22세에 중국으로 망명했다. 상하이에서 만난 의열단원 오세덕吳世德, 1897~1986의 권유로 한국청년동맹회에 가입하고 조선공산당 한인지부 여운형呂運亨, 1886~1947의 추천을 받아 황푸군관학교에 입교했다. 황푸군관학교에서 의열단장 김원봉金元鳳, 1898~1958을 만난 후 평생 조국독립운동을 위해 몸 바치겠다고 맹세한 장흥은 일본 투항 후 조국으로 귀환할 때까지 17년간 묵묵히 군인으로서 항일과 조국독립을 위해 헌신했다.

장흥은 황푸군관학교 졸업 후 난징 중앙헌병사령부에서 우편물검사원으로 복무했다. 우편물을 취급하면서 총명과 기지를 발휘하여 우편물에 반영된 중

장흥

국 내 치안정보와 일본간첩 정보 등을 수집하여 고위간부들에게 제공했는데 중국고위층은 장흥이 제공한 정보를 참고하여 대일전략을 수립하기도 했다.

1935년에는 한국독립당, 의열단, 신한독립당, 조선혁명당, 미주대한독립당 등 5당이 연합해서 창당한 민족혁명당의 검열위원직을 수행했다. 자신의 사회적 지위를 이용해 자택을 민족혁명당의 회의나 집회를 개최할 수 있도록 제공하고 서슴지 않고 독립운동가들의 신변을 보호했다.

1935년 5월 장흥은 중앙헌병사령부 대위로 진급했다. 이때 뤄양洛陽군관학교를 졸업한 김구 계열의 한인 청년 50여 명이 난징에 왔다. 장흥은 이들을 난징장정총대南京壯丁總隊로 편입시켜 태산여관에 머물게 하고 생필품을 제공했다. 그 후 자신의 월급 80위안 중 50위안을 매월 뤄양사관학교 한인반에 지원금으로 보냈다.

1942년 중국 중앙헌병 8연대 2중대 대장으로 복무하던 장흥은 1943년 8월 광복군 사령부로 편입해서 고위참모로 활동했다. 주로 장시江西·장쑤江蘇·저장浙江·안후이安徽 등 4개 성에서 체포된 전쟁 포로를 관리했는데 장쑤헌병대 사령부에서 근무하는 동안 일본군에 복무하던 정희섭鄭熙燮. 성동준成東濬, 김수남金壽男 등 수 명의 학도병을 탈출시켜 한국광복군에 편입시켰다.

장흥은 중국에서 17년간 군인으로 복무하고 1946년 7월 24일 귀국했다. 신문사 기자와의 인터뷰에서 그는 '모든 정치색을 초월하고 형성된 민중의 여론을 중심으로 전선에서 임무를 집행하는 군인의 철학'을 지켰기 때문에 중국에서 긴 시간 군인생활을 지속할 수 있었다고 귀국 소감을 말했다.

장흥은 남한에서 대한민국 헌병사령관, 국방부 병무국장, 육군본부 병무감, 군사감 직책을 두루 거쳤다. 1949년 6월 26일, 김구가 피살되는 날, 헌병사령관이었던 장흥은 김구 계통의 사람이라는 이유로 당일 저녁 헌병사령부에서 해임됐다.

참고문헌 및 자료

湖南省档案馆校 編, 『黄埔军校同学录』, 湖南人民出版社, 1989.7.

『대한민국임시정부자료집 9 ─ 군무부』, 국사편찬위원회, 2006.12.

「장흥 공훈록」, 『대한민국 독립유공자 공훈록』 제5권, 국가보훈처, 1988.

「돌아온 우리 장군(將軍)들 (中)」, 『동아일보』, 1946.7.24.

이기동, 「黄埔軍官學校 출신 韓國人將校들」, 『신동아』 1987.8.

선우진, 최기영 역, 『백범선생과 함께 한 나날들』, 푸른역사, 2009.1.

의열단 집행위원

# 안유재

安維才, 1905~?

약력
1905년    평양에서 출생
1926년    의열단 중앙집행위원회 위원
1927년    의열단 기관지 『우리 길』 발행
1929년    조선박람회사건에 가담

안유재는 평양 출신이며 5기 보병과 소속이다. 황푸군관학교 재학 중 의열단 1차 중앙집행회의에서 중앙집행위원 후보로 임명되고 2차 중앙집행회의에서 중앙집행위원으로 선임되었다.

의열단은 비밀결사 단체인지라 보안을 위해 일정한 근거지를 정하지 않았다. 상하이, 베이징, 톈진 등에서 활동하는 동안 단장 김원봉의 소재지를 본부라고 묵인했으며 1925~1926년 의열단의 본부는 광저우였다.

1926년 11월, 광저우 동산東山 한봉근韓鳳根, 1894~1927의 처가 임대한 집에서 의열단 제1차 중앙집행위원회 회의가 열리고, 김원봉, 권준 등 광주에 체류하는 단원 30여 명이 출석했다. 이 회의에서 의열단장 김원봉은 과거 의열단이 수행하던 암살과 파괴는 도태된 방법인 점을 인정하고 시대에 순응하는 방법으로 국민당 정부와 손잡고 더 많은 의열단원이 중국군사학교나 중국군에 입대해서 군사 지도자 자질을 육성하기로 노선과 방침을 전환했다. 또 의열단 임원제를 위원제로 변경했다.

1926년 12월, 광저우에 남은 의열단 위원은 안유재 등 8명이었다. 그해 가을, 황푸군교 4기를 졸업한 김원봉과 의열단원 10여 명은 국민혁명군 장교로 배속되어 북벌전쟁에 참가하러 광저우를 떠났다. 안유재는 광저우에 남아서 의열단을 추스렸다. 광저우에 남아 있던 의열단 중앙집행위원들은 광저우, 상하이, 한커우, 난창, 베이징, 조선, 러시아에 의열단 지부를 설립하고 또 의열단 활동 상황, 취지, 목적, 강령 등을 각 지부에 알리는 기관지『우리 길』을 발간하기로 결의했다.

안유재가 기관지『우리 길』1호를 편집했다. 1927년 1월, 의열단의 역사와 근황, 취지, 사명 등으로 편집된 반쪽짜리 1호 80부를 등사해서 광둥, 한커우, 상하이 동지들에게 발송했다.『우리 길』2호에는 한봉근의 시와 각 지부 활동을 소개했는데 특히 의열단원들이 한커우 중국군대에서 좋은 성적으로 활동하고 있는 점을 상세히 전하도록 편집했다.『우리 길』2호는 자금이 부족해서 3월에야 발행하고 3호부터는 발행하지 못했다.

황푸군관학교에 가면 무료로 공부할 수 있다는 소문이 나서 중국 동북지방으로부터 많은 지원자들이 광저우로 왔다. 사실 의열단은 경비가 빠듯해서 기관지조차 발간을 못하는 처지인지라 무작정 광저우로 찾아오는 이들의 체류비용을 해결할 수 없었다. 김성숙金星淑, 1898~1969이 국민당 광둥廣東성 당사를 찾아가 상황을 이야기하고 경비 2천 원을 지원받아 간신히 의열단을 운영해 나갔다.

1927년 5월 초, 제3차 의열단 중앙집행위원회가 중산대학에서 열렸다. 이회의에는 안유재, 김성숙, 장지락, 오성륜, 강평국 등 8명이 참석했다. 이들은 암살·파괴와 같은 직접적 행동은 중단하기로 결의하고 단원들의 독립사상 함양과 상호화합에 주력하여 최대한 많은 동지를 확보하기로 결의했다.

안유재는 조선공산당이 기획한 조선박람회사건에 참여했다. 일본이 한국을 통치한 지 거의 10년이 다가오는 1929년 6월, 조선통감부는 한일병합 이후 번창하는 대일본제국의 위상과 조선의 발전상을 보여주겠다고 50일간 조선박람회를 개최하기로 기획했다.

북만주의 한인청년총동맹연합회가 전국에서 박람회 관람객들이 집결하는 기회를 이용해 공산주의를 크게 선전하려는 모종의 행동을 기획했다. 이 활동은 북만주청년동맹회의 한성韓星, ?~?이 기획했다. 한성에 대해 언론은 "황푸군관학교를 졸업하고 러시아에 가서 공산대학도 졸업한 인물이며 공산국제의 밀령을 받아 북만주 일대에서 활동하다가 부하 두 명을 데리고 6월에 한국으로 잠입했다"고 밝혔다. 한성에 대한 구체적인 자료는 확인되지 않는다.

의열단도 이 활동에 호응하여 광저우 중산대학 영문과 서응호1899~?, 윤충식1906~?, 농과의 김철호1901~1950를 조선으로 파견했다. 서응호, 윤충식과 김철호는 체포되어 치안유지법 위반이란 죄명으로 경성지방감사국에 송치되었다. 안유재는 이 행사에 관련되었으나 미체포인물 17명 중의 한 명으로 분류되었다.

참고문헌 및 자료

湖南省档案馆校 編, 『黃埔軍校同学录』, 湖南人民出版社, 1989.7.

「徐應浩 訊問調書(第三回) − 1929.10.15」, 『한민족독립운동사자료집30 − 義烈鬪爭 3』(한국사데이터베이스 한국근대사료DB).

「尹忠植 訊問調書 − 19219.10.26」, 『한민족독립운동사자료집30 − 義烈鬪爭 3』(한국사데이터베이스 한국근대사료DB).

「共産宣傳次 韓星等潛入」, 『동아일보』, 1929.8.19.

「본정서에 檢擧됏든 義烈團事件眞相」, 『동아일보』, 1929.11.3.

# 신악

申岳, 1892~1945

약력
| | |
|---|---|
| 1892년 | 평안남도 평원군 출생 |
| 1926년 | 황푸군관학교 졸업 후 중국군 복무 |
| 1931년 | 조선혁명군사정치학교 1기부터 3기까지 군사교관 |
| 1938년 | 조선의용대 부대장 |
| 1941년 | 광복군 제1지대 부대장 |
| 1945년 | 충칭에서 병사 |

신악은 평안남도 평원군 출신이며 보병과 소속이다. 황푸군관학교 졸업 후 한동안 중국군에 복무하다가 퇴출하여 전적으로 조선혁명간부학교<sub>의열단간부학교</sub>에서 교관으로 활동하며 민족 군사지도자 양성에 주력했다.

조선혁명간부학교는 일제가 점령한 만주를 탈취하고 한국의 절대독립에 투신하는 혁명투사를 양성하는 학교이다. 교장은 김원봉이었다. 김원봉은 일제의 예속으로 인해 파멸상태에 이른 한국의 정치적, 경제적 상황을 타개하는 길은 오직 혁명뿐이라고 여겼다. 혁명을 위해 정보전이나 첩보전과 같은 특무공작에 종사할 청년투사를 양성하려고 했다. 김원봉은 국민당 정부의 비밀결사 단체인 삼민주의 역행사力行士로부터 경비를 지원받아 학교를 운영하고 교육과 훈련 내용은 의열단이 자체적으로 전담했다.

조선혁명간부학교 졸업생들은 만주와 한국으로 파견되어 일만日滿 요인을 암살하거나 항일단체와 제휴하며 대중 투쟁 기반을 확보하고 만주국의 정치

신악
출처_ 1938년 조선의용대 창립기념 단체사진.

와 경제를 교란시키는 등 특무 활동을 수행했다. 황푸군관학교 출신인 박건웅, 김종, 이집중, 노을용 등 특무 활동에 경험이 있는 인물들이 조선혁명간부학교 교관으로 참여했다.

신악은 조선혁명간부학교 핵심간부이며 1기부터 3기까지 군사부 교련을 담당했다. 입학식과 졸업식에서 훈화를 하고, 1933년 5월, 1기 졸업생 8명을 국내로 파견할 때 국민당 정부 군사위원회 교사에서 합숙하며 개별 면담을 통해 특무공작 업무를 확인시켜 이들을 만주 및 국내 각지로 파견했다.

1938년 10월 조선의용대가 창설되자 신악은 조선의용대 부대장으로 취임했다. 우한이 일본군에게 함락되기 직전, 신악은 조선의용대본부 13명을 인솔해서 중국 제4군구가 소재하는 광시廣西 구이린桂林으로 가서 활동했다.

신악은 부대장으로써 조선의용대의 전반적인 업무를 총괄했다. 구이린성桂林城 수이동문水東門 밖 동링가東靈街 1번지에 조선의용대본부를 설치했다. 조선의용대본부가 처음 구이린에 왔을 때 요원은 아주 적었다. 한국인 13명과 중국 군사위원회가 파견한 지도원 판원즈潘文治, 1882~1949와 통역요원 몇 명이 전부였다. 조선의용대본부는 자리를 잡자 곧 일을 시작했다. "한·중 두 민족이 연합해서 일본 제국주의를 타도하자"는 등의 표어를 써서 붙이고 담벼락에 항일을 주제로 벽화와 만화를 그렸다. 조선의용대가 써 붙인 솔깃한 표어와 만화를 보는 중국인들은 유쾌하기도 하고 흥분도 되는 감동적인 표정을 얼굴에 역력히 드러냈다.

신악은 중국군사위원회 서남행영西南行營 정치부가 개설한 일어학습반에 가서 한국 문제를 주제로 강연도 했다. 또 대장 김원봉이 자리를 비우면 대리 대장 역할도 수행했다. 1939년 3월 1일, 조선의용대 본부는 러칭시樂郡社 강당에서 구이린의 당·정·군·문화 각계 대표 100여 명을 초청해 3·1운동 20주년 기념식을 개최했다. 신악이 사회하고 정치조장 김성숙이 3·1운동 경과를 보고하고 저녁에는 신화극장에서 가극 아리랑과 연극 '조선의 딸'을 공연했다.

조선의용대본부의 활동은 중국인민과 친목을 도모할 뿐 아니라 중국인민의 항일 의식도 고취했다. 1939년 3월 3일 구망일보救亡日報에 중국의 유명한 애국 시인 아이칭艾靑, 1910~1996이 쓴 〈조선의 딸〉 연극 평론이 크게 실렸다. 그는 신화극장에서 공연된 이런 행사가 "식민지화된 한국상황을 소개할 뿐 아니라 억압받는 한국인민의 강한 혁명정신을 반영한다"라며 호평했다.

1941년 태평양전쟁이 발발하여 미국이 대일전쟁을 선포했다. 대한민국임시정부도 대일 선전을 포고하고 조선의용대를 개편하여 광복군을 창건했다. 김원봉이 주도하던 조선의용대가 한국광복군 제1지대로 편입되고 신악은 광복군 제1지대 부대장으로 복무하다가 해방 직전에 충칭에서 병사했다.

참고문헌 및 자료

湖南省档案馆校 編,『黄埔軍校同学录』, 湖南人民出版社, 1989.7.

한상도,『한국독립운동과 중국군관학교』, 현대의지성, 1994.3.

염인호,『김원봉 연구』, 창작과비평사, 1993.1.

염인호,『한국독립운동의 역사 제53권－조선의용대·조선의용군』, 독립기념관한국독립운동사연구소, 2009.9.

# 장익

張翼, 1907~

　본적은 한국이며 보병과 2학생대 소속이다. 연락처는 지린성吉林省 옌지현延
吉縣 룽징촌龍井村 팔성八城상회이다.

참고문헌 및 자료
湖南省档案馆校 編,『黃埔軍校同学录』, 湖南人民出版社, 1989.7.

# 김호원

金浩元, 1905~?

약력
1905년    한국 출생
1926년    황푸군관학교 보병과 입교,
1929년    강계군 조선일보지국 기자

김호원은 보병과 소속이며 연락처는 펑톈성奉天省 통화현通化縣 강산崗山 산다오거우三道沟 다취엔옌동大泉眼東이다. 황푸군관학교 재학 시 공산주의로 편향한 것으로 보인다.

황푸군관학교 졸업 후 김호원은 조선으로 귀국하여 조선공산당 재건운동에 참여했다. 조선공산당은 1925년 4월 조직되었다. 성원은 대부분 학생들과 지식인들이었다. 1928년 코민테른은 조선공산당이 노동자나 농민 등 대중과 연대감이 부족하다는 이유로 해산시켰다. 그 이후 한인 사회주의운동가들은 공장이나 농촌 등 대중으로 들어가 조선공산당을 재건하기 위해 터를 닦았다.

김호원은 평안북도 강계에서 조선공산당 재건운동에 참여했다. 1929년 3월, '조선 학생 청년 대중아 궐기하라', '검거된 광주의 조선 학생을 즉시 탈환하라', '식민지 노예 교육에 반대한다', '무산계급은 전면 투쟁을 개시하라'는 등 등사판에 찍은 전단지와 유인물이 길거리나 영화관, 전신주에 나붙었다.

코민테른 한국위원회가 5월 노동절을 앞두고 메이데이의 의의를 일반 노동자에게 인식시키기 위해 대대적인 투쟁을 전개하며 살포한 격문이다. 유인물과 전단지는 경성 시내는 물론이고 전 조선 각지에도 발송되었다. 광화문 우편국과 경성우편국에서 지방으로 발송 대기 중인 격문 8천장을 압수했다.

전국 경찰에 비상이 걸리고 1,500여 명이 검거되었다. 1929년 11월, 김호원은 강계군 조선일보지국 기자로 재직하면서 조선 적화운동을 전개하다가 검거되었다. 죄명은 치안유지법 위반이다. 당지의 농민사, 신간회, 청년동맹과 협력하면서 공산주의를 선전하기 위해 불온문서를 배포한 것이 드러난 것이다. 일본 경찰은 강계공산당 300여 명이 벽지에서부터 점진적으로 전 조선을 적화하려는 계획을 추진한다고 밝혔다. 이로 인해 김호원을 비롯한 4명은 송치하고 나머지는 석방했다.

참고문헌 및 자료

湖南省档案馆校 編, 『黃埔軍校同学录』, 湖南人民出版社, 1989.7.

「六種檄文을 印刷 全朝鮮各地에 配付」, 『동아일보』 호외, 1929.12.28.

「벽지부터 점진적으로 전조선 적화기도」, 『중외일보』, 1929.11.12.

「南滿靑總中心으로 三百餘名網羅活動」, 『조선일보』, 1929.11.9.

# 황푸군관학교
# 우한분교

우한분교 한인 입교생은 약 200여 명이었다. 이들은 광저우 본교에서 전학한 5기생과 북벌군 제4군에서 복무하던 사병, 우한, 상하이, 난징, 창사 등지의 학교 재학생, 룽징의 대성중학과 동흥중학 출신이 주류이나 이들의 신원은 극히 소수를 제외하고는 밝혀지지 않는다.

우한분교의 한인 입교 상황을 파악할 수 있는 유일한 자료는 1927년 유악한국혁명청년회留鄂韓國革命靑年會, 우한학국청년회에서 중국국민당 중앙집행위원회 제출용으로 작성한 문서이다. 이 문서에 의하면 정치과에 진공목陳公木, 진갑수陳甲秀, 안동민安東民, 안자산安子山, 사검인史劍仁, 왕거汪炬 관추關鍬, 진국동趙國棟, 안동만安東晚 송욱동宋旭東, 김준金俊, 류광세劉光世, 김치정金致廷, 김종李鐘 등 14명이며 포병과에 유원도柳源道, 박태섭朴泰燮, 진용학陳龍鶴, 백규白珪, 이건李建, 최승연崔承淵, 김희철金熙喆, 박우균朴禹均, 이춘식李春植, 이벽파李碧波 10명이다.

이 외에 박시창朴始昌과 오봉환이 우한분교 5기를 졸업하고 여군에 이추악과 오지숙이 우한분교 졸업생으로 확인된다. 우한분교 폐교 후, 우한분교생들은 난징南京본교로 편입되었지만 난징본교의 한인 졸업생이 불과 10여 명 미만임을 감안하면 200여 명을 헤아렸던 우한분교의 한인 입교생 대부분은 광저우기의, 난창봉기로 이어지는 국공합작 파국의 현장에서 흩어지고 희생한 것으로 추정된다.

# 박시창

朴始昌, 1903~1986

약력

| | |
|---|---|
| 1903년 | 경기도 시흥 출생, 박은식의 양자로 입양 |
| 1918년 | 오성학교 졸업, 러시아 연해주로 망명 |
| 1919년 | 상하이로 이동 |
| 1923년 | 난징중앙대학 입교 |
| 1926년 | 황푸군관학교 5기 입교, 우한분교 집단전학 |
| 1927년 | 우한한인혁명청년회 조직 |
| 1928년 | 난징南京 군관단軍官團에 입단 |
| 1929년 | 중국 경위군警衛軍에서 8년 복무 |
| 1932년 | 송후전쟁淞滬戰爭 참전 |
| 1937년 | 중일전쟁 참전 |
| 1941년 | 중국 위룽군대학威隆軍大學 입교 |
| 1943년 | 광복군 총사령부에 편입 |
| 1945년 | 광복군 상하이 잠편지대 지대장 |
| 1959년 | 육군소장으로 예편 |
| 1976년 | 제5대 광복회 회장 |

박시창은 광저우본교 5기에 입학했다가 우한으로 전학하여 졸업한 경우이다. 경기도 시흥 출신이며 대한민국 임시정부 제2대 대통령 박은식朴恩植, 1859~1925의 양자이다. 박은식은 '민족이 있으면 역사가 있고, 역사가 없으면 민족이 없다'는 점에서 비록 국력이 약해서 나라는 망했지만 국혼을 지키면 언젠가 민족의 광복을 맞을 수 있다고 굳게 믿는 국사학자였다. 1911년 4월, 부인이 세상을 떠나자 박은식은 국사를 연구해서 국혼을 유지하겠다고 국경을

1930년대 중국혁명군 시절의 박시창
출처_『독립유공자 공적조서』.

넘어 중국 동북지방으로 망명했다.

고모 집에서 어린시절을 보내던 박시창은 부친이 설립한 오성학교를 졸업하고 부친의 친구를 따라 블라디보스토크로 와서 극적으로 박은식을 만났다. 1919년 3월, 블라디보스토크에서 박은식 부자는 조선에서 대규모 민족 만세운동이 일어나고 상하이에 임시정부가 수립되었다는 소식을 들었다. 상하이로 이동한 박은식은 배일 의식을 고취하는 신문 『사민보四民報』를 발행하고 박시창은 난징南京의 중앙대학에 입학했다. 박시창은 오래지 않아 다니던 학교를 휴학하고 상하이로 돌아왔다. 경제적 어려움 때문에 학업을 중단한 것으로 보인다.

1925년 11월, 박은식이 세상을 떠났다. 박시창은 조선청년동맹회에서 활동하다가 황푸군관학교 5기 포병과에 입교했다. 5기 포병과가 우한武漢으로 집단전학을 할 때 박시창도 국민혁명군 포병대에 편입되어 우한분교로 전학하고 졸업 후, 잠시 우한분교에 설치된 특별반에서 한인 학생을 교육하던 중, 우한분교가 폐교했다.

1927년 7월 15일, 우한분교 폐교 후 류안치劉安琪, 1903~1995의 포병대의 연대장으로 복무하며 난징으로 이동했다. 1928년 박시창은 군관단軍官團 장교로 승진하고, 1929년 중화민국 혁명군 중에서도 정예부대로 손꼽는 경위단에 입단했다. 경위단에서 8년간 복무하는 동안 몇 차례 죽음의 고비를 넘기며 최전선에서 일본군과 싸웠다.

1932년, 박시창은 송후전쟁淞滬戰爭 최전선에서 일본군과 맹렬히 싸웠다. 송후전쟁은 최신식 무기를 갖춘 일본군 육전대가 상하이를 공격한 전쟁이다. 상하이에 주둔하던 19로군이 강렬하게 저항하자 일본군은 지휘관을 4차례나 교체하며 무자비하게 상하이에 폭탄을 퍼부었다. 장제스는 19로군을 지원하기 위해 경위군 87사단, 88사단, 교도단 총대를 5군으로 편성했다. 장즈중張治中, 1890~1969이 5군의 군장이었고, 박시창은 5군 87사단의 중대장이었다.

1937년 중일전쟁 때, 박시창은 중국 위수군衛戍軍 중령이었다. 후베이湖北 이창宜昌 최전선에서 일본군과 맞서 싸웠다. 이창은 당시 중국의 수도 충칭重慶을 방어하는 교두보였다. 5군의 한 부대가 지세가 아주 험준한 이창의 한 산에서 10여 차례 일본군을 저지해서 충칭을 지킨 역사가 있다. 박시창은 이창전투에서 망국의 설움을 삼키며 중국의 총알받이로 싸웠다고 회고했다.

1944년 10월, 박시창은 중국 군사 교육의 최고 학부로 손꼽는 중국육군대학 특별반에서 군사 교육을 마치고 임시정부 광복군참모로 취임했다. 일본 투항 후, 대한민국임시정부는 환국을 결정하고 일본군내 한적 사병을 집결해서 광복군 잠편지대暫編支隊 설치를 서둘렀다.

기설된 광복군 3개 지대 외에 7개 잠편지대를 증설하여 도합 10개 지대를 완전한 사단 편제로 조직하려는 계획이었다. 일본군 내 한적사병을 광복군에 편입시키려는 목적은 장차 귀국 시 일본군이 아닌 역사적인 독립진영의 광복군이란 긍지와 영예를 가지고 귀국하여 향후 국군의 기간으로 편성할 목적이었다. 광복군 총사령관 이청천李青天, 1888~1957이 군사특파단을 일본군이 많은 지역으로 파송했다.

박시창은 상하이 잠편지대 지대장으로 임명되었다. 1945년 10월, 상하이 루장滬江대학에서 한국사병 6천여 명의 사열을 받았으나 중국 정부가 광복군 확충을 금지하여 잠편지대는 편성되지 못했다.

1946년 7월, 중국에서 22년간 군생활을 마치고 박시창은 교민들을 인솔해서 귀국했다. 1949년 102여단의 단장으로 복무하고 1950년 7월, 6·25전쟁 때 1군단 민사참모 대령으로 미군과 흥남철수작전을 수행했다. 1951년 3월 103사단장, 1954년 전북 병구 사령관, 1956년 1군단 부군단장준장, 1959년 6월 육군소장으로 예편하고 13년간의 한국군 생활을 마쳤다. 퇴역 후 1976년 제5대 광복회 회장을 역임하고 1986년 6월 7일 타계했다.

참고문헌 및 자료
「황푸군관학교 한국인 졸업생 박시창 옹 "중일전쟁때 죽을 고비 많이 넘겼지"」, 『경향신문』, 1985.6.15.
국가보훈처, 『독립운동사 제6권 – 독립군전투사(하)』.

# 오봉환

吳鳳煥, 1905~?

약력
1905년   충청북도 충주 출생
1926년   중국 망명
          황푸군관학교 광저우 본교 입교 후 우한분교로 전학

---

오봉환은 충청북도 충주 출신이다. 서울 협성학교에 재학하던 중 6 · 10만세
운동에 참여했다가 일경의 체포를 피해 중국으로 망명하여 황푸군관학교 5기
에 입교했다. 6 · 10만세운동은 1926년 6월 10일, 조선의 마지막 왕 순종純宗 이
척李坧, 1874~1926의 출빈일에 발발하였다. 조선공산당과 민족주의자 대표들은 국
장행렬에 참가하기 위해 많은 사람들이 경성으로 밀집하는 기회를 이용해 제
2의 3 · 1운동과 같은 민족운동을 일으키려고 했다.

6월 10일 오전 8시 30분, 순종 장례 행렬이 창덕궁을 빠져나올 때 보성전문
학교 학생 50명이 군중들을 향해 반일격문을 배포했다. 이어 이에 호응한 연
희전문학교 학생들이 '조선독립 만세'를 외치고, 9시경 행렬이 종로에 도착하
자 중앙고등보통학교 학생들이 '대한독립 만세'를 외쳤다. 9시 20분 황금정현재
을지로을 지날 때는 사범학교 학생들이 군중을 향해 국기를 나눠주며 '대한독립
만세', '일본 제국주의 타도', '교육은 조선 사람들이', '8시간 근무제 실시' 등의
구호를 외쳤다. 이날 운동에 참가한 학생은 약 5천여 명이었다.

6 · 10만세운동은 비교적 성공적이었지만 조선공산당은 큰 타격을 입었다.

학생 시위는 인천·고창·원산·개성·홍성, 평양·논산·대구·공주 등지로 이어졌다. 일제는 이번 사건이 1919년 3·1만세운동처럼 전국으로 확대되는 것을 막기 위해 치밀하게 시위운동 주도자들을 체포했다.

6월 10일, 오봉환도 체포되어 종로경찰서로 잡혀갔다. 20일 만에 석방은 되었지만 일제가 재검속한다는 소문이 나돌자 만주 안동安東을 거쳐 상하이로 도피했다. 상하이에서 한글학자이며 훗날 북측의 요인이 된 김두봉金枓奉, 1889~1960의 집에 머물다가 김구金九, 1876~1949의 소개로 황푸군관학교에 입교했다.

1926년 9월, 오봉환이 황푸군관학교 5기에 입교했을 때, 이미 한인 입교생 100여 명이 3월부터 수업을 받고 있었다. 5기생은 3월부터 세 차례 입교하고 9월부터 정식 수업을 받았다. 어느 휴일 오후, 동학 80여 명과 의열단에 가입했다. 입단식은 학교 구내 의열단 임원 몇 사람이 모인 자리에서 소그룹 형식으로 간단히 진행되었다.

일요일이면 오봉환은 김원봉을 따라 광저우 시내 중산대학 기숙사로 가서 정치학과에 다니는 김성숙金星淑, 1898~1969을 만났다. 김원봉과 김성숙은 동갑내기였고 두 사람은 아주 의기투합한 사이였다. 오봉환이 군교에 입학한 지 한 달 후 4기 졸업식이 있었다. 의열단장 김원봉도 졸업하여 중국 육군소위로 임관되었으나 다른 부대로 전입되지 않고 황푸군관학교 부설 장교단에 배속되었다.

4기 졸업식이 있고 얼마 지나지 않아 오봉환은 우한분교로 전학했다. 5기 동기생 졸업자가 적은 데 대해 오봉환은 4월부터 7월까지 장제스가 일으킨 정변의 영향으로 좌익으로 의심받는 상당수의 생도들이 체포를 피해 스스로 퇴교했기 때문이라고 밝혔다.

오봉환은 자신과 박시창, 박우근, 장흥 4명이 황푸군관학교 5기를 졸업했다고 진술했는데 신악, 안유재. 장익, 김호원, 장흥은 광저우 본교에서 졸업하고 오봉환과 박시창은 우한분교 졸업생으로 확인된다.

참고문헌 및 자료

「朝鮮人 吳鳳煥의 動靜에 관한 件」, 『不逞團關係雜件 - 朝鮮人의部 - 在支那各地』4, 1926.11.20(한국사 데이터베이스, 국외항일운동자료 일본외무성기록).

김재명, 「金元鳳의 苦惱와 挫折(下)」, 『월간경향』, 1987.12.

의열단 확장 활동에 종사

# 최승연

崔承淵, 1905~?

약력
1905년　　평안북도 운산군 출생
1924년　　프랑스조계지 삼일중학교 수학
1926년　　황푸군관학교 5기 포병과 입교, 우한분교로 집단전학
1927년　　우한한인혁명청년회 조직
　　　　　유일독립당 상하이촉성회 활동 중 피체

　　최승연은 평안북도 운산군雲山郡 출신이다. 1924년 상하이로 망명하여 프랑스 조계지에서 삼일중학교를 수학하고 그해 7월, 황푸군관학교 5기 포병과에 입학했다. 북벌전쟁 시 5로군 탕성즈군唐生智軍에 편입되어 우창으로 종군하여 우한분교 포병과를 졸업했다.

　　1926년부터 시작한 북벌전쟁은 불과 6개월도 안되는 사이 후난과 장시江西를 점령하며 큰 성과를 이루었다. 북벌전쟁의 승리는 한인 청년들을 고무시키고 이에 감화된 청년들은 독립운동의 새로운 방향을 보는 듯했다. 중국군에 복무하던 많은 한인 군인들이 우한으로 모이고, 화북과 상하이에서 활동하던 청년과 학생들도 우한으로 모였다. 최승연은 우한한인혁명청년회留鄂韓人革命青年會 조직에 참여했다.

　　1924년 상하이에서 안창호安昌浩, 1878~1938를 중심으로 대동단결론이 제기되고 중국 각지에서 유일당촉성운동이 전개되고 있었다. 1926년 10월, 베이징촉

성회가 결성되어 40여 명의 회원을 확보했다. 1927년 3월에는 상하이촉성회가 창립되어 150여 명의 회원을 확보하고1927년 5월, 유월동지회와 의열단이 중심이 광동촉성회 회원 170여 명을 확보했다.

우한분교에서 활동하던 최승연은 의열단 확장 방침에 따라 상하이 한국유일당촉성회와 연락을 취하며 활동하다가 체포되어 신의주로 압송되었다.

참고문헌 및 자료
국가보훈처,「武昌 韓國革命青年會의 成立情報와 要求事項」,『자료한국독립운동』2권.
「革命青年黨 幹部三人被捉」,『동아일보』, 1928.10.17.

# 진공목

陳公木, 1900~1935

약력
| | |
|---|---|
| 1900년 | 경남 산청 출생 |
| 1918년 | 부산상업학교 졸업 |
| 1919년 | 3·1민족운동 연루 체포 감금 |
| 1920년 | 중국망명 |
| 1923년 | 베이징고등사범학교 수학 |
| 1925년 | 상하이 혜령 영어전문학교 수학 |
| 1926년 | 우한분교 정치과 입교, 우한한인혁명청년회 조직, |
| 1927년 | 중국 본부 한인청년동맹 결성 |
| 1928년 | 중국국민당군에서 퇴출, 중국공산당운동에 투신 |
| 1930년 | 동만주특별위원회 소수민족혁명위원회 위원 |
| 1931년 | 중국공산당 안투현위원회 조직 후 체포 압송 |

경남 산청 출신이며 본명은 김상선이나 이병희李炳熙, 정공목丁公木 등의 가명을 사용했다. 진공목은 부산상업학교를 졸업한 이듬해 3·1운동에 참가했다가 체포되어 옥고를 치르고 1920년 중국으로 망명했다. 1923년 베이징 고등사범학교와 1925년 상하이 혜령惠靈 영어전문학교에서 각각 수학하고 1926년 말, 우한분교 정치과에 입학했다. 진공목은 안재환, 박시창, 권준 등과 우한한인혁명청년회일명 유악한인혁명청년회(留鄂韓人革命靑年會)를 조직했다.

1927년 11월 8일, 광저우, 상하이, 베이징, 난징의 한인청년회와 연합하여 상하이에서 중국 본부 한인청년동맹을 결성했다. 중국 본부 한인청년동맹은 민족혁명과 사회혁명을 실현하고 세계피압박민족과 연대하여 제국주의를 타도하고 세계혁명을 완성한다는 목표하에 조직되었으며 진공목은 우한집행위원으로 선출되었다. 우한분교 졸업 후 중국 육군 소위로 임관해 잠시 국민당의 장파쿠이張發奎, 1896~1980부대에서 활동하다가 퇴출하여 전적으로 중국공산당운동에 투신했다. 1930년 4월, 중국공산당에 입당하고, 동만주특별위원회 산하의 소수민족혁명위원회 위원으로 선임되었다.

진공목은 폭동을 일으켜 일제와 투쟁했다. 1930년 7월, 둔화敦化중동철도 노선이 지나는 한 부락에서 조선공산당원 20명을 중국공산당에 가입시켰다. 이를 기반으로 중공 동만주특별위원회는 옌허延和(延邊·和龍)현위원회를 조직하고 옌지延吉, 핑강平崗, 룽징龍井 등 10개 구에 중국공산당 구위원회를 설치했다. 그해 8월 3일에는 안투安圖현 다덴즈大甸子에도 중공 임시당부를 설치했다. 농민들을 동원해 다덴즈공안국을 습격하고 무기를 탈취해 노농무장 폭동대를 건립했다. 8월 27일에는 어무현額穆縣에서 농민 수십 명을 동원해 지둔吉頓철도 류수이허즈流水河子 기차역을 습격하고 만주철도 경비기관도 폭파했다.

진공목은 '간도공산당사건' 때 체포되었다. 1930년 5월 30일 이래, 주간도 일본총영사관 경찰은 공포를 조성하는 공산당의 폭동은 중국의 힘만으로 저지할 수 없다고 판단하고 직접 간도공산당 검거 활동을 개시했다. 이때 간도와 훈춘에 있는 동포 중에 공산당 계통의 대표들은 거의 모두 검거되었는데 속칭 '간도공산당사건'이라고 한다.

1931년 2월, 일본총영사관 경찰은 둔화현 중공위원들을 모두 체포하고 현위원회를 해체시켰다. 이런 상황에서 중국공산당 만주성위원회는 진공목을 교통이 불편하고 국민당의 감시가 심한 옌볜延邊 안투현安圖縣으로 파견했다. 공산당을 조직하기에는 어려운 시간이었지만 진공목은 안투현 다사허大沙河에서 당원 26명을 확보해 안투현위원회를 조직했다.

1931년 3월, 중국공산당 옌허현 당서기직에 임명된 진공목은 줄곧 판스, 안투, 다사허大沙河 일대에서 활동했다. 간도일본총영사관 경찰은 1930년 겨울부터 1932년 봄까지 2년간 34차례 조선공산당원을 색출하여 만주일대 적화를 획책한 403명을 검거했다. 그중 병사자와 병으로 보석 중인 자를 제외하고 진공목을 포함한 390명을 치안유지법 위반, 소요, 강도, 살인, 방화 등 혐의로 검거하고 24개 죄명으로 공판에 회부했다. 이때 간도와 훈춘에 있는 동포중에 공산당계통의 대표들은 거의 전부 검거되었다. 진공목은 1931년 4월 8일 일본 경찰에 체포되었다.

참고문헌 및 자료

李香花, 「黃埔軍校出身的朝鮮族革命者在东北抗日游击队建设中的历史功绩」, 『西部大开发中旬刊』, 2012 제7기.
최성춘, 『延边人民抗日斗争史』, 民族出版社, 1992.12.
「俗稱間島共産黨事件二七二名公判廻附」, 『동아일보』, 1932.12.28.
「三白九十名被告의 住所 氏名 年齡」, 『동아일보』, 1932.12.28.

# 장해평

莊海平, 1905~1965

약력

| | |
|---|---|
| 1905년 | 황해도 안악 출생 |
| 1919년 | 김구 등과 상하이로 망명 |
| | 임시정부 경호원 |
| 1926년 | 우한분교 입교 |
| | 우한한인혁명청년회 조직 |
| 1927년 | 중국군에서 퇴출, 상하이 임시정부 복귀 |
| 1929년 | 텐진 일본조계지 은행 습격 거금 탈취 |
| 1930년 | 만주한족연합회 활동 |
| | 신창국민학교 교사 |
| | 장춘 만선일보滿鮮日報 경영 |

장해평의 본명은 기준麒俊이며 황해도 안악 출신이다. 평안북도 정주 오산중학교를 졸업하고 조선일보 안악지국을 경영하다가 3·1만세운동 후 일제의 감시가 느슨할 때를 기다렸다가 김구, 오면직吳冕稙, 1894~1938 등과 중국으로 망명했다.

장해평은 임시정부 요원의 경호원으로 활동하다가 우한분교에 입학했다. 우한분교에 재학하는 동안 진공목, 안재환, 박시창 등과 우한한인혁명청년회를 조직했다. 북벌전쟁 때에 많은 위험은 겪었지만 참전한 전쟁이 1개월 만에 승리하여 중위로 승진했다.

우한분교 졸업 후 중국군 제2방면군 총사령관 장파쿠이張發奎, 1896~1980 부대에

장해평
출처_『독립유공자 공적조서』.

배치되어 광둥으로 이동했으나 병이 나서 군생활을 계속할 수 없게 되어 상하이 임시정부로 돌아왔다. 1927년 12월, 임시정부 군자금 모금 사명을 띠고 인천에 도착했으나 바로 그날, 일본 경찰에 체포되었다.

고향인 안악경찰서로 송치되어 취조를 받던 중 장기준이란 본명과 과거 치안유지법 위반이 드러나 해주지방법원 재녕지청 검사국으로 이송되어 조사를 받고 기소유예로 출감했다.

출옥 후 장해평은 조선에서 동지 이병섭李秉燮, 김지건金知乾등과 군자금 모집을 재개했으나 경찰의 추적을 받아 상하이로 재탈출했다. 1929년 11월, 톈진天津에서 이회영李會榮, 1867~1932, 이을규李乙奎, 1894~1972 등과 회합하고 오면직 등과 백야에 톈진 일본 조계지에 소재하는 일본은행을 습격하여 거금을 탈취해 군자금으로 사용했다.

1930년 중국 본토에서 항일 투쟁이 점점 어려워졌다. 장해평은 이회영의 장녀 이규숙1892~?과 결혼하고 북만주 하이린海林으로 갔다. 하이린에는 김좌진金佐鎭, 1889~1930이 만주한족연합회를 조직하여 활동하고 있었다. 장해평은 남용무南容武로 변성명하고 부인 이규숙과 조선인이 설립한 '신창국민학교'에서 조선 아동을 가르쳤다.

그 무렵, 만주한족총연합회의 김좌진 등 다수 회원들이 친일파와 공산당원에 의하여 살해되어 장해평은 가족을 데리고 창춘長春으로 이동했다. 창춘에서는 이계백李啓白으로 개명하고 만선일보滿鮮日報를 경영하며 업무부장직을 수행하다가 해방이 되어 귀국했다.

참고문헌 및 자료

「軍事學校出身 張麒俊起訴猶豫」, 『조선일보』, 1928.3.13.
정화암, 『이 조국 어디로 갈 것인가』, 자유문고, 1982.
李恩淑, 『民族運動家 아내의 手記』, 正音社, 1975.1.

문무를 겸한 독립운동가

# 안재환

安在煥, 1898~1977

약력

1898년    평안남도 안주 출생
1919년    중국 망명
1926년    우한한인혁명청년회 조직
1927년    난징 동방피압박민족연합회 조직
1929년    한국혁명당 철혈단, 단장
1935년    민족혁명당 기관지『민족혁명』 발행
1937년    민족혁명당 상하이 특별지부장 선임
          상하이 프랑스조계지에서 피체 압송
          평양형무소에서 4년 복역

안재환은 평안남도 안주安州 출신이며 문무를 겸비한 혁명인이다. 1919년 3·1만세운동 이후 중국으로 망명하고 황푸군관학교 우한분교에 재학하는 동안 우한한인혁명청년회를 조직하여 동지들을 훈련시키고 장제스의 참모로 활동했다.

1927년 2월, 안재환은 난징 동방피압박민족연합회 한국상무부에서 기관지『동방민족』을 발간했다. 동방피압박민족연합회는 원래 광저우에서 결성되었으나 북벌전쟁이 승리하면서 혁명의 중심지가 광저우에서 우한으로 옮겨지자 우한에서 중국인, 싱가포르, 인도인 등과 재조직했다.

그 후 난징에서 단독정부가 수립되자, 동방피압박민족연합회도 난징으로 이동했다. 안재환은 동방피압박민족연합회 기관지『동방민족』을 한국어·중

국어·영어 3종 언어로 발간하며 약소민족 독
립의 정당성과 절박성을 호소하며 항일운동에
앞장섰다.

안재환
출처_「안재환」, 한국민족문화백과사전.

1929년 안재환은 난징에서 동양피압박민족연
합회와 활동하는 한편, 민병길閔丙吉, 1884~1942, 신익
희申翼熙, 1894~1956, 김홍일金弘日, 1898~1980 등과 한국혁
명당을 조직했다. 동 당은 사상의 정화와 독립
운동 진영의 단결을 도모하기 위해 설립했으며
동시에 무력행동 단체인 철혈단을 조직했는데
안재환이 단장을 맡아 의용군을 훈련시켰다.

1935년에는 민족혁명당에 입당해 기관지
『민족혁명』을 발행했다. 1937년 민족혁명당 상
하이 특별지부장에 선출되어 활동하다가 동년 12월 말, 상하이 프랑스 조계지
에서 일본 경찰에게 피체되었다. 평양으로 압송되어 10개월간 경찰의 취조를
받고 1939년 1월에 공판에 회부되어 반국가적 활동 죄명으로 평양형무소에서
4년간 복역했다.

참고문헌 및 자료
「안재환」, 한국민족문화대백과사전.
국가보훈처, 『독립운동사 제4권 – 임시정부사』.
「安裁煥에게 懲役四年 言渡」, 『동아일보』, 1939.4.11.

# 박우균

朴宇均, 1907~1986

약력

| | |
|---|---|
| 1907년 | 충청남도 예산 출생 |
| 1924년 | 상하이 삼일공학교에서 수학 |
| 1926년 | 우한분교 입교 |
| | 중국반란군 토벌전에 참전 |
| 1960년 | 육군대령으로 예편 |

　　박우균은 충청남도 예산禮山 출신이다. 1924년 상하이 삼일공학교에서 수학
후 중앙군사정치학교 우한분교 포병과에 입교했다. 졸업 후 소위로 임관하여
중국 군벌전쟁에 참여했는데 국가보훈처의『독립유공자 공적조서』에 의하면
"중국반란군 토벌 등에 참전, 조국 독립의 기반을 확고히 하는데 기여한 공적
이 있다. 해방 후 육사 5기생으로 입교해 1960년 대령으로 예편되었다"고 기
록되었다.

참고문헌 및 자료

국가보훈처,「武昌 韓國革命靑年會의 成立情報와 要求事項」,『자료한국독립운동』2권.
「독립유공자 박우균(朴禹均) 옹 별세」,『조선일보』, 1986.8.10.

# 박근만 · 박근수

朴根滿 · 朴根秀, 모두 미상

**약력**

| | |
|---|---|
| 1919~1921년 | 러시아에서 백위군 소속으로 일본군과 교전 |
| 1926년 | 광저우 황푸군관학교 5기 입교, 우한 교도단 활동 |
| 1927년 | 샤오두인 격퇴전쟁에서 삼형제 전공 세움 |
| | 중국공산당 입당 |
| | 광저우코뮌 참가 |
| 1928년 | 광저우코뮌 실패 후 하이루펑에서 상하이로 탈출, 박영은 총살 |
| 1930년 | 남만주 판스현磐石縣에서 공산당 활동 |

함경북도 경흥군에서 태어나 러시아 이만에 이주해 살던 박근만과 박근수는 형 박영朴英, 1887~1927을 따라 대혁명에 참여하러 중국에 왔다. 박영은 황푸군관학교 교도관에 입단하고 박근만과 박근수는 황푸군관학교 5기에 입교했다가 우한분교로 집단 전학을 했다.

1927년 초, 우한 정부는 후베이湖北, 후난湖南, 장시江西를 장악했다고는 하지만 사실은 사면초가四面楚歌나 마찬가지였다. 북양군벌 정권과 장제스 정권은 여전히 우한 정부를 위협하고 우한을 공격했다. 1927년 5월 우한 정부의 호법군 제1사단 사단장 샤오도우인夏斗寅, 1889~1951이 우한 국민당 정부에 등을 돌렸다 북벌군이 우한을 비운 사이 쓰촨四川군벌 양썬楊森, 1884~1977과 결탁해서 재빠르게 딩스교汀泗桥를 점령하고 월한粤漢철도를 끊었다.

출처_「불멸의 발자취」, 『길림신문』, 2011.8.23.

우한 정부는 중앙군사정치학교생 4,000여 명으로 중앙독립사단을 구성했
는데 그중에 한인 혁명청년 150여 명이 포함되었다. 중앙독립사단은 투디탕
土地堂에서 포위당했다. 이때 박 씨 삼형제가 용감하게 중앙독립사단의 포위를
뚫었다. 이로 인해 우한 정부는 위기에서 벗어났고 박 씨 삼형제는 학교에서
유명해졌다. 이 전투에서 인정받은 박영과 두 동생은 중국공산당에 입당했다.

맏형 박영은 광저우기의 당시 체포되어 총살당했다. 임신 중이던 박영의
아내는 슬픔을 이기지 못하고 시베리아 농장으로 돌아갔다. 박 씨의 두 동생
은 노농혁명군과 하이루펑海陆丰 소비에트 특구로 도피했다. 박근수, 박근만은
약 한 달 동안 오성륜과 바이샤白沙의 한 농가에 숨어 지내다가 1927년 4월 현
지 처녀 등 20여 명과 보트를 타고 탈출했다. 1928년 10월, 홍콩을 경유해 상
하이로 잠입해서 중국공산당과 연락을 취했다.

1930년대 초, 중국공산당은 오성륜과 박근수, 박근만 형제를 남만주 판스현
磐石縣에 파견했다. 주요 임무는 조선인 공산당원을 중공당원에 가입시키는 일

이었다. 그 후 박근만, 박근수에 대한 행적은 보이지 않는다. 그들이 지린에서 살해되었다는 뉴스가 있었으나 일본에 살고 있는 박영의 아들 박영일은 박근수와 박근만이 1941년까지 생존해 있었다고 언급했다.

참고문헌 및 자료

김성룡, 「불멸의 발자취(21) 국공합작의 철저한 분열」, 『길림신문』, 2011.8.19.
李香花, 「黃埔軍校出身的朝鮮族革命者在东北抗日游击队建设中的历史功绩」, 『西部大开发中旬刊』, 2012.
님 웨일즈·김산, 송영인 역, 『아리랑』, 동녘, 2005.8.

# 이추악

李秋岳, 1901~1936

약력
1901년    평안남도 중동군 출생
1919년    평양숭실여학교에서 반일운동 종사
1924년    중국 망명
1925년    황푸군관학교 광둥혁명군 선전대원
          중국공산당 가입
1926년    황푸군관학교 우한분교 여군 입대
1927년    소련 유학
1930년    남만주에서 중국공산당 활동 종사
1933년    헤이룽장성黑龍江省 주허현珠河縣에서 부녀회 위원
1936년    통화현通化縣에서 동북항일연합군 지원
          체포 처형

　　이추악의 본명은 김금주金錦珠이며 평안남도 중동군 출신이다. 중국 동북지역에서 항일 여걸로 추앙을 받는 인물이며 황푸군관학교의 첫 한인 교관 김훈양림, 1901~1936의 부인이자 우한분교에 입교한 첫 한인 여성이다.

　　이추악은 평양 숭실여학교 재학 중 3·1운동을 맞이했다. 비밀히 항일운동을 하면서 만난 동지 김훈과 평생을 같이 하기로 약속한 사이였다. 김훈은 김금주에게 중국 근대 시기 혁명여걸로 추앙받는 추근秋瑾, 1876~1907의 이름에서 '추' 자를 따고, 남송의 충신 장군 악비岳飛, 1103~1142이름에서 '악' 자를 따서 혁명에 걸맞은 '추악秋岳'이라는 이름을 지어 주었다. 김훈은 일본 경찰에 노출되어 체포될 위기에 처하자 이추악에게 상황이 어려워지면 자신을 찾아오라는 쪽

지를 남기고 중국으로 망명하여 신흥무관학교
에 입교했다.

이추악은 부친이 일찍 돌아가시고 어머니와
가난하게 살았지만 자신의 용돈을 절약하여 가
난한 학생들에게 학용품을 사주는 등 약자 편을
드는 성격이었다. 러시아혁명이 성공하자 본격
적으로 마르크스, 레닌 저서를 탐독하며 사회주
의를 연구했다. 조국의 해방과 민족의 독립은
그저 얻어지는 것이 아니라 투쟁을 해서 쟁취

이추악

해야 한다는 신념이 생겼다. 웅변을 잘하는 이추악은 노동자와 청년학생들을
향해 민족해방을 위해 투쟁하자고 강연하면서 항일운동을 지속했다.

1924년 가을, 이추악도 일제의 요주의 인물로 지목되었다. 체포령을 피해
중국으로 온 이추악은 지인의 도움으로 황푸군관학교에서 교관으로 일하는
김훈과 재회하여 결혼했다. 김훈은 양림이란 가명을 사용하고 있었다. 이추악
은 광둥 혁명군 선전대원으로 활동했다. 1925년 두 차례 동정전쟁을 치르는
동안, 농민들을 대상으로 제국주의와 군벌을 반대해야 하는 이유를 설명하고,
혁명가를 가르쳐 주었다. 이런 활동이 인정을 받아 그해 가을 이추악도 중국
공산당에 가입했다.

1926년 이추악은 황푸군관학교 우한분교의 여군에 입대했으나 여군생활은
길지 않았다. 1927년 4월부터 장제스가 공산당을 탄압하자 중국공산당은 인
재를 보호하기 위해 김훈과 이추악을 소련으로 피신시켰기 때문이다.

이추악은 모스크바 동방노동자공산대학에서 러시아어를 배우며 막스 레닌
주의 이론을 공부했다. 중국으로 돌아오는 길에 핀란드, 독일, 프랑스를 경유

해 각국 공산당 활동을 시찰하고 상하이로 돌아왔다.

1930년 봄, 무장 투쟁을 주도할 조선족 군사간부가 필요하다는 중공만주성위원회의 요청에 따라 중국중앙군사위원회는 김훈을 한인들이 밀집한 동만주지역에 파견했다. 김훈은 만주성 군사위원회 서기로 임명되어 그해 10월, 옌지현延吉縣 마오산촌茂山村에서 회의를 열고 왕칭汪淸 훈춘琿春 옌지, 허룽和龍 4곳에 현 위원회를 조직하고 게릴라 무장 투쟁을 전개했다.

그러나 1931년 일제가 만주를 점령해서 무장 활동이 어려워졌다. 1932년 1월, 중국공산당성위원회는 농공유격대를 조직해서 항일 투쟁을 전개하기로 방향을 전환했다. 이추악은 남편을 따라 조선인들이 많이 살고 있는 지린吉林 판스현盤石縣현을 순회하면서 항일강연회를 개최하고 조선족 노동자와 농민을 동원하여 농공유격대를 조직했다.

1933년 7월, 김훈은 장시江西 루이진瑞金의 소비에트 정부로 오라는 중국공산당의 지시를 받아 하얼빈을 떠났다. 이추악은 허둥河東, 허우린샹侯林鄉, 헤이룽궁黑龍宮, 스터우허즈石斗河子, 산구류三股流 등 하얼빈 주허현珠河縣지역을 돌아다니면서 혁명사상을 선전하고 반일회, 부녀회, 농민동맹 등 혁명단체를 조직했다.

이추악은 눈썹이 진하고 눈에는 반짝이는 영기가 있었다. 잔잔한 목소리로 강연을 잘하고 학습이나 토론시간에는 중앙문건을 동지들에게 잘 설명해 주었다. 겸손한 자세로 평범한 부녀자들과 잘 어울렸고, 밤에 긴급임무가 있을 때는 20리도 넘는 산길을 혼자 다니는 담력도 있었다.

1933년 봄, 이추악은 주허현 헤이룽 왕자뎬王家店 김씨네 농가에서 아들을 낳았다. 해산 후 얼굴에 붓기도 빠지지 않았는데 스터우허즈에 일이 생겨 아기를 농가에 맡기고 떠났는데 아이는 얼마 지나지 않아 죽었다. 그해 가을부터 이추악은 주허현위원회가 조직하는 반일유격대 창건에 투신했다. 때로는 유격대원들과 작전 계획을 세우며 산에서 살다시피 해서 '산 사람'이라고도 불렸다.

1934년 1월, 남편 김훈은 조선족 대표 신분으로 제2차 중앙소비에트 대표대회에 참석했다. 마오쩌둥毛澤東, 1893~1976이 만주성위원회의 대표에게 이추악의 근황을 묻고 중앙소비에트지역으로 보내도록 부탁했다. 이에 만주성위원회가 이추악을 루이진으로 보내려고 했으나 일제가 루이진을 봉쇄하고 국민당도 공산당을 소탕하기 위해 루이진 중앙소비에트지역을 포위하여 이추악은 결국 루이진으로 가지 못했다.

이추악은 하얼빈 뒷골목을 누비며 공장 노동자들과 서민들에게 구국의 도리를 설파하면서 돌아다녔다. 한족 옷을 입고 헝겊으로 누빈 신발을 신어 친척을 방문하는 중국 농촌부녀처럼 변장했다. 한 쪽 팔에는 광주리를 끼고 한쪽 손에는 지팡이를 짚고 다니면서 부녀들과 홍보물을 제작해서 뿌리거나 표어를 써서 붙이며 항일선전과 대중조직 활동을 전개했다.

1936년 2월, 이추악은 통하通河지역에서 이름을 장일지張一志, 류옥명劉玉明으로 변성명하고 동북항일연합군 군수품을 지원했다. 당시 송화강 남안과 북안에 자오상즈趙尙志, 1908~1942가 인솔하는 동북항일연군 제3군이 있었다. 이추악은 통하현의 시베이허西北河, 베이루팡北六房, 허시난둔河西南屯, 얼다오허즈二道河子 등에서 부녀회를 조직하여 의복, 신발, 양말 등을 만들어 동북항일연합군 제3군이 필요로 하는 군수품을 날랐다.

이 무렵 이추악은 남편 김훈이 죽었다는 소식을 들었다. 군중대회를 개최한 이추악은 "우리는 꼭 일제를 만주에서 몰아내야 합니다. 다가오는 여명을 맞이하자면 희생할 각오를 해야 하며 자신의 생명을 위대한 혁명과 사랑스러운 이 땅과 이 땅의 인민에게 바칩시다. 우리의 피와 우리의 목숨으로 최후 승리를 쟁취합시다"라는 연설을 했다.

이추악에게도 현상금이 걸린 체포령이 내렸다. 거리에는 "이추악을 숨겨주는 자는 죽음을 면치 못한다"라는 포고문도 붙었지만 이추악은 인적이 드문 비밀 아지트에서 낮에는 전단지를 만들어 등사하고 밤이면 마을로 내려가서 회의를 소집하여 군중 활동을 지도했다.

1936년 8월 상순, 이추악은 난루팡을 지나다가 한 조선족 농가에 들러 물을 얻어 마셨다. 집주인은 일제 토벌대의 번역관 안연수라는 동족이었다. 안연수는 한족 복장을 한 여인이 조선말을 하는 것을 수상히 여겨 신고를 하고 일제 특무가 이추악을 미행했다. 8월 27일 새벽에 이추악은 체포를 당하고 일주일 후인 9월 3일, 통화현 서문 밖으로 끌려 나가 사형을 당했다. 나이 35세였다.

참고문헌 및 자료

廖国良・田园乐 편, 『中国工农红军事件人物录』, 上海人民出版社, 1987.8.

卢庆洪・卢秀芹, 「甘洒热血拯中华的朝鲜籍烈士毕士悌和李秋岳夫妇」, 『党史博采』, 2010.4.

허용구, 「건국영웅 이추악」, 『조선족백년사화』 제2집, 요녕인민출판사. 1984.4.

# 오지숙

## 吳智淑, 1908~?

약력
1908년    블라디보스토크 출생
1926년    우한분교 여군반 입교
1927년    제4군 부대의 분대장

## 중국혁명을 동경했던 소녀

오지숙은 연해주 이주 한인의 후손이
며 우한중앙군사정치학교를 졸업한 여군
이다. 우한중앙군사정치학교 여군은 1927
년 2월 개학하여 7월 중순에 폐교하기까
지 5개월 동안 160명을 배출했는데 오지
숙은 17등으로 졸업하고 소위 계급으로
소대장직을 수행했다.

1926년, 블라디보스토크 예루만돕쓰
까야라는 삼사백 호가 사는 농촌, 그녀는
중학교 2학년이었다. 눈이 부슬부슬 내
리는 어느 토요일, 교실 난로에는 연탄이

오지숙

타오르고, 칠판 위에는 레닌 초상화, 칠판 양 옆에는 혁명문구와 세계 각국의 생산지표가 여러 점 걸려 있는 교실에서 선생님은 현재 중국에서 진행되고 있는 혁명 상황을 보고했다. 광동 혁명군이 북벌전쟁의 깃발을 든 지 불과 몇 달 만에 벌써 난창과 상하이를 점령하여 중국혁명이 곧 승리를 할 것이라는 내용이었다.

중국혁명을 생각하면 오지숙의 가슴은 무거운 납덩이라도 녹일만큼 뜨거워졌다. 그날 밤 부친을 졸라 중국행을 허락받았다. 임시정부 국무총리를 지낸 이동휘李東輝, 1873~1935가 이웃이었다. 이동휘는 상하이 조선공산당원 여운형呂運亨, 1886~1947을 찾아가라고 소개해 주었다.

오지숙은 교묘한 방법으로 소련 국경지대를 넘고 중국의 수이펀綏芬 산차거우山岔溝라는 곳에서 중국행 기차를 타고 하얼빈, 창춘, 펑톈, 판스를 돌아서 닝커우宁口에서 배를 타고 상하이로 왔다.

여운형은 그녀에게 황푸군관학교 우한분교 여군 모집시험에 응시하라고 추천해 주었다. 전국 각 도시에서 중졸 여학생 500여 명이 우한분교에 지원했는데 그중 195명이 최종 선발되었다. 합격자가 발표되던 날, 조선 청년과 사관생도 수십 명이 찾아와 축하해 주자 오지숙은 감격의 눈물을 흘렸다.

1927년 2월 12일 개학식 날이었다. 1기생 여군 100여 명과 2기 신입생 195명이 넓은 운동장에 줄을 섰다. 단발머리에 군모를 쓰고 회색 군복에 허리띠를 졸라 맨 단정한 여성 교관이 여학생대의 입장을 지휘했다.

그 당시 유명세를 떨치던 쑹칭링宋慶齡, 1893~1981, 덩옌다鄧演達, 1895~1931, 왕자오밍汪兆銘, 1993~1944, 장파쿠이張發奎, 1896~1980 같은 인사들이 신입생에게 축사하며 훈화를 했는데 그중 장파쿠이의 간곡한 강연이 오지숙의 마음속 깊이 와 닿았다. 입학식이 끝난 뒤 한 여성단체가 여군들을 황학루黃鶴樓 다과회에 초대했다. 쑹칭링은 인사말을 마치고 내빈들을 향해. 우한분교 여군 중 유일한 외국인 오지숙을 소개했다.

매일 군교 일과는 새벽 5시 기상으로 시작된다. 15분간 이불을 개서 침대 위에 반듯하게 놓고 세수하고 머리를 빗고 군복을 갈아입고 내무검사를 받는다. 하나라도 제자리에 놓이지 않으면 3일간 영창 구류를 당한다. 내무검사를 받고 아침 제조와 사격 연습이 끝나면 수업이 시작된다.

매일 8시간의 역사, 수학, 군사 수업 이후 밤 9시 반에 취침한다. 쑨원주의는 매일 학습하는 필수 과목이다. 매주 월요일 아침이 되면 연병장에서 1만 명의 군중과 학생이 모여 쑨원의 유촉을 외우고 3분 동안 묵상하고 상급장교의 훈시를 듣는 특별 의식이 있다.

졸업 후 오지숙은 철군으로 불리는 4군에서 소대장직을 수행하면서 바쁜 나날을 보냈다. 동포 동지가 많아 고향에 대한 그리움을 잊었다. 북벌전쟁에서 한인 혁명가들은 죽음을 두려워하지 않고 용감히 싸운지라 국민혁명군 장성들이 서로 한인 교관들을 자기 부대에 영입하려고 애를 썼다. 이에 고무된 한인 혁명청년들은 열광적으로 화북 타도를 외치고 내친김에 조선까지 진출하여 일제를 타도하기를 열망했다.


## 실현하지 못한 웅대했던 꿈


1927년 7월 말, 학교에 음산한 공기가 흘렀다. 7월 15일, 우한 정부의 정책이 반공으로 돌아서면서 우한분교 교도단과 학생 4천여 명이 무장해제를 당했다. 떠날 사람은 떠나고 학교에는 교도단과 학생 1,700여 명이 남았다. 장파쿠이는

(상) 오지숙의 수가가 발표된 『三千里』의 표지
(하) 『三千里』에 발표된 오지숙 관련 기사

자신의 4군을 2방면군으로 개편하고 학교에 남아 있던 1,700여 명을 자신의 부대로 영입했다. 한인 사관과 생도 200여 명은 특별히 갈 곳이 없는지라 대부분 2방면군에 배속되었다.

1928년 7월 말 장파쿠이는 장제스를 토벌한다는 "동정토장東征土蔣"을 선포했다. 허룽賀龍, 1896~1969과 예팅叶挺, 1896~1946 사령관에게 선봉대를 인솔해서 주장九江에 가서 기다리라는 지시를 했다. 그러나 허룽과 예팅은 난창南昌에서 저우언라이周恩來, 1898~1976 등 중공 지휘부와 연대해 8월 1일 난창 공산당봉기를 일으켰다.

7월 31일 저녁, 장파쿠이 사령관은 우한 양호서원兩湖書院에 남아있던 2방면군 교도단과 우한 국민 정부 경호단을 인솔해서 선박 5척에 나눠 타고 장시江西 주장으로 출발했다. 장파쿠이는 우창을 떠날 때만 해도 난창에서 공산당원들이 봉기를 준비한다는 것을 몰랐다. 8월 3일 정오, 후속 대원들이 주장에 도착해서야 장파쿠이는 교도단들이 탄 모든 선박을 강 가운데 정박시키고 무기를 압수하고 선박을 움직이지 못하도록 묶었다. 이날 공산당 교도단들이 난창에서 봉기를 일으켰다는 소식을 들은 것이다.

장파쿠이는 원래 반공주의자가 아니어서 자신의 수하에 적지 않은 공산당원이 있다는 것을 알지만 묵인했었다. 장파쿠이는 교도단들을 집결시키고 공산당으로 가고 싶은 사람들은 보내주겠으니 나오고, 공산당원이 아닌 사람들은 자신의 부대에 남으라고 명령했다. 공산당조직은 공산당원으로 정체가 드러난 사람을 비밀리에 2방면군에서 철수시키고 정체가 드러나지 않은 사람들은 당의 지시에 따라 그대로 2방면군에 남으라고 긴급 지시를 내렸다.

교도관들은 며칠 동안 배에 갇혀 있다가 풀려났다. 한인 교도관들 중에도 공산당에 편향한 사람들이 많았지만 신분이 드러나지 않은지라 2방면군에 그대로 남았다. 장파쿠이는 장제스를 토벌하려던 계획을 취소하고 광둥廣東으로 향했다.

오지숙은 배 위에서 저항하다가 공산주의자임이 폭로되었다. 전향하면 동포 교도관들과 함께 광둥으로 갈 수 있지만 자존심이 상해서 동포들과 헤어지더라도 혼자 상하이로 가기로 결심했다.

동포 교도관들이 배 위에서 오지숙을 위한 환송회를 열어주었다. 저 멀리 보이는 하늘 아래 있을 고국 강산을 굽어보면서 모두들 죽지 말고 살아서 칼을 들고 싸워 이겨야 한다는 강철 같은 굳은 결심으로 고별사를 대신했다. 이국의 풍운에 새까맣게 그을고 골 깊게 파인 검은 얼굴에 큰 줄기 눈물을 죽죽 흘리며 작별 인사를 하는 동포교관들을 보면서 오지숙도 눈물을 참을 수 없었다.

오지숙은 홀로 상하이로 가는 배로 갈아탔다. 배는 마치 망망한 바다에 떠 있는 한 조각 나뭇잎 같았다. 황혼이 점점 깊어질 때 품 속에서 생명처럼 간직해 오던 군관학교 졸업 증서를 꺼내 떨리는 손으로 키스를 하고 두 조각으로 찢어 바다에 던지고 난간에 엎드려 울고 또 울었다.

'왜 죄 없는 졸업장을 찢었는가?' 졸업장을 희생시켰다는 애석한 생각이 들면 졸업장은 '우한 정부가 추진하는 가치 없는 일에 종사한 무의미한 결과물'이며 혁명을 배신한 난징 정부와 우한 정부가 싫어서 졸업장을 무참하게 희생시켰다고 자신을 위로했다.

광저우에 남하한 후 한인 교도관들은 국민혁명군 2방면군 2영 5련에 배치되었다. 2영 5련의 중공당 조직 책임자는 김성숙金星淑, 1898-1969이었다. 얼마 지나지 않아 11월 17일 장파쿠이와 광서군벌 간의 전쟁이 발생했다. 용감한 한인 교도단들은 장파쿠이가 정권을 잡는데 많은 도움을 주었다. 그러나 정권을 장악한 장파쿠이 정책은 곧 공산당을 탄압하는 방향으로 선회했다.

1927년 12월, 장파쿠이가 광시 군벌을 추방하려고 자오칭肇慶으로 나갔다. 12월 11일 새벽, 광저우 병력이 미약한 틈을 이용해 중국공산당은 광저우 정권을 탈취하려고 폭동을 일으켰다. 그러나 장파쿠이의 주력군이 반격해서 곧 광저우를 탈환하였기 때문에 공산당의 광저우기의는 '삼일천하'로 끝났다. 오지숙과 주장에서 눈물로 석별했던 조선동지 중 90여 명이 전사했다. 광둥의 거친 황야에서 의지할 곳 없었던 90명 전사들이 뜻을 이루지 못하고 값없이 죽은 것이다.

참고문헌 및 자료

오지숙, 「廣東事變으로 朝鮮軍官九十名戰死記, 武昌女子軍官學校 卒業한 朝鮮人 女子士官 吳智淑 孃 手記」, 『三千里』 제4권, 8호, 1932.8.

左洪涛, 「从武汉两湖书院到广州四标营」, 『广东文史资料』 제27집, 广东人民出版社, 1980.8.

황푸군관학교
6기생

황푸군관학교 6기는 1927년 10월부터 1929년 5월까지 4,400명이 입교하여 3,970명이 졸업했다. 광저우 본교를 난징으로 이동할 준비를 하면서 난징에서 졸업할 1총대와 광저우에서 졸업할 2총대로 분류했다. 6기생 한인은 모두 8명인데 김정문, 김명산, 김은제 3명이 1총대 소속이며 이춘암, 최문용, 노식, 신석우 4명이 2총대이다. 그외 김근제와 안태가 재학 중 사망하고 연해주에서 온 김정무가 있다.

# 김정문

金貞文, 1900~?

| | |
|---|---|
| **본적** | 평안남도 평양 출생 |
| **소속** | 1총대 기병대 기병 1중대 |
| **연락처** | 한국 평양부 계리鷄里84 |

출생지와 소속, 연락처 외에 알려진 바가 없는 미상 인물이다.

참고문헌 및 자료

湖南省档案馆校 編, 『黄埔军校同学录』, 湖南人民出版社, 1989.7

# 김명산

金明山, 1904~?

약력

| | |
|---|---|
| 1904년 | 평안남도 평양 출생 |
| 1927년 | 황푸군관학교 6기 기마대 입교 |
| | 공산당 전향 |
| 1931년 | 상하이조선공산당 책임비서 |
| 1933년 | 조선은행 평양지점 갈취사건으로 체포 |

김명산
출처_『동아일보』, 1931.5.31.

김명산은 평안남도 평양부 출신이며 22세
에 중국으로 망명했다. 6기 1총대 기마대 기병
1중대 소속이었으며 황푸군관학교 졸업 후 국
민당 군대에서 육군 대위까지 승진했으나 공
산당으로 전향했다. 1931년 5월 19일 상하이 조
선공산당 책임 비서로 활동하다가 상하이 쓰
촨로四川路에서 일본영사관 관헌에게 체포되어
조선으로 송환되었다.

김명산은 평양에서 조사를 받고 무혐의로
석방되어 창전리 고향집에 머물렀다. 그러나
그의 마음에는 다시 만주로 가서 독립운동을
해야겠다는 생각뿐이었다. 문제는 집이 너무

가난해서 경비를 마련할 수 없었다.

1933년 3월 3일, 은행 돈이라도 탈취해서 중국으로 가려고 조선은행 평양 지점에 들렀다. 수납계 창구에 놓여있는 현금이 족히 3만 원은 넘을 것처럼 보였다. 순식간에 김명산은 창구에 놓인 돈을 강탈해서 도주하다가 뒤쫓아온 일제 경찰에 잡혀 평양경찰서에서 강도죄로 취조를 받았다.

탈취한 현금은 3천 원이었다. 김명산은 "대동강에서 스케이트를 타다가 얼음에 빠졌고, 은행 대합실에 옷을 말리러 들어갔다가 창구에 놓인 돈을 보고 일확천금하려는 돌발적인 생각이 들어서 범행을 저질렀다"고 진술했다.

그러나 취조관은 김명산의 사람 됨됨이가 그렇지 않은 것 같아서 고등계로 보내 다시 취조한 결과, "만주로 큰돈을 들고 가서 독립운동을 한 번 크게 해 보려고 했다"는 자백을 받았다.

참고문헌 및 자료

湖南省档案馆校 編, 『黃埔軍校同学录』, 湖南人民出版社, 1989.7.
「共産黨秘書 金明山逮捕」, 『동아일보』 1931.5.31.
「某計劃품고 銀行에서 强奪」, 『동아일보』, 1933.3.10.

# 김은제

金恩済, 殷済, 1905~1936

약력

| | |
|---|---|
| 1905년 | 평안북도 정주 출생 |
| 1925년 | 중국 유학 |
| 1926년 | 황푸군관학교 기병대 입대 |
| 1927년 | 난징 중앙항공학교 1기 입교 |
| 1933년 | 한국혁명당 가입, 의열단 활동 가담 |
| 1936년 | 항공기 추락 사고로 사망 |

김은제는 평안북도 정주定州 출신이며 기병대 기병 2중대 소속이다. 1928년 3월, 난징에서 6기 기병과를 졸업하고 이어 난징 중앙육군군관학교 항공과 제1기에 입학했다.

김은제는 원래 문학이나 의학을 공부하러 중국에 왔다가 조국이 군사적 기술에 대해 무지하다는 안타까운 현실을 발견했다. 곧바로 문학이나 의학을 공부하려던 포부를 내려놓고 군사 교육을 받기 위해 광저우 황푸군관학교로 왔다. 고향에서 말을 타고 다녔던 그는 6기 기병대에 입교했다.

황푸군관학교의 교장 장제스는 한 때 국민당 내부의 권력다툼에 밀려 중앙위원에서 물러난 적이 있었다. 이때 육군만으로는 일본 제국주의를 대항할 수 없을 뿐만 아니라 중국에서 자신의 권력도 불안하다는 것을 알았다. 위력있는 신식 공군을 보유해야만 국방을 강화하고 통치기반도 공고하게 할 수 있다고 판단한 장제스는 난징 중앙육군군관학교에 항공훈련반을 신설하고 황푸군관

김은제와 그의 사랑하는 항공기
출처_『동아일보』, 1931.5.5.

학교 5기와 6기 졸업생 중에서 항공훈련반 1기생을 선발했다.

1928년 5월, 김은제는 중앙육군군관학교 항공훈련반 1기에 입교했다. 항공반 캠퍼스를 난징에서 항저우杭州 젠치아오진筧橋鎭으로 옮겼다. 원래 젠치아오진에 있던 병영을 보수하고, 학교 남쪽에 비행장을 만들고 서쪽에 군관가족 숙소를 지었다. 중앙육군군관학교 항공훈련반을 중앙항공학교로 개명하고 학생들의 학적은 모두 중앙항공학교로 통합 관리했다. 김은제는 1931년 3월 19일, 중앙항공학교 1기생 중 수석으로 졸업했다.

다음은 1931년 5월 5일 『동아일보』에 보도된 김은제 관련 기사이다.

현재 중앙군 항공대 제일등 비행사로 전 항공대의 화형본기이 된 조선인 청년

비행가가 새로이 나타났으니 그는 당년 23세의 청년으로 일찍이 강계영실江界英实

중학을 졸업하고 중국에 들어와서는 광둥군관학교에서 보병과와 기병과를 우수

한 성적으로 졸업하고 중앙항공학교에 입학하여 항공 기술을 배우고 있는 바, 그

의 항공천재는 전교 백여 명 학생 가운데 제1등의 최우등 성적으로 지난 삼월에

동교를 졸업하고 현재 항공대에 근무하고 있다. 그분의 이름은 김은제이며 출생지

는 평북이다. 그분은 기자에게 그의 포부를 아래와 같이 말했다.

나는 본래 문학이나 의학을 할 예정이었습니다. 해외에 나온 후에 군사 교육을

받지 못하여 무력을 가지고야 민족적 생명을 보존하여 갈 수 있는 이 세상에서 조

선 사람은 군사 기술을 전혀 모르고 있다는 것을 크게 느끼고 단연 군사에 뜻을 두

었습니다.


항공학교 졸업 후 김은제는 중국국민당 공군중위로 제6대대 3중대에 배속

되었다. 중국 항공계에서 활동하는 동안 1933년부터 한국혁명당에 가입하여

매달 독립운동 자금을 지원했다. 또 의열단 활동에도 관여하여 군자금 모집과

비밀 연락 등 독립운동을 위해 숨은 공을 쌓았다.

그 무렵 김은제는 한국혁명당을 이끌던 해공 신익희 선생의 장녀 신정완申

貞婉, 1916~2001과 결혼했다. 신익희가 중국에서 사용하던 이름은 왕해공王海公이

다. 1936년 3월 난징중앙육군학교 재학중이던 전태남全泰南이 국내에 입국하

다가 일본 경찰에 체포되어 신문받는 과정 김은제에 관련된 아래와 같은 진술

을 했다.

왕해공은 가명이고, 본명은 신익희인데, 금년 43세이다. 본적은 경기도 광주군

추월면 서하리 67번지이다. 처음 동경의 경응대학 경제과를 졸업하고 중국에 와서 조선민족 혁명운동을 시작했다는데, 오랜 운동자라 한다. (…중략…) 가족은 아내와 자녀 둘인데, 아내는 조선인으로 35·36세로 생각하며, 장남은 금년 18세쯤으로 현재 남경의 중국 중학에 다니고 있다. 장녀는 남경의 군관학교를 거쳐 항주 비행기학교를 졸업하고 중국의 육군 비행소위로 있는 김은제에게 시집갔는데 이름은 모른다.

김은제는 1936년 10월 23일 동학 리잉난李映南과 달기達機 312호를 타고 간수성甘肅省 톈수이天水에서 시안西安으로 돌아가기 위해 이륙하던 중 발동기 고장으로 추락하여 기체가 불타서 사망했다. 한국국민당 기관지 『한민韓民』은 김은제의 참사에 대해 아래와 같이 기록했다.

모국 항공대의 항공원으로 있던 김은제 씨는 지난 10월 29일 모지에서 비행기를 타고 전방으로 나가다가 비행기에 고장이 생겨 떨어져 무참히 세상을 떠낫는대 그는 본래 평북 정주 출생으로 일즉 모국에 와서 그 나라에 입적하고 그 나라 사람으로 행세하면서 군관학교와 항공학교를 필업하고 다년간 항공대원으로 항공에 종사하다가 그만 28세를 일기로 하야 생명을 마치었음으로 그를 위하야 애석히 넉이지 않는 이 없는 바이다. 그의 탔던 비행기에서 불까지 나서 그의 신체까지 불에 탔다하니 더욱 참혹한 일이며 그의 시체는 그의 인연지인 모지에 운반하여다가 장사하려 한다.

참고문헌 및 자료

湖南省档案馆校 編, 『黃埔軍校同学录』, 湖南人民出版社, 1989.7.

「中國航空隊의 寵兒 平北出生 金殷濟氏」, 『동아일보』, 1931.5.5.

叶 泉宏, 「중앙항공학교제1기학원명록」

「中國航空隊의 寵兒 平北出生 金殷濟氏」 『동아일보』 1931.5.5.

「全奉南 訊問調書(第五回) – 1936.3.17」, 『한민족독립운동사자료집 44 – 中國地域獨立運動 裁判記錄 2』(한국사데이터베이스 한국근대사료DB).

「『한민』 제9호(1936. 11. 30)」, 『대한민국임시정부자료집 35 – 한국국민당 I』(한국사데이터베이스 한국근대사료DB).

반일·반만운동 지도자

# 이춘암

李春岩, 1903~?

약력

| | |
|---|---|
| 1903년 | 황해도 봉산군 출생 |
| 1927년 | 황푸군관학교 4기 입교 |
| 1929년 | 조선공산당재건동맹 만주지부 책임자 겸 레닌정치학교 교관 |
| 1930년 | 난징헌병사령부 우편검열소 주임 |
| 1934년 | 조선혁명군사정치학교 급진대 정무과 비서부 부주임 |
| 1936년 | 민족혁명당 특무부 부장 |
| 1938년 | 조선의용대 지도위원 |

　　이춘암은 황해도 출신이며 보병과 졸업 후 주로 반해량潘海亮이란 가명으로 유명하다. 국민당이 공산당을 숙청하는 백색공포가 만연한 1929년 가을, 이춘암은 베이핑에서 조선공산당재건동맹의 만주지부 책임자 겸 레닌주의정치학교의 교관으로 주로 특무공작과 비밀통신연락법 등을 가르쳤다.

　　레닌주의정치학교 졸업생들은 한국이나 만주 등지로 잠입하여 비밀히 조선공산당재건운동을 지원했다. 이 무렵, 조선공산당은 노동자나 농민 등 대중이 부족하다는 이유로 코민테른으로부터 해산을 당했다. 인텔리 공산주의자들은 당을 재건하기 위해 공장이나 농촌에 잠입해서 노동자의 이익을 지키면서 파업 투쟁을 유도하거나 우수 노동자를 선발해 노조를 결성했다. 또 농촌에서는 농촌진흥회 청년회원들과 접촉해 야학이나 강연회를 열고 농민조직도 만들었다. 학교 내에도 은밀히 반제국주의동맹지부나 사회과학연구회를 조직해 대중과 접촉할 수 있는 기반을 만들었다.

일제가 만주를 점령한 이후 이춘암은 난징 헌병사령부에서 우편검열소 주임직을 수행하며 조선혁명간부학교에서 조선 독립과 만주탈환에 종사할 군사인재를 양성했다. 1934년 5월 19일 오전 10시, 이춘암은 장닝진江寧鎭 조선혁명간부학교에서 중국 중앙당 조사과 및 군사위원회 대표 10여 명이 참석한 가운데 한·중 합동회의를 열고 난징 국민당 정부와 한국독립군이 협력해서 일제의 만주통치를 방해하자는 구상을 논의했다. 이 회의에서 조선혁명간부학교 졸업자들로 구성된 급진대를 조직해서 만주한인농민단체나 군대에 잠복시켜 이들로 하여금 일본의 통치를 교란시키고 파괴하기로 협의했다.

조선혁명간부학교는 시범적으로 급진대 40명을 조직해 만주에서 활동하는 이청천李靑天, 1888~1957 사령관에게 파견했다. 그리고 이춘암이 직접 만주에 가서 급진대 활동 성과에 대한 이청천의 의견을 들었다. 이청천은 조선혁명간부학교에서 파견한 급진대의 성과가 양호하지만 실제적인 군비와 하급지휘관이 턱없이 부족하니 군비를 추가해 달라고 요청하고 약 40~50명의 하급지휘관을 파견해 달라고 부탁했다.

만주를 다녀온 이춘암은 중국국민당 규정에 따라 회의를 열고, 이청천사령관 면담 결과를 보고했다. 국민당 정부 측 담당자는 급진대 조직에 동의하고 경비예산을 조사하라고 지시했고, 한국 측은 출장 중인 김구金九, 1876~1949 주석이 장닝진으로 돌아오면 급진대를 파견하기로 결정했다.

난징 주재 일본총영사는 1934년 6월 30일 0시부터 5시까지 난징성내 사자완薩家灣 한국부흥위원회 사무실에서 제2회 한중연합대회회의에서 결의한 내용을 보고받았다. 회의내용은 급진대 조직안을 통과시키고, 한중사령부위원 및 참의원들이 급진대장을 선출했으며 문서, 재정, 교통, 복역, 기밀, 정무 부서를 설치하고 업무를 담당하는 총무과를 설치했다는 내용이다. 이춘암은 급진대를 조직하는 정무과 비서부 부주임에 선출되었다.

1935년 11월, 일본 당국은 중국국민당 군대 내에서 조선혁명간부학교가 운영된다는 것을 적발하고 중·일 외교 문제를 거론하며 강경하게 반발했다. 조선혁명간부학교 학생들은 세간의 이목을 피하기 위해, 군복이 아닌 평상복으로 갈아입고 트럭 두 대에 나눠 타고 중앙육군학교 정문을 나왔다.

1936년 2월 1일, 조선혁명간부학교는 해체되고 소수의 청년들은 각자 희망에 따라 민족혁명당의 군사부, 특무부, 당무부 산하에서 활동했다. 일부 민족혁명당의 군사부 인원들은 화북이나 만주로 가서 일제의 만주 정책을 반대하는 무장 투쟁에 종사했다. 이춘암은 특무부 부장직을 수행하며 대원을 화북, 상하이, 광둥, 난징, 난창, 만주, 조선 등지로 파견해 정보를 수집하고 암살 파괴 등 반일 무장 활동을 지휘했다.

1937년 중일전쟁이 본격화되자 중국도 일본의 눈치를 볼 필요가 없어졌다. 중국국민당의 캉저康澤, 1904~1967가 조선청년들을 국민당군대에서 훈련시키자고 제안을 했다. 조선혁명간부학교는 장제스의 승인을 받아 장시성江西省 싱즈현星子縣에서 재개했다.

이춘암은 조선혁명간부학교의 교관이다. 조선혁명간부학교의 수업은 중앙군관학교에서 파견한 교관 몇 명을 제외하고 대부분 한인 교관이 진행했다. 1937년 9월부터 조선혁명간부학교 1기 50여 명이 교육을 받았다. 중일전쟁 중이라 교육 기간은 6개월로 단축했다. 훈련을 받은 조선혁명간부학교의 청년들은 중국의 광활한 대지위에서 일제와 혈전 치르기를 희망했다.

1937년 11월 한커우漢口에서 한국 독립운동계 좌파들이 모여 조선민족전선연합을 결성하였다. 천궈푸陳果夫1892~1951와 중앙 정부 외교부 국제문제연구소에서 매월 3,000위안을 지원했다. 조선민족전선연맹은 산하에 선전부·정치부·경제부를 설치했다. 이춘암은 직원 10여 명의 직원을 데리고 조선민족전선연맹의 경제부 부장직을 수행했다.

1938년 5월 17일, 조선혁명간부학교가 소재하는 후베이湖北성 장닝江陵현에서 민족혁명당 제3차 회의가 열렸다. 이 자리에서 대표들은 민족혁명당의 활동이 중국 관내에만 국한되고 있는 점에 대해 반성하고 주력부대는 한인들이 밀집한 중국의 동북쪽으로 진출해서 한인대중을 기반으로 항일운동을 전개해야 한다고 강력히 주장했다.

그러나 목전에 중일전쟁이 진행 중이라 주력부대가 당장 동북지역으로 이동할 수 없는 상황이었다. 이 회의에서는 동북으로 이동할 기회가 올 때까지 중국군과 적극 협력하며 신뢰와 지지를 얻기로 결의했다.

1938년 10월 우한에서 조선의용대가 창설됐다. 이춘암은 조선의용대 지도위원에 선임되고 조선의용대를 인솔해 화북으로 가서 중국공산당과 협력하며 항전을 벌였다. 해방 후 이춘암은 북한에서 북조선경비사령관을 지냈다.

참고문헌 및 자료

湖南省档案馆校 編, 『黃埔軍校同学录』, 湖南人民出版社, 1989.7.

김학철, 『무명소졸』, 랴오닝민족출판사, 1998.12.

국회도서관 편, 『韓国民族运动史料』 中国篇, 1979.

염인호, 『김원봉 연구』, 창작과비평사, 1993.1.

# 최문용

崔文用, 1905~1979

약력

1905년     경기도 개성 출생
1919년     인삼장사하러 중국 망명
1926년     황푸군관학교 6기 입교
1927년     노병회 제23차 이사회에서 노병회 가입, 중국군에 복무
1943년     광복군에 편입, 중국국민당군 제9전구장관 사령부 근무

    2총대 보병과 1중대 소속 최문용은 경기도 개성 출신이다. 처음 중국에 인삼장사를 하러 왔다가 황푸군관학교에 입교했다.

    군교 졸업 후 1927년 3월, 상하이에서 개최된 한국노병회 제23차 이사회에서 노병회에 가입했다. 노병회는 임시정부가 쇠약기에 접어들자 김구와 여운형 등 유력자 18명이 10년 동안 군인 1만 명 이상을 양성해 일본과 전쟁을 준비하겠다고 조직한 모임이다. 노병회가 직접 군사를 양성할 형편이 못되는지라 노병회에 지원하는 청년들을 중국 기관이나 중국 사관학교에 위탁해서 양성했다. 최문용은 황푸군관학교 졸업 후 줄곧 중국군에 복무했다.

광복군 시절로 추정되는 사진
출처_ 「최문용」, 『독립유공자 공적조서』.

1943년 7월, 광복군에 종사하던 최문용은 시안西安에서 중앙 전시 간부 훈련단을 나온 간부 2명과 후난성湖南省 창사시長沙市에 주둔하고 있는 제9전구 장관 사령부로 파견되었다. 일제 공격을 대비해 광복군 총사령부와 중국 군사위원회가 공동전선을 구성하려는 계획의 일환이다.

제9전구지역은 사령관 쉐웨薛岳, 1896~1998 지휘하에 후난성 전역과 장시성江西省을 포함한 인접 성省 일부까지 방위하는 전구이다. 후난성 창사는 네 번이나 일본군과 큰 격전을 치렀다. 창사대회전長沙大會戰 이라고 한다.

제4차 장사 회전은 1944년 5월 하순부터 시작되었는데 피아간의 치열한 공방전이 20일 동안이나 계속되다가 끝내는 적군에게 점령되었다. 하지만 이 회전에서 방위군 2개 사단이 끝까지 후퇴하지 않고 1년간 공방을 거쳐 다시 창사를 탈환했다. 이 작전 기간, 일본군에 있던 많은 우리 애국청년들이 경계가 삼엄한 일본군진영을 결사적으로 탈출하여 항일 전열에 참가했다.

제9전구에 도착한 최문용은 사령부 정치부에 적을 두고, 정치부 주임 쉬중웨徐中岳, 1903~1982 중장의 지휘하에 제1차적으로 한·일어 전단 및 표어 작성, 한·일어 벽보 작성 공작으로 심리 작전을 실시하면서 대적 방송과 포로 심문, 적 문서 번역을 통한 정보 수집, 일선 중국군 장병들에 대한 일본어 대적 구호口號 교육 등의 작전 임무를 수행하고 많은 성과를 얻었다.

참고문헌 및 자료

湖南省档案馆校 編, 『黃埔軍校同学录』, 湖南人民出版社, 1989.7.

「대한민국 9년(1927) 주요사건」, 『대한민국임시정부 자료집 별책 2 - 조선민족운동연감 92』(한국사데이터베이스 한국근대사료DB).

# 오상선

吳尙善, 1900~?

**약력**

1900년    경성 출생

1927년    황푸군관학교 5기보병과 입대

1933년    조선공산당재건동맹 경성지부 핵심인물

---

오상선은 경성 출신이며 황푸군관학교 2총대 보병과 1중대 소속이다. 1933년 10월 16일 경성 서대문경찰서장이 경무국장에게 발송한 공문 「조선공산당재건동맹사건 발각에 관한 건」에 의하면 오상선은 조선공산당재건동맹 경성지부의 핵심인물이다.

조선공산당재건동맹은 제3차 조선공산당 책임비서 안광천安光泉, 1897~?과 김원봉이 베이핑에서 결성한 단체이다. 일제는 공산주의자들을 사상범이라고 죄명을 씌워 체포했다. 1925년 결성된 조선공산당은 수차례 탄압을 받아 당원들은 사상범으로 체포되고 당 조직을 유지하기가 어려웠다. 그런 상황에서 소련의 공산국제는 조선공산당은 지식인이 아닌 노농대중 속에서 결성할 것을 지시했다. 이때부터 한국의 사회주의자들은 이를 실천하기 위해 공장, 농촌, 어촌으로 침투하여 노농대중을 토대로 조선공산당을 재건하려고 노력했다.

한편 중국의 국공합작 파탄을 겪은 김원봉은 의열단을 재정비하면서 한국에서 사회주의자들이 활발하게 주도하는 노동자, 농민, 학생 등 대중운동과 협력하기로 의열단 노선의 방향을 잡았다. 1929년 1월부터 원산의 노동자들이 총파업을 단행하고 일제와 자본가들의 온갖 탄압속에서도 4개월이나 버팀으로써 단결력과 강인함을 과시했다. 그해 11월부터는 전국적으로 일제의 민족 차별 교육에 반대하는 학생들이 시위와 동맹휴학도 진행했다.

1930년 4월부터 조선공산당재건동맹은 중앙부 직속으로 레닌주의정치학교를 개설해 조선 공산주의 대중운동을 이끌 간부를 육성했다. 중국과 한국 등지에서 학생운동이나 청년운동 경력을 가진 자들이 입교해서 6개월 교육기간에 공산주의 이론, 조직과 투쟁, 조선혁명사 등을 배웠다. 그리하여 1930년 4~9월, 1930년 10월~1931년 2월까지 레닌주의정치학교를 두 차례 운영하여 21명을 배출했다.

1930년 5월부터 8월 사이에 레닌주의정치학교 졸업생 공작원 20여 명이 한국의 주요 도시와 농촌으로 잠입해서 각지에 공작위원회를 조직했다. 이 조직이 완성되면 중앙부에서 간부를 파견하여 조선공산당을 재건하고 동시에 중앙부 간부를 국제공산에 파견해서 조선공산당을 완성하려는 계획이었다. 조선공산당재건동맹은 하부조직으로 베이징, 만주, 조선에 지부를 설립했다. 조선지부는 간사국 산하에 목포, 부산, 강릉, 대구, 경성, 평양, 신의주, 원산 지방조직을 설치했다.

해체된 조선공산당을 재건하기 위해 국제공산당의 밀령을 받은 조선공산당, 베이핑北平레닌학교 등 7개 기관이 연합하여 진행하던 조직적인 비밀 활동이 드러난 사건을 조선공산당재건동맹사건이라고 한다.

1933년 9월, 동대문 밖에 있던 종방제사회사鐘紡製絲會社 조사과造絲科직공 500여 명이 동맹파업을 일으켰다. 서대문경찰서에서 남녀직공 다수를 검거하여 조사하다가 베이핑의 레닌주의정치학교 졸업생 10여 명이 조선공산당재건을 목적으로 경성, 평양, 강릉, 부산 등지에서 활동하고 있다는 사실이 드러났다.

다음달 일제의 정보망에 포착된 레닌주의정치학교 졸업생은 정인갑權麟甲, 김진일金鎭一, 정동원鄭東源, 이강명李康明, 이윤경李允慶, 어윤봉魚允鳳, 오필득吳必得, 심인택沈仁澤 등 9명이었다. 취조 결과, 이들은 인테리, 학생, 노동자, 농민 등 신분으로 위장하여 활동했는데 해외 지도부로부터 운동자금을 받지 않고 자신들의 임금과 학자금 등으로 사용한 것이 밝혀졌다.

1933년 9월 25일부터 1934년 3월까지 경찰은 질풍 같은 비밀조사를 실시했다. 처음에는 서대문경찰서가 검거를 개시해 경기도 경찰부로 이관하고 경기도 경찰부가 본부가 되어 경성 시내 다섯 개 경찰서의 인원을 동원하여 6개월 동안 경기, 경남, 경북, 평남, 강원, 충남, 충북, 전북 등 8개 도에서 400명을 검거했다.

1935년 8월 24일 조선중앙일보 호외에 의하면 오상선은 조선공산당재건동맹 조선지부 산하 경성지부의 핵심간부였다. 경성지국의 간부들은 공장노동자를 포섭하기 위해 스스로 공장에 취직해서 옆 동료들에게 사회주의 사상을 선전하고 공산청년회 또는 적색노동조합을 조직하려고 노력했으나 크게 두드러진 활동은 없었다.

일본 경찰은 이 사건에 조선공산당재건동맹 일본총국에서 활동하던 이재유李載裕, 1903~1944와 식민지 조선의 최고학부인 경성제국대학 미야게 시카노스케三宅鹿之助, 1899~1982도 교수신분으로 조선의 민족운동에 가담하여 전국적으로 한국의 각 산업분야마다 적색노동조합을 조직하려는 사건이라고 밝혔다.

참고문헌 및 자료

湖南省档案馆校 編, 『黄埔军校同学录』, 湖南人民出版社, 1989.7.

「朝鮮共産黨再建同盟事件 發覺에 관한 件－1933.11.21」, 『국내 항일운동자료 : 경성지방법원 검사국문
　　서－思想에 關한 情報 6』(한국사데이터베이스 한국근대사료DB).

「레닌 主義政治學校 卒業生 朝鮮에 潛入赤化工作」, 『동아일보』 호외, 1935.8.24

「朝鮮共産黨再建同盟事件」, 『동아일보』, 1935.8.24

# 노식

魯植, 1906~?

약력
1906년    경기도 이천 출생
1926년    황푸군관학교 6기 입교
1927년    국제재난구제회 요원
1931년    강릉에서 조선공산당 재건운동에 종사
1933년    강릉적색농민조합결성준비위원회 위원

노식의 본명은 김창만金昌滿이다. 경기도 이천 출신이며 보병과 2중대 소속이다.

## 강릉공산청년 공작위원

노식은 황푸군관학교 졸업 후 한국으로 귀국하여 강릉에서 조선공산당재건운동에 종사했다. 1935년 검거 당시 그의 신분은 신문배달부였다.

노식은 레닌주의정치학교에서 파송한 공작원 어윤봉魚允鳳 등과 활동했다. 1931년 6월경 레닌주의정치학교를 졸업한 권오훈權五勳, 1911~1951이 경성에 잠입했다. 그는 중국에 가기 전부터 강릉청년동맹 소속이었다. 강릉은 전국노동조합협의회 공작원들이 귀향하여 농민운동을 활발하게 전개하던 지역이다. 권오훈은 그들과 제휴하여 강릉도립병원에서 『정치 교육 뉴스』를 비밀리에 인쇄하여 농촌 진흥운동의 기만성을 폭로하며 공산주의를 선전했다.

공산청년공작위원들은 야학을 개설하고 연극을 공연하며 강연회를 개최하고 삐라를 살포하며 활발하게 공산주의를 선전했다. 연극이 불온하다는 이유로 담당자가 경찰에 검거되는 등 강력한 저지를 받았으나, 1932년 1월경 전국에 결성하려던 공산청년동맹준비위원회를 기필코 결성했다.

1932년 1월, 강릉군 구정면 학산리에서는 공산청년공작위원회의 지도하에 농민 300명이 땔감 수수료<sup>지게세</sup> 징수에 항의하여 면사무소에 몰려가서 격렬하게 항의했다. 강릉농업학교 안에서 반제동맹준비조직에 해당하는 독서회가 조직되고 군내 각지에 적색노동조합 하부조직으로 네 개의 면에 위원회를 두고 통제했다.

1932년 노동절은 며칠 앞둔 4월 26일, 반일 격문이 발각되어 검거선풍이 일었다. 공산그룹의 국내 거점이 경찰에 탐지되고 인쇄거점도 털렸다. 통영의 사회운동 주요 간부도 속속 검거되어 비밀조직 구성원이 대거 체포되고 국경을 통해 이뤄지던 국내외 연락이 막혔다. 이 사건으로 인해 코민테른이 직접 지도하던 당재건운동은 침체에 빠졌다.

지속적인 일제의 탄압에도 불구하고 강릉에서는 공산당 활동이 활발하게 진행되었다. 1932년 12월 중순, 강릉군 주문진에서 전보배달부, 학교사환, 면사무소 급사 등이 공산청년공작위원회의 지도하에 좌익 지도자 양성기관인 프롤레타리아과학연구회를 조직하였다.

1933년 2월 12일, 적색농민조합 지도하에 농민 100명이 강릉 읍내 장날, 당국이 강제적으로 판매용 가마니를 검사하는 데 항의했다. 이들은 가마니검사소에 쳐들어갔고 대열을 형성해 군청으로 몰려가 집단적으로 시위했다.

서대문경찰서는 공산주의 청년을 검거하고 취조하던 중 강릉공산청년동맹에 가입한 연구원들이 동지를 획득하기 위해 대대적으로 활동한다는 것을 포착했다. 1933년 9월 하순부터 10월 11일까지 비밀히 공산당 간부급 인물과 각지의 남녀학생 공작원, 여자 직공 등 80여 명을 검거했다. 또 경성, 강릉, 평양 등 남북 각지의 시골까지 형사대를 출동시켜 석 달 동안 관련 공작원 230여 명을 검거했다.

그 조사 과정에서 노식이 베이징 레닌주의정치학교 졸업생 어윤봉과 강릉에서 조선공산당재건운동에 종사하고 있다는 사실이 드러났다. 보도를 금지하고 비밀히 조사를 진행하던 일제는 2년이 지난 1935년 8월 재판을 일단락짓고 보도금지를 해제하여 강릉적색농민조합결성준비위원회가 전국적으로 각 산업 분야마다 적색노동조합을 조직하려고 했다는 전모를 세간에 알렸다.


## 국제재난구제회 요원

노식의 이름이 김창만임을 감안하면 광저우국제재난구제회에서 활동한 김창류金昌溜, ?~?가 노식이라고 추정된다. 1927년 국민당이 일으킨 4·12정변으로 인해 수많은 공산당원들이 체포되고 숙청되었을 때, 공산국제는 산하에 국제재난회를 조직하여 수난당한 혁명가들과 그의 가족들을 경제적으로 지원했는데 국제재난구제회 요원들이 죽은 혁명가들을 매장하거나 가족들을 보호하며 생활비를 지원했다.

이런 활동은 비밀히 진행되었기 때문에 남겨진 기록이 희소하다. 국제재난기구에서 활동했던 동지들의 기억에 의해 간간히 전해지고 있다. 당시 광저우

국제재난회에서 활동했던 모 인사의 기억에 의하면 "일본인, 기무라木村氏 씨, 인도인 모미딩莫米丁 교수, 조선인 김창류金昌溜 황푸군관학교 6기 동학, 베트남인 여의사阮愛蓮 등이 있었다"고 한다.

　이런 사실이 기록된 「광저우기의를 추억하는 두 가지 기록广州起义回忆两则」 문장은 오랜 시간이 지나고 희미해진 기억을 더듬어서 쓴 글인지라 김창만을 김창류로 오기했거나, 김창만의 가명이 김창류였다고 추정된다.

---

참고문헌 및 자료

湖南省档案馆校 編, 『黃埔軍校同学录』, 湖南人民出版社, 1989.7.

「被告姓名」, 『동아일보』 호외, 1935.8.24.

「江陵共靑準備會組織經過」, 「朝鮮共産黨再建同盟事件」, 『동아일보』, 1935.8.24

彭秋平(音译), 「广州起义回忆两则」, 『广东文史资料』 제27집, 广东人民出版社, 1980.3.

# 신석우

申碩雨, 1899~?

**본적**  한국
**소속**  2총대 보병과 3중대
**연락처**  충청북도 보은군 삼승면 원남리

『황푸군교동학록』에 기록된 신석우의 다른 이름은 두파斗波이다. 입교 당시 26세였으며 통신연락처가 충청북도 보은군이라는 기록 외에 그의 신분이나 활동에 대한 자료는 확인되지 않는다.

참고문헌 및 자료

湖南省档案馆校 編,『黃埔軍校同学录』, 湖南人民出版社, 1989.7.

러시아에서 온 꼬마 무산계급 전사

# 최정무

崔鼎武, 1910~?

약력

| | |
|---|---|
| 1910년 | 블라디보스토크 우수리스크 출생 |
| 1926년 | 16세 중국 망명 |
| 1927년 | 황푸군관학교 6기 입교 |
| 1928년 | 상하이 자동차공장 수리공으로 취직 |
| 1930년 | 중화노병소비에트 제1차 전국대표대회 조선대표 |
| 1933년 | 국민당 포위토벌작전 참전 |
| 1935년 | 국민당군대에 위장 입대 |
| 1940년 | 국민당군대 탈출 |
| 1943년 | 조선의용대 가입, |
| 1945년 | 랴오닝성 민주연맹 조직부 부장 |
| 1950년 | 항미원조 한국전쟁 참전 |
| 1956년 | 랴오닝성 명예군인 휴양원 부원장 |

최정무는 블라디보스토크 우수리스크<sup>쌍성자</sup> 하구촌에서 태어난 연해주 이주 한인의 후손이다. 부친이 일찍 돌아가시고 어머니와 두 형과 농사를 지으며 어렵게 살던 중 러시아혁명이 일어났다. 혁명이 성공하여 집단농장이 생겨 가난했던 형편이 나아졌다.

학교에서 막스 레닌주의의 혁명이론을 배우고 계급 사회에 대해 조금 눈을 뜬 소년 최정무는 조선해방과 세계공산주의를 위해 무엇인가 해야 한다는 사명감이 생겼다. 그의 형제들은 모여 앉으면 세계혁명을 논하고 무산대중을 위해서 어떻게 공헌을 할 것인가를 토론하고 고민했다. 그의 두 형은 공산당에 가입하고 홍군에 입대했다.

이웃에 사는 공산주의자 박우동이 중국혁명과 조선혁명은 밀접한 관계가 있음으로 중국혁명에 참가하는 것이 곧 조선혁명에 참가하는 것이라고 알려주었다. 1926년, 중국은 북벌전쟁에 열을 올렸고, 망국노가 되기를 원치 않는 조선인들은 소련, 중국, 조선으로 넘나들며 국권 회복을 위해 활동하고 있었다.

16세가 되자 최정무는 공산청년단 친구 5

최정무
출처_『조선족백년사화』제2집.

명과 밀수꾼을 따라 우수리강을 건너 중국으로 왔다. 박우동이 상하이 조선공산당 책임자 여운형呂運亨, 1886~1947의 주소를 알려주고 상하이에 가면 그에게 전해주라며 손수건 하나를 건네주었다.

최정무의 눈에 비친 상하이는 빈부격차가 아주 심한 지옥과 같은 자본주의 사회였다. 사람이 인력거를 끌고 거리에 떠도는 실업자도 많이 보였다. 뿐만 아니라 외국인들도 많았다. 이들은 마치 남의 나라에 와서 무례하게 행패를 부리는 건달로 보였다.

최정무는 박우동이 알려준 여운형의 집을 찾아가 손수건을 전달했다. 그 손수건을 약물에 담그자 글자가 나타났다. 그것은 최정무 일행을 소개하는 비밀 편지였다. 공산당 조직은 최정무에게 인력거와 마차를 수리하는 곳에 일자리를 찾아 주었다.

# 황푸군관학교 입학

지하공산당 조직은 최정무에게 황푸군관학교에 입학하라고 지시했다. 17세였다. 최정무는 훌륭한 군관을 양성하는 황푸군관학교에 나이 어린 본인이 입학하게 된 것이 꿈만 같았다. 당대의 위인으로 손꼽히는 정치부 주임 저우언라이周恩來, 1898~1976, 군사부 교관 예젠잉叶劍英, 1897~1986 등도 만났다.

최석천崔庸健, 1900~1976, 김훈양림(楊林), 1901~1936과 같은 유명한 조선인 교관들도 만났다. 토요일이 되면 황푸군관학교의 조선인 교관과 학생들은 학교 또는 광저우 시내에 있는 조선국수집에 모였다. 국내외 정세와 정치이론을 토론하고 서로의 견해를 털어놓으며 열렬한 토론을 했다. 최정무는 공산주의에 대한 이론 수준이 점점 높아지고 혁명정신도 뜨거워졌다. 마치 자신이 무산계급 전사나 된 듯이 영예스럽고 자랑스러웠고 중국혁명을 위해 평생토록 헌신할 것을 다짐하고 결심했다.

1927년 4월, 교장 장제스가 황푸군관학교 내 공산당원을 색출하고 체포했다. 교내 자신이 소속된 혁명대오가 흩어졌다. 국민당 탄압에 항거하며 최정무는 그 12월 공산당이 일으킨 광저우폭동에 참여했다. 폭동은 실패하고 구사일생으로 목숨은 건졌지만 자신이 소속된 혁명대오가 뿔뿔이 흩어졌다. 상하이 당조직을 찾아가려고 하니 경비가 없어서 때로는 걸식을 하고, 날품도 팔아 끼니를 때우면서 꼬박 넉 달을 걸어서 상하이에 도착했다.

상하이 공산당 한국지부는 최정무에게 영국 조계지에 있는 한 자동차 수리 공장에 일자리를 마련해 주었다. 공산당원에 대한 국민당의 탄압과 학살이 강화되어 공산당원들은 언제, 어디서, 어떻게 체포될지 모르는 상황이었다. 사상전향을 하거나 공산당에서 탈퇴하는 자들도 속속 늘어났다. 최정무와 함께 중국에 온 동지 중 몇 명은 이미 소련으로 돌아갔고, 동지 한 명은 체포되어 감옥에서 죽었다.


## 중화노병소비에트 제1차전국대표대회에 조선인대표

1930년 3월, 최정무는 공산당조직으로부터 장시성江西省 루이진瑞金 중앙소비에트구역으로 가라는 지시를 받았다. 루이진으로 가는 도중에 푸젠성福建省 서부를 지나다가 광저우폭동을 지휘한 예젠잉叶剑英, 1807~1986을 만나 밤새워 대화를 나눴다. 루이진에서는 중앙소비에트의 홍군 기계수리공장에 배치되었다.

1930년 6월, 최정무가 중앙소비에트 구역에서 무산계급 전사로써 무한한 영예감을 느끼며 행복한 나날을 보내던 어느 날, 마오저탄毛澤覃, 1905~1935, 마오쩌둥의동생이 최정무를 불렀다. 자신이 어떤 임무를 받을 것이라고 생각하고 찾아갔는데 마오저탄은 잉어요리와 찹쌀로 빚은 술상을 차려 놓고 기다렸다. 두 사람은 거의 한나절 동안 술을 마시면서 유쾌하게 담화를 나눴다.

1931년 11월 7일, 최정무는 중화노병소비에트 제1차 전국대표대회에 조선인대표로 참석했다. 회의는 루이진의 한 사당에서 열렸다. 사당에는 대회를 경축하는 많은 표어가 붙어 있었고 약간 높이 마련된 주석대에 마오쩌둥 위원과 주더朱德, 1886~1976총사령관이 앉았다. 대표회의에는 약 200명이 참석하였고 몽골 대표도 참석했다. 대회를 경축하는 주민들이 돼지고기, 달걀, 고구마 등을 가져왔다.

모주석과 주사령관의 발언 후 각국 대표 발언 시간이 되었다. 대회비서처에서 최정무에게 조선인을 대표하는 발언을 부탁했다. 최정무는 무척 당황스러웠다. 나이나 혁명 경력이 겨우 첫 발을 떼는 수준인 자신이 최고의 공산주의 대표자들 앞에서 무슨 말을 해야 할지 몰라 말이 제대로 나오지 않아 대표 발언은 실패했다. 회의가 끝난 후 마오쩌둥이 다가와 어깨를 두드리며 일도 잘하고 공부도 열심히 하라고 격려해 주었다.

비록 조선인대표 발언은 실패했지만 최정무는 제1차 중화노병소비에트 회의에 조선인대표라는 명예를 안았다. 1932년 봄, 마오쩌둥의 특별한 배려로 중앙소비에트 홍군군정학교에 입학해서 공부하면서 학교 사무도 보았다. 당시 홍군군정학교에는 조선인 무정武亭, 1905~?이 사격훈련 교원으로 근무하고 있었다. 그해 8월 최정무는 홍군군정학교 제3기를 졸업하고 제22군 1단 2연대의 부연대장으로 임명되었다가 두 달 후 연대의 정치지도원직에 임명되었다.


## 조직과 또 결별

1933년 5월, 최정무는 장시성 지안현吉安縣에서 국민당 반포위토벌작전전투에 참여했다가 머리를 다치고, 다리에는 총알이 박혔다. 장기치료를 받는 동안 중앙홍군은 국민당의 제5차 포위토벌 전쟁을 피해 루이진을 떠났다. 이때 최정무는 또 동료들과 헤어져 소속된 조직을 잃었다.

당조직을 떠나 홀로 아무런 활약을 할 수 없게 된 최정무는 상하이 당조직을 찾으려고 막연히 상하이로 왔다. 1935년 봄, 상하이 부두에서 날품팔이를 하면서 오가는 사람들 중에서 동지를 찾았지만 아무도 만나지 못했다.

프랑스 조계지에서 사냥개에게 물려 인사불성이 된 적도 있었다. 다행히 모르는 사람이 상하이 천주교회병원에 입원을 시켜 주어 석 달간 무료 치료를 받고 퇴원했다. '소련으로 돌아가면 행복한 생활을 할 수 있는데 이렇게까지 혁명을 한다고 고생을 사서 할 필요가 있을까?'라는 생각도 많이 했지만, 그동안 혁명에 참여했던 시간을 생각하고, 마오쩌둥 주석과 주더 총사령관이 베풀어준 배려를 떠올리면서 하루빨리 당 조직을 찾아 혁명에 투신해야 한다고 자신을 추스렸다.

중일전쟁 발발 후, 최정무는 신문에서 팔로군이 우한에서 발표한 항일선전문을 읽었다. 팔로군 사무실이 우한武漢에 있다는 것을 알고 12월 추운 겨울 난민들의 틈에 끼여 우한으로 왔다. 팔로군 사무실을 찾아갔지만 그들은 최정무가 팔로군이었다는 말을 믿지 않고 받아주지 않았다.

팔로군 부대가 산시山西일대에 있다는 소문을 듣고 우한을 떠나 산시방면으로 가다가 후베이성湖北省 광수이현广水縣에서 국민당군에게 붙잡혔다. 최정무는 자신의 이름이 최경화이며 후베이湖北 출신 부두 노동자라고 속여 국민당군 예비군 이등병에 편입했다. 1940년 국민당 소속부대가 광수이현에서 병사훈련을 끝내고 팔로군이 소재하는 가까운 지역으로 이동했다.

최정무가 소속된 군민당군 내부는 무척이나 혼란스러웠다. 일제가 동북을 점령하고 베이징, 난징, 허베이河北을 침략하는데도 장제스는 항일보다 공산당 소탕에 전력을 쏟고 있었다. 이에 대해 국민당 내부 병사들 불만이 컸고, 동족끼리 싸울 것이 아니라 항일 투쟁을 해야 한다는 목소리가 점점 높아졌다.

최정무는 국민군 병사 20여 명을 선동해서 캄캄한 밤중에 국민당 군사 경계선을 넘어 팔로군 129사단을 찾아갔다. 그는 팔로군에 편입하지 못하고 홍군지도부에서 활동하던 조선인 무정武亭을 대면하여 신분을 확인하고 조선의용대에 가입했다. 그러나 당적을 회복하지 못해 새로 공산당에 입당하여 당원 교육을 받고, 1943년 2월, 조선의용군을 따라 적후근거지 옌안延安으로 이동해서 활동하다가 해방을 맞았다.

1945년 일본 투항 후 최정무는 한 개 중대를 인솔해서 말 60필을 몰아 자랑스럽게 길림성 통화通化로 가서 활동했다. 후에 랴오닝성辽宁省민주연맹 조직부 부장직에 있다가 1950년 10월, 제3야전군 9병단에서 근무하던 중 항미원조抗美援朝를 위해 한국전쟁에 참전했다. 1952년 3월 중국으로 돌아와 내몽고 유제품공장 책임자, 당지부 서기, 인민대표직을 수행하고 1956년 10월, 랴오닝성 영예군인 휴양원 부원장을 지냈다. 최정무는 지난날을 회고하면서 자신은 중국혁명에 몸을 바쳤고 당에 조금도 미안한 일없이 떳떳하게 살아왔다고 자부했다.

참고문헌 및 자료

최정무 구술, 박문호·이상각 정리, 「노흥군 최정무」, 『광활한 대지우에서』, 연변인민출판사, 1987.8.

成莉平, 「民主革命时期中国共产党的科技思想与科技实践研究」, 中南大学 硕士学位论文.

刘智文, 「中国东北朝鲜族自治区地方民族和睦的差輸因初探」, 『黑江民族丛刊』, 2001 2기(제65기).

# 안태

安台, 1900~1927.11.9

| | |
|---|---|
| **본적** | 충청도 괴산 |
| **소속** | 제6기 사망동학 |
| **연락처** | 광서성 상림현上林縣 성서문서실산교城西門書室珊交 |

묘비문은 다음과 같다.

한국韓國 괴산槐山 심춘沈春

안태 동지安台同志 민국16년 11월 9일民國十六年十一月九日

---

참고문헌 및 자료

湖南省档案馆校 編,『黄埔軍校同学录』, 湖南人民出版社, 1989.7.

# 김근제

金瑾濟, 1904~1927

**본적** 평북 정주
**소속** 6기 사망동학

묘비문은 다음과 같다.

한국인韓國人 제2학생第二學生

참고문헌 및 자료
湖南省档案馆校 編,『黄埔軍校同学录』, 湖南人民出版社, 1989.7.

교관

# 김훈

金勛, 1901~1936

**약력**

| | |
|---|---|
| 1919~1920년 | 신흥무관학교, 북로군정서 사관연성소士官鍊成所 교관, 교성대敎成隊 대장가명, 춘식 |
| 1921~1923년 | 윈난강무학당 제16기가명, 양주평 |
| 1925년 | 황푸군관학교 제3~5기 기술주임 교관가명, 양림 |
| 1926년 | 예팅독립단 제3연대 연대장가명, 양닝 |
| 1930년 | 중국공산당만주성위원회 군사위원 및 서기가명, 양림 |
| 1934년 | 중국공산당전국소비에트 제2차 대표대회 조선대표가명, 삐스티 |
| 1934년 | 홍색간부단 참모장가명, 삐스티 |

## 신흥무관학교에서 훈련된 정예 군인

평양 출신 김훈은 춘식春植, 양주평楊州平, 양림楊林, 양닝杨宁, 베스티혹은삐스티, 弱士第, 毕士悌 등 많은 가명을 사용했다. 본 책에서는 필요한 경우를 제외하고 김훈으로 표기하였다. 김훈은 평양고등보통학교 재학 중 부친과 3·1운동에 참가했다가 부친이 일본경찰에 살해되었다. 의분을 참지 못한 김훈은 반일단체에 가담해서 항일운동을 전개했다. 지명 수배자가 되어 평양에 머무를 수 없는 형편이 되자 그는 연인 이추악李秋岳, 1901~1936에게 항일운동을 계

김훈
출처_ 광동성 자오칭(肇庆) 열강루(閱江樓)
국민혁명군제4군 12사 34단 서열표.

속할 수 없을 정도로 어려움에 처하면 자신을 찾아오라는 메모를 남기고 중국으로 망명했다. 그가 찾아간 곳은 지린吉林 통화현通化縣 허니허哈泥河에 소재하는 신흥무관학교이다.

신흥무관학교는 조선시대 최고 명문 호족 이항복李恒福, 1556~1918후손인 이회영李會榮, 1867~1932 일가가 설립했다. 1910년 8월 29일 한일병합이 공식적으로 발표되자 이회영 일가 6형제健榮, 石榮, 哲榮, 會榮, 始榮, 護榮는 모든 가산을 처분해서 40만 원을 마련했다. 현재 시세로 계산하면 600억 원 정도이다. 눈발이 휘날리는 겨울, 이회영 일가족 40여 명은 압록강을 건너 지린 류허현柳河縣 산웬푸三源浦 쩌자가鄒家街로 이주했다.

1911년 6월 22일음 5.14, 쩌자가마을의 허름한 옥수수 창고에서 군사 훈련학교를 개교했다. 중국 당국과 일제의 의혹을 피하기 위해 무관학교라는 명칭 대신 신흥강습소라고 불렀다. 한국인의 무관학교가 설립되었다는 소문이 퍼지자 많은 학생들이 찾아왔다. 학교가 비좁아 쩌자가 동남쪽으로 90리 떨어진 퉁화현通化縣 허니허河泥河에 강당, 교무실, 숙직실, 식당 등을 새로 지어 이전했다.

3·1운동 이후 신흥무관학교는 대성황을 이루었다. 국내에서 탈출해 나오는 청년들, 재만 동포, 과거 의병 활동에 참여했던 노년층, 십대 소년부터 오십대 노년까지 약 600여 명이 입학했다. 교사가 부족하여 류허현柳河縣 구산즈孤山子 허동河洞 언덕에 숙사 40여 칸을 짓고 수만 평의 연병장을 마련하여 몰려오는 애국청년들을 수용했다. 2년제 고등군사반은 고급간부를 양성하고 퉁화현 치다오거우七道溝와 콰이다마오즈快大茂子분교에서는 속성, 3·6개월 과정의 군사 훈련을 실시했다.

신흥무관학교 학생들은 새벽 4시에 기상해 체조와 구보로 하루를 시작해

서 밤 9시까지 수업과 훈련을 강행했다. 목총으로 총기를 대신했으며 교과서
는 일본병서와 중국병서를 번역하여 등사판으로 밀어 만들었다. 여러 고지로
옮겨 다니며 가상공격과 방어전을 치르고 실전을 방불케 하는 도강, 상륙작전
을 하면서 전술학을 배웠다. 체육수업은 빙상, 축구, 철봉뿐 아니라 엄동설한
야간에 70리 강행군도 포함되었다.

신흥무관학교의 학생들은 대부분 국내에서 3·1운동에 참가했다가 일제의
추적을 피해 나왔기에 혁명정신이 충만했고 고된 훈련을 잘 감내했다. 중국인
이 밭에 버린 언 무우를 주워 소금으로 간을 해서 국을 만들고, 동물 사료로도
못 쓸 좁쌀 밥이 그들의 급식이었다. 제대로 먹지도 입지도 못하는 상황에서
도 학생들은 허리띠를 졸라매고 엄격한 학교 규율을 지켜며 망국의 군인으로
서 자기들의 역할을 충실히 수행해 나갔다. 김훈 역시 백두산을 향해 '구국의
길이 어디에 있는가'를 물으면서 자신을 단련했다.

윈난강무학당雲南講武學堂을 졸업하고 신흥무관학교의 교관으로 부임한 이범
석李範奭, 1900~1972은 김훈의 뛰어난 군사 지도자 자질을 발견하고 그를 교성대教
成隊 조교로 선발했다. 교성대는 신흥무관학교 졸업생 가운데 가장 우수한 자
135명을 선발해서 국내침공에 투입할 정예군 부대이다.

1919년 8월, 북로군정서에서 사관연성소를 운영하기 위해 이범석을 보내
달라고 요청했다. 북로군정서 사관연성소는 교장 김좌진金佐鎭, 1889~1930, 교수부
장 나중소羅仲昭, 1866~1925, 교관 이장녕李章寧, 1881~1932, 김규식金奎植, 1882~1931 등으로
구성되었는데 윈난강무학당에서 신식 군사 교육을 받은 이범석을 영입하고
자 했기 때문이다. 이범석은 김훈을 데리고 북로군정서로 갔다.

경비가 없어서 서간도 펑톈奉天에서 북간도 지린 왕칭현汪清縣 화뎬樺甸까지
오천여 리를 걸었다. 깊은 산골짜기와 높은 산, 밀림 속 무인지경을 약 20여

일 걸어서 1920년 2월 초, 매섭게 추운 날 왕청현에 도착했다. 북로군정서의 사관연성소는 원시림이 빽빽한 시다퍼西大坡 스리핑十里坪에 소재했다. 시다퍼 입구 좌우의 산들은 별로 높지 않지만 들어갈수록 절벽 같은 높은 산들이 양쪽으로 병풍처럼 높이 둘렀다. 그곳에서 김훈은 춘식春植이라는 가명을 사용했다. 이범석은 그를 사관연성소 교성대 대장으로 임명했다.

## 청산리 바이윈핑白雲坪에서 일본군을 혼쭐내다

사관연성소는 6개월 단기 속성으로 18~30세 청년 정예군을 양성했다. 1920년 6월 기초 훈련을 마친 사관연성소 군인이 600명, 훈련 중인 생도가 약 300명 정도였다. 그해 9월 9일, 사관연성소 제1회 졸업생 298명을 배출했으나 이들을 맡길 만한 보병대 편제가 없었다. 졸업생 중 일부를 보병대 하급 간부에 임명하고 나머지 200명은 교성대로 편성했다.

이 무렵 일본군이 동북삼성 당국에 압력을 가해 사관연성소를 축출하라고 지시했다. 혼성단장 멍푸더孟富德,?~1950는 일제의 요구를 들어주는 척 하면서 북로군정서로 하여금 지린을 떠나 달라고 부탁했다. 중국의 곤란한 처지를 이해한 북로군정서는 1920년 9월 17~18일, 시다퍼의 사관연성소를 폐쇄하고 장정에 올랐다.

이동 병력의 규모는 당지에서 모집한 보병, 연성대 사관졸업생, 기초 교육을 막 시작한 보병, 소집한 지 며칠 되지 않아 전투에 나설 수 없는 자들까지 합해 약 3개 대대 규모였다. 연성대와 보병대대를 여행단이라 개칭하고, 소와 달구지 180량을 구해서 비품과 군장비를 실어 백두산으로 향했다. 백두산에서 군대를 확장하고 군력을 기른 다음, 두만강을 건너 조국 한반도의 척추 낭림산맥을 타고 남쪽으로 내려가 서울 인왕산이나 북악산에서 일본군과 당당히 포문을 열고 민족적 항일전쟁을 대규모로 전개할 구상이었다.

독립군이 산다오거우三道溝 송림핑松林坪에 닿았을 때, 중국 측이 대규모의 일본군이 다가오고 있다는 연락을 보내왔다. 2만여 명의 일본군이 포위망을 압축하며 다가왔다. 독립무장단 대표들은 긴급 대책회의를 열고 작전을 세웠다.

김훈은 북로군정서 사령부 제2연대에 배치되어 청산리 바원핑에서 일본군을 저지했다. 10월 21일 새벽 5시, 독립군은 아랫마을이 환하게 내려다 보이는 바이원핑고지에 매복해서 일본군을 기다렸다. 이 지역은 산림이 사방으로 빽빽하고 아름드리 나무가 쓰러져 있어서 엎드리면 쌓인 낙엽에 파묻혀 사람이 어디에 있는지 전혀 분간이 안되는 곳이다. 독립군들은 소나무와 잣나무 가지로 위장하고 숲속에 엎드려서 적을 기다렸다.

오전 8시쯤, 일본군 전위부대 1천여 명이 꼬불꼬불한 길을 따라 산림으로 들어왔다. 적의 병력이 포위망 안으로 들어오자 독립군은 가지고 있던 6백여 정의 소총, 6정의 기관총, 2문의 박격포로 일제히 공격해서 불과 30분 만에 일본군 전위부대를 모두 섬멸시켰다.

그러나 한 시간이 채 못 되어 일본군 주력 부대 8~9천 명이 다시 밀려 들어왔다. 김훈을 비롯하여 일본군복으로 위장한 독립군은 지대가 높고 유리한 위치에서 엄폐물을 이용해 탄환을 퍼부으며 좌우 양쪽으로 올라오는 일본군이 서로 싸우도록 유인했다.

아군 주력군이 좁은 골짜기를 빠져나가고 일본군의 포성이 난무할 때 중간 지점을 지키던 김훈이 중대를 인솔해서 좁은 골짜기로 빠져나갔다. 이를 모르고 좌우에서 올라온 일본군은 자기네끼리 포격전을 벌여 2,200여 명이 죽었으나 독립군은 사망자 20명, 중상자 3명과 경상자 수십 명뿐이었다.

청산리 마루거우<sup>馬鹿沟</sup>에서도 김훈 중대는 산봉우리 유리한 고지에서 일본군이 포위망으로 들어오도록 유인했다. 일본군이 중포를 쏘며 계곡을 따라 빠른 속도로 올라왔다. 소수의 독립군들은 총이 가열되어 손이 데일 정도로 초인적인 힘을 발휘하며 맹사격을 퍼부었다. 비 오듯 쏟아지는 포탄에 겁을 집어먹은 두 동지가 진지를 이탈하여 숨으려고 하자 김훈은 총을 쏘아 이들을 쓰러뜨리고 아무 일 없다는 듯이 냉정하게 계속 지휘했다.

1921년 2월, 김훈은 신흥무관학교 교장인 윤기섭<sup>尹琦燮, 1887~1959</sup>과 상하이 임시정부를 찾아갔다. 임시정부와 교민 200여 명이 마련한 인성학교<sup>仁成學校</sup> 환영회에서 김훈은 청산리전쟁 보고를 했다.

당시 청산리전투에 동원된 일본군은 2만 명 이상이었고, 독립군은 비전투요원까지 합쳐 겨우 2천 800여 명이었다. 청산리전투에서 적은 병력으로 대승을 할 수 있었던 이유는 독립군이 용맹하고, 복잡하고 특수한 산악지형에 익숙하고, 홑옷에 짚신을 신어 산길에서의 기동도 민첩했지만, 무엇보다 마을의 동포 아낙들이 독립군과 혼연일체가 되어 치마폭에 밥을 싸서 지원해준 것이 큰 도움이 되었다고 보고했다. 김훈의 보고를 들은 청중들은 흥분하며 모두 일어서서 뜨거운 박수갈채를 보냈다.

김훈은 청산리, 봉오동전투에 대해 「북로아군실전기<sup>北路我軍實戰記</sup>」를 써서 『독립신문』에 연재했다. 이로써 애써 감추려고 했던 일제의 대패가 세간에 드러나 한인들의 항일 의지를 고무시켰다

# 직업 군인

1921년 5월, 김훈은 군사지식을 습득하고 전문적인 군사 훈련을 받기 위해 양주평楊州平이라는 가명으로 윈난강무학당 16기 포병과에 입교했다. 윈난강무당에서 제일 우수한 학생이었다. 매일 아침 일찍 일어나 혼자 무거운 벽돌을 지고 10여 리를 달리면서 체력과 의지를 단련했다. 산악시간에는 벽돌 20장을 담은 배낭을 매고 등산을 하는데 매번 일등을 해서 사람들의 찬탄을 받고, 1924년 수석으로 윈난강무당 포병과를 졸업했다.

졸업 후 윈난강무학당의 교관으로 남아달라는 학교 측 권유를 거부하고 김훈은 혁명의 도시 광저우로 왔다. 양림楊林이란 이름으로 황푸군관학교 학생총대 기술조교로 취임했는데 한국인으로서는 첫 번째 직업교관이다.

1925년 2월, 동정전쟁이 발발하자 김훈은 황푸군관학교 3기 학생대 제4대대 학생군 200명을 인솔해서 1·2차 동정전쟁에 참전했다. 전쟁터에서 총탄을 두려워하지 않고 용감하게 싸우는 김훈의 모습은 교관들과 학생들에게 강한 인상을 남겼다. 특히 황푸군관학교 정치부 주임 저우언라이周恩來, 1898~1976가 김훈을 주목했다. 2차 동정전쟁 후 김훈은 기술주임 교관으로 승진하고 저우언라이가 지도하는 혁명청년연합회 활동에 참여했다.

1925년 6월, 광동과 홍콩의 노동자 10만여 명이 전개한 반제국주의 연합 시위 이후 김훈은 중국공산당에 가입했다. 그해 말, 평양에서 항일운동을 하던 여자친구 이추악1901~1936도 일본 군경의 수배를 피해 광저우로 왔다. 이들은 결혼하고, 이추악은 황푸군관학교 정치부의 동정선전총대에서 선전원으로 활동하다가 능력을 인정받아 중국공산당에 가입했다.

김훈은 예팅독립단 3연대의 500명을 통솔하는 연대장에 임명되었다. 예팅

叶挺, 1896~1946이 단장을 맡아서 예팅독립단叶挺獨立團 이라고도 한다. 국공합작기간 중국공산당은 자신들만의 군대가 없었다. 혁명 군대가 필요하다고 판단한 공산당은 1925년 11월 광둥성 가오야오현高要縣, 현재의 자오칭肇慶에서 약 2천여 명의 병사들로 구성된 4군독립단을 조직했다. 명목상으로는 제4군에 예속되었지만 실제로는 중국공산당 광둥지구위원회가 직접 간부를 임명하고 인사이동을 시키는 공산당 군대이다. 전체 단원중 85%가 공산당원이거나 공산주의 청년 단원이었다. 그중 한인들도 150여 명 있었다. 이 무렵 김훈은 양닝楊寧이란 가명을 사용했다.

예팅독립단이 북벌전쟁에 종군할 때 김훈은 황푸군관학교 교관으로 복귀했다. 황푸군관학교에 입교하려는 한인 젊은이 가운데는 의욕과 열정만 앞서 시험 준비를 하지 않고, 자격도 갖추지 못한 채 무작정 광저우로 오는 사람들이 많았다. 입교생 비모집 시기에 오면 다음 입학시간을 기다리는 동안 생활비가 부족하여 입교 희망자나 학교 측 모두가 낭패스러웠다. 1926년 9월, 김훈은 『독립신문』을 편집하는 최창식崔昌植, 1892~1957에게 황푸군관학교 입교 희망자들을 위해 다음과 같은 주의사항을 기재해 달라고 요청했다.

경계자敬啓者는 다름이 아니오라 근래에 광둥 국민 정부가 우리를 동정한다. 황푸군관학교가 우리 학생에게 만흔 편의를 준다하야 상해 남북만 및 기타 각지上海南北满及其他各地로서 광둥에로 특히 황푸군관학교를 목적하고 모혀 오는 우리 청년학생이 실로 부지기백인不止几百人이 되엿습니다. 그러나 아모리 동정하야 편의를 준다할지라도 그져 무시로 아모에게나 다 하는 것은 아니올시다. 또한 상당한 시기라야 되며 아울너 상당한 자격자라야만 되는 것이올시다.

신도학생新到学生의 제일 문제는 기회를 생각지 아니하고 무시로 그져 일이인 혹

이삼인一二人 或 二三人식이져 각기 혀여져서 오는 것이올시다. 이것은 이곳 잇서 소개하는 일을 하는자가 번고煩苦함을 이기지 못함보다 학교 당국이 매우 즐겨하지 아니하는 것이올시다. 그런즉 학생을 보내시는 이나 학생으로 오시는 동지들은 못조록 정기定期를 즉 학생모집시기를 택하야 보내거나 오시거나 할 것이오 또 보내거나 오는데는 못조록 다수가 함께 동반함을 매우 바라는 바이올시다.

신도학생新到學生의 제이 문제는 자격이올시다. 우리 학생도 중국학생과 가치 상당한 고시를 치러야 합니다. 설혹 다수의 편의가 잇다하야도 너무 탁업는 일은 절대되지 못할 것이올시다. 그럼으로 좌左에 일반시험과목을 져거 참고에 편케 합니다.

국문 즉 중문은 다반多半은 백화체로 시국 문제의 재료를 시제試題로 한 작문입니다. 역사 중국근백년외교사, 지리 중국지리, 정치, 사회주의, 삼민주의 학설에 관한 것, 수학 대수, 기하, 삼각, 이화理化 보통생리화학, 신체검사 물론 강장强壯을 요하며 년령은 35세 이하라야 됩니다.

신도학생新到學生의 제삼 문제는 기실 제1요건되는 것은 곳 비용에 대한 준비올시다. 설사 래도시來到時로 도교입학到校入學된다 할지라도 생지에 처음와서 상당한 절차를 발븜에는 많은幾許의 시일을 요하는 것이어늘 하물며 사고가 생기거나 혹 입격入格되지 못하면 메우 곤란한 일 만흔 것이니 이에 대하야 가장 소홀히 하지 말기를 바라며 이곳 도착하야 약 1주일 동안의 숙식비는 져거도 대양으로 십 원 가량은 가져야되겠습니다.

귀지貴紙에 우기右紀 내용을 발표하야 주심을 바라고 다시 삼가 대운광달大運光达을 송축합니다.

대한민국 8년1926 9월 3일

# 중국공산당 동만주 군사위원

1927년 4월, 청당清黨정변으로 국공합작은 결렬되고 국민당은 공산당원을 대거 숙청했다. 중국공산당은 김훈 부부를 보호하는 차원에서 소련으로 유학 보냈다. 김훈은 삐스티甹士悌로 개명하고 모스크바 중산대에서 1년 정치이론을 공부한 후 모스크바 육군보병학교로 옮겨 다시 1년 군사학을 공부했다.

1930년 봄에 중국으로 돌아온 김훈은 중국공산당 중앙군사위원회로부터 동만주특별위원 겸 군사위원서기로 파견되었다. 그 무렵, 중국공산당 만주성 위원회가 중앙군사위원회에 무장 투쟁을 인솔할 수 있는 조선족 군사간부 한 명을 동만주지역으로 파견해 달라고 요청했다.

1926년, 헤이룽장 하얼빈 주허현珠河縣에서 성립된 조선공산당만주총국은 한인들이 많이 거주하는 만주지역을 동만東滿, 남만南滿, 북만北滿으로 분류해서 관할했다. 둥만은 옌지延吉, 훈춘琿春, 허룽和龍, 왕칭汪淸, 둔화敦化, 안투安圖, 창바이 長白 등이며, 남만은 지린吉林, 단둥丹東 일대, 하얼빈哈爾濱 이북, 중동철도 노선 일 대, 쑹화장松花江 하류 광범위한 지역을 북만이라고 지칭했다.

그 무렵 소련이 '일국일당' 원칙을 발표하여 중국에서 활동하는 조선공산 당은 조직을 해산하고 중국공산당에 가입해야 했다. 1928년 8월경에 중공동 만구위원회 산하 10개 지부에 조선족 당원은 22명만 남았다. 1930년 3월 조선 공산당 ML파가 조선공산당만주총국 해체를 선언했다. 이어 다른 파벌 공산 당도 해체를 선언함으로써 사실상 동북지방의 조선공산당 조직은 거의 해체 된 상황이었다. 중국공산당은 해산된 조선공산당원들을 중국공산당으로 결 집하려고 했다.

김훈은 옌지현 무산茂山촌에 와서 간부회의를 열고 중국공산당만주당위원회의 결정과 지시를 전달했다. 부인 이추악과 동만주지역을 순회하며 중국 공산당 노선을 전달한 결과, 1930년 8~10월 사이 옌지, 왕청, 롱징, 등지에서 중국공산당에 입당한 사람은 모두 670명인데 그중 한인이 660명이며 전체 98.5%를 차지했다. 김훈은 이들을 기반으로 동만특별위원회를 조직했는데 1931년 2월까지 중국공산당 동만특별위원회 산하에 6개 현 위원회, 19개 구 위원회가 설치되었다.

1931년 9월 18일 일제가 만주를 점령한 이후, 김훈은 하얼빈 중공동만주성 위원회 군사위원회서기로 임명되었다. 주요 임무는 인민대중을 무장시켜 항일유격전을 전개할 수 있는 무장대오를 건립하는 일이다. 지린 판스磐石현에 정치군사간부훈련반을 조직하고 한족과 조선족 군중들을 규합하여 대중운동을 전개했다. 1932년 4월, 반일 농민봉기를 일으켜 친일파 50여 명을 숙청하고 일제가 건설한 철도를 파괴하는 등 무장 투쟁을 전개했다.

판스에 이동광1904~1937, 이홍광1910~1935이 친일배를 처벌하려고 조직한 '개잡이부대'가 활동하고 있었다. 김훈은 '개잡이부대' 청년들을 흡수하여 반석노농의용군이라는 남만유격대를 설립했다. 1932년 5월 7일, 허마허자河마河子에서 조선족과 한족 800~900여 명과 항일 무장 시위를 전개하고 나흘 동안 "일본제국주의를 타도하자" 등의 구호를 외치며 친일배 40여 명을 처단했다. 동만주에서도 기존의 돌격대, 권총대, 장총대 등 360여 명을 모아 동만항일유격대로 발전시켰다. 김훈의 지휘를 받은 옌지현과 허룽현 일대의 농민들은 공산당과 협력하며 친일주구파와 지주들로부터 소작계약서와 고리대금 문서를 빼앗아 소각하고 식량과 재산을 몰수하여 가난한 농민에게 나누어 주었다. 곳곳에 농민협회가 세워지고 농민자위대가 조직되었다.

1930년 5월 27일, 남만 항일유격대가 창건되자 한인들은 자신들만의 활동

근거지 야오수이동藥水洞소비에트를 건립했다. 대중기반이 좋고 일제 통치기관과 멀리 떨어진 산간마을 샤오왕칭小汪淸, 다황거우大荒溝에도 소비에트를 조직하고 조선인 항일유격근거지를 건립했다. 근거지내 인구는 약 2만여 명이며 그중 90%가 조선인이다. 소비에트 구역에서 토지 주인이 된 농민들은 유격대원과 마치 한 집안 식구처럼 도우면서 항일운동을 전개했다. 소비에트 정부에서 반포한「소학교 의무 교육법」에 따라 대중들이 자체적으로 학교를 마련하고 시사정치 및 혁명 투쟁 사상과 군사지식도 가르쳤다. 항일유격근거지에는 소비에트 정부나 혁명위원회가 반포한 혁명강령에 따라 착취와 억압이 없는, 인민대중이 참다운 주인이 되는 사회를 만들어 나갔다. 지주 토지를 몰수하여 농민들에게 나누어 주는 토지혁명을 실시하고 16세 이상이면 선거권과 피선거권을 부여하여 정치적 자유와 민주적인 권리도 부여했다.

아이들은 나무 밑이나 움막을 교실 삼아 공부하며 유격대를 도와 곤봉을 쥐고 보초를 서고 편지를 전달했다. 근거지 내에 농민협회, 반일회, 부녀회 등 대중단체가 적위대, 농민자위대, 청년의용군 등 무장단체들이 항일운동을 할 수 있도록 도왔다. 깊은 산속에 무기수리소를 마련하여 작탄을 제조하고 부녀들은 의복을 만들어 유격대를 지원했다.

김훈은 추수 투쟁, 춘황 투쟁을 주도하여 일제침략과 반봉건제도를 반대했다. 1931년 9월 추수 때, 옌지현 농민 800여 명은 "제국주의 타도"와 "소작료 인하" 등을 외치며 각 농촌을 돌며 행진했다. 지주들로부터 양식을 빌려야 하는 춘궁기에는 "양식 탈취" 투쟁을 전개했는데 1932년 2월, 옌지현 이란구義蘭區 일대에서는 농민들이 일본경찰서를 포위하고 식량창고를 탈취해서 가난한 농민들에게 나눠주었다.

## 홍색간부단의 참모

1932년 7월, 중화소비에트중앙국 서기이자 중앙혁명군사위원회의 부주석 저우언라이가 김훈을 장시江西 루이진瑞金에 수립된 중화 소비에트 임시정부로 불렀다. 루이진에서 김훈은 삐스티畢士悌란 가명을 사용했다. 김훈은 중앙군사위원회 노농홍군1방면 보충사 노전老战위원회 참모직에 임명되었다. 노전위원회의 임무는 중앙소비에트지구 홍군을 모집해서 전선을 지원하고 후방을 보위하는 것이다. 김훈은 저우언라이를 도와 병사를 훈련시켜 보충단 10개를 조직했다.

1934년 1월, 김훈은 중국공산당 전국 소비에트 2차 대표대회에 조선 대표로 참가하고 중화소비에트공화국 중앙집행위원에 선출됐다. 마오쩌둥이 김훈을 배려해서 하얼빈에 홀로 있는 부인 이추악을 중앙소비에트 구역으로 데려오라고 특별 지시를 했다. 하지만 국민당 100만 대군이 루이진으로 포위망을 좁혀오는 상황인지라 이추악은 결국 루이진으로 오지 못했다.

국민당의 제4차 토벌전쟁 이후 노전위원회는 홍군총사령부, 총정치부, 총참모부를 통합하여 총병참부로 개편했다. 김훈은 총병참부 참모장에 임명되었다. 국민당의 장제스는 일제 침략을 저지하기보다는 공산당 세력을 뿌리뽑기 위해 대대적으로 공산당 근거지 루이진을 포위하고 소탕작전을 전개했다.

마오저둥은 어쩔 수 없이 국민당의 공격이 미치지 않는 지역으로 이동을 해야 했다. 처음부터 옌안延安을 목적지로 정한 것이 아니라 그냥 북쪽을 향해 떠났다. 모스크바 지도층에서도 중국혁명이 불가능하다고 보고 일단 안전한 곳으로 피하라는 지시를 내렸다. 막연히 장정을 시작해서 루이진을 떠났는데 연안까지 이만 오천 리의 대장정이 되었다.

1934년 7월 13일, 중국공산당이 루이진을 떠나기 직전 「중국노농군 북상항일선언」을 발표했다. 김훈도 이에 호응하여 「홍군의 북상 항일을 옹호하는 선언」을 발표했다. "국민당은 중국의 절반 이상을 일본에 팔았고 지금 또 중국 전체를 일본제국주의자에게 팔려고 한다. 망국의 참화가 눈 앞에 펼쳐지고 중국인 머리에 망국노의 치욕을 뒤집어쓰게 되었다. (…중략…) 오직 소비에트 및 홍군만이 전 중국을 무장할 수 있는 지휘자이며, 항일의 유일 정확한 대표자이다"라는 내용이다.

저우언라이와 예젠잉葉劍英, 1897~1986 등 중국공산당 간부들이 김훈을 홍색간부단 참모장으로 추천했다. 중국공산당은 장정을 앞둔 1934년 10월, 중앙군사위원회는 제1보병학교, 제2보병학교 등 4개 홍군학교를 합병해서 홍색간부단으로 개편하고 장정이 끝나면 다시 홍군학교로 운영하기로 했다. 김훈이 홍색간부단을 인솔해서 대장정길에 올랐다.

홍색간부단의 임무는 행군 중 마오쩌둥, 저우언라이, 주더朱德, 1886~1976 등 중앙군사위원회 지도자들의 안전 보위이다. 1935년 4월 29일, 저우언라이, 류바이청劉伯承, 1892~1986 등 간부들이 김훈에게 5월 1일 전까지 진사자오金沙皎 핑두平渡를 점령하여 홍군이 북상을 할 수 있는 근거지를 확보하도록 지시했다.

김훈은 곧바로 선발대를 조직해서 국민당부대로 변장했다. 밤낮 180리 길을 도보로 강행군하여 다음 날 새벽 이른 시간에 진사강변에 도착해서 보초선 국민당군 60명을 체포하고 진사자오 핑두를 점령했다.

진사자오 핑두를 점령하자 중앙군사위원회는 통안진通安鎭으로 진입하는 입구 화염산火焰山 점령하라고 지시했다. 화염산은 깎아지른 듯한 절벽으로 이루어진 산인데 산과 산 사이에 꼬불꼬불한 골짜기를 따라 좁은 길이 하나 있을 뿐이다. 훈련된 정예군 실력이 발휘되었다. 정예군은 어떤 환경에 처하더라도 작전을 창작해서 임무를 수행하고 부대가 다 몰살하는 형세에 처하면 한 사람만이라도 맡은 임무를 수행해야 한다는 유격술의 극치로 김훈은 화염산 을 점령했다.

5월 1일 새벽, 김훈은 간부단 전위대를 인솔해서 화염산 좁은 골짜기로 진 입했다. 국민당 군인들은 유리한 고지에 잠복해서 사격을 하거나 돌을 굴려 홍군 진입을 방해했다. 김훈은 빗발치는 총탄속에서도 기묘한 방법으로 바위 뒤로 숨으면서 고지를 향했다. 뒤따르던 부하들도 김훈의 동작을 모방하여 화 염산 협곡의 고지를 점령했다.

김훈이 화염산을 점령하는 동안 중앙군사위원회와 홍군이 진사강을 건넜 다. 화염산전쟁에서 김훈은 수하의 사병 12명을 잃었지만 국민당군 1개 사단 을 섬멸하고 100여 명을 포로로 잡았다. 중앙군사위원회는 김훈 군사작전을 높이 평가하여 간부단에 특별표창을 하여 김훈의 명성은 더욱 높아졌다.

혁명군사위원회가 산시성陝西省 북쪽에 도착한 후 간부단은 다시 홍군대학 으로 편성하고 김훈은 홍군제15군단 75사단 참모장에 임명되었다. 1936년 1 월 19일, 중앙군사위원회는 산시山西를 근거지로 활동하는 군벌 옌시산閻錫山, 1883~1960을 토벌한다는 동정전쟁을 선포했다.

김훈의 임무는 옌시산이 설치한 천리 방어선을 돌파하는 것이다. 옌시산은 홍군기습을 막기 위해 황하 동쪽 기슭에 소재하는 20개 현에 반공구역을 설 치했다. 주요지역마다 토치카보루를 벌집처럼 총총히 세우고 보초를 세워 거미 줄 같은 방어선을 쳤다. 또 홍군이 황하黃河를 건너지 못하도록 강변과 모래섬 에 초소를 설치했는데 방어선이 천 리나 이어졌다. 천연 요새로 작용하는 황 하가 있고 황하에 인접한 촌락, 도로, 산봉우리마다 초소를 설치한지라 옌시 산은 홍군이 나는 재주가 있다 하더라도 철벽같은 방어를 뚫을 수 없다고 장담하는 봉쇄선이다.

김훈은 농민으로 변장하고 지세가 제일 험난한 곳에서 황하를 건너기로 전략을 세웠다. 1936년 2월 20일 밤 8시, 선발대 제74사단 223단 제1영 병사들이 목선 5척을 나눠 타고, 나머지 병사들은 큰 목선 두 대를 타고 칭젠현淸澗縣 허코우河口에 이르렀다.

옌시산 군사들이 홍군을 발견하고 토치카에서 맹렬하게 총을 쏘았다. 김훈은 아랑곳하지 않고 전속력으로 앞으로 나가 허자와쥐터우賀家洼咀斗, 허자야오촌의 입구를 뜻한다에 닿아 보총, 기관총, 수류탄 등 모든 무기를 총동원하여 국민당군을 향해 저격을 했다. 배가 상륙하고 한 시간도 안 되는 짧은 시간에 허자야오賀家凹촌 길어귀에 있는 토치카와 중심 전지를 뺏고 국민군 병사들이 투항했다.

김훈이 하자야오촌에서 전투를 하는 동안 마오저둥은 쑤이더현綏德縣 거우코우溝口에서 남쪽 칭젠현淸澗縣 허커우河口까지 황하 100여 리 길을 목선과 양가죽 뗏목으로 무사히 건넜다. 1936년 2월 22일, 하자야오촌 전투장을 수습하던 김훈은 숨어있던 국민당군이 쏜 총에 복부를 맞아 죽었다. 나이 36세였다.

참고문헌 및 자료

周士第, 『周士第回忆录』, 人民出版社, 1979.4.

이범석, 『철기 이범석 자전 우등불』 후편, 삼육출판사, 1992.11.

「三一節의 産物인 北路我軍實戰記」, 『독립신문』, 1921.3.1.

리정문, 「완난강무학교의 조선족 청년들」, 『조선족 백년 사화』 1집, 랴오닝인민출판사, 1982.6.

리정문, 「설산초지를 지나」, 『조선족 백년 사화』 2집, 랴오닝인민출판사, 1984.4.

崔龙水, 「周恩来与朝鲜革命志士」, 『百年潮』, 2002.

李明, 『黄埔军校』, 广东人民出版社, 2005.4.

卢庆洪·卢秀芹, 「甘洒热血拯中华的朝鲜籍烈士毕士悌和李秋岳夫妇」, 『党史博采』, 2010.4.

崔成春, 『延边人民抗日斗争史』, 民族出版社, 1992.12.

朱姝璇, 岳恩平 編, 『东北抗日联军史』, 解放军出版社, 2014.4.

蒋耀德, 「长征中的红色干部团」, 中国人民政治协商会议全国委员会文史资料研究委员会 編, 『文史资料选辑』 72집, 中国人民出版社, 1995.5.

王忠新, 「魂兮归来毕士悌」, 民族复兴网, 2015.9.1.

「广东黄埔军校 入校希望 鮮人에 대한 注意方 来信之件」, 『不逞團關係雜件－朝鮮人의部－在支那各地』 4, 1926.12.11(한국사데이터베이스, 국외항일운동자료 일본외무성기록).

# 이용

李鏞, 1888~1954

| | |
|---|---|
| 본명 | 이종승李鍾乘, 호 추산秋山 |
| 이명 | 이용李鏞 이영李瑛, 이객우李客雨 |
| 본적 | 함경남도 북청 출생 |
| 학력 | 저장浙江 체육학교, 윈난雲南 군학보습소속성사관학교, 소련 모스크바 사관학교 |

약력
| | |
|---|---|
| 1917년 | 중국 저장 체육대학교 |
| 1918년 | 러시아 한인사회당 군사부 교관 |
| 1919년 | 러시아 대한국민의회 군사부 총사령관 |
| 1920년 | 상하이 임시정부 동로군 사령관 |
| 1921년 | 러시아 이만 고려의용군 결성 |
| 1926년 | 황푸군관학교 군사고문, 산터우 동로군경비사령부 포병대장 |

## 명문가 이준李儁 열사의 장남

이용은 네덜란드 헤이그에서 열린 만국평화회의에 고종의 밀사로 파견된 이준李儁, 1859~1907 열사의 장남이다. 고종황제는 이준, 이상설李相卨, 1870~1962, 이위종李瑋鍾, 1887~?을 열강회의에 파견해 을사조약 체결이 자신의 의지가 아닌 늑약이라는 점과 서구 열강이 정의의 편에 서서 일본이 강제로 체결한 조약은 무효라고 선언해주기를 기대했다. 그러나 회의 주최 측은 조선이 외교권을 상실했다는 이유로 밀사들의 대회 입장조차 불허했다. 사명을 다하지 못해 분개한 이준은 병이 나서 세상을 떠났다.

이용은 '너의 몸은 반드시 나라를 위해 바쳐야 한다'는 부친의 유언을 받들어 독립운동에 투신했다. 1910년 3월경, 민족이 일본 식민지로 전락해 나가는 양상이 뚜렷해지자 민족 지도자 위치에 있던 신민회의 안창호安昌浩, 1878~1938, 이갑李甲, 1877~1917, 구춘선具春先, 1857~1944등은 북간도 룽징촌龍井村으로 망명했다. 독립운동기지를 건설하여 후일을 도모하기 위해서다. 이용은 이들과 북간도로 망명했다.

연길도윤공서延吉道尹公署 외교부에 근무하는 이동춘李同春, 1872~1940이 이들을 맞이하고 자신의 집에서 제1회 대한민국총회를 개최했다. 회의 주된 안건은 열악한 환경에 처한 교민들 생명과 재산을 보호하고 독립운동기지를 건설하는 것이었다.

그 무렵, 위안스카이가 중화민국의 임시총통으로 취임하여 중국 국적을 취득하지 못한 교민 토지는 몰수하라는 법령을 선포했다. 교민들이 어렵게 개간한 토지가 전부 몰수될 상황이었다. 뿐만 아니라 현지 관리들은 중국 국적에 가입하면 '입적세', 소작농에게는 '고용세', 소를 키우면 '소사양세', 심지어 관청에 가면 '문턱세' 등 각종 터무니없는 세금을 요구했다. 교민은 아무리 열심히 일해도 소작농을 벗어나지 못하고 빚만 늘고 생계유지조차 어려웠다.

이동춘은 위안스카이袁世凱, 1859~1916가 중국 사신으로 한국에 왔을 때 그의 통역관이었다. 위안스카이를 방문하여 한인에게 불리한 법령을 철회하도록 요청하여 간민墾民이라는 이름으로 한인 토지소유를 합법화하여 정치적 지위를 인정받는 간민회를 조직했다.

이용은 간민회 총무로 활동했다. 간민회는 민국정부의 합법적인 기관으로 인정받아 산하에 법률, 교육, 교섭 분과를 설치해서 사무를 실시했다. 활동범위는 옌지延吉에서 왕칭汪淸, 허룽和龍, 훈춘琿春으로 확대하고, 중국법에 저촉되지 않는 범위에서 조선촌락에 학교를 세워 민족 교육도 실시했다. 또 간민회가 교민의 상황에 따라 등급별로 세금을 징수해서 중국 측에 납부하니 청나라 관리들이 자의대로 가렴주구하던 일도 적어졌다.

그러나 이용은 간민회 내부 갈등에 회의를 느끼고 저장浙江 체육학교에 가서 군사학을 배웠다. 1913년에는 이영李英이라는 이름으로 한운용韓雲龍, 1895~1921과 속성으로 군사를 양성하는 윈난군학雲南軍學보습소에 입학했다. 그 무렵, 이동휘李東輝, 1873-1935가 호랑이만 다닌다는 깊은 산중 왕칭현汪淸縣 뤄즈거우羅子溝 한인마을에 군사학교를 설립했다. 대한광복군 정부 창립 멤버 중에 한 명인 이종호李鐘浩, 1885~1932가 유산으로 물려 받은 많은 재산과 토지를 조국해방과 혁명운동에 내놓아 그 돈으로 설립한 군사학교이다. 군사학교의 표면 이름은 동림東林학교이며 뤄즈거우 주민들 협조를 받아 한 달 보름만에 학사를 건축하고 기숙사를 수리해서 개교했다.

윈난군학보습소에서 군사 훈련을 받고 있던 이용은 보병조전, 전술학, 군인수칙 등 중국어로 된 군사학 교과서를 동림東林무관학교에 보냈고, 동림무관학교는 이 책을 번역하여 교재로 사용했다. 중국 육군부대에서 장총 여덟 자루를 보내 주었다. 학생들은 철혈광복단과 신민단에서 보낸 청년 등 약 100여 명이었다. 대부분 구한말 군직에 있던 사람들이 일반적인 육군보병과 군사이론과 '손자병법', 총검술, 권술 등을 가르쳤다.

1914년은 러일전쟁이 발발한지 10주년이 되는 해이다. 일본에 대한 러시아인의 복수심이 무섭게 고조되어 제2의 러일전쟁이 임박했다는 풍문이 돌았다. 한인들에게 있어서는 시베리아로 이주한 지 50주년이 되는 해였다.

이상설을 비롯한 민족운동 지도자들은 러시아 연해주와 중국 만주에 산재한 동지들과 규합해서 대한광복군 정부를 수립했다. 대한광복군 정부의 정도

령대통령 격에 이상설, 부도령에 이동휘가 선임되었다. 군구도 설정했다. 대한광복군 정부가 소재하는 연해주를 제1군구, 북간도를 제2군구, 서간도를 제3군구로 분정하고 이상설이 광복군을 총 지휘하며 일본과 전쟁을 준비했다.

1914년 7월 제1차 세계대전이 발발하여 대한광복군 정부가 일제와 전쟁하려던 계획은 수포로 돌아갔다. 러시아와 일제가 동맹국이 되어 공동 방위체제를 확립하고 러시아 내 한인들의 정치와 사회활동을 금지시켰다. 대한광복군 정부 지도자들과 러시아로 귀화하지 않는 한인들에게는 체포 추방령이 내려졌다.

## 연해주 한인사회당과 상하이 임시정부의 군사활동

1917년 2월, 러시아혁명으로 인해 제정정치 체제가 붕괴되었다. 러시아 사회민주노동당은 유산계급의 이익을 옹호하는 소수파와 무산계급의 이익을 옹호하는 다수파로 분리되어 한 국가에 두 정권이 성립되었다. 한인 사회도 '전로한족회'와 '한인사회당'으로 갈라졌다. 1917년 5월, 문창범文昌範, 1870~1934은 우수리스크에서 러시아 소수파의 지지를 받아 '전로한족총회'를 조직했다. 위원은 대부분 부르주아들이었다. 이동휘는 국제공산 대표 지도하에서 러시아의 볼셰비키당처럼 한인 무산계급 정당 한인사회당을 조직했다.

러시아와 중국에서 반일 해방운동에 참가하던 정치망명자 양기탁梁起鐸, 1871~1938 등 40~50명이 한인사회당 조직에 참여했다. 이동휘는 한인사회당 군사부장 유동열柳東說, 1879~1950과 상의하여 남만독립단에서 파견한 사관학교 학생 50여 명을 중심으로 한인사회당 조선적위군을 조직했다. 남만독립단 군사들은 약장수나 담배장수 등으로 변장하여 러시아로 들어와 조선농가에 숨어서 무장을 갖추고 적위군에 가입했다.

저장浙江 육군 제8연대에서 근무하고 있던 이용이 한인사회당 적위대로 돌아와 교관으로 활동했다. 한인사회당 적위대는 한인만의 독자적 부대가 아니라 소비에트의 지도하에 노농병으로 구성된 다수 민족 연합부대여서 한국인 100여 명 외에 중국인, 헝가리인 등도 가담했다. 이용은 적위대를 지휘하는 한편 중국 동북지방을 왕래하며 대원을 모집했다.

원동 소비에트 정부는 한인사회당 적위군이 소련 홍위군을 도와 반혁명군 백위군을 격멸하면 그 대가로 한국 노예해방을 지원하기로 했다. 1918년 6월 일본 군대와 체코슬로바키아 군대가 블라디보스토크를 점령했을 때, 이용은 한인의용대를 지휘하여 우수리에서 전선을 구축하고, 러시아 적위군부대와 합세하여 시베리아에 출병한 간섭군과 연대한 백위군을 상대로 용감히 싸웠다.

1919년 3월 1일 만세운동에 참여하여 일본경찰서에 구류를 당하고 있던 김하석金夏錫이 서울에서 인쇄한 「조선독립선언서」를 가지고 일본군 수비 철도선을 무사히 지나 '전로한족총회'로 찾아왔다. 전로한족총회는 볼세비키체제를 본따 임시정부를 조직하고 산하에 외교부, 재무부, 선전부軍務部를 설치했다. 3월 17일, 의장 문창범, 부회장 김철훈金轍壎, 1885~1938 명의로 조선 독립을 선언하고 '대한국민의회' 성립을 대외적으로 선포하며 임시정부 활동을 시작했다.

'대한국민의회'는 러시아와 중국 내의 한인을 대표하는 기관일 뿐 아니라 국내외를 통틀어 임시정부적 성격을 지닌 중앙기관으로 부상했다. 4월, 대한국민의회 훈춘지부를 설치하고, 손병희孫秉熙, 1861~1922를 정통령, 박영효朴泳孝, 1861~1939를 부통령, 이승만李承晚, 1875~1965을 국무총리, 이동휘를 군무부장, 안창호를 내무부장으로 추대하는 '노령 정부' 성립을 발표하고 각계각층의 지도자 70~80명 의원을 선출하였다.

대한국민의회는 뤄즈거우羅子溝군사학교 출신, 홍범도洪範圖, 1868~1943 부대 출신, 훈춘지역의 군사를 인솔하는 황병길黃炳吉, 1885~1920과 이명순李明淳, 최경천崔敬天등이 데리고 온 군인들을 주축으로 군대를 조직했다.

이용은 대한국민의회 선전부군사부 총사령관으로 임명되었다. 군사부 독립군은 추풍秋風 뒤즈거우多子溝, 다재골에 주둔시키고 훈련은 뤄즈거우군사학교에서 진행했다. 이용은 뤄즈거우군사학교에서 군사 훈련을 시키는 한편 노령 블라디보스토크 신한촌의 김규면金圭冕, 1880~1969과 협력하여 대한신민단을 조직했다.

1919년 3월 1일, 한성에서 독립을 선언한 민족 대표자 33명이 '임시정부'를 조직했다. 임시정부 소재지를 중국 상하이라고 발표하고 대한국민의회가 조직한 노령 임시정부 군사부장 이동휘에게 상하이 임시정부 국무총장에 취임하라는 통지를 보냈다.

이동휘는 진정한 볼세비키는 아니었다. 다만 한국 독립운동을 위해 공산주의를 이용하려고 한 것이다. 이동휘는 윌슨Tomas Woodrow Wilson, 1856~1924 미국 대통령이 주장하는 '민족자결'을 신뢰하지 않았다. 파리 강화회의는 단지 레닌의 소비에트 정권을 반대하려는 기만술책이며 연합국들이 이미 강점한 영토를 분할하거나 합법화하려는 모임이라고 여겼다. 한인사회당 위원들은 비밀리에 상하이 임시정부를 조선 해방 투쟁과 공산주의를 선전하는 장소로 이용하기로 상의했다. 1919년 8월 상하이에 당도한 이동휘는 임시정부 인쇄소에서 『효종』 잡지를 출판하고 마르크스·레닌 문헌과 「공산당 선언」을 번역하여 만주와 러시아 극동지역에 있는 한인 노동자들에게 배포했다.

1920년 임시정부는 외교적인 방법으로 추진하던 독립운동 정책을 변경하여 독립전쟁을 개전하는 첫 해라고 선포했다. 1월 3일 신년축하회 석상에서 내무총장 안창호는 우리 국민이 실행할 6대사군사·외교·교육·사법·재정·통일 가운데 제일 우선이 군사 문제이며 "진실로 독립전쟁을 주장할진대, 반드시 이동휘의 명령을 복종"하라고 촉구하고 "독립전쟁을 반대하는 자는 독립을 반대하는 자"라고 선언했다. 독립전쟁을 하는 데 있어서 급선무는 '군인 양성'과 '군대 편성'이었다. 임시정부 군사 정책이 현실화되기 위해서는 만주와 노령지역 한 인사회 및 독립운동 단체와 긴밀하게 연대하고 통합하는 문제가 시급했다.

만주와 러시아 일부 동포들은 상하이 임시정부에 불만이 많았다. 임시정부가 추진했던 평화적 외교 정책이 모두 실패하고 정부로써 뚜렷한 구실을 못했다는 이유이다. 이에 비하면 노령의 대한국민의회는 군사, 재정, 행정, 교육, 사법 등에 있어서 실질적으로 임시정부에 준하는 역할을 수행하고 있었다. 그래서 임시정부의 권위를 인정하기 보다 반임시정부적 태도를 가진 자들이 적지 않았다.

1920년 초, 임시정부는 이용을 동로군 사령관으로 북간도로 파견했다. 전 민족의 독립전쟁 참여를 촉구하기 위해서이다. 러시아나 북간도지역 사람들은 이준 열사의 가계를 신뢰하고 존중하며 이용은 이준 열사의 장자라는 신분 때문에 명망이 높고 지역 내 연고도 강했다. 이용의 임무는 북간도와 러시아에 체류하는 무장독립 단체에 임시정부 정책과 방침을 전달하고 독립군 부대를 임시정부 산하로 통합하는 것이었다. 이동휘는 다음과 같은 편지를 써서 이용편에 보냈다.

동지同志여 나의 사랑하는 형兄의 조국 광복祖國光復을 위爲하여 충성忠誠을 다하는 것을 감사感謝하는 바이다. (…중략…) 현재 러시아령에 있는 일부 동지 제군들은 불평, 또는 불복에도 불구하고 러시아령에 관한 우리의 정방침을 확정하고 군사, 외교, 자치, 재정, 교통 다섯 종류의 명의를 구분하여 이에 특파원으로 안태국, 이용의 두 명을 밀송한다. 이 사람들이 상세한 계획을 전할 것이니 정부는 나 형의 지성의 미치는 바 일이 잘되리라고 믿는다.

이용은 이동휘의 서신을 휴대하고 4월 13일 하바롭스크에서 블라디보스토크로 왔다가 15일 밤 오창환吳昌煥 등 6인과 함께 니콜스크를 향했다. 이로부터 약 1개월이 지난 후, 이용은 또 이동휘와 김립?~1922과 계봉우桂奉瑀, 1880~1959가 북간도 국민회 회장 구춘선에게 연서로 쓴 편지를 휴대하고 북간도로 갔다.

이동휘는 구춘선에게 "소비에트 정부 파견원과 직접적 약속하고, 이르쿠츠크 이북지방을 근거지로 하여 사관양성에 착수하는 동시에 비행기 대포 등 무기를 가급적 준비할 것이며 겸하여 과격군을 제휴하여 최후 작전을 할 계획"하라고 알렸다. 그리고 임시정부가 발행한 10만 원 공채를 국민회에서 책임져 처리하고 4월 국민회 대표회의에서 결정한 독립군 양성비 4만 원을 임정 파견원 이용에게 보내라고 했다.

북간도를 방문한 이용은 임시정부의 지시에 따라 연합회의를 개최하고, 각 독립군 단체를 순방했다. 독립군은 개별적인 국내유격전을 삼가고 임시정부의 명에 의해 전면적인 독립운동을 개시하자는 임시정부의 방침을 전달했다.

1920년 5월 17일, 합동회의가 열리고 5월 19일, 최진동崔振東, ?~1945이 이끌던 대한군무도독부가 대한국민회 등과 통합하여 대한북로독군부를 성립했다. 5월 하순에는 홍범도부대가 정일제1군사령부征日第一軍司令部라는 이름으로 두 군단을 통수했다. 이런 독립군부대의 통합이 있어서 6월 7일 봉오동에서 일본군과 전쟁을 할 때 독립군이 대승리를 할 수 있었다.

봉오동전투 이후 6월 21일, 만주 각 단체의 지도자들이 장동獐洞에서 연합대회를 개최했다. 7월 1일, 거야동嘎蚜洞 연합회의에는 북로군정서를 제외한 국민회, 군무도독부, 의군단, 의민단, 신민단, 광복단과 훈춘한민회韓民會의 등 대표 100여 명이 참석했다. 당시 북간도에서 실제적으로 임시정부에 준하는 활동을 하던 북로군정서는 '독립주의'를 내세워 임시정부의 명을 따르지 않았다. 북로군정서는 3·1운동 이후 '군정부'라는 이름으로 창립하였으나 상하이에 임시정부가 수립되자 하나의 민족에 두 개 정부를 가질 수 없다며 명칭을 서로군정서로 개칭해서 활동하고 있었다.

이용은 임시정부의 육군참모 자격으로 연합회의를 주최하고 각단 통합의 필요를 역설하여 "어느 단체를 불문하고 통일방침에 반대하는 단체는 이를 공격 파괴할 것"이라며, 연합회에 불참한 서로군정서 측을 겨냥하여 격한 발언을 하기도 했다. 7월 7일, 옌지현 요우차이칭有菜淸 신시동新溪洞에서 재차 회합하여 각 단이 통합하여 공동작전을 하기로 결정하였지만 북로군정서와 홍범도의 정일제1사령부가 찬동하지 않아 결국 전체 통합은 실현되지 못했다.

1920년 8월, 대한국민회 측이 대표자회의를 개최해서 임원을 변경·보완하고 무관학교 설비위원장으로 이용을 추천했다. 이용은 임시정부 간도 특파원 및 무관학교 설립위원장 자격으로 대한국민회의 홍범도와 허근許根, 1864~1926 등과 무관학교 설립 문제를 상의했는데 두 사람이 크게 찬동하여 곧 추진이 되었다.

의민단 단장 방우룡方禹鏞, 1893~1958은 옌지延吉 밍웨거우明月沟 자신의 자택을 무관학교 부지로 내놓았다. 성교회聖敎會 성당을 무관학교 강당으로 사용하고 민가 2동을 무관학교 가옥으로 사용하기로 했다. 이용은 민가를 매수하고 새로이 3개 동을 신축할 필요가 있다고 보고했더니 임시정부에서 대한국민회 사관학교 건립경비 1만 원을 지원했다.

그러나 무관학교 설립은 일제의 방해로 건립하지 못했다. 일제는 중국관청을 앞세워 무관학교를 불태우고, 9월 중순에는 왕칭현汪淸縣 시다퍼西大坡에 있는 대한군정서의 병영과 사관연성소도 파괴했다. 일제 교섭을 받은 중국관청이 이용을 체포하려고 했다. 이용은 훈춘으로 도피해서 홍범도 등과 대한국민회 산하에 결사대를 조직하고 무기를 구입하여 국내진공 계획을 추진하다가 러시아로 갔다.


## 사할린의용대대한의용군 부사령관

1920년 겨울, 일제와 중국 측으로부터 쫓겨난 독립군 약 2,000여 명이 러시아 연해주로 넘어갔다. 러시아 혁명 정부는 상하이 임시정부와 외교관계를 맺었다. 레닌은 원동혁명군의 주도세력으로 국제군을 편성하는데 우선적으로 한국독립군을 국제군에 가담시켜 강력한 병력으로 양성해주겠다고 약속했다. 이에 호응한 이동휘는 흩어진 독립군을 러시아 자유시로 집결시켜 단일체계로 편성하여 대일항전을 전개하려 했다. 집결한 독립군은 니콜라예프스크항구로부터 이동해 온 고려인 니항尼港부대를 주축으로 연해주에서 이동해 온 다반부대, 이만부대, 그리고 간도에서 이동해 온 광복단, 군정서, 의군부, 도독부, 혈성대와 자유대대 등 모두 약 3,500명이었으며 원동공화국 인민혁명군 제2군에 소속되었다.

러시아공산당 중앙위원회 원동부 소속 한인부가 임시군사위원회를 구성하고 자유시로 집결하는 한인독립군을 통솔했다. 원동소속부는 코민테른국제공산당 동양비서부와 연계된 이르쿠츠크파 고려공산당이었다. 국제군이 편성될 때까지 이르쿠츠크의 임시군사위원회가 독립군을 지휘하다가 원동공화국 인민혁명군 군대에 정식으로 편입시키려고 했다. 같은 고려공산당이지만 이동휘 중심의 상하이파와 이르쿠츠크파는 주도권 다툼이 끊이지 않았다. 형성과정에서부터 개인적 감정대립도 있고, 민족운동에 대한 노선의 차이도 있었다. 한국 민족해방을 우선시하느냐, 아니면 혁명과정에 있는 러시아 방위에 참가해서 일본군과 우선 싸우느냐 하는 문제 등에 대한 견해 차이도 있었다.

이용은 이르쿠츠크파 반대 공작을 계속했다. 1921년 3월 중순, 자유시 근처의 농촌 마사노프에서 개최된 제2차 한인군사위원회에서 이용은 대한의용군 부사령관으로 선출되었다. 대한의용군 명칭의 '대한'이란 말이 일본의 주의를 끌 우려가 있어 사할린의용대라고 개칭했다. 원동공화국총사령부 국제공산당 극동비서부는 사할린의용대 성립을 허용하지 않았다. 한인군대가 국제공산당 극동비서부 상부 의사를 묻지 않고 독단적으로 군사기관을 조직했다는 이유이다. 사할린 의용대 한인간부들에게 '반혁명' 혐의를 씌워 체포하고 한인부를 해산시켰다. 이용도 체포 대상자로 지목되어 자유주 한인농촌마을에 숨어들었다.

1921년 4월, 자유시에 집결한 한인 군인은 약 4,500여 명에 이르렀으나 통일된 규율을 갖추지 못했다. 각 군단은 상이한 조건과 환경 속에서 형성되어 일본제국주의에 반대한다는 점을 제외하고는 정치적이나 사상적 지향도 다양했다. 상호 간에 지휘와 복종에 대한 권리와 의무도 없으니 대한독립군단의 군인들은 자신들의 인연이 닿는 대로 이르쿠츠크파나 상하이파로 갈라섰다.

일본은 베이징에서 러시아와 캄차카반도 연안 어업권 문제를 둘러싸고 양국 간 어업조약을 맺었다. 그 대가로 러시아 땅에서 한인독립군의 활동을 중지시킬 것을 요구했다. 1921년 6월 28일, 일제와 비밀리에 협력 관계를 맺은 소련 볼세비키군은 소련과 우호관계에 있는 이르쿠츠크파 한인 공산당 세력을 앞세우고 상하이파 한인독립군을 포위하고 강제적으로 무장해제를 명령했다.

상하이파 독립군으로서는 받아들일 수 없는 조치였다. 그동안 소련혁명을 위해 싸운 것도 있고 무장해제를 당하자니 민족적 자존심이 허용치 않았다. 한인독립군들은 비장한 결심을 하고 최후의 1인까지 흑하수를 피로 물들이고 고기밥이 되는 한이 있더라도 민족의 절개를 지키고 영웅적으로 항전을 하기로 했다. 결과는 뻔했다. 소련과 손잡은 이르쿠츠크파 한인군은 공격이 유리한 지형에서 각종 대포와 중기관포 등 무기로 상하이파를 무차별 공격했다. 수많은 상하이파 독립군들이 참혹하고 무참하게 죽었다. 어처구니없는 동족전쟁이었다. 희생자수가 자료마다 약간 다르지만 「간도지방 한국독립단의 성토문」에는 사망 272명, 익사 31명, 행방불명 250명, 포로 917명이었다.

이용도 체포되어 동료들과 밀폐된 군용 화물열차에 실려 시베리아 벌목 노동장으로 보내졌다. 이래도 죽고, 저래도 죽을 바에야 이왕이면 사나이답게 한번 탈출을 시도하다 죽는 편이 끌려가 죽는 것보다 훨씬 떳떳하다고 판단하고 달리는 기차의 마루바닥을 뚫었다. 같이 기차를 탄 40여 명 동지들이 한 명씩 기차에서 뛰어내리다가 20여 명만 살았다.

1921년 7월, 탈출에 성공한 이용은 이만 독삼평이라는 농촌에 숨어 경찰 비슷한 역할을 하면서 독립군을 모았다. 이만은 원동공화국 최남단에 위치하며 아르센예프강을 경계로 이북은 원동공화국이 관할하고 이남은 백위파 정권이 관할하는 지역이다. 적군과 백군의 분계선이자 빈 공간 완충지역에 한인 농민들이 살고 있어 독립군이 주둔하기에 유리하다.

자유시참변을 겪고 분산된 독립군들이 하나 둘 이만으로 집결했다. 그때까지만 해도 이 참화를 모르고 일제 간도 출병을 피해 만주에서 러시아로 넘어오는 독립군이 적지 않았다. 이들은 무리를 지어 수천 리 산길을 걸어 이만으로 집결했다. 8월 경, 이만에 모인 독립군의 수가 300~400명에 달하였다.

이용은 이들에게 참변으로 뒤숭숭한 자유시로 가기보다는 이만에 남아 러시아 인민혁명군과 협력해서 일본군과 전투하기를 권고하고 "대한의용군"을 조직했다. 1921년 8월 16일을 7.13, 군비단은 이만에서의 제3회 회의를 개최하고 대한의용군군사회 명의를 '고려혁명의용군'으로 개칭해서 3개 중대로 편성했다.

의용군 군사간부를 양성하는 것이 시급했다. 이용은 군인 300명 가운데 글을 아는 청년 50명을 선발하고 지방학교 학사를 빌려 3개월 속성과 군사 교육을 실시했다. 교장은 이용이 맡고 김홍일金弘壹, 1898~1980과 한운용 세 사람이 학과와 전반적인 훈련 및 학교를 운영했다. 교재는 김홍일이 가지고 다니던 중국군관학교 교재를 우리말로 번역해서 가르쳤다. 학교 시설은 형편없었지만 교관과 학생 모두 열과 성의를 다해 학습과 훈련에 주력했다.

1921년 11월부터 이용은 대한의용군을 인솔해서 연해주 해방전쟁에 참전했다. 이만전투를 시작으로 극동공화국 인민혁명군 6연대와 연합해서 인정거장전투, 볼로차예프카전투 등 모든 전쟁에 참전했다. 1921년 11월 말, 우수리철교 이남에 집결해 있던 백위군이 이만을 공격할 때였다. 전쟁 하루 전날, 러시아 홍위군 고등정탐부가 대한의용군에게 지원을 요청하였다. 이용은 한인의용대에 출전 통첩을 보내고, 동원령을 내려 이만으로 집결시켰다. 농촌에 있던 빨치산의용군과 이만 도시에 있던 공산당원, 공청회원, 학교교원과 지방 한인 유지 등 357명이 집결했다.

이용을 대대장에 추대하고 1중대장 임표林彪, 1884~1938, 2중대장 한운용, 3중대장 김홍일을 임명하여 3개 중대를 편성하였다. 원동공화국 인민군과 우리 의용군을 합해도 500명에 불과하다. 이 병력으로 백위파 군사 천여 명을 대항하기에는 군력이 부족했다.

한인의용군은 급작스레 소집되기도 했지만 훈련을 받지 못해 처음으로 총을 쥐는 동지도 있고 다수가 러시아 말을 알아듣지 못했다. 한운용이 지휘하는 2중대 62명이 12월 4일 오후 1시경 이만으로 진격하는 백위파군대를 진압하고 항복을 받아냈다. 그러나 백위파 지원병 수천 명이 출동하여 결국 한운용 중대가 전멸했다. 이 전투에서 전사한 52명은 3일 동안 매장하지 못하고 방치했다. 지방 농민들이 안타깝게 여기고 임시로 눈으로 덮어 장례를 치렀다. 1922년 4월 6일에서야 이용이 군비단원 50명을 인솔하여 시체를 수습하고 추도회를 가졌다.

고려의용군은 제2의 이만군대라고 불릴 만큼 원동해방전투에서 많은 공을 세웠다. 1922년 2월, 유독 춥고 눈도 많이 오는 겨울인데 전투도 많았다. 홍위군은 볼로차예프카에서 백위군 공격을 받고 하바롭스크로 퇴각하던 중 치열한 전투 끝에 반격전이 성공해서 2월 14일 하바롭스크를 수복했다.

홍군사령부는 한인의용군의 공적을 높이 평가해서 특별보병대대로 편성하고 이용을 대대장에 임명했다. 볼로차예프카전투 이후 한인고려의용대는 더 이상 실전에 참여하지 않았다. 특립보병중대라는 이름으로 홍위군군사령부 방침에 의해 니콜라예프카로부터 인스크 사이 500리에 달하는 넓은 지역의 치안 유지를 담당하며 휴식을 취했다.

1922년 4월 이용은 북경에서 열리는 한민족국민대회에 노령 대표로 참석했다. 자유시에서 이르쿠츠크파와 상하이파의 군병 충돌은 동족 단체가 반목하여 쓸데없이 형제끼리 싸우는 잘못을 범했다고 내외국민들의 비웃음을 받

대한의용군 제2중대추도식
출처_『러시아지역 한인의 삶과 기억의 공간』.

왔다. 1923년 8월 상순, 이용은 자신의 호 추산秋山이란 이름으로 어무현額穆縣 베이거우北沟사관학교 교장에 취임했다. 어무현 일대에서 활동하던 보위단이 영고탑寧古塔 방면에서 무기를 마련하고 학생 340여 명을 모집한 후 교장에 이용을, 교관에 이청천李青天, 1888~1957 외 5명을 초빙했다.

## 중국대혁명 참여

1925년, 중국대혁명이 고조될 때, 소련 군사학교 포병과에서 훈련받던 이용은 소련홍군고문단에 영입되어 광저우의 황푸군관학교로 왔다. 1926년 7월 북벌전쟁이 시작되자 그는 수차례 전쟁에 참전하였고 군사 통솔 능력이 탁월하다는 이유로 산터우汕頭 주재 동로군 총사령부 포병교관으로 임명되었다. 이때 이용은 동북에 있는 전우 박영朴英, 1887~1927에게 편지를 보내 광저우에 와서 혁명에 참가할 것을 권유하였다. 이용의 편지를 받은 박영은 두 동생과 부인을 데리고 광저우로 왔다.

1927년 12월, 이용은 이영李英이라는 이름으로, 교도단 제1영 사령 예용叶鏞, 1899~1928의 참모장으로서 중국공산당이 일으킨 광저우기의에 참가했다. 그는 예용과 함께 국민당 공안국을 점령했다. 국민당 공안국 장갑차가 봉기군을 향해 달려오자 예용은 이용에게 지원사격을 요청했다. 이용은 유능한 기관총 사수였다. 그의 맹렬한 기관총 사격으로 장갑차에는 불이 붙었고 공안국 대문을 열 수 있었다. 노동자적위대가 돌격하여 감옥문을 부수고 감금된 8백여 명의 혁명가를 구출했다. 30분 만에 국민당 공안국을 점령하고 다음 날 아침 광저우 소비에트 연방정부라는 깃발을 걸었다.

광저우기의 실패 이후 이용은 만주로 갔다. 1930년부터 조선공산당 재건설에 참여하여 1931년 9월까지 중공 동만특위 통신연락부장으로 활동했다. 한편 임시정부사업의 일환으로 만주에 있는 자신의 땅을 판매하려다가 공산당이란 혐의로 차오양찬朝陽川에서 동지 30여 명과 일본 경찰에 체포되었다. 1931년 12월 중순경 옌볜 일본총영사관 국자가國子街 분관에서 밤낮 취조를 받았으나 공산당 혐의가 부족해서 서대문형무소로 이감되었다. 1932년 2월, 중국국민군 관동1군 포병대장 신분이 밝혀져 혐의 부족으로 석방되어 고향 함경남도 북청군에서 거주제한 조치를 받았다. 1936년 11월, 이용은 북청에서 조국광복회를 결성하고 중국어학원을 운영하면서 지하 활동을 했다. 1944년 11월, 장춘長春에서 비밀리 동북인민해방정치위원회를 결성하고 일본군 군사시설에 대한 정찰활동도 감행했다.

해방 후 북청군 초대인민위원장을 지내다가 그해 3월에 월남하여 만 2년여 간 활동했다. 서울에서 활동하는 동안 1946년 6월 8일 이승만 남한 단독정부 설립 반대성명을 발표하고 1948년 남북협상 전후 자진 월북했다. 1948년 4월 19일, 이용은 북한 최고인민회의 대의원 남한 대표 신분으로 남북연석회의에 참가하고 북한 정권 수립에 참여했다. 그해 9월 북한 도시경영상 직위를 받았다. 1951년 12월 북한 사법상을 역임하다가 1953년 12월 북한 무임소상으로 좌천되고 1954년 8월 18일 숙청되었다.

참고문헌 및 자료

『대한민국임시정부자료집 9 - 군무부』, 국사편찬위원회, 2006.12.

「國務總理 李東輝의 私信」, 『한국독립운동사 자료3 - 임정편 III』, 국사편찬위원회, 1973.12.20.

朴敏泳, 「자유시사변」, 『신편한국사』 48권, 국사편찬위원회.

이범석, 『철기 이범석 자전 우등불』 후편, 삼육출판사, 1992.11.

김홍일, 『대륙의 분노』, 문조사, 1972.6.

정태수 편역, 『苏联韩族史』, 大韩教科书株式会社, 1980.10.

님 웨일즈·김산, 송영인 역, 『아리랑』, 동녘, 2005.8.

「이동춘 공훈록」, 『대한민국 독립유공자 공훈록』 제4권, 국가보훈처, 1987.

「김규면 공훈록」, 『대한민국 독립유공자 공훈록』 제15권, 국가보훈처, 2003.

「간민회조직총회소집통지서(墾民會組織總會召集通知書)」, 독립기념관.

「오창근」(한국사데이터베이스 근현대인물자료).

이영일, 『이동휘 성재선생』, 1981.10.15

「李青天을 先生으로 北沟에 士官学校 팔월상순부터 개교됨」, 『동아일보』 1923.9.12.

「何應欽麾下의 少佐로 活動, 入間은 土地放賣次로 逮捕된 李鐘乘來歷」, 『동아일보』, 1932.2.10.

「철혈광복단과 사관학교」, 『회상기(아령과 중령에서 진행되던 조선민족해방운동을 회상하면서) - 이
인섭』, 독립기념관 자료번호 1-012259-002.

「이범윤의 변절과 조선 인간의 계급분열」, 『회상기(아령과 중령에서 진행되던 조선민족해방운동을 회
상하면서) - 이인섭』, 독립기념관 자료번호 1-012259-002.

「한인사회당 대회와 중앙간부에서 결정한 중요 문제들」, 『한인사회당(한인공산당) - 이인섭』, 독립기
념관 자료번호 1-012262-000.

「1919년 여름 해삼(블라디보스토크)에서 진행된 비밀회의」, 『한인사회당(한인공산당) - 이인섭』, 독립
기념관 자료번호 1-012262-000.

「망명자의 수기 "모스크바에서 해삼까지"」, 독립기념관 자료번호 1-012265-000.

# 양달부

梁達夫, 1902~?

약력
| | |
|---|---|
| 1902년 | 연해주 출생 |
| 1921년 | 모스크바 홍군대학 포병 전공 |
| 1925년 | 황푸군관학교 군사 고문단 |
| 1926년 | 황푸군관학교 4기 포병 교관, 산터우 동로군 총사령부 포병고문 |
| 1927년 | 동강공산당학교 설립 |
| | 중국혁명군 동로군사령부에서 추방 |

양달부의 가명은 양도부梁道夫이다. 양달부는 러시아 연해주로 이주한 한인의 후손이다. 모스크바 홍군대학에서 포병과를 전공하고 러시아 군사 고문단과 황푸군관학교로 왔다. 양달부가 모스크바 홍군대학에 입학하게 된 것은 독립군을 인솔해서 러시아에 간 김홍일金弘壹, 1898~1980 덕분이다. 김홍일이 블라고베젠스크 소련군사령부에 한인 부대원 중 우수한 청년들을 소련 육군사관학교에 입교시켜 달라고 요청했는데 그 제안이 받아들여 러시아어에 능한 양달부 등 15명이 모스크바 육군사관학교에 입교할 수 있었다. 중국에 온 양달부는 황푸군관학교 제4기 포병 교관에 재임하며 북벌전쟁 시 산터우汕頭동로군 총사령부 포병 고문을 지냈다.

1927년 12월 11일 새벽, 교도단 제4영 주둔지에서 중국공산당 광저우코뮌 선서식을 할 때 양달부는 참모 자격으로 단상에 섰다. 희미한 불빛 아래 봉기에 참여할 교도단원 2,000여 명이 삼삼오오 모여 담소를 나누며 신호를 기다렸다. 그중에는 시베리아에서 온 박씨 삼형제 등 한인 67명이 있었다. 키가 크고 양복을 입고 안경을 쓴 양달부가 중국어 통역 장지락<sub>김산</sub>과 오성륜을 대동하고 교도단 주둔지로 들어섰다. 동포들은 양달부가 들어서자 곧 알아보고 달려가 포옹하며 뜨겁게 환영했다.

양달부
출처_ 중앙군사정치학교 4기 동학록.

장타이레이<sup>張太雷, 1898~1927</sup>가 연설한 후 새 지도자를 소개했다. 양달부는 교도단 제1영 영장 예용<sup>葉鏞</sup>의 참모로 임명되었다. 임무는 사허<sup>沙河</sup>에 주둔하는 국민혁명군의 포병단 주둔지를 공략하는 것이었다. 양달부가 포병대 일부와 한인만으로 구성된 교도단 제2영 5연의 50여 명 등 300여 명을 인솔해서 사허 포병단 주둔지로 갔다. 교도단 제2영 5연의 연장은 김성숙<sup>金星淑, 1898~1969</sup>이다. 총소리를 듣고 나온 사허 포병단 지휘관은 양달부와 잘 아는 사이였다. 이들은 인사를 나누고 몇 마디 상의 후 곧바로 투항했다.

사허 포병단 지휘관이 "무기를 내리고 죽이지 말라"라고 고함을 치자 600여 명 포병이 손들고 항복하며 나왔다. 교섭은 10분만에 끝나고 일본산 산포 30여 문, 야포 4문, 중박격포 4문, 보창 400여 자루를 획득했다. 새벽 4시, 사허 포병부대 포병단을 항복시킨 양달부는 김산과 소형차를 타고 시내로 돌아왔다. 날이 밝을 즈음, 포병 포로 600여 명도 공안국 광장에 도착했다.

포로 중 양달부를 아는 사람들이 인사를 청했다. 1927년 5월, 양달부는 북벌전장에서 체포한 장쉐량<sup>張學良</sup>의 포병대원을 장파쿠이의 포병대로 편입한 적이 있었다. 그들 중 일부가 우한군사정치학교 5기에 입교했다가 남하하여 사허포병대로 배치된 사람들이었다. 양달부는 믿을 만한 사람 200명을 선발해서 무기를 분배하고 광저우기의 포병단에 투입했다.

포로들을 재편성한 양달부는 12사단 사령부 공략을 지원했다. 12사단 사령부 주변은 민가가 빼곡하고 사령부 바로 앞에 리지선李济深, 1885~1959 사령관의 저택 3층 건물이 막고 있어서 맹공이 쉽지 않은 형세였다. 광저우기의 지휘부에서 민간인에게 피해주지 않도록 당부했다. 양달부의 첫 번째 사격이 리지선의 공관 3층을 적중해서 파괴했다. 두 번째 사격은 빗나갔다. 세 번째 사격은 12사단 2층을 명중했다. 이때 12사단 군사들이 건물 주위에 휘발유를 붓고 불을 질러 건물 안으로 돌진하지 못하게 화염으로 막았다.

광저우기의 둘째 날 밤, 양달부는 장지락, 오성륜과 차를 타고 광저우 시내를 순찰했다. 폭동은 별 진전이 없고, 오히려 퇴각을 준비해야 할 상황이다. 그런데도 한인 동료들은 물러날 기세가 보이지 않았다. 양달부는 "우리 조선 사람들은 다 죽을거야. 우리는 너무 적극적이어서 희생 준비만 하고 앞으로 나갈 줄만 알고 뒤로 물러서 자신을 지킬 줄 몰라"라고 직언했다. 시내 순찰 후 한국혁명청년회 20여 명이 중산대학 기숙사에서 대책회의를 열었다. 취약한 중국공산당의 조직력이 점점 드러나고 실패의 먹구름이 몰려오고 있었다. 오토바이를 한 대 사서 공용으로 사용하고 봉기가 실패하면 김성숙은 광저우에 남고, 양달부, 장지락과 오성륜 등은 광저우를 떠나기로 결정했다.

광저우기의 셋째 날 13일 전황은 완전히 역전되었다. 오후부터 국민당 군대가 광저우를 완전히 점령하여 공산당으로 보이는 사람들은 모조리 총살했다. 13일 밤, 양달부는 광저우기의 주력군과 함께 하이루펑海陆丰을 향해 떠났다. 하이루펑에서 공산당학교를 창립하고 학생들을 가르쳤다. 그는 학생들에게 홍군은 군사, 정치 및 문화적인 교육이며 교육의 목적은 곧 자기의 계급적 이익을 보호하는 것이라고 강연했다.

난징 정부가 수립되고 양달부는 러시아 고문단과 동로군에서 쫓겨났다. 1927년 4월 2일 오후, 장제스蔣介石, 1887~1975는 국민당 원로와 군대표 리지선, 리종런李宗仁, 1891~1948, 바이총시白崇禧, 1893~1966, 황샤오훙黃紹竑, 1895~1966등과 수도를 난징으로 정하고 청당淸党정변을 일으켜 '반공' 정책을 강력하게 추진했다.

장제스는 공산당을 그대로 방치하면 국민당은 공산당에게 찬탈당할 것이며, 통일대업을 완성할 수 없을 것으로 보았다. 4월 12일 새벽부터 국민당은 청방靑幇 불량배들을 고용하여 공산당원과 공산당 혐의자를 체포하고 숙청했다.

그로부터 6일 후 4월 18일, 국민당 정부는 난징 정부 수립을 선포하고 열병식을 거행했다. 열병 검열관은 허잉친何應欽, 1890-1987이었다. 허잉친은 구이저우 군관학교를 졸업하고 국민군 군대 연락참모로 활동중인 김홍일1898~1980의 말타는 자세가 훌륭하다고 평가하며 그를 선정하여 나란히 군사 사열을 받았다.

열병식 직후 양달부는 김홍일을 찾아와 소련고문단의 말을 전했다. 러시아 고문단은 김홍일이 그들과 소련에 가면 소련 정부가 높은 직위를 부여하고 후한 대우를 해준다는 것이었다. 김홍일은 러시아 고문단의 말을 신뢰하지 않았다. 이튿날 국민당 헌병들이 동로군 총지휘부를 급습해 고위 장교 등 20여 명을 체포하고 동로군 총지휘부에 재임하는 소련 고문들을 모두 한커우漢口로 추방했다.

참고문헌 및 자료

湖南省档案馆校 編, 『黃埔軍校同学录』, 湖南人民出版社, 1989.7.

김홍일, 『대륙의 분노』, 문조사, 1972.6.

님 웨일즈·김산, 송영인 역, 『아리랑』, 동녘, 2005.8.

金雨雁·卜灿雄, 「广州起义中的朝鲜义士」, 『广州起义研究』, 广东人民出版社, 1987.10.

杜君惠, 「广州起义见闻」, 『广东文史资料』 第二十七辑, 广东人民出版社, 1980.3.

李伯堃, 「战斗中的教导团」, 『广州起义』, 中共党史资料出版社, 1988.5.

# 강섭무

姜燮武, ?~?

 

 

황푸군관학교 창립 시 소련의 정치고문 보르딘, 군사고문 가룬[1890~1938]과 광저우에 와서 소련 고문의 통역 겸 포병훈련교관직을 수행한 인물이다.

---

참고문헌 및 자료

한상도, 『한국독립운동과 중국군관학교』, 문학과지성사, 1994.3.

러시아에서 온 군관

# 김병현

金秉鉉, ?~?

김평형金平亨이란 가명을 사용했으며 모스크바 홍군군관학교를 졸업하고 소련 군사고문들과 황푸군관학교에 왔다. 광저우기의 실패 후 하이루펑으로 철퇴하여 1928년 1월 공산당학교 설립에 참여하고 교관직을 수행하였으나 그 후 행적에 대해 알려진 자료가 없다.

참고문헌 및 자료
님 웨일즈·김산, 송영인 역, 『아리랑』, 동녘, 2005.8.
张文渊, 「土地革命初期的东江党校」, 『海陆丰革命根据地研究』, 人民出版社, 1988.10.

# 김준섭

金俊燮, 1896~1926

| | |
|---|---|
| 본적 | 함경북도 명천군 오동리 |
| 학력 | 모스크바군관학교 기관총과 |
| 소속 | 제6군 기관창 교관 |

**약력**

| | |
|---|---|
| 1896년 | 함경북도 명천군 오동리 출생 |
| 1919년 | 중국 동북으로 이주 |
| | 러시아 유럽전쟁 종군 |
| | 모스크바군관학교, 기관총 전공 |
| 1926년 | 광둥혁명군 의무복무 |
| | 국민혁명군 제6군 55단 기관총연대 교관 |
| | 북벌전쟁 포병 선봉대 |
| | 러회樂化역전쟁에서 사망 |

## 소련에서 교육받은 기관총 교관

김준섭은 일찍이 부모를 여의고 16세까지 고향 함경북도 명천군 오동리에서 점술로 간신히 생계를 유지하며 살았다. 3·1운동이 발생하자 중국 동북 지방으로 와서 사회주의를 접하고 지하 공산당 조직으로부터 소련으로 파견되었다. 소련군에 입대하여 유럽전쟁에 종군하고 또 러시아혁명 때에는 적위군에 가담하여 몇 차례 전공을 세웠다. 전공이 있어 김준섭은 우수 군인으로 선발되고 모스크바군관학교에서 기관총을 전공했다.

1926년 4월 29일, 이름을 러시아식 또는 중국식으로 고쳐서 본명은 알 수 없지만 나이가 22~23세 가량인 조선 청년 13명이 후한민胡漢民, 1879~1936과 함께 광저우에 왔다. 이들은 러시아 사관학교를 졸업하고 실제 군사활동을 연구한다는 명목으로 광둥에 2~3년간 파견된 조선 청년이다. 광저우 시내 용한로ホ漢路 대광저우호텔大廣州酒店에 숙박하다가 5월 11일 후한민이 광둥을 떠날 때 전부 황푸군교로 이동하였다.

강화일은 김준섭의 가명이다. 북벌전쟁이 시작되기 직전, 김준섭은 광둥성 후이저우현惠州縣에 주둔한 국민혁명군 6군 55단의 기관총 연대 소좌 교관으로 배치되었다. 6군 55단을 포함한 중국 군인들은 기관총 훈련을 제대로 받지 못해 무기 다루는 기술이 서툴렀다. 김준섭은 기관총 교육훈련반에서 연대장, 패장, 반장들에게 기관총 다루는 법을 가르쳤다.

가장 큰 난관은 언어였다. 김준섭은 러시아어로 기관총 수업을 받았고 중국어를 배우지 못했다. 실기 시간은 몸짓, 손짓, 눈짓으로 시범을 보여 그런대로 자기 뜻을 전달하는 벙어리 강의를 했지만 학생들은 조금씩 알아들었다. 시늉으로 대체할 수 없는 이론 시간은 중국어를 잘하는 조선인이 강의 내용을 미리 번역하고 중국어 발음을 배우면서 준비했다. 처음에는 자신도 무슨 말을 하는지 모르고 배우는 사람들도 무슨 뜻인지 몰랐지만 수업 후 학생들의 뜨거운 박수 소리를 듣고 격려를 받았다. 김준섭은 틈이 나면 기관총 교육훈련반 학생들로부터 중국어를 배우고, 대원들과 친밀한 관계를 유지했다.

낮에는 기관총에 대한 실기와 이론을 가르치고 밤에는 부지런히 고장난 기관총을 수리했다. 제6군에서 사용하는 기관총은 대부분 동정전쟁에서 노획한 것으로 미국과 영국에서 수입된 무기였다. 그중에는 봉계군벌 장쭤린張作霖, 1875~1928의 손을 거쳐 입수된 무기도 있었다. 이런 기관총은 대부분 제1차 세계대전 때에 사용하던 것으로 새것은 없고 모두 낡은 무기였다. 제6군의 기관총 교육훈련반을 운영하는 동안 부대가 보유한 기관총을 말끔히 수리했다.

## 북벌전쟁의 포병 선봉대

북벌전쟁 기간, 김준섭의 제6군 기관총부대는 후난<sup>湖南</sup>, 후베이<sup>湖北</sup>, 장시<sup>江西</sup> 전장 선봉부대로 일선에 섰다. 1926년 8월 26일, 후베이<sup>湖北</sup> 팅스교<sup>汀泗桥</sup>에서 김준섭의 선봉예비대와 예팅<sup>叶挺, 1896~1946</sup> 독립단이 협공하여 우페이푸<sup>吳佩孚 1874~1939</sup> 군벌군을 물리치고 북벌군이 우한으로 진입할 길목을 열었다. 우한은 우창<sup>武昌</sup>과 한커우<sup>漢口</sup>, 한양<sup>漢陽</sup>을 통칭하는 지역이며 중국 중부의 주요한 수륙 교통과 문화 중심지이다.

팅스교는 무한과 광둥을 연결하는 월한<sup>粤漢</sup>철도가 통과하는 곳으로, 삼면이 물로 둘러 쌓이고 한쪽은 깍아지른 듯한 높은 산으로 둘린 천연 요새이다. 팅스교전투는 8월 26일 새벽부터 시작되었다. 북벌군 제12사 35단이 오페이푸 진지가 있는 가오주산<sup>高猪山</sup>을 공격하고 팅스교로 진입하려고 했으나 저지당했다. 북벌군 제36단은 팅스교 동남부 전지에 이르기도 전에 발각되었다. 밤을 이용해 36단이 다시 공략을 시도하고 제10사의 29단과 30단이 양쪽에서 지원했으나 팅스교를 점령하지 못했다.

장파쿠이<sup>張發奎, 1896~1980</sup> 사단장은 예팅독립연대와 포병대가 팅스교 동북쪽으로 우회하여 적을 뒤에서 포위하도록 지시했다. 다음 날 새벽, 예팅독립단 일부 인원이 현지 농민 안내를 받아 오솔길로 가오주산으로 진입했다. 예팅독립단연대가 팅스교 동북쪽으로 우회해서 오패부 요새를 공격할 때, 김준섭은 자신의 기관총 연대를 지휘하여 기관총을 맹렬하게 쏘아 주력부대가 공격할 수 있는 길을 열었다.

우페이푸 병사들은 예팅 독립연대의 갑작스러운 공격을 받자 무기를 버리고 도주했다. 예팅 독립연대의 참모장 저우서디周士弟, 1900~1979는 우페이푸 병사들의 사기가 떨어진 것을 보고 돌격 신호를 보냈다. 이렇게 팅스교를 점령한 북벌군은 공세를 이어 파죽지세로 당일 정오 한닝성咸宁城까지 점령했다.

북벌군은 팅스교 점령 여세를 몰아 남쪽에서 우한으로 진입하는 첫 관문 허성교賀勝橋를 진격했다. 우페이푸는 팅스교를 뺏긴 경험을 교훈삼아 병사 2만여 명을 인솔해서 허성교 이남을 사수했다. 삼면이 물로 둘러쌓인 타나오산塄脑山에 요새를 설치하고 10여 리 수비벽을 만들어 언덕마다 요새를 세웠다. 병사 2만여 명, 대포 60여 문, 중형기관총 100여 점을 동원해서 허성교를 지켰다.

8월 29일, 국민혁명군 제4군과 제7군이 월한粤漢철도를 이용해 허성교를 공격했으나 실패했다. 8월 30일, 예팅독립단이 양린탕杨林塘에서 타오린포桃林铺 인도우산印斗山으로 향하던 중 측면에서 오페이푸 주력의 공격을 받아 포위당했다. 이때 경계를 맡고 있던 철갑차부대와 기관총연대만 예비대로 남아있는 상황이었다.

예팅독립단 부대는 삼면에서 총격을 받아 진퇴양난이 되고 대치국면을 타개하기 위해 우회를 했다. 이때 김준섭의 기관총예비부대가 나서 예팅독립단이 우회할 수 있도록 길을 열었다. 김준섭의 기관총부대가 명중하여 집중사격을 하자 우페이푸 일부 병사들이 놀라 산밑으로 도주를 했다. 독립단 참모장 저우서디周士弟가 돌격나팔을 불자 우페이푸 병사들이 앞다투어 도주했다.

오페이푸는 열차 내에 사령부를 설치하고 직접 전투를 지휘했다. 웃통을 벗고 시퍼런 칼을 든 '칼잡이'부대가 퇴각하는 병사들의 목을 사정없이 내리쳐 퇴각을 저지했지만 막을 수 없었다. 오페이푸의 병사 천여 명이 허성교 철교에서 떨어져 물에 빠져 죽었다. 혼란한 틈을 타서 오페이푸는 전용열차를 타고 황급히 우한으로 도망쳤다.

팅스교와 허성교전투에서 뛰어난 지휘력과 전투력을 보여준 김준섭은 표창을 받았다. 한국 청년들은 북벌전쟁에 참전하는 것은 중국내전에 참여하는 것이 아니라 조국해방의 첫걸음이라고 여겼다. 북벌군이 승승장구하고 이런 전세로 중국이 통일되면, 그다음 중국혁명군이 조선을 도와 독립을 이룰 수 있을 것이라고 굳게 믿었다. 또 이 북벌전쟁에 참여한 경험을 바탕으로 한인이 무장을 갖추어 한반도에서 전쟁하여 독립을 쟁취하리라고 믿었다.

북벌군이 우한을 점령하자 자신을 얻은 장제스는 쑨촨팡孫傳芳, 1885~1935의 사령부가 있는 주장九江도 1주일 안에 점령하려고 했다. 그러나 난창을 점령한 국민혁명군 제1군 일부 사령관이 술을 마시는 등 방심한 사이 다시 난창을 뺏기고 쫓겨나왔다. 쑨촨팡은 동료 군벌 우페이푸의 패망을 지켜보고 있다가 장수江蘇, 저장浙江, 안후이安徽로부터 병사 10만 명을 지원받고, 장시江西에서 병사 2만 명을 동원하여 난창 수비에 만전을 기했다. 국민혁명군이 난창을 탈환하려고 다가오자 쑨촨팡은 장시성 군무 독반 등루쥐邓如琢, 1888~1944으로부터 1만 5천 명 병력을 지원받아 세 갈래 길로 난창을 보위하고, 저장浙江사령관 루샹팅卢香亭, 1880~1948에게 난창 맞은편 러화乐化 수비를 부탁했다.

쑨촨팡 군대가 다시 국민혁명군을 포위하고 난창을 탈환했다. 잠깐 난창을 점령했던 장제스의 직계부대 제1군 왕바이링王柏齡, 1889~1942사령관은 싸우지도 않고 자신의 경호부대를 데리고 도망을 쳤다. 9월 3일, 주페이더朱培德, 1888~1937의 지휘하에 국민혁명군 5만 명이 세갈래 길로 장시로 들어와서 3전선에 속한 국민혁명군 제2군과 제6군이 난창을 재공격했다.

그러나 강력하게 압력을 받은 국민혁명군 제6군 사령관 청첸称潜, 1882~1968은 9월 23일 밤 난창진격을 포기했다. 사병들에게 포위를 뚫고 후퇴하도록 명령했다. 김준섭은 침착하게 자신이 지휘하는 기관총연대를 대오의 맨 뒤에 배치하고 주력부대가 난창의 간장贛江을 건널 수 있도록 호위하고 자신은 대오의 맨 뒤에서 홀몸으로 평신奉新까지 퇴각했다.

1926년 10월 3일, 김준섭은 장시江西의 난창南昌을 공략하는 두 번째 전쟁 중 러화樂化역에서 전사했다. 제6군 17사가 러화역에서 루샹팅卢香亭부대를 저지할 때 김준섭의 기관총 예비대가 지원했으나 전세가 북벌군에게 불리하여 퇴각명령이 내렸다.

김준섭은 퇴각하라는 상급 명령을 어겼다. 자신의 부하들에게 공격을 지시하고 본인은 세 정의 기관총을 대각선으로 걸어 놓고 동시에 조종하면서 빗발치듯 쏟아지는 총탄 사이를 뛰어다니며 전투를 지휘하다가 복부에 총을 맞았다. 부상당한 김준섭은 잔디밭에 누워 "혁명은 피를 흘려야 하니 너무 슬퍼하지 말라"고 동지들을 위로하고 숨을 거두었다.

김준섭은 전사했지만 그의 희생정신에 감화하여 의지가 고양된 동지들이 분투하여 난창을 점령했다. 김준섭의 죽음을 지켜본 동지들은 "강 교관강화일, 김준섭의 이명을 위해 복수하자!", "군벌을 타도하자!"고 외치면서 그날 오후 러화역을 점령하고 북, 남, 서쪽으로 포위하여 11월 8일 난창을 함락시켰다.

김준섭의 시신은 매령梅嶺에 임시 안치했다가 북벌군이 난창을 점령한 후 장시성江西省 성장省長의 난창공서南昌公署에서 추모식을 성대하게 치렀다. 혁명군은 개선가를 높이 부르며 예포를 쏘았고, 지도자들이 비탄에 겨운 추도사를 낭독했다. 김준섭의 관은 꽃다발에 둘러쌓였다.

1927년 3월 14일, 한국의 『동아일보』는 "광동 2군 즉 중국혁명군의 장교의

난창 성장공서에서 거행된 김준섭 추도식 사진
출처_ 황푸군관학교 구지 기념관 전시실(2010).

한 사람으로 많이 분투하다가 마침내 자기의 생명까지 영광있는 희생을 하고 성명을 전 중국에 떨친 우리 동포의 한 청년 용사가 있다. 그는 이름을 김준섭이라고 부르는 당년 삼십 세 되는 렬혈청년으로서 (…중략…) 난창 격전 당시에 손전방군의 역습으로 불행하게도 혁명군은 전세가 이롭지 못하여 중국인 장교는 모두 퇴각을 하려 할 즈음에 김준섭 대장은 그들을 격려하며 본인 손으로 기관포를 운전하여 맹전한 결과로 역전 승리하고 그 기세를 얻어 김대장의 공로로 말미암아 혁명군이 드디어 난창성을 완전히 점령하게 되었다"라는 기사를 발표했다.1926년 11월 30일 낙장본『독립신문』에서는 "금회 중국 남방정부 북벌군에는 다수의 한인장교가 요직에 참여하여 적지 않은 공적을 세운 것은 이미 보도한 바이지만, 그중 기관총 교관 김준섭 씨는 자기가 교련하는 기관총대 1대를 친히 인솔하여 호남, 호북, 강서 등지에 전전하며 늘 전선의 선봉으로 기공을 떨쳐 용감한 이름이 알려졌는데 불행히 1926년 10월 3일, 난창 제2전선에서 전몰하여 같이 종군하던 한인동포 장교들은 물론, 북벌군 장사將士 전체가 지극히 통곡하며 애석한다더라. 김준섭 씨는 원래 관북태생으로 일찍 부모를 잃고 16세까지 무술에 종사하여 의식衣食을 하였으며, 전전하여 노령에 들어가 유럽전쟁에 종군하고 혁명 후 적위군의 용사로 다년간 반동 진압전에 종사하여 공을 세우고 특히 선발되어 모스크바 사관학교에 유학하여 기관총과를 우수한 성적으로 졸업한 사람인데 조국 광복을 받들어 중국에 온 후 먼저 우리 운동의 간접 사업인 우국 혁명군에 투신하여 의를 위해 전사했다"고 보도했다.

참고문헌 및 자료

曾宪林·曾成贵·江峡, 『北伐战争史』, 四川人民出版社, 1991.4.

현룡순, 「북벌전쟁에서의 김준섭」, 『조선족백년사화』 제2집, 노령인민출판사, 1984.4.

「北伐軍에 從事한 鮮人將校 战死의 件」, 『不逞團關係雜件－朝鮮人의部－在支那各地』 4, 1926.12.09(한국사데이터베이스, 국외항일운동자료 일본외무성기록).

「南军营中长线将校 金俊燮氏战死」, 『동아일보』 1927년 3월 14일.

# 손두환
孫斗煥, 1895~?

약력
1895년    황해도 은율군 출생
1916년    일본 메이지대학으로 유학
1919년    상하이 임시정부로 밀항
          의정원 황해도 의원, 법제의원 선임
          소독단 결성
1920년    임시정부군법국장
1924년    제2대 대통령 박은식내각의 경무국장
1925년    황푸군관학교 장제스 교장의 부관
1927년    소련 유학
1931년    한인애국단 활동
1934년    중앙육군대학 일본어 교관
1941년    한국독립당 통일동지회 결성
1942년    한국독립당 복귀
1943년    임시정부 선전위원회 위원 선임
1947년    근로인민당 중앙감찰위원장
1948년    남북 연석회의 참석, 북한 최고인민회의 제1기 대의원 선임
1958년    종파사건에 연루되어 숙청

황해도 은율군 출신 손두환은 임시정부의 초대 군법국장이다. 조선총독
부가 실시한 판임判任 대관大官 시험에 합격했으나 취임하지 않고 1916년 일본
메이지대학明治大学에서 법과를 공부했다. 1919년 4월 13일 상하이에 임시정부
가 성립되었다는 소식을 듣고 4월 25일 일본 나가사키長崎에서 상하이로 밀
항했다.

## 손두환과 김구는 사제지간

임시정부의 경무국장 김구는 손두환이 존경하는 스승이다. 김구는 장련읍 봉양학교와 안악학교에서 손두환을 가르쳤다. 어리지만 국가에 대한 관심이 남다르고 망국에 대한 한도 느낄 줄 아는 손두환을 김구는 자신의 각별한 제자로 여겼다.

손두환의 부친 손창렴孫昌廉, 1849~?은 중추원 의원이었다. 부친의 사회적 지위가 높은지라

1920년, 대한민국임시정부 의정원의 신년 축하 사진 속 손두환

손두환은 어릴 때부터 존댓말을 모르고 군수에게도 하대했다. 손두환에게 경어를 가르치기로 생각한 김구는, 수신修身 시간에 어른 된 표시로 상투를 틀고 초립을 쓰고도 부모와 어른에게 공대恭待할 줄 모르는 사람은 거수를 하라고 했다. 손두환이 손을 들고 언제부터 공대를 하느냐고 질문했다. 김구는 잘못인 줄 깨달은 그 시간부터라고 일러주었다.

다음 날 아침 일찍 희색이 만면한 손창렴이 하인에게 백미를 한 짐 지우고 교문에서 김구를 기다리고 있었다. 손두환이 어제 저녁부터 부친께 공대를 하고 모친께 "해라"라고 했다가 깜짝 놀라 잘못했다고 하면서 공대를 했다고 한다. 선생님의 교훈으로 손두환이 공대하는 법을 배웠다고 손창렴은 고마워서 어쩔 줄을 몰랐다.

1907년 11월 6일 『대한매일신보』에 "장련군, 중추원 손의관 13세 아들이 신랑이 되어 학교에 들어가기를 원해서 아버지가 수락하여 한 달간 수학했고, 신랑이 자원해서 삭발을 해서 아버지는 아들의 머리를 만지며 대성통곡했다"

라는 보도가 실렸다.

김구가 손두환의 상투를 잘랐다. 손두환도 상투를 틀 때마다 고통스럽다며 머리 자르기를 원했다. 손창렴의 반응이 염려스러워 김구는 하교길에 손두환 집으로 갔는데 손창렴은 단발한 아들의 모습을 보고 말을 잇지 못했다.

1919년 4월 30일 임시정부 의정원회의에서 각 지방 인구수에 비례해 지방 의정원 총57명을 투표했는데 손두환은 '황해도 의원', 임시정부 의정원 법률 및 청원심사위원에 선출되어 임시정부 지도자 반열에 들어섰다. 법학도인 만큼 임시정부의 모든 활동을 법적으로 규범화하려는 강렬한 의욕이 있었다. 5월 2일 개최된 제4회 의정원회의에서 한위건韓偉建, 1896~1937 등 6인 연서로 상하이와 노령의 임시정부를 통일하자는 「의회 통일에 관한 건」을 제출했다.

소련 블라디보스토크에는 1917년부터 전로한족중앙회의가 한인 사회 임시정부 역할을 하고 있었다. 손두환은 상하이에 임시정부가 수립되었으니 한 국가에 두 개의 국회가 있을 수 없다는 반기를 들고 나섰다. 또 재정 확보를 위해 통일기관을 설치하여 공채를 발부하고 특파원을 파송하여 의연금 수합과 세금징수를 하자는 제의가 있자 손두환은 이에 동의하고 불복하는 경우에는 강제징수라도 하자고 주장했다.

5월 7일부터 19일까지 개최된 임시의정원회에서 손두환은 법제위원으로 선임되었다. 임시정부 수립 시 간략히 만들어진 임시헌장 10조가 있었다. 임시헌장 내용을 대폭 보강하고 헌장을 헌법으로 변경하여 1919년 9월 11일 대한민국임시헌법을 공포하였다. 임시헌장은 임시대통령이 국가를 대표하고 대한민국 주권행사는 헌법 규범 내에서 임시대통령에게 전임한다고 명백하게 명시했다.

의정원 활동에 적극 참여하던 손두환은 8월 18일 열린 제6차 임시 의정원회의에서 의원직에서 파면당했거나 스스로 사임했다. 그가 체험한 임시정부 의정원제도는 여러모로 답답하고 비생산적이었기 때문이다. 혁명 기간 중에는 임시정부 의정원제도가 도리어 독립운동에 장애가 된다고 여겼다. 임명된 의정원 의원들은 수시로 사임했고, 의정원회의 시간에 문자 어귀에 대한 논쟁과 토론을 하느라 사업을 진척시킬 수 없고, 논의된 사항은 실행도 되기 전에 기밀이 외부로 누출되었다.

의정원직을 사임한 손두환은 9월 25일 『독립신문』에 「시국에 대한 소회所懷」라는 논설을 발표해 의정원에 대한 자신의 실망스럽고 답답한 견해를 발표했다.

백수로 독립을 부르짖으며 빈손으로 강적을 대항하는 나라는 세계 어디에도 없고 또 없다. 이같이 용맹한 국민을 옹위하고 정의와 인도로 목표를 정하고 세계의 여론과 동정으로 배경을 만들고 자유를 위하여 투전하는 우리 사업진행이 어찌 그리 민활하지 못하고 어찌 그리 공론이 많으며 어찌 그다지 실력이 부족한가. 이에 대하여 보는 사람과 관찰하여 방면에 따라 의견이 각자 다르겠으나 나의 소견은 이러하니라. (…중략…) 대한민국 임시정부도 민국인 이상, 국회가 없어서는 안되지만 지금 사정으로 보면 완전한 국가처럼 여러 기관을 갖추고 시정을 논할 상황이 아니다. 의정원제도는 현 국가가 처한 조건하에서는 마치 "여름철의 수달껍질로 만든 속옷이나 겨울철의 마포적삼 같이" 사용하면 무익하고 오히려 해독이 된다고 하겠다.

더불어 그는 "차라리 전단독재가 가악한 제도라고는 하지만 혁명이나 광복운동을 해야 하는 상황에서는 가장 적당한 제도"라고 주장했다.

5월 28일 미국에서 활동하던 안창호安昌浩, 1878~1938가 임시정부 내무국장에 취임하면서 국정이 본격화됐다. 안창호는 김구를 경무국장에 임명했다. 임시정부의 경무국 임무는 정식 국가인 일반 경찰행정과 달랐다. 3·1만세운동 이후 상하이 프랑스 조계지 동포 중에는 임시정부 동향을 살피려는 밀정이 묻어들어와서 경무국의 일손은 턱없이 부족했다. 임시정부의 행사나 집회가 있을 때면 어김없이 밀정들이 나타났다. 조선총독부가 임시정부의 활동을 파괴하기 위해 보낸 밀정도 있고, 일본영사관에 고용된 통역인이나 헌병 보조병들이 임시정부의 동태를 감시하고 탐지해서 일본영사관에 정보를 팔았다. 임시정부 인원수나 동태도 그때그때 파악되었고, 공식회의에서 논의된 내용은 물론, 김구, 안창호, 김규식 등 지도자들의 사상동향까지도 비교적 객관적으로 파악해서 일본영사관으로 보고되었다.

김구는 사복 경찰 스무 명과 경호원을 고용해서 상하이 교민 사회의 치안을 담당하고 있었다. 때로는 첩보전을 펴고, 밀정을 색출하고 응징하면서 수사관과 검사의 직무뿐 아니라 형집행까지도 했다. 의원직을 사임한 손두환은 경무국장 김구와 밀정제거에 주력했다. 1919년 12월 3일, 피부가 약간 검지만 깨끗하고 목이 학처럼 가느다랗고 체격도 삼대처럼 호리호리한 서생 체질 손두환이 "사회의 부정을 소독한다"라는 목적으로 소독단消毒団을 결성해서 경무국의 업무를 지원했다. 단장은 손두환이고, 단원들은 대부분 평안도와 황해도 출신이었다. 초창기 단원은 약 20여 명이었는데 1920년도에 50여 명으로 늘었다.

당시 경무국은 일제의 헌병경관, 매국노, 고등정탐 등 '칠가살可殺'을 암살대상으로 지정했다. '칠가살' 중 한 명인 악질 친일파 형사 선우갑鮮于甲이 김구에게 잡혔다. 1919년 2월 8일 동경유학생 400여 명이 청년회관에서 독립선언문을 낭독할 때, 일경이 연단으로 뛰어올라가 독립선언서를 낭독하는 학생을 끌어내렸다. 그때 선우갑은 주요 인물을 지적해 일경이 주요 인물을 체포할 수 있도록 도왔다.

김구가 프랑스 조계지로 잠입한 선우갑을 유인해 포박했다. 포박당한 선우갑은 죽을 죄를 지었으니 사형집행을 하라고 했다. 그러나 김구가 공을 세워 속죄하면 살려주겠다고 하자 선우갑은 상하이에서 정탐한 문건을 임시정부에 바치겠다고 했다.

김구는 손두환을 공공 조계지로 보내 선우갑과 약속한 여관에 가서 문건을 가져오게 했다. 선우갑은 손두환을 일본 경찰에 넘기지 않고 자신이 정탐한 일제의 문건을 넘겨주었다.

소독단은 일제의 밀정이나 주구를 숙청하는 한편, 임시정부를 반대하고 공격하는 단체로부터도 임시정부를 보호했다. 1920년 5월경, 나창헌羅昌憲, 1894~1936, 김의한金毅漢, 1900~?등 철혈단 애국청년들이 유명무실해 보이는 임시정부를 전복시키려고 했다. 철혈단 애국청년 수십 명이 임시정부 간부에 대한 성토문을 발표하고 임시정부 내무부를 습격한 적이 있었다. 손두환은 소독단 단원을 인솔해서 난동 부린 청년들과 육박전을 벌였다.

손두환은 소독단으로 활동하는 한편, 내무총장 안창호와 협의해서 임시정부가 중앙집권적으로 군사를 통솔해서 일제와 전쟁을 할 수 있도록 대한민국 임시군제를 제정했다. 대한민국 육군임시군제, 대한민국 육군임시군구제, 임시육군무관학교 조례 등 임시정부 군대 편성, 정원, 병역기간, 병적, 징벌, 동원, 조직, 신분과 그 일련의 행정명령 등을 구체적으로 명문화한 제도이다.

1919년 11월 5일 '법률2호'로 발표된 '대한민국임시관제'는 임시대통령 직할기관으로 대본영, 참모부, 군사참의회의, 회계감사원을 설치했다. 4개 직할

기구 중 회계사원을 제외한 3개가 군사기구이다. 임시정부 주요 업무가 독립전쟁을 위한 군무부에 치중되고 군무부 총장 산하에 비서, 육군, 해군, 군사, 군수, 군법 6개국을 설치하였다.

1919년 12월 18일 군무총장 노백린盧伯麟, 1875~1926이 '대한민국육군임시군제'를 발표했다. 만주지역 서로군정서와 북로군정서 등 70여 개의 독립군 무장단체의 1만 3천~3만여의 병력을 포함해서 중령中領과 노령露領까지 군구를 편성했다. 12월 28일, 초급장교를 양성하기 위해 독자적인 시설을 갖추지는 못했지만 상하이 신민리23호 군무부 내에서 육군무관학교 입학식을 가졌다.

1920년 1월 3일 신년축하회석상에서 내무총장 안창호가 금년의 시정방침으로 '전쟁의 해'를 선언했다. 1월 13일 국무총리 이동휘가 러시아와 만주지역 동포들을 대상으로 「국무원포고 제1호」를 발포하고 만 20세 이상 55세 이하 대한민국 남자라면 광복군 대열에 참여해 줄 것을 권유했다.

『독립신문』은 올해 내에 일본과 독립전쟁을 개시할 것이라는 「국민개병」, 「국무총리 시정방침연설」, 「이총리의 시정방침연설·국민아 정부를 도와 실현케 하라」, 「다시 국민개병에 대하야」 등의 문장과 사설을 실어 국내외에 독립전쟁 개전 분위기를 고조시켰다.

손두환은 안창호를 방문하여 임시정부 군사모집에 대한 규정을 구체적으로 논의하며 보완했다. 안창호는 병역대상을 완전사관학생과 반사관학생, 국민군 3종으로 구별하여 제도를 준비하고, 대상 인원이 이 세 가지 중의 어느 하나를 취택하도록 하자고 했다.

1월 20일 상하이 체류 국민 163명이 국민군에 응모했다. 군적은 갑종과 을종으로 구분하고 갑종은 매일 1시간 이상, 을종은 매주 2시간 이상 군사 훈련을 받도록 규정했다. 군인을 모집한지 50일 만에 갑종 40명, 을종 100여 명이 등록을 했다. 국무총리 이동휘, 법무총장 신규식, 노동총판 안창호 등 임정 각료들도 군적에 등록했다.

1월 21일 손두환은 군사응모권고서와 군인가명부를 가지고 안창호를 방문하여 군사모집은 강제징용을 하지 말고 애국부인회에 위탁하여 부인들로 하여금 대상을 찾아가 모집에 실명 등기하도록 권고하자는 의견을 제시했다. 안창호가 이를 수락하고 다음날 22일 방문하였을 때, 안창호는 군인모집 포고서와 군인가명부 작성시 주의점과 교정할 점을 일러주었다.

1920년 2월 18일 '경위근무조례'가 발포되고 2월 20일 손두환은 임시정부의 군법국장에 임명되었다. 임시정부 정규군을 편성하고 일제와 독립전쟁을 결행한다는 목표 아래 임시정부의 군대를 편제하고, 군사간부 양성, 만주지역의 독립군 단체들을 총괄할 수 있는 군사제도를 세우는데 있어서 손두한의 역할이 그만큼 컸기 때문이다.

손두환이 군법국장에 취임한 이후, 군무부 직원이 7명에서 12명으로 증가했다. 임시편집위원부를 증설하고 서간도 신흥무관학교에서 10년간 교장으로 역임하던 윤기섭을 편집위원부장으로 초빙하여 군사 교육에 필요한 교과서를 편집했다. 교관도 2명을 추가했다.

3월 16일 '대한민국육군임시군제'가 발포되었다. 임시정부의 주력군은 서북간도와 러시아원동지역에서 활동하고 있는 독립군이었다. 하얼빈 이남, 길림성 부근, 봉천성 전부는 서간도군구로 지정하고 연길부 일대를 북간도군구, 노령 일대를 강동군구로 편제하여 중국과 러시아에 거주하는 만 20세 이상 55세 이하의 남자에게 병역의무를 부여하였다.

3월 20일 오후 7시 제1회 국민군 편성식이 있었다. 국무총리 이동휘 이하 정부 각원과 임시육군무관학교 생도 등 약 200여 명이 참석하였다. 군무차장 김희선이 국민군을 '국가의 원기', '동포의 의표意表'라고 치하하고, 이동휘, 손정도孫貞道, 1882~1931, 안창호, 여운형呂運亨, 1886~1947의 축사와 군사국장 도인권都寅權, 1880~1969의 격려사, 갑·을반 편성 및 훈련일정 발표, 국민군 대표 선우혁鮮于赫, 1883~1985의 선서, 임시육군무관학교 생도들의 독립군가 제창, 만세삼창 등의 순서로 진행되었다.

1920년 5월 5일, 임시정부 군무부의 업무가 착실히 자리를 잡아갈 무렵, 손두환은 군법국장을 사임했다. 사임 이유 중 하나는 이승만李承晩, 1875~1965 임시대통령이 독립전쟁에 너무 무관심하고 외교적인 업무에만 치중했기 때문이다. 손두환은 이승만이 추진하는 외교청원 정책을 신뢰하지 않았다. 제1차 세계대전 이후 서구 열국은 파리강화회의1919.1.18에서 전후 당면한 문제들을 논의했다. 임시정부는 파리강화회의에 20개 항목을 요청했지만 한국 대표단은 입장도 못하고 한국 문제는 한 마디도 언급되지 않았다.

1921년 11월부터 워싱턴에서 미국, 영국, 프랑스, 중국, 일본 등 9개국이 태평양회의1921.11.11~1922.2.6를 개최해서 제1차 세계대전 이후의 국제 사회 문제를 전반적으로 논의했다. 임시정부는 태평양회의를 절호의 기회로 여겼다.

1920년 5월, 이승만 대통령은 태평양회의를 준비한다는 명목으로 미국으로 돌아갔다. 태평양회의 외교후원회가 조직되고 임시의정원 의장 홍진洪鎭, 1877~1946 이하 22명이 연대서명하여 한국 독립 문제를 해결해달라는 청원서를 각국 대표 앞으로 보냈다. 태평양회의 개최 당일인 1921년 11월 11일에는 임시정부 요원들이 축하회를 열어 경축하기도 했다.

워싱턴회의가 진행되는 기간, 손두환은 김철남金鐵男, 1895~1952 등과 교포 친목과 단결을 도모하는 난징南京 한족회韓族會 구락부를 조직했다. 난징한족회는 임시정부의 김구나 의열단의 김원봉金元鳳, 1898~1958과 합작하기를 반대했다. 손두환은 김구를 스승으로 존경하고 협력을 했지만 혁명관이나 정치사상에 있어서는 서로 연합할 수 없는 각자의 가치관이 있었다. 김원봉의 사상과 임시정부의 정치적 판도도 거부하고 자신의 정체성을 유지하며 독자적인 노선을 수립하여『신조선新朝鮮』이란 제호로 기관지를 발행했다.

국법국장을 사임한 손두환은 사회주의자의 관점에서 독립운동 방법을 모색했다. 사회주의자들은 제1차 세계대전의 본질을 열강들의 이해관계 충돌이라고 이해했다. 일본이 한국을 침략한 근본 원인은 자신의 커다란 뱃속을 채우기 위한 것이며, 열강들이 '세계의 영구평화'니 '평등세계의 실현' 운운하는 하는 것은 모두 피압박 군중을 기만하는 것에 불과하다고 해석했다. 그 예로 쑨원孫文, 1866~1925은 아시아의 평화가 제국주의에 의해 붕괴되고 열강의 침략을 받은 중국을 구출하려고 제국주의를 반대하고 신해혁명을 일으켰다. 그러므로 한국의 독립운동도 모든 일본인을 적대시할 것이 아니라 일본 자본가와 제국주의를 적대시하여 일본제국주의를 타도하자는 것이다. 손두환은 한국 독립의 목적에 도달하기 위해 한·중·일 세 나라 사회주의 세력이 단결해서 일본제국주의를 타도하고 사회주의 국가와 세계를 건설하자고 주장했다.

중국의 사회주의자여 오라, 일본의 사회주의자여 오라, 우리와 손을 잡고 제군의 적인 우리의 적인 일본제국주의를 전복하자, 그리하여 사회주의적 한국, 사회주의적 중국, 사회주의적 일본을 건설하자. 사회주의적 동양을 건설하자. 그리한 후에 사회주의적 세계를 건설하자.손두환,「社會主義者의 韓日戰爭觀」,『독립신문』, 1920.5.22

1920년 5월 29일부터 1921년 1월 17일까지 손두환은「사회주의연구」라는 글을『독립신문』에 5회에 걸쳐 연재했다. "현 사회의 대세는 무조건 사회주의를 반대하는 일면도 있고 사회주의를 잘 모르면서 무조건 공산을 하자는 자들이 있어서 세계사조를 소개한다고 자임하는 독립신문에 사회주의를 연재한다"고 기고의 의도를 밝혔다.

일부 민족주의자들은 한인 사회주의자들이 일본인들과 접촉한다는 이유로 사회주의자들을 비난했다. 김구는 일본 혁명세력과 제휴하려는 사람들을 '새로운 친일파'라고 매도하고 일본인 사회주의자와 연락을 주고받는 한인 사회주의자들을 친일파라고 지목하기도 했다.

손두환이 예상했던 대로 태평양회의는 한국 독립에 아무런 소득이 없었다. 결과는 오히려 국제 정세를 안정시킨다는 명목으로 일본 세력을 강화시켰다. 워싱턴회의는 독립운동가들에게 큰 실의와 허탈감만 안겨주고, 임시정부의 신용은 완전히 실추되었다. 1922년 1월 하순 개최된 임시정부 의정원회의는 의정의원이 총사퇴를 한 것처럼 한 명도 출석하지 않았다. 임시정부가 안고 있는 폐단을 협의하자는 주장이 나왔다. 비효율적인 정부 운영, 출신지역 파벌 의식, 공산주의자 유입 등 임시정부 내부는 분란과 혼란이 가중되어 한계에 봉착해 있었다. 설상가상으로 봉오동전투와 청산리전투에서 대승리한 독립군이 일본군의 대대적인 공격을 받아 분산되고 소련령으로 대피할 수밖에 없었다. 그러나 소련에서도 자유시사변으로 인해 독립군은 흩어지고 만주로 돌아온 독립군을 재조직하는 일이 시급했다.

태평양회의에 대한 실망감은 자연스럽게 소련을 의지하는 쪽으로 기울었다. 1922년 1월, 소련은 극동인민대회를 개최하고 공산주의의 팽창 정책을 추진했다. 이 대회에 중국과 한국, 일본 등 국가대표 144명을 초청해 민족 문제를 논의했다. 한인 좌우파 대표 52명이 초청됐고, 여운형은 한국 대표로 뽑혀 레닌 등 소련 대표들과 한국 문제를 상의하며 소련 공산당 지지를 받았다.

우리 힘은 부족하고 사태는 급한지라 마침 소련 정부에서 호의적으로 도와 준다고 하니 잠정적으로 소련을 이용하려고 하던 참이었다. 1921년 5월, 임시 정부는 국무총리 신규식申奎植, 1880~1922을 소비에트 러시아 외무인민위원회 위원장에게 파견한다는 사실을 정식으로 통보했다. 이런 시국에 이동휘가 상하이에서 공산당조직에 착수했다. 정립되지 못한 정책으로 인해 임정내부는 조직, 자금, 노선 문제가 겹쳐 심각한 혼선을 빚었다.

1922년 7월, 손두환은 이동녕 등과 시사촉진회를 구성하여 임시정부에 반대하는 의견을 조율하면서 국민대표회의 개최를 촉구했다. 1923년 1월 3일에서야 상하이, 만주 노령 등 120여 개 지역의 120여 명 대표가 모여 국민대표회의를 개최했다. 5월 15일까지 약 6개월간 진행된 국민대표회의는 임시정부를 해체하고 새로운 정부를 조직해야 한다는 창조파와 임시정부를 그대로 유지하면서 실정에 맞게 효과적으로 개편 보완해야 한다는 개조파의 주장이 팽팽히 맞서 난항을 거듭했다. 그 무렵 임시정부는 건물 임대비조차 지불하지 못하고 직원들은 거의 기아 상태처럼 궁핍한 생활을 하고, 국민대표회의 경비는 러시아로부터 받은 지원금 중 6만 원을 사용했다.

## 황푸군관학교 교장 부관

국민대표회의를 개최하기 위해 구심점 역할을 한 손두환은 막상 국민대표회의가 소집되자 불참했다. 1923년 1월 23일 김동식金東植 혹은 김수신(金攸信), 1899~1989 등과 한단邯鄲에 소재하는 섬서 제1군 강무당에 입학하기 위해 상하이를 떠났다. 손두환의 관심은 국민대표회의가 아닌 독립전쟁이었다. 훗날 손두환은 이승만이 국민대표대회에서 대통령 역할을 다하지 못한 점에 대해 국민대표대회가 "대동 통일"을 이룰 수 있는 좋은 기회였는데 "이승만이 마치 군주가 자기 사직社稷을 전복하려는 혁명당의 회의를 원수시하듯이 하여, 자기는 감히 이 회의에 출두치 못하고 백방으로 이 회의를 방해하였고, 그 결과 임시정부가 거의 자멸하기에 이르렀다"고 비평했다.

한단 섬서 제1군 강무당에는 노병회 회원들이 군사 훈련을 받고 있었다. 손두환은 섬서 제1군 강무당에서 속성과 약 3개월간 수료하고 북경에 일시 체류하다가 5월 26일 상하이로 돌아왔다. 이때부터 의열단에 가담했다. 그해 9월 동생에게 프랑스 조계 하비로霞飛路 222호에서 모 영국인과 양과자가게를 경영한다는 편지를 보냈다. 일본 경찰은 손두환이 '총기 및 탄약 밀수입'을 위해 윤모를 일본 대판에 파견하는 등 의열단 50여 명을 인솔해서 활동한다고 파악했다. 손두환은 여러 곳을 돌아다니느라 집안 생활에는 어떠한 보탬이 되지 못하고 부친은 나이가 많음에도 불구하고 노동을 해서 가정경제를 꾸렸다.

1924년 12월, 손두환은 제2대 임시정부 대통령 박은식朴殷植, 1859~1925 내각의 경무국장에 임명되었으나 다음 해 4월 28일 사임하고 후반기 광저우 황푸군관학교로 왔다. 사임하기 전 3월 31일, 「이승만 군에게 일언을 고하노라」라는 장문을 『독립신문』에 발표했다. 대통령으로서 군사양성에 대해 아무런 계획이 없고, 첫째도 외교, 둘째도 외교, 셋째도 외교를 중시하는 이승만의 외교수단으로 아무런 성과를 내지 못한 것은 대통령으로서 엄청난 실책이라고 비판하는 글이다.

나는 무력의 효공效功을 절대로 신임한다. 따라서 군사의 지식을 부여하야 일변으로 충실한 독립군을 양성하는 동시에 현재 각지에 산재하야 상호반목 심지어 골

육상잔하는 몰정신沒精神, 무기율無紀律한 군대들을 한 호령하에 집중하여 진용감眞勇敢, 정기율正紀律한 진실한 독립군으로 계통잇고 질서잇게 개편하야써 독립군의 기본을 만들作기로 원하야 멈추지 않는다不已. 그리고 한편一面으로는 군수품준비에 전력을 다야야 하루라도 속히 계획 잇고 예산 잇고 계통 잇고 질서 잇는 착실한 독립전쟁이 실행되기를 충심으로 기도한다.

그런데 1926년 초, 손두환은 황푸군관학교 교장 장제스의 부관 소교에 임명되어 3등급 급여를 받았다. 한국인으로서 교장의 부관이 된다는 것은 쉬운일이 아니다. 손두환이 황푸군교에서 수업을 했다면 제3기에 해당되는데, 원래 일개 학생으로 입오생 훈련 과정 중 일본 메이지대학 법과 출신 학력과 임시정부 군법국장, 경무국장 등의 이력을 소유한 젊고 진보적인 성격과 능력을 발견한 장제스가 그를 신임하여 교장의 부관으로 발탁되었다고 추정할 수 있다.

1926년 1월, 제2차 국민당전국대표대회에 초청을 받은 여운형이 광저우에 와서 장제스 교장을 면담했다. 여운형은 장제스에게 자금지원과 조선 독립운동가 양성을 요청했다. 장제스는 자금 지원에는 난색을 표했지만 대신 혁명간부와 군사기술전문가 양성을 위해 조선청년들을 황푸군관학교에 입학을 시켜 주겠다고 승락했다. 이리하여 한인 청년들은 국민 정부 관할지역의 군관학교, 국립대학, 기타 학교에 입학할 수 있게 되었다. 학교 측은 피압박민족을 후원한다는 차원에서 학생들에게 서적, 기숙사, 식비, 복장을 제공하고, 소정의 봉급을 지급하며 졸업 후 24개월 동안 국민혁명군에 의무복무를 하기로 협의했다.

황푸군교 교장의 부관 손두환의 영향으로 수많은 한인 청년들이 황푸군관학교에 입학했다. 1926년 봄에는 김원봉과 김성숙이 손두환과 장제스 교장을 방문하여 의열단원의 입교 허락을 받았다. 3월 8일 김원봉은 의열단을 해체하고 의열단원 다수를 인솔해서 제4기에 입학했다.

왕년 손두환이 광둥 정부 수령 장제스와 사귀게 되어 조선혁명시에 군무에 복무시킬 목적으로 다수의 선인청년을 당지로 모집해 들여 중앙군사정치학교에 입학시켰다. 한편 동교에서도 피압박민족 후원목적으로 특히 선인학생을 급비생으로 대우하기 때문에 입학을 지망하는 재만선인청년들이 입학시기가 매 8개월에 1회였지만 학교 당국과 선인 측과의 협의 결과 선인에 한하여 수시로 입오생으로서 입학을 허용했다. 그 후 수용인원이 예정을 초과하자 별도로 학생군이라는 명칭으로 각지에 산재한 병영에 수용시켜 수비에 근무하는 동시에 군사정치학교 예습을 했다. 경무국 보안과 자료에 따르면 1927년 5월, 황푸군교 병영에 소속된 학생은 14명, 교도단 56명, 사하병영 15명, 어주학생군 36명, 심천요새 51명, 광저우동산 육군병원 20명, 중산대학 57명으로 모두 249명이다.

1926년 3월 28일, 손두환은 한국 독립운동계에 있어서 주요인물 80여 명과 광둥대학 제2교실에서 유월留粵한국혁명군인회를 조직하였다. 현장에서 회원 약 300여 명이 확보되었다. 회의에서 손두환은 유월혁명군인회를 발전시켜 황푸군관학교 한인 졸업생 1천 명이 되면 사단 규모의 조선혁명군단을 조직하려고 결의했다.

조선혁명군단은 황푸군교 교장 장제스의 양해하에 비밀스럽게 추진했다. 고려공산당 상하이파 대표 김규면金圭冕, 1880~1969은 광둥성 혁명 정부와 코민테른의 원조를 받아 광둥지역에 조선인군관학교를 창설하려고 7월부터 만주의 영안현 영고탑 고려공산당 만주비서부에 접수처를 설치하고 황푸군관학교 입학생 접수를 받았는데 만주와 시베리아 등에서 500여 명이 신청했다.

조선혁명군단을 지휘할 참모부 인력도 충족했다. 만주와 러시아에서 실제 무장활동에 종사하던 이객우이용, 1888~1954, 의열단장 김원봉, 황푸군교 집훈처 교관 김훈양림, 1898~1936 등 실제적으로 무장활동을 인솔해 온 대표들이 대거 참여했다.

강력하게 추진되던 조선혁명군단 조직계획은 북벌전쟁으로 인해 무산되었다. 광둥 군벌세력을 격파한 장제스는 7월 9일, 전국적 규모의 북벌전쟁을 선포했다. 조선혁명단을 조직하려던 한인 병력이 모두 북벌전쟁에 동원되었다. 연해주에서 온 의용대원비정규군 빨치산 유격대은 대부분 혁명군 제6군 정잠程潛군단에 편입되어 강서전쟁에 참여했다.

손두환은 북벌전쟁 참모로 투입되었다. 러시아 대한의용군사회 고문으로 활동하던 김규면金奎冕, 1880~1969은 상하이와 광둥을 왕래하면서 북벌전쟁 참모 지도부 측에 자문을 주었다. 일제 자료에 의하면 소련 공산국제에서 광둥 정부에 파견한 교관 중 한인은 제1군에 8명, 제2군 6명, 제3군 6명, 제6군 4명으로 24명이었다. 황푸군관학교 출신으로 북벌전쟁에 출전한 조선 장교는 제1군 15명, 제2군 12명, 제3군 9명, 제4군 5명, 제6군 7명 등 모두 48명인데 그중 전사자는 7명, 부상자는 9명이었다. 그 무렵 진행되고 있는 황푸군관학교 제5기 학부생 80명, 입오생 148명조사일 현재 11월 22일까지을 합쳐 모두 228명이었다. 광둥중산대학에도 본과생과 예과생 13명이 있었고, 의열단, 병인의용대 대원, 공산당원 및 무명 독립당원 등 60명 있는데 그중 비행사 6명, 러시아비행학교에서 파견된 자 2명, 각 군 장교 13명이 복무하고 있었다.

장제스는 북벌전쟁이 한창이던 1926년 가을, 한 전쟁터에서 한인 장병들을 치사했다. "중정中正, 장제스의호이 이번에 북벌 등의 목적을 달성하기 위해 가장 만족한 것은 우리 한국인 동지들 분발한 정신과 혁혁한 결과이다. 한인 장병들은 성심성의껏 분발하고 큰 희생을 치르면서도 한 발자국도 뒤로 물러서지 않았다. 이런 용감한 행동은 의지의 표현이며, 우리 군이 백전백승할 수 있는 이유였다. 이런 백절불굴의 정신으로 앞으로 더욱 분발해 주시기를 간절히 바란다." 이 연설은 한인 장병들을 크게 고무시키고 마치 조국 해방을 눈앞에 보이는 듯 중국북벌전쟁에 열정과 성의를 다해 싸웠다.

북벌전쟁의 승리를 눈앞에 둔 장제스는 국민당 내에 침투한 공산당세력을 잠식시키기 위해 대규모 공산당 숙청을 단행했다. 1927년 4월, 황푸군교에 공산당원 탄압이 시작되기 한 달 전, 손두환은 소련 모스크바 육군대학으로 유학을 갔다. 그의 러시아 유학에 대해 공산당숙청을 앞두고 장제스가 친공적인 성향이 강한 손두환을 보호하기 위해 미리 격리 조치했다는 설이 있다. 장제스가 손두환의 능력을 그만큼 신뢰했다는 뜻이다.

모스크바에서 유학 중, 장제스가 공산당을 탄압한다는 소식을 들은 손두환은 장제스가 절대 그럴 사람이 아니라고 비호하다가 소련 측으로부터 추방당했다. 중국으로 돌아왔지만 이미 중국공산당에 대한 국민당의 탄압이 가중되어 좌파로서 손두환이 설 자리가 없었다. 손두환은 손건孫建이란 이름으로 난징 중앙육군군관학교에서 일어교관으로 자리를 잡았다.

## 임시정부로 복귀

손두환은 난징 중앙육군학교 일어교관으로 재직하면서 김구가 조직한 한인애국단을 도왔다. 1931년 일제가 만주를 점령하여 임시정부는 독립운동을 전개하기 어려운 상황에 처했다. 김구는 믿을 만한 청년 80여 명을 선발해서 한인애국단을 조직하고 윤봉길 의거를 실행했다. 그 결과, 장제스가 한국 독립운동에 관심을 기울이고 한국 청년들이 중앙육군군관학교에서 군사 훈련을 받을 수 있도록 지원했다. 그때 손두환은 자택 난징성南京城 내 등푸로鄧府路 통칭리同庆里 14호를 한국 청년·학생을 모집하는 중간 연락처로 삼아 학생들을 중앙육군학교에 입학시켰다.

장제스는 손두환뿐 아니라 그의 아들 손기종도 자신의 목숨을 맡길만큼 신뢰했다. 영어, 조선어, 일본어, 상하이어에 능통한 손기종은 1931년부터 1937년까지 장제스 전용기 미국 기장의 통역 겸 기계사 겸 부조종사였다. 중일전쟁 기간 손기종은 주로 장제스의 부인 송메이링宋美齡, 1898~2003을 태우고 생활용품을 구입하러 중국 전역을 다녔다. 장제스의 전용기는 이착륙 시 소음과 흔들림이 심했다. 송메이링은 비행기를 타면 구토를 자주 해 기내에서는 대부분 잠을 잤다.

손기종은 1941년부터 1945년까지 '낙타등 항선駝峰航线'을 운행하고 국민당 정부로부터 선위훈장宣威勳章을 받았다. 제2차 세계대전이 시작되자 일제는 버마를 통해 중국으로 반입되는 동맹국 군수품 통로 육로와 해로를 차단했다. 중국은 미국과 상의하여 동맹국 군수품을 인도 서남쪽 히말라야 산맥 남부까지 운반하면 항공으로 중국에 반입하기로 했다.

연합국이 보낸 군수품을 중국까지 운반하려면 히말라야산맥과 가오리공高

黎贡산맥 사이 800킬로미터를 지나야 한다. 평균 해발 4,500~5,500미터, 가장 높은 곳은 해발 7,000미터의 산봉우리가 있다. 그 구간은 공중에서 보면 마치 낙타등 같다고 해서 낙타등 항선이라고 하는데 그 사이에 사이얼원장薩尔溫江, 누장怒江, 란창장爛滄江과 진사강金沙江이 흐른다. 이 노선은 중국을 살리는 생명선이지만, 항공사들에게는 '죽음의 노선'이었다. 낙타등 항선이 운행된 3년 동안 비행기 609대가 실종하고 희생된 조종사는 1,500여 명에 이른다. 1942년부터 1945년까지 3년간 중국이 동맹국으로부터 지원받은 탄약, 경유, 의약품, 의료기기, 차량, 각종 기계 부품 및 군수품의 81%가 이 노선을 통해 반입되었다.

1941년 여름, 손기종이 버마 임무를 수행하던 어느 날, 그의 할머니와 아내, 두 아들이 반공호에서 일본군의 공습을 피하다가 폭탄에 맞아 몰사했다. 손기종은 가족유품을 정리하며 오열하다가 장제스를 찾아가 일본을 폭파시키겠다고 비행기 한 대를 달라고 요청했다. 장제스의 개인적인 감정으로 국가의 일을 해결할 수 없다고 만류했다.


## 스승과 일대 충돌

한동안 청두成都에 체류하면서 김구와 내왕을 끊고 지내던 손두환이 노모와 자부, 손자를 잃고 복수하겠다며 충칭重慶으로 김구를 찾아왔다. 이때 김구는 손두환에게 다음과 같이 말했다고 한다. "너의 가족생활은 내가 맡아 줄 터이니 안심하고 복수를 위해 분투하기 바란다. 주의와 사상이 판이하니 네가 나에게 오기는 바라지 않는다. 팔로군으로 가도 좋다. 왜적을 많이 죽여라." 그러나 손두환은 김구를 가까이 모시겠다고 했다.

이렇게 임시정부의 한국독립당으로 입당했으나 손두환의 생각은 김구와 많이 달랐다. 1941년 5월 한국독립당 창당 1주년을 맞아 충칭에서 열린 첫 전당대회에서부터 손두환은 소란을 피웠다. 이 회의는 광복군 창립 타당성을 검토하고 국내외 모든 혁명역량을 임시정부로 집중시켜 정부의 역량과 한국독립당의 리더십 강화가 주안점이었다. 손두환은 김구가 중국 당국으로부터 광복군 조직을 인준받을 때 반공할 것을 약속했다면서 이것은 매국매족이라고 매도했다.

1941년 10월 15일 임시의정원의 제33회 정기회의 개원일에 민족혁명당은 임시의정원을 장악하려고 의원보선 공작을 벌였다. 손두환은 한국독립당 중앙집행위원 겸 중앙상무위원 김붕준[1888~1950]을 부추겨 분쟁을 빚었다. 김붕준은 임정이 보선을 실시하지 않아 자신이 직권으로 선거를 실시한다고 선언하고 일방적으로 김붕준과 손두환에게 포섭된 민족혁명당 사람들을 보선하고 이들에게 의원증을 발급했다. 한국독립당은 김붕준의 일방적인 보선결과를 용납하지 못하고 선거무효를 선언했다. 한국독립당 신분인데 자당 정책에 반대한 김붕준은 중앙상무위원직을 박탈당하고 손두환은 제명됐다. 손두환은 임시정부를 떠나 한국독립당 통일동지회를 조직했다.

점점 일본이 패전할 조짐이 드러나자 한국 독립운동계는 임시정부를 중심으로 단결했다. 1942년 9월, 한국독립당은 전당대표대회를 개최해서 임시의정원 문호를 개방했다. 손두환도 자신이 조직한 남한독립당통일동지회를 해체하고 조선민족혁명당과 합당했다. 1942년 10월 24일 개최한 제34차 임시의정원회의에서 손두환은 김원봉, 유자명[柳子明, 1864~1985], 박건웅[朴健雄, 1906~?] 등 반임시정부 세력의 대표적인 인물들과 임시정부 활동에 복귀했다.

오랫동안 한국독립당 소속의원들만으로 운영되던 임시의정원에 민족혁명당, 한국독립당통일동지회, 해방동맹, 조선혁명자연맹 등 다양한 정파들이 참여했다. 1943년 4월 10일 개최된 의정원회의에서 손두환은 조소앙趙素昂, 1887~1958 등 14명과 임시정부 선전계획 수립·선전진행방침에 관한 사항을 의결하는 선전위원으로 선임되었다. 한편 민족혁명당은 조선의용대 주력이 화북으로 넘어간지라 임시정부 참여를 통해 약화된 당세를 만회하려고 총력을 기울였다. 한국독립당은 민족혁명당이 임시정부에 참여하는 것은 바람직하지만 임시정부의 주도권을 장악하는 것은 용납할 수 없는 일이었다.

김구는 일찍이 초립동이 제자로서 자신이 사랑했던 손두환이 민족혁명당원이 되어 자신에게 도전하고 한국독립당을 동요시키는 것이 안타까웠다. 1943년 10월 9일 개원한 제35회 임시의정원회의는 80일 가량이나 유회되고 임시정부의 주도권 쟁탈을 위해 한국독립당과 조선민족혁명당이 격돌하면서 해를 넘겼다.

1943년 11월 22일부터 26일까지 미국의 루스벨트Franklin D. Roosevelt, 1882~1945 대통령, 영국의 윈스턴 처칠Winston Churchill, 1874~1965 총리, 중화민국 장제스 총통, 세 정상은 이집트 카이로 회담에서 처음으로 한국 독립 문제를 논의했다. 현재 한국인이 노예 상태인 점을 고려해 일정기간 미·중·소의 3국 위탁통치를 거쳐, '적절한 시기'가 되면 한국의 독립을 보장한다는 카이로선언을 발표했다. 1944년 6월 26일, 장제스와 카이로회담에 배석했던 쑹메이링이 미국 국무부 전후 방침과 한국 독립 문제를 전달해서 알게 되었다.

1945년 4월 17일 의정원회의에서 중국, 미국, 영국, 소련의 4개국에 상주대표를 파견하자는 결의안이 제출되었다. 손두환은 각국에 체류하는 한국혁명가대표대회를 열어 임시정부 대신 국제관계 및 외교업무를 관장하도록 한국혁명최고위원회를 구성하자고 제안했다. 임정이 문호를 개방하지 않으면

미·소 양국이 한국 문제에 간섭하고, 조선 사람들을 이용해 각자 자신들 입맛에 맞는 정권을 만들게 될 터인데, 그렇게 되면 한국사람들은 미·소 양국의 냉전 체제에 휘말리거나 잔혹한 투쟁이 일어날 수도 있다는 우려에서 나온 제의였다. 10월 20일, 미국 본토와 하와이, 멕시코 등지에 임시정부 세포조직을 두자는 손두환의 결의안이 채택되었다.

1945년 8월 17일, 임시정부 외교부장 조소앙은 김구와 공동명의로 연합국의 승전을 축하하는 편지를 트루먼 대통령 앞으로 작성해서 이승만에게 보냈다. 좌익계열은 별도 행동을 했다. 8월 17일, 중앙문화협회당에서 재중경 한국혁명운동자대회가 열렸다. 선출된 손두환 등 10여 명이 대회 명의로 중국, 미국, 영국, 소련의 각국 지도자들에게 축전을 보내는 한편 임시정부 의정원에 임시정부 해체와 의원직 총사직 등 긴급 개선을 요구했다.

일제의 항복 소식이 전해진 1945년 8월 18일, 제39회 임시의정원이 개원했다. 임시정부는 회의를 앞두고 27년간 임시 의정원 의원들이 대행하던 임시정부의 정권을 오늘 해방된 국내 인민에게 봉환하기 위해 현 임시정부는 곧 입국한다는 결의안을 제출하려 했다. 손두환이 격렬하게 이 결의안을 비판했다. 개회 벽두부터 국무위원 총사직 문제로 격돌했다. 손두환은 임시정부를 해체하고 의원들은 총사직하여 개인 자격으로 입국할 것을 주장했다. "이 정부를 조선에 가지고 들어가는 것은 즉 내란을 일으키자는 위험한 생각입니다. 그러한 위험한 정책을 가진 정부를 그대로 둘 수 없습니다. 나는 조선에도 정권이 있다면 그대로 복종할 것뿐입니다. 무슨 딴말이 있겠고, 그러고서 조선에 들어갈 것 같소, 당신들이 언제 정권을 맡아서 거들었단 말이오. 언제 국내 인민의 정권을 맡아서 거들었단 말이고, 언제 국내 인민의 정권을 받았소, 잘하려면 어서 사직들 하시오……."

손두환의 발언이 도화선이 되어 격론이 벌어지고 김구는 단호하게 총사직에 반대했다. 해방을 맞이했지만 충칭에 있는 한국 독립운동자들의 알력과 적대감은 점점 커졌다. 귀국 문제에 대한 좌우익정파들의 충돌이었다. 8월 23일 결의안에 대한 표결동의가 없이 좌익정파의원들이 일제히 퇴장해서 회의는 결론없이 끝났다.

9월 1일부터 중국 전구에 소속되었던 한국은 태평양 전구 소속으로 이관되어 맥아더MacArthur, 1930~1972 사령부 결정에 따라야 했다. 미군은 임시정부 해체를 요구하고 임정의정원 의원들은 개인 자격으로 귀국하도록 종용했다. 쉽사리 결정을 내리지 못하고 귀국이 지연되어 11월 5일에야 임정요원들은 충칭重慶을 떠나 상하이上海로 향했다. 김구는 11월 23일 상하이에서 대한민국 임시정부 해체를 선언하고 미군 비행기에 올라 그 날 오후 논산 군용비행장에 도착했다. 비행장에는 펄럭이는 태극기도, 환영하는 동포도 없고 낯선 미군 병사 몇 명만 있었다. 오후 6시경 김구 주석 등 임정 요원 15명이 귀국했다고 미군 최고사령관 존 하지John R. Hodge, 1893~1963 중장이 라디오를 통해 짤막하게 알렸다.

1947년 5월, 손두환은 귀국 후 근로인민당에 입당하여 근로인민당 중앙감찰위원장으로 활동하면서 여운형, 김규식 등과 좌우합작운동을 펼치고 민족자주연맹 정치위원 등으로 활동했다. 1948년 4월 14일 평양에서 열린 전국 정당사회단체대표 연석회의에 근로인민당 대표로 참석한 뒤 북한에 남았다. 그 해 8월 해주에서 열린 남조선인민대표대회남한대표대회에서 최고인민회의 1기 대의원에 선출되고 1958년, 종파사건에 연루되어 숙청되었다.

## 참고문헌 및 자료

김학민, 이병갑 주석, 『백범일지』, 학민사, 1998.4.

『대한민국임시정부자료집 9 – 군무부』, 국사편찬위원회, 2006.12.

한상도, 「손두환의 항일민족주의 탐색과 민족운동관」, 『남북한 현대사의 제문제』 국학자료원, 2003.9.

임경석, 『한국독립운동의 역사』 42권, 독립기념관 한국독립운동사연구소, 2009.8.

손세일, 『이승만과 김구』 5권, 조선뉴스프레스 2015.7.

「獨立運動에 관한 건(國外日報 제67보) – 上海方面情報(1919.5.12)」, 『조선소요사건관계서류 – 大正8 年乃至同10年 朝鮮騷擾事件關係書類 共7冊 其7』(한국사데이터베이스 한국근대사료DB).

「上海에 殘存한 鮮人政治団의 情況」, 『不逞團關係雜件 – 朝鮮人의部 – 在支那各地』 5, 1923.6.6(한국사 데이터베이스, 국외항일운동자료 일본외무성기록).

「不逞鮮人의 勞兵會 조직내용에 관한 件」, 『不逞團關係雜件 – 朝鮮人의部 – 在上海地方』 5, 1923.1.13(한국사데이터베이스, 국외항일운동자료 일본외무성기록).

「不逞鮮人 呂運亨 來廣의 目的 및 그 動靜에 관한 件」, 『不逞團關係雜件 – 朝鮮人의部 – 在支那各地』 4, 1926.7.6(한국사데이터베이스, 국외항일운동자료 일본외무성기록).

「광둥에서의 조선병단 조직에 관한 件 2」, 『不逞團關係雜件 – 朝鮮人의部 – 在支那各地』 4, 1925.7.17(한국사데이터베이스, 국외항일운동자료 일본외무성기록).

「關于在广東軍人及外來者의動靜及孫斗煥의略曆之文件」, 『不逞團關係雜件 – 朝鮮人의部 – 在支那各 地』 4, 1926.5.20(한국사데이터베이스, 국외항일운동자료 일본외무성기록).

「廣東 北伐軍에 從事中인 鮮人 將校에 관한 件 1」, 『不逞團關係雜件 – 朝鮮人의部 – 在支那各地』 4, 1926.10.9(한국사데이터베이스, 국외항일운동자료 일본외무성기록).

「在廣東鮮人 統計에 관한 件 1」, 『不逞團關係雜件 – 朝鮮人의部 – 在支那各地』 4, 1926.11.22(한국사데 이터베이스, 국외항일운동자료 일본외무성기록).

「蔣介石이 战地에서 部下 朝鮮人에게 行한 演说에 관한件」, 『不逞團關係雜件 – 朝鮮人의部 – 在支那各 地』 4, 1926.10.11(한국사데이터베이스, 국외항일운동자료 일본외무성기록).

「廣東 北伐軍에 從事中인 鮮人 將校에 관한 件 1」, 『不逞團關係雜件 – 朝鮮人의部 – 在支那各地』 4, 1926.10.9(한국사데이터베이스, 국외항일운동자료 일본외무성기록).

『안창호일기』, 1920.1.18.

「叙任辞令」, 『독립신문』, 1920.4.8.

손두환, 「社會主義者의 韓日戰爭觀」, 『독립신문』, 1920.5.22.

笑公, 「이승만군에게 일언을 고하노라」, 『독립신문』, 1925.3.31.

孫斗煥, 「对于时局, 我的感怀」, 『독립신문』, 1919.9.25.

霍蓉, 「蒋介石朝鲜籍私人机师孙基宗半生漂泊抗日魂归故土赏愿」, 『香港文汇报』, 2015.4.3.

# 오성륜

한자명, 1900~1947

약력

| | |
|---|---|
| 1900년 | 함경북도 온성 출생 |
| 1908년 | 훈춘현 대황거우大荒溝중학교 수학 |
| 1919년 | 봉오동鳳梧洞 대한도독부 |
| 1922년 | 일본 육군대신 다나카 기이치 암살 미수 |
| 1923년 | 모스크바 공산주의노동대학 수학 |
| 1926년 | 황푸군관학교 러시아어 교수 |
| 1927년 | 노농혁명군 제4단 참모 |
| 1930년 | 중국공산당만주성위원회 소수민족위원회 실무위원 |
| 1932년 | 판스현 홍군유격대 조직 |
| 1936년 | 조국광복회 발족 |
| 1936년 | 동북항일연군 제1군 2사단 정치부주임 |
| 1941년 | 일제 만주국 치안부 고문 |
| 1947년 | 팔로군에 체포되어 처형, 혹은 자살 |

오성륜은 함경북도 온성 출신이며 금룡金龙, 한생汉生, 성임成任, 동실东实, 함생咸生, 전광全光 등의 여러 개의 가명을 사용했다. 여덟 살 때 부친을 따라 중국 지린吉林 허룽和龍현으로 이주하여 훈춘琿春현 대황거우大荒沟에서 중학교를 다녔다. 3·1운동이 일어나자 러시아 블라디보스토크로 가서 대한민국의회 군대에 입대했으나 편성에 불만을 품고 지린 봉오동鳳梧洞으로 돌아왔다. 최진동崔振東, 1882~1945이 조직한 대한도독부大韓都督府에서 잠시 활동하다가 1919년 가을 상하이에서 의열단義烈團에 가담했다.

오성륜은 러시아의 허무주의와 무정부주의 영향을 받은 비밀형의 조용한 사나이이다. 힘이 세고 강인한 성격이지만 미술과 문학도 좋아했다. 고향 마을에서 교사생활도 했다. 천부적인 지도자 재능이 있어 많은 사람들이 그를 신뢰하고 따랐다. 그러나 그는 사람을 쉽게 믿지 않고 오랫동안 사귄 뒤에야 믿었다. 그와 함께 여러 차례 죽음에 직면한 장지락張志樂, 김산, 1905~1938조차도 그에 대한 자세한 경력을 모른다. 오성륜은 절대로 말을 믿지 않고 오직 행동만을 믿었다. 그리고 한 번 마음을 정하면 쉽사리 바꾸지 않는 성격이었다.

오성륜이 김익상1895~1925, 이종암양건호, 1896~1930과 일본육군대신 다나카 기이치田中義一, 1863~1929 암살을 시도했다. 다나카는 '간도 불령선인 초토화계획'을 세우고 경신참변을 일으켜 수많은 조선 동포를 학살한 일제 군부 거물이다. 1922년 3월, 다나카 대장이 필리핀 마닐라에 귀국 도중 상하이에 들렀다. 배에서 내려 상하이 황푸강가로 올라올 때, 오성륜이 1선, 김익상이 2선, 이종암이 3선을 맡아 사살하기로 계획을 세웠다.

오성륜이 다나카를 향해 권총을 쏘았으나 앞서 나오던 미국인 여성이 맞아 즉사했다. 급히 차 안으로 피하는 다나카을 다시 조준했지만 총알은 모자를 뚫고 나가는데 그쳤다. 다나카는 택시를 타고 일본영사관으로 달려갔고 김익상과 오성륜은 쓰촨로四川路를 향해 달렸다. 상하이 쓰촨로는 영국 조계지이고 베이쓰촨로北四川路는 미국과 일본의 공동 조계이다. 이종암은 무사히 몸을 피했지만 김익상과 오성륜은 베이쓰촨로에서 일본 경찰에 잡혀 오성륜은 상하이 일본영사관 감옥에 갇혔다.

일본인 수감자들의 도움으로 오성륜은 창문의 자물쇠를 부수고 감옥을 탈출했다. 소련 영사의 도움으로 독일을 경유하여 러시아 모스크바로 갔다. 김립이 여비 1천 원을 협조해 주어 모스크바 동방공산주의노동대학에서 3년간 마르크스주의 이론과 대중운동 전략 등을 공부했다.

중국대혁명이 무르익고 있는 1926년 겨울, 오성륜은 황푸군관학교에 러시아어 교관으로 취직해서 제5기생들에게 러시아어를 가르쳤다. 황푸군관학교의 러시아 대표단들은 오성륜을 통해 조선 의열단원들을 만났고, 오성륜은 의열단원들을 데리고 러시아 대표단이 묵고 있는 숙소를 방문해 그들과 함께 사진을 찍기도 했다.

1927년 오성륜은 광저우기의에 참가했다. 군사위원회 주석 장파쿠이張發奎, 1896~1980, 국민혁명군 사령 황치샹黃琪翔1898~1970과 천공보陈公博, 1892~1946를 생포하거나 사살하는 것이 그의 임무였다. 게릴라전에 능한 박영朴英, 1887~1927과 그의 두 동생이 선두에 서고 오성륜은 2선 저격을 맡고 박건웅朴建雄, 1906~? 등 몇 명이 뒤에서 사격을 지원하기로 했으나 이들이 제4군 군부 사령부에 도착했을 때 장파쿠이는 이미 대피한 뒤였다.

광저우기의 실패 후 중국공산당은 주력군을 노농혁명군 4사단으로 개편했다. 오성륜은 노농혁명군 4사단 참모로 선임되어 하이루펑海陆丰 소비에트 특구로 도피했다. 1928년 1월 21일부터 약 한 달 동안 하이루펑에 머무는 동안 오성륜은 함생咸生이란 이름으로 동장공산당학교東江黨校를 설립했다.

국민당군이 하이루펑을 포위하자 오성륜은 박영의 두 동생 박근수, 박근만과 한 달 동안 바이샤白沙의 한 농가에 숨어 지내다가 4월 현지 주민 등 20여 명과 보트 한 척을 타고 하이루펑을 탈출했다. 1928년 10월, 박근수, 박근만과 홍콩을 경유해 상하이로 잠입해 중국공산당과 연락을 취했다. 1930년대 초, 중국공산당은 오성륜, 박근수·박근만 형제를 남만주 판스현磐石縣에 파견해 조선인들을 중공당원에 가입시키는 임무를 맡겼다. 1930년 가을, 오성륜은 펑톈奉天, 현재선양의 중공만주성위 산하의 소수민족위원회 실무위원으로 재임했다.

오성륜은 동북항일연합군의 모태가 되는 판스현 홍군유격대를 조직했다. 이는 1932년 8월 하순 중국 판스현위원회가 공농반일의용군과 반일산림대를 합병하여 조직한 유격대이다. 오성륜이 의용군 참모장을 맡았다. 11월, 판스중심현에 소비에트 구역을 신속히 건설하라는 중국 만주성위원회의 지시에 따라 홍군유격대는 정식으로 중국 노농홍군 제32군 남만유격대로 개편되었다.

1935년 코민테른 7차 대표대회에서 반제국주의 통일전선과 중국 내 소수민족에 대한 정책이 변경되었다. 조선민족 투쟁의 최종목표가 조선의 독립인 만큼 조선공산주의자들은 동북항일연합군의 지도하에 중국인과 한인 연합부대적 성격을 가진 '항일연군抗日聯軍'을 창설하게 되었다.

1936년 6월 10일, 오성륜은 소수민족 정책에 따라 이상준이동광, 1904~1935, 엄수명?~?과 조국광복회를 발족했다. 조국광복회의 목적은 계급, 성별, 지위, 당파, 나이, 종교 등의 차이를 불문하고 전 민족이 단결하여 일제와 끝까지 싸워 조국을 되찾는 것이었다. 중국 동북부와 조선의 함경남북도, 평안남도, 강원도, 경기도, 경상남도 등 각지에서 민중들이 여러 형태로 조국광복회를 조직했다.

1936년 7월 말, 동북항일연군 제1·2군이 동북항일연군 제1로군으로 개편되었다. 오성륜은 동북항일연군 1군 2사단 정치부 주임을 맡았는데 항일연합군 2군은 조선 사람 약 7,000명이었다. 1936년 동만특위 서기 웨이지민魏極民 산하에서 제1로군 2군 당위원회 정치주임도 역임하였다.

1941년 일본 관동군과 만주국 경찰 토벌 작전 때, 오성륜은 일제에 투항했다. 전향한 오성륜은 일제의 만주국 치안부에서 고문으로 활동하며 가명 야마모토, 영웅, 오성철, 전광 등을 사용하고 러허성热河省 경무청의 보위補尉 청더시承德市 한교동맹위원장직 등을 지냈다. 일본 패전 후 팔로군에 체포되었다. 변절자라는 낙인이 찍혀 1947년, 진찰기晉察冀 항일근거지에서 인민재판을 받고 처형되었다는 설도 있고 자살했다는 설도 있다.

참고문헌 및 자료

湖南省档案馆校 編,『黄埔军校同学录』, 湖南人民出版社, 1989.7.

님 웨일즈·김산, 송영인 역,『아리랑』, 동녘, 2005.8.

한상도,『한국독립운동과 중국군관학교』, 문학과지성사, 1994.3.

김재명,「김원봉의 고뇌와 좌절 上」,『월간경향』, 1987.11.

张文渊,「土地革命初期的东江党校」,『海陆丰革命根据地研究』, 人民出版社, 1988.10.

李香花,「黄埔军校出身的朝鲜族革命者在东北抗日游击队建设中的历史功绩」,『西部大开发中旬刊』, 2012.

朱姝璇·岳恩平,『东北抗日联军史』, 解放军出版社, 2014.4.

# 강파

姜波, ?~1927

약력
1923년    상하이 남화학원에서 수학
1926년    황푸군관학교 교관
1927년    북벌전쟁 난창 딩자교에서 희생

평안북도 정주 곽산郭山 출신 강파는 상하이 남화학원에서 공부한 후 황푸군관학교 교관으로 취직했다. 남화학원은 대한민국 임시정부 학무총장 김규식金奎植, 1881~1950이 미국에서 돌아와 중국 학생과 한국 학생들을 위해 설립한 학교이다. 1923년 9월, 2년 과정 중학교 예과와 특별상과를 개설하고 구미에서 유학한 중국인 교수를 초빙해 영어를 전문적으로 가르쳤다.

강파는 조선혁명군병단 조직에 참여했다. 1926년 3월, 한국 독립운동계 지도자 80여 명이 광둥대학에서 회의를 열고 한인혁명군인회의 구체적인 강령과 회칙을 제정했다. 그리고 조선혁명군병단을 창설하기로 결의했다. 임시정부 초대 군무국장을 역임한 손두환, 임시정부 동로군 사령관이었던 이용이극우, 조선의용대 대장 김원봉 등이 모였으니 한국의 독립운동계의 걸출한 지도자들의 회합이다. 한국과 만주 등지에서 학생들을 모집해 황푸군관학교에서 훈련받고 졸업 후 이들 중심으로 조선혁명군병단을 조직해서 일제와 싸우려는 계획이었다.

만주 독립운동 단체에서는 신속히 입교생을 모집해서 500여 명을 확보하였다. 하지만 7월 9일, 장제스의 북벌전쟁 원정이 시작되어 조선혁명군병단에 가담하려던 수백 명 한인 청년들은 대부분 제4군에 편입되거나 국민당군 제3군, 제2군, 제8군 등에 편성되어 북벌전쟁에 동원되었다. 결국 조선혁명군병단은 조직하지 못했다.

1927년 가을 북벌전쟁 때, 강파는 제2군 2대대 포병영 대장으로 참전했다가 난창 딩자교丁家橋전투에서 희생되었다. 북벌군이 일차로 난창南昌을 점령했다가 빼앗기고 퇴각할 때였다. 1927년 10월 8일, 장제스가 인솔하는 제1군이 쑨촨팡孫傳芳, 1885~1935이 직접 지키고 있는 난창을 공격했다. 장제스는 속전속결로 난창을 점령할 수 있다고 판단했는데 이미 한 차례 북벌군에게 난창을 뺏긴 경험이 있는 쑨촨팡은 전투력을 강화해서 결사대들이 밤새 장제스 제1군의 전열을 흐트러뜨렸다.

북벌군 제2군이 5일간 밤낮으로 지원했지만 별 진전이 없어 장제스는 할수 없이 난창에서 퇴각했다. 딩자교 사수를 맡은 강파는 기관총을 걸어 놓고 동지들이 퇴각할 수 있도록 적들의 추격을 막았다. 치열한 전투에서 많은 전우들이 희생되었지만 단신으로 딩자교에서 적을 향해 기관총을 쏘며 방어하던 중 적탄에 맞아 희생했다.

참고문헌 및 자료

「旅粤韓人革命軍人会 組织에 관한 件」, 『不逞團關係雜件 - 朝鮮人의部 - 在支那各地』 4, 1926.10.22(한국사데이터베이스, 국외항일운동자료 일본외무성기록).
김성룡, 「불멸의 발자취(17)북벌에서의 조선혁명가(下)」, 『길림신문』, 2011.8.16.

# 이검운

李檢雲, 1900~?

**약력**

1900년    함경남도 함흥 출생
1919년    3·1만세 후 중국 망명
1922년    윈난강무학당 수학
1924년    허난 펑위샹 국민군 제2군 교도단 교관
         제2차 직봉전쟁 참전
1925년    황푸군관학교 포병과 교수
1926년    주장九江에서 포위당한 장제스 구출
1927년    공산주의자 혐의로 체포 감금
1928년    조선혁명군사정치학교 교관
1934년    하얼빈에서 재중한인청년동맹 조직

이검운의 본명은 이철호李哲浩이며 함경남도 함흥 출신이다. 1919년 중국으로 망명하여 윈난雲南 강무학당講武學堂에서 19개월간 군사 교육을 받았다. 윈난 강무학당 졸업 후 허난河南 펑위샹馮玉祥의 국민군 제2군에서 1년가량 교도단 교관직을 수행하고 2차 직봉전쟁에 참가한 뒤 황푸군관학교에 와서 포병 조교로 취업했다.

이검운은 북벌전쟁 때 난창南昌 주장九江전투에서 포위당한 장제스를 구출하고 포병대장으로 진급했다. 9월 19일, 북벌군이 난창의 노동자, 학생, 장시江西성 경비대의 협조를 얻어 난창을 점령했다. 난창 점령 소식을 들은 장제스는 크게 기뻐하여 속전속결로 쑨촨팡孫傳芳 군벌사령부가 있는 주장까지 점령할

예정이었다. 그런데 난징南京에서 난창 함락 소식을 들은 쑨촨팡이 황급히 정예부대를 직접 진두지휘하여 주장으로 내려와 북벌 혁명군을 쫓아냈다.

쑨촨팡이 난창을 탈환하자 다급해진 장제스가 직접 주장으로 와서 전쟁을 진두 지휘했다. 그러나 장제스가 인솔한 제1사단 교도단은 난창 전선에서 패배하고 거의 전멸했다.

이검운의 제6군 포병 중대가 쑨촨팡의 포대를 격멸시키고 장제스 부대의 포위를 뚫었다. 이로써 이검운은 대대장으로 승진했다. 이검운은 우한에 주둔하면서 의열단에 가입하고 우한한국혁명청년회와 동방피압박민족연합회에도 가입해서 활동을 했다.

1927년 7월 15일부터 우한 국민정부가 반공 정책을 강화했다. 경비사령부와 공안국이 공산당원을 숙청하고 일반 혁명청년들도 사상이 의심스러우면 체포했다. 특히 일부 조선 청년들이 난창 공산당봉기에 참여했기 때문에 제6군 사령부는 이검운도 공산당원이라고 의심하며 감옥에 가뒀다. 권준 부영장이 이검운 대신 제6군 2포병대대를 인솔해서 호남으로 이동했다. 난창봉기와 광주봉기 기간 동안 이검운은 줄곧 무창감옥에 갇혀 있었다.

석방된 이검운은 중국군을 떠나 '한국의 절대 독립'과 '만주 탈환'을 목적으로 설립한 난징 조선혁명간부학교 교관으로 근무했다. 이검운은 조선혁명간부학교 1기 졸업생들을 데리고 동교 2기생을 모집하고 자금을 모금하기 위해 조선으로 잠입했다. 일제 자료에 의하면 이들은 난징에서 출발해 상하이, 펑톈奉天, 안동현安東縣을 경유해 신의주에서 각자 활동할 곳으로 흩어졌다.

이검운은 북만주 하얼빈 양원현阳原縣에서 재중한인청년동맹을 조직하고 한국의 신의주로 잠입했다. 1934년 10월, 신의주에서 청년 3명을 모집해 조선혁명간부학교에 보내고 10월 2일 신의주에서 체포되었다. 이 일로 인해 일제

는 1934~1935년간 '난징군관학교사건'이란 제목으로 조선혁명간부학교 학생
모집에 관련된 자들을 대대적으로 색출하고 이검운은 2년 징역에 4년간 집행
유예를 언도받았다.

참고문헌 및 자료
한상도, 『한국독립운동과 중국군관학교』, 문학과지성사, 1994.3.
최봉춘, 「류자명의 항일역정과 조선혁명운동」, 『유자명의 독립운동과 한·중연대』, 경인문화사, 2015.8.
「軍官校训练教授李哲浩(喆浩)公判回附」, 『东亚日报』, 1934.11.9.

# 오명
吴明, ?~?

**학력**
윈난강무학당 15기 보병과

**약력**
1926년    황푸군관학교 제5기 훈련부 조교
1927년    중국 본부 한인청년동맹회 감찰위원
1932년    제19로군에서 송후전쟁 참전

---

　　본명과 출생년월일, 본적이 모두 미상인 인물이다. 윈난강무학당 15기 보병과를 졸업하고 황푸군교 5기 훈련부 조교 교관으로 재임했다. 오명은 중국 본부 한인청년동맹회 감찰위원으로 활동한 적이 있다. 중국 본부 한인청년동맹은 1927년 11월 촉성회가 결성된 각 지역 청년 대표들이 중국 관내와 동북지역의 청년들을 연합하여 결성한 통일전선이다. 1932년 상하이사변, 일명 송후전쟁淞沪战争이 일어났을 때 오명은 제19로군에 복무하면서 전쟁에 참전했다.

---

**참고문헌 및 자료**
湖南省档案馆校 編,『黄埔军校同学录』, 湖南人民出版社, 1989.7.
한상도,『한국독립운동과 중국군관학교』, 문학과지성사, 1994.3.
안병무,「上海战争参战韩国青年 – 迎接一二八事件三十三周年回顾从军」.

# 최용건

崔庸健, 1900~1976

최용건은 황푸군관학교에서 최추해崔秋海라는 가명을 썼다. 조선 민주주의 인민공화국 차수 겸 최고 인민회의 상임위원회의 위원장이다. 평안북도 오산 중학교 재학 중 3·1운동을 맞이한 최용건은 동학들과 교내 친일파를 쫓아내 다가 학교 측으로부터 정학 처분을 받았다. 서울로 상경해서도 반일 투쟁을 하다가 체포되어 옥고를 치렀다. 1922년 출소 후 일제의 식민지배를 무너뜨 리고 조국을 해방시켜야 한다는 굳은 결심을 하고 중국으로 망명했다.

최용건은 상하이 화남대학에서 군사학을 공부했다. 그 무렵, 폭발사건이 일

어났는데 무고히 연루되어 옥고를 치렀다. 그후 잠깐 천진 난카이南開대학에 입학했다가 1923년 겨울, 푸젠福建 사람 최수길崔秀吉로 변성명하여 윈난강무학당 제17기 보병과에 입학했다.

1925년, 윈난강무학당 제17기 졸업 후 황푸군학교 제5기 교관으로 복무하다가 1927년 황푸군관학교 특무영特務營 제2연대장으로 승진했다. 특무영은 모두 약 200여 명인데 그중 150여 명이 한국 출신이다.

최용건은 특무영 제2중대를 인솔해서 중국공산당의 광저우기의에 참가했다. 특무영 대장 우잔吳展, 1899~1993은 1927년 12월 11일 오후가 되어서야 황푸군교 교도단이 기의에 참가했다는 소식을 접했다. 최용건은 교장사무실 비서장 왕간루王甘如, 1900~1928와 허총샤오何崇校, 1893~1956 등과 의논해 우파 학생들을 학교에서 쫓아내고 배를 타고 시내로 가서 이를 지원하기로 상의했다.

최용건이 특무영 대오와 배를 타고 강을 건너 위주魚珠에 닿았을 때 날이 저물었다. 도로 옆에 있는 한 사당에서 숙영을 하고 이튿날 새벽 4시쯤 출발했다. 큰 도로를 따라 서우거우링瘦狗嶺에 도착했을 때 동쪽에 서광이 비치고 날이 밝아왔다. 서우거우링 언덕에서 잠깐 쉬고 있는데 서남쪽에서 검은 물체가 이동하는 것이 보였다. 최용건이 일부 대원을 인솔해서 교전을 했는데 이들은 공산당을 반대하는 민단이었다.

이때 광저우기의 봉기군은 철수하라는 명령을 받았다. 특무영 제2중대의 50여 명의 한인들이 사허沙河 포병대 진지를 지키고 있었다. 최용건은 그들과 합류하려고 했지만 도로가 봉쇄되고 지리도 잘 몰라 사허에 남은 동지들에게 철수 명령을 전할 수 없었다. 그날 밤 사허 포병대 전지를 사수하던 일부 특무영 제2중대 한인 50여 명은 국민당군의 반격을 받아 밤새 격투를 벌이다가 거의 전사했다.

1928년 봄, 조선공산당 상하이 지부는 최용건을 북만주로 파견했다. 북만주는 하얼빈哈爾濱에서 중동 철도 노선을 따라 쑹화장 하류에 이르는 광대한 지역이다. 최용건은 김지강金志剛이라는 가명으로 헤이룽장黑龍江 동북부 한인들이 밀집한 탕웬湯原 우동허梧桐河 푸싱富興촌을 근거지로 삼았다. 소학교를 세우고 혁명을 선전하며 군중을 결집하여 농촌 소규모 당조직을 건립했다. 1930년, 지린吉林 라오허饒河縣현 한인들이 밀집한 지역으로 이동해서 최석천崔石泉이란 가명으로 라오허현의 조선족 공산당원을 중심으로 중공라오허현위원회를 조직했다.

최용건은 중국공산당과 연합해서 항일연합군을 조직했다. 1932년 초부터 중공 만주성위원회는 공산당이 인솔하는 항일유격대를 조직하여 인민들과 연합 항일 투쟁을 하기로 결정했다. 최용건은 라오허현의 약 100여 명의 당원을 인솔해서 반일회를 조직하고 항일 투쟁을 전개했다.

1933년 4월 21일, 중국공산당원 6명과 라오허현 다예거우大葉溝의 반일유격대를 라오허 농공의용군으로 개편했다. 대장에 임명된 최용건은 현지의 구국군 및 난사南峽, 안방安邦, 강상평江上平 등 산림대와 연합하여 항일운동을 전개했다.

라오허 농공의용군은 약 100여 명이며 대부분 조선족 당원이었다. 1933년 6월 하순, 최용건은 라오허 농공의용군을 동북 국민군 제1여단특무영으로 개편했다. 1934년 2월 3일 특무영特務營을 폐지하고 라오허 민중 반일유격대대로 개편했다. 참모장은 최용건이었다.

1935년 9월 18일, 라오허 민중반일유격대는 동북 인민혁명군 제4군 4연대와 4군 2사단으로 개편되면서 최용건이 줄곧 참모장직을 맡았다.

1936년 11월 15일 동북항일연군 제7군이 정식으로 창설되었다. 사병은 700여 명이며 천잉주陳榮久, 1904~1937가 군단장, 참모장은 최용건이다. 1937년 3월 초순, 바오마딩즈暴馬頂子에서 개최된 전군 대표자회에서 최용건은 동북항일연군 7군단 당서기 겸 군대장으로 승진했다.

1939년 일본 관동군 토벌작전으로 동북항일연군이 괴멸되었다. 최용건은 김일성金日成, 1912~1994과 '고난의 행군'을 하며 소련 경내로 들어갔다. 이후 소련 원동 방면군 제88독립보병단88국제여단 교도여敎導旅 참모장이 되었다.

1945년 해방 후, 최용건은 초창기 북한 보안국장과 보위상을 거쳐 북조선 인민위원회 부위원장, 인민군 총사령관, 조선노동당 중앙위원회 부위원장, 중앙위원회 서기, 조선민주주의인민공화국 부주석 등을 지냈다. 1976년 9월 19일 평양에서 76세를 일기로 병사했다.

참고문헌 및 자료

湖南省档案馆校 編, 『黄埔军校同学录』, 湖南人民出版社, 1989.7.

赵素芬, 『周保中将军转』, 解放军出版社, 1988.11.

金雨雁·卜灿雄, 「广州起义中的朝鲜义士」, 『广州起义研究』, 广东人民出版社, 1987.10.

黎显衡, 「广州起义纪实」, 『广东文史资料存稿选集·第四卷』, 广东人民出版社.

何崇校, 「黄埔军校特务营参加广州起义经过」, 『广州起义』, 中共党史资料出版社, 1988.

崔庸键, 「崔庸键参观中国革命博物馆时谈参加广州起义的韩国同志」, 『广州起义』, 中共党史资料出版社, 1988.

朱姝璇, 岳恩平 編, 『东北抗日联军史』, 解放军出版社, 2014.4.

沈庆林, 『中国抗战时期的国际援助』, 上海人民出版社, 2000.10.

卢权, 『广东革命史辞典』, 广东人民出版社, 1993.11.

# 안응근

安応根, 1896~1978

**약력**

| | |
|---|---|
| 1896년 | 평안남도 신천 출생 |
| 1909년 | 사촌형 안중근 가족과 블라디보스토크로 망명 |
| 1920년 | 임시정부 외교위원 |
| 1923년 | 윈난강무학당 제17기 입교 |
| 1925년 | 만주 정의부 군사위원 |
| 1926년 | 황푸군관학교 제5기 교관 |
| 1932년 | 한인애국단 조사위원 |
| 1935년 | 김구 경호원 |
| 1937년 | 톈진 영국조계지에서 일본군 군사활동 정보수집 |
| 1939년 | 임시정부 의정원 의원 취임 |
| 1948년 | 방북하여 김일성 면담 |
| 1978년 | 숙환으로 사망 |

안응근의 본명은 안경근安敬根이다. 평안남도 신천 출신이며 1909년 일본 통감 이토 히로부미를 암살한 안중근安重根, 1879~1910의 사촌 동생이다. 안응근은 평안남도 진남포보통학교에서 부훈관副訓官으로 근무하다가 사촌 형의 의거 소식을 접했다. 안중근의 뜻을 잇기 위해 형의 가족을 데리고 안중근이 활동하던 러시아 블라디보스토크로 망명했다.

1919년 상하이에 대한민국 임시정부가 수립되었다는 소식을 듣고 안응근은 임시정부가 있는 상하이로 왔다. 1920년 10월, 임시정부 외교위원에 임명되어 모스크바로 건너가서 이동휘李東輝, 1873~1935, 김규식金奎植, 1881~1950 등과 레닌 정

안응근
출처_「안응근」, 한국민족문화대백과사전.

부로부터 지원을 받기 위해 노력하다가 1922년 4월, 윈난강무학당에 입학했다. 윈난강무학당에서 훗날 북한 국가건립의 차석이 되는 최용건崔庸健, 1900~1976과 같은 기숙사에서 2년을 함께 지냈다. 1925년 윈난강무학당을 졸업하자 임시정부는 그를 지린吉林성 화덴樺甸현 정의부正義府로 파견했다.

정의부는 한인 7만여 명을 관할하는 군사 중심의 자치기관이다. 조선군총군사령관은 이청천李靑天, 1888~1957이었다. 독립된 사법기관과 경찰도 설치하고 관내에 학교를 세워 교과서를 편찬하는 등 동포 인권보호와 민족정신 고취에 힘쓰는 작은 군정부이다. 안응근은 만주 정의부 군사부 위원으로 활동하다가 임시정부로 돌아왔다.

1926년 하반기, 임시정부는 안응근을 황푸군관학교 교관으로 파견했다. 그때 윈난강무학당 동창생 최용건도 5기생 교관으로 근무하고 있었다. 그들의 교관생활은 길지 않았다. 부임하고 얼마 지나지 않아 1927년 4월 '청당'정변이 일어났기 때문이다. 쿠데타로 인해 학교가 혼란해지고 정국이 불안해졌다. 중국 정세의 급변을 겪으면서 안응근은 교관직을 그만두고 상하이 임시정부로 돌아왔다. 그 후 김구와 함께 민족운동에 종사했고, 최용건은 중국 동북의 농촌지역으로 가서 중국공산당 재건 활동에 투신했다.

일제가 한·중 두 민족 간의 감정을 이간질시키기 위해 고의적으로 완바오산万宝山사건을 일으켰다. 1931년 7월, 일본인이 중국인과 합작으로 장농도천

공사長農稻天公司를 설립하고 매국노 허용더赫水德란 사람을 대표로 세웠다. 허용더는 임의로 미개간지 약 200헥타르를 한인농민에게 10년간 임대했다. 이 계약으로 인해 한인 농민 180여 명이 이주해 개척에 착수했다. 관개수리공사를 하다가 중국인의 농지가 매몰되어 한·중농민이 충돌했다. 이 사태를 지켜본 일본 경찰이 중국 농민을 향해 무차별 발포하고 일본과 한국 언론에 중국인이 한국인 200여 명을 죽였다고 언론에 발표했다.

이 보도로 인해 한·중의 민족감정이 악화되었다. 한국인들이 인천, 평양, 신의주, 한성 등지에서 중국인의 변발을 가르고 중국인을 무차별 보복 살해했다. 109명 화교가 피살당하고 160여 명이 중상을 입었다. 일본인의 사주를 받은 한인들 소행이었다. 한·중 관계는 갈수록 악화되고 대한민국 임시정부는 중국에서 아무런 활동도 할 수 없는 상황이 되었다.

김구金九, 1876~1949는 임시정부의 의뢰를 받아 한인애국단을 조직하고 암살과 파괴 작업을 벌였다. 안응근이 한인애국단의 조사위원직을 맡아 김구를 도왔다. 한인애국단이 기획한 첫 행동이 윤봉길1908~1932 의거이다. 1932년 4월 29일, 윤봉길이 김구의 지시에 따라 일본옷을 단정하게 입고 도시락형과 물자전자형 폭탄을 지니고 일제의 승축기념행사가 진행되는 홍커우공원 행사장에 입장했다. 축제가 끝나갈 무렵 일본 국가를 부르는데 스피커에서 잡음이 들리고 비가 내렸다. 이 틈을 타 윤봉길이 축제 단상을 향해 폭탄을 던졌다. 이날 오후 1시부터 어떤 사람이 홍커우공원에서 많은 일본 고위 관료를 죽였다는 소문이 돌았다. 어떤 이는 중국인의 소행이라고 하고, 어떤 이는 고려인이 했다고 한다. 이 일은 김구 외에 몇몇 사람만 알고 있었다.

조선 총독부, 일본 외무성, 상하이 일본군사령부가 연합해서 김구 체포에 현상금 60만 위안을 걸었다. 저장성浙江省 정부 요원 추푸청褚輔成, 1873~1948이 자신의 고향 저장성浙江省 자싱嘉興에 김구를 비롯한 임시정부 요원들 은둔처를 제공해 주었다. 안응근은 은둔한 김구와 긴밀히 연락하면서 자싱 남호南湖의 작은 배에서 임시정부 요원들이 회의를 열 수 있도록 주선하는 등 임시정부 업무를 추스렸다.

장제스가 한국의 독립운동에 관심을 가지고 적극 지지하기 시작했다. 김구에게 중앙군사학교 뤄양洛陽군관학교분교에서 한인 군사를 양성하도록 승인했다. 일제의 거센 항의로 인해 1기생 62명을 배출하고 분교는 닫았지만 뤄양군관학교를 졸업한 한인 청년들은 중국군에 분산되어 장교로 근무하거나 난징南京군관학교 본교로 진학하고 후에 조선의용대 일원이 되었다. 김구가 한국독립군특무대를 조직했을 때, 안중근의 동생 안공근安恭根, 1889~1940은 참모장이었다. 안응근은 대원으로 활동했다.

윤봉길 의거 이후 안응근은 김구의 신변 보호와 경호 임무를 전담했다. 난징 헌병대에 근무하는 이관오李冠五가 안응근이다. 변성명하여 김구를 밀착 경호를 하고 장제스와 김구 사이의 연락을 담당했다. 김구의 아들 김신이 아버지를 만날 때, "남경에 살 때, 할머니곽낙원가 아버지김구를 만나려면 나김신을 시켜서 안중근 의사의 사촌인 안경근에게 연락했어요." 몇 단계 경로를 거쳐야 비로소 아버지를 뵐 수 있었다고 김신은 회고했다.

안응근은 평소 중국옷을 입고 난징南京성 내 장원경壯元慶여관 3층 27호에 거주했다. 1937년부터 1938년까지 안사준安士俊이라는 가명으로 국민당의 중국인 이원일李元一, 1918~1943과 활동했다. 이런 안응근의 특무활동은 장제스 직계파와의 비호를 받았다. 안응근은 주로 톈진 영국 조계지에서 일본군의 군사 행동을 조사하고, 후방을 파괴하여 교란케 하며 일본인 업무를 방해했다.

임시정부가 충칭重慶으로 이전하고 안응근은 임시정부 의정원 의원에 취임했다. 1942년 10월 임시정부의 군사위원이었다. 그러나 임시정부의 공식적인 자료 속에는 그의 임시의정원 의원이나 군사위원으로서의 활동 관련 기록은 보이지 않는다. 공개적이고 공식적인 활동을 자제하고 이면에서 비공개, 비공식적으로 헌신하는 행동 양식 탓으로 유추한다.

일본의 패망이 점점 다가올 무렵, 중국에서 활동하던 독립운동지도자들은 해방을 맞을 준비를 했다. 충칭의 임시정부는 한국으로 들어가 전쟁을 일으키고자 한국광복군을 창립했다. 공산주의자 측에서도 무정, 김두봉金枓奉, 1889~1961, 최창익, 박효삼 등이 중국공산당 활동구역에서 조선의용군을 인솔하며 한국으로 진공할 날을 기다렸다. 김일성1912~1994과 최용건은 소련 하바롭스크 근교의 야영지에서 일본군과 전쟁을 대비해서 항일유격대를 훈련하고 있었다.

이렇게 준비하던 한인들의 대일전쟁은 일본이 항복함으로써 물거품이 되었다. 1946년 5월, 안웅근이 귀국했을 때 한국은 이미 38선을 경계로 남북이 분단되었다. 카이로선언에 따라 미국과 소련이 38선 이남과 이북에서 전후 처리를 했다. 미소공동위원회가 전후 각종 문제를 해결하고 조율했으나 미·소 간 입장 차이를 줄이지 못하고 한국 문제는 유엔총회에 회부되었다. 유엔은 남북한이 선거를 통해 한국 임시정부를 수립하기로 결정했지만 소련은 이를 받아들이지 않았다.

1946년 6월 3일 이승만은 "한국이 단독으로 정부를 수립할 수 있다"는 발언을 해 세계를 놀라게 했다. 1947년 11월 14일 유엔총회는 유엔 감시하에 남한에서 총선을 실시해 단독정부를 수립하기로 결정했다. 김구는 남북 통일정부 수립만이 유일한 민족 생존의 길이라고 주장하고 통일정부 수립에 주력했지만 남한 내 상황은 점점 단독정부 수립 쪽으로 기울고 있다.

김구는 남한 단독선거로 인해 국토가 양분되는 비극을 막으려고 북조선과 직접 대화를 시도했다. 1948년 2월 16일 당시 북한 정권 실세이자 상하이와 충칭에서 같이 독립운동을 펼쳤던 김두봉에게 남북 통일정부 수립을 논의하자고 비밀리에 편지를 보냈다. 북한은 평양방송을 통해 평양에서 남북 전국 정당과 사회단체대표자 연석회의를 개최한다고 밝혔다. 김두봉이 4월 14일, 모란봉극장에서 연석회의를 열어 민족 분열을 막기 위해 논의한다는 내용의 회신을 김구에게 전달했다. 김두봉이 김구에게 보낸 답장은 민족 분열을 막기 위한 남북연석회의라고는 하지만 비난과 반박, 풍자와 공갈의 어조를 띠고 있어서 회신의 진의를 판단할 수 없었다.

김구는 안응근을 밀사로 북한에 보냈다. 남북한 연석회의 개최 진의를 알기 위해서다. 북한 정권의 실세인 최용건과 김두봉은 안응근의 절친한 친구이다. 특히 인민군 최고사령관 최용건은 안응근과 윈난강무학당의 같은 기숙사에서 2년간 생활하고 광저우 황푸군관학교에서 함께 교관으로 근무했다.

김구는 안응근에게 평양에 가서 북한 상황과 분위기를 파악하라고 당부했다. 4월 7일, 안응근은 평양에 들어가 다음 날 밤 김일성을 만났다. 김일성은 38선 경계는 우리가 만든 것이 아니라 외부 세력이 만든 것이며 우리는 동족이니 동족끼리 마주 앉아 조국의 운명을 협의하기를 바란다고 당부했다. 안응근은 4월 10일 서울로 돌아왔다. 김구는 안응근의 보고를 받고 방북을 결정했고, 4월 19일 남북협상회의에 참석하기 위해 북행길에 올랐다.

1949년 6월 26일 김구가 암살당하고 이듬해 한국전쟁이 발발했다. 1951년 1·4후퇴 때 안응근은 대구로 피난해 23년을 살았다. 그동안 이승만이 실각하고 1960년 4월 9일 박정희1917~1979가 쿠데타를 일으켰다. 안응근은 박정희 대통령의 독재를 반대하는 중심 인물로 떠올랐다. 체포된 그는 '조선 괴뢰집단 활동을 도왔다'는 죄목으로 2년 반을 수형받고 1963년 12월 16일 석방됐다.

참고문헌 및 자료

湖南省档案馆校 編,『黄埔军校同学录』, 湖南人民出版社, 1989.7.

『대한민국임시정부자료집 9 – 군무부』, 국사편찬위원회, 2006.12.

「安敬根이 걸어 간 한국근현대사」,『한국민족운동사연구』 78권.

『선우진 회고록――些日子与金九先生一起』, 青色历史, 2009.1.

염인호,『김원봉연구』, 창작과비평사, 1993.1.

「『한민』 제15호(1937. 7. 30)」,『대한민국임시정부자료집 35 – 한국국민당 I』(한국사데이터베이스 한국
근대사료DB).

石源华,『韩国独立运动与中国』, 上海人民出版社, 1995.4.

북경학병단에서 수련한 교관

# 공주선

孔周宣, 1894~?

약력
1894년    출생지 미상
1923년    한국노병회 제4회 이사회에서 베이징 학병단 파견
1924년    임시정부로 복귀
1927년    황푸군관학교 6기 교관으로 취직

공주선의 이명은 공주선孔周善이며 1923년 1월 한국노병회 제4회 이사회 결정으로 북경학병단北京學兵團에서 유학했다. 북경학병단에서 1년간 군사 훈련을 마치고 임시정부로 복귀했다. 그 후 윈난강무학당 포병과를 졸업하고 황푸군관학교 제6기 교관으로 취직했다. 공주선은 대위 신분으로 황푸군관학교 제2총대부 제1중대 대장직을 수행했다. 1932년 중국군대에서 일제가 상하이를 공격한 송호松滬전쟁에도 참전했다. 1933년 옥성빈玉成彬, 1886~1933 암살사건 혐의자로 체포되어 연행되었다. 심문과정 입증자료가 부족하였으나 1934년 1월 7일 평북경찰서로 강제 압송되었다.

참고문헌 및 자료
「대한민국 5년(1923) 주요사건」, 『대한민국임시정부 자료집 별책 2 − 조선민족운동연감 92』(한국사데이터베이스 한국근대사료DB).
한상도, 『한국독립운동과 중국군관학교』, 문학과지성사, 1994.3.
「朝鮮運動 兩巨頭被逮」, 『조선일보』, 1934.1.13.

의병에서 광복군 참모까지

# 채원개

蔡元凱, 1895~1974

| | |
|---|---|
| 본명 | 형석灐錫 |
| 이명 | 채원개, 옥석鋈錫, 군선軍仙, 형세衡世 |
| 본적 | 평안남도 영원군寧远郡 |
| 직위 | 황푸군교 5기생 제1학생총대 부대장 및 편집위원회 위원, 독립학생대 대장 |
| 경력 | 대한독립단 군사 훈련책, 대한통의부 독립군 대장, 국민대표회의 대한통의부 대표 |
| | 뤄양강무학당 한국인 교관, 이승만 임시대통령 탄핵위원, 육군주만주 참의부 군사위원장 |

약력

| | |
|---|---|
| 1895년 | 평안남도 영원군 출생 |
| 1915년 | 조선보병대 근무 |
| 1919년 | 영원군 만세운동 주도 |
| 1922년 | 대한통의부 독립군 대장 |
| 1923년 | 허난성河南省 뤄양洛陽강무학교 수학 |
| 1924년 | 직봉전쟁 참전 |
| 1925년 | 이승만 임시대통령 탄핵위원 |
| | 육군주만주참의부 군사부 부장 |
| 1926년 | 황푸군관학교 독립학생대 대장 |
| 1927년 | 중국군 광둥수정공서廣東綏靖公署 우-전검사원 |
| 1928년 | 유월留粤한국혁명청년회 집행위원 |
| 1932년 | 한국독립당 |
| 1940년 | 한국광복군 참모 |
| 1946년 | 해방 후 통위부국방부 근무 |
| 1949년 | 지리산 좌익공산단 토벌전 지휘 |
| 1974년 | 노환으로 사망 |

1926년 황푸군관학교 제6기 입오생 과정을 마칠 무렵, 황푸군교 측은 외국인 학생 600명을 독립학생대로 편성했다. 제1중대는 한국인, 제2중대는 베트남인, 제3중대는 말레이시아인인데 채원개는 독립학생대 대장이다. 채원개는 대한제국의 황실 보병대에서 군인 생활을 시작하고 광복군 참모가 될 때까지 30여 년간 망한 조국을 지켜온 민족군인이다.

제18회 대통령표창수상자 결정 보도 속 채원개
출처_『동아일보』, 1963.8.30.

## 만주에서 의병 활동

1907년 일제는 대한제국의 군대를 강제로 해산시키고 조선 황실을 보위한다는 명목으로 보병대 200명을 남겼다. 채원개는 1915년부터 4년간 보병대에서 복무하다가 1919년 3·1만세운동이 발발하여 고향으로 돌아왔다. 고향 평안남도 영월군에서 예준기芮俊基 1902~1942, 이운서李云瑞, 1890~? 등 애국청년과 민군을 규합하여 만세 시위를 하다가 체포되었다.

그해 가을에 탈옥하여 중국으로 망명했다. 펑톈奉天 유하현柳河縣 산웬푸三源浦에서 대한독립단 총단장 조맹선趙孟善, 1872~1922, 총무부장 양기하梁基瑕, 1878~1931 등을 만나 독립군을 건설하는 것에 합의하여 남만주 군사 훈련 책임을 맡았다. 대한독립단은 국가가 위급한 상황에 처하여 조정의 징발령을 기다리지 않고 의리로 일어나 종군한 의병들로 구성된 무장 독립단체이다. 의병들은 나라를 위해 죽는다는 강한 충의와 의지를 가지고 일본군과 맞섰지만 현대식 무기를 갖춘 일본군을 당할 수가 없어 중국으로 망명했다.

1908년 유학자 의병 유인석柳麟錫, 1842~1915이 전쟁에 패하고 의병 60명을 데리고 압록강을 건넌 것을 시작으로 박장호朴長浩, 1876~1921, 백삼규白三圭, ?~1920, 조맹선趙孟善, ?~1922, 전덕원全德元, 1877~1943, 홍범도洪範圖, 1868~1943 등이 만주에 정착해서 의병 활동에 종사했다. 초창기 만주에 온 의병들은 첩첩산중에 집을 지어 사냥이나 벌목으로 업을 삼았다. 쌀이 없어 감자와 콩을 먹고 살면서도 열악한 환경을 극복하고 장기적으로 항전 태세를 갖추었다. 의병장들은 만주 일대에 분산하여 교민들을 다스리는 한편 정보원들을 국내로 보내 일제의 군사정보를 탐지하고, 주요시설을 파괴하거나 유격전을 펼치면서 대한제국을 회복하려고 한일병합 이후 10여 년간 애를 썼지만 활동은 별 진전이 없었다.

평화적으로 시위한 3·1만세운동이 일제의 군화와 총칼에 무참히 짓밟히자 십여만 명의 사람들이 목숨을 걸고 국경을 넘어 만주로 물밀듯 몰려 왔다. 1919년 3월 15일, 이들을 규합하기 위해 흩어져 활동하던 의병지도자들과 유림인사 560여 명이 류허현柳河縣 산웬푸三源浦 시거우西沟 대화세大花斜에 모였다. 지금까지 의병장들이 산발적으로 운영하던 독립운동 단체를 모두 해산하고 하나의 단체로 통합하기로 결의하여 4월 15일 '대한독립단'을 결성했다.

채원개는 대한독립단 군사 훈련 책임자로 입단했다. 1920년부터 대한독립단은 중앙본부를 유하현 삼웬푸에서 지안현으로 옮기고 린장臨江, 집안集安, 환인桓仁, 관전寬田 등 현에 지단을 설치하고 압록강 국경 연안으로 진입해 왜적 경비지대에서 유격전을 전개했다.

채원개는 조선보병대에서 황실을 보위한 경험이 있는 복벽주의자였다. 대한독립단 주요 직책을 맡은 임원들도 대부분이 유림과 양반 출신이어서 조선

왕조를 다시 살리자는 복벽을 주장하는 성격이 강했다. 1919년 말, 국가연호 사용 문제로 대한독립단 내부는 기원파紀元派와 민국파民國派로 분열되었다. 그 때만 해도 채원개는 기원파로 분류되었다. 기원파 간부 대부분은 구왕조에 충성하려는 연로한 유학자들이어서 국가연호를 단기檀紀 혹은 융희隆熙를 사용하자고 주장하고 상하이 임시정부를 무시했다. 신사조와 과학적인 사상을 수용한 급진적인 청년들은 민국파를 형성하여 대한민국 임시정부가 수립된 1919년을 대한민국 연호로 사용하자고 주장했다.

지역 교민들이 기원파를 호응하지 않고 군비 모집에도 인색하여 별로 성과를 거두지 못하자 노선을 변경해서 대한민국 임시정부를 인정하고 임시정부의 지도를 받았다. 1919년 7월 임시정부가 국내 각 지방과 비밀히 연락하는 연통제聯通制를 실시했다. 대한독립단은 적극적으로 호응했다. 김승학金承學, 1881~1964 등을 국내로 밀파해서 대한독립단 지부 80여 곳을 비밀히 설치하여 뜻있는 청년들을 모집하여 입단시키고 군자금도 모았다.

1921년 만주의 항일무장 단체들은 청산리전쟁과 경신참변을 겪으면서 일제가 다시 공격을 해 온다면 감당할 수 없을 만큼 힘이 약화되었다. 항일무장 단체를 통합해야 할 필요성이 절실하게 대두되었다. 1921년 4월, 베이징에서 전 세계에 흩어져 있는 민족의 항일무장 세력을 하나로 모으기 위해 미주와 노령, 서북간도 및 국내 10개 단체의 대표 17명이 군사통일회의를 개최해서 한 달간 열띤 토론을 펼쳤다. 그러나 목적을 달성하지 못하고 유회되었다.

만주지역 항일무장 단체 대표들은 만주만이라도 군사조직을 통일하고자 시도했다. 1922년 8월 23일 대한통군부 등 8단團 9회會 독립운동단체 대표들이 펑톈성奉天省 환런현桓仁縣 마첸즈馬圈子에서 회의를 했다. 이 자리에 모인 대표들은 7일간 회의를 거듭하면서 독립운동 단체를 모두 포용하는 취지로 대한통군부를 조직했다.

대한통군부는 보다 효과적으로 항일독립운동을 펼치기 위해 준국가적인 조직체계을 갖춘 대한통의부로 확대 개편했다. 대한통의부 총장은 김동삼金東三,1878~1937을 선임하고, 산하에 민사부, 교섭부, 군사부, 법무부, 재무부, 학무부, 실업부, 교통부, 참모부 등 10개 부서를 설치했다.

대한통의부는 관덴현寬甸縣, 환런, 통화, 유하 등 12개 지역을 관할하며 각 지역에 총관사무소를 설치하여 한인을 보호하고 군자금을 모았다. 관할구역에 학교도 설립하고 기관지『대한통의부공보』,『경종보』도 인쇄하여 재만 동포의 민족정신을 고취하고 교육과 계몽에도 주력하는 자치기관으로 발전했다.

채원개는 그동안 군사활동을 인정받아 대한통의부 독립군 대장에 임명되었다. 대한통의부 초창기 의용군은 8백 명인데 산하에 5개 중대와 2개의 유격 헌병대로 편성했다. 만주지역 외 국내 충청도, 전라도, 경상도 등에도 결사대를 조직하여 유사시를 대비했다. 전성기에는 병력이 3,250명까지 늘었다. 통의부 독립군단은 많은 병력을 보유하기도 했지만, 독립군들이 지리에 밝아 한국 진입전에서 효과적인 항일 무장 투쟁을 수행했다.

1921년 2월, 상하이 임시정부는 내부 분열로 인해 그 역할을 수행할 수 없는 상황에 이르렀다. 전체 민족운동가와 단체가 모여 국민대표회를 개최하자는 주장이 제기되었다. 채원개는 대한통의부 대표로 선임되어 대한통의부가 마련한『독립신문』후원금을 가지고 상하이로 가서 국민대표회의에 참석했다. 국민대표회의는 독립운동사에 있어서 가장 규모가 큰 회의였다. 한국을 비롯하여 미주, 상하이, 만주, 러시아 등 지역에서 120여 명의 대표자가 참석했다. 국민대표회의 의장은 통의부의 김동삼이었다.

국민대표회의는 임시정부의 문제점을 개조하여 계속 존속시키느냐 아니면

이를 폐지하고 새로운 정부를 창조하느냐하는 문제로 서로 대립했다. 서간도 민족운동단체들은 미국에 위임통치를 청원한 이승만 임시대총통을 임시정부에서 퇴출시키고 임시정부의 제도를 개조해서 유지해야 한다는 결의서를 채택했다. 그러나 두 파가 심하게 대립하여 의장인 김동삼을 비롯한 재만 독립군 대표들은 1923년 5월 15일 대표 사면 청원서를 제출하고 만주로 돌아갔다.

채원개는 국민대표대회에 계속 참여하지 않고 노병회 정책에 따라 허난성河南省 뤄양洛陽강무학교에 입교했다. 최천호崔天浩, 1900~1989 등 11명과 철도 경한 선京汉线과 용해선陇海线를 갈아타고 뤄양강무학교에 도착했다. 일찍이 뤄양강무학교에 근무하고 있던 조윤식趙潤植, 1894~1950과 김유신金有信, 1916~1943이 채원개 일행을 영접했다. 이들의 안내로 채원개는 북양군벌의 총수 우페이푸吳佩孚, 1874~1939를 만났다.

우페이푸는 한중 양국은 순치脣齒 관계임으로 적극 분투하라고 격려했다. 채원개는 기병과에서 훈련을 받는 한편 뤄양강무학교에 재학 중인 한국인 학생을 관리했다. 1923년 말부터 1924년 초 뤄양강무학당에는 재만 대한독립단 소속 및 국내에서 파송해 온 한인 입교생 50명과 유년학생 과정에 30명이 교육을 받고 있었다.

제2차 직봉전쟁이 일으나서 뤄양강무학교의 한인군사들도 군벌전쟁에 참전했다. 우페이푸가 패배했다. 채원개는 톈진을 경유해 상하이로 돌아와 임시정부에 경과를 보고하고 독립신문사에 잠시 근무하면서 임시정부 활동에 참여했다. 대한민국 임시정부 육군대위와 평안남도 대표, 의정원 의원에 임명되었다.

채원개는 이승만 탄핵재판소 심판위원으로도 선임되었다. 이승만은 1919년부터 1925년까지 6년 동안 임시정부의 대통령이었지만 실질적인 대통령 역할을 못했다. 이승만이 임시대통령으로 선출되던 1919년 9월, 이승만이 미국 대통령 윌슨에게 국제연맹 한국 위임통치안을 제출했기 때문이다. 임시정부 각료들은 분노하여 이승만에 대한 불신임 결의를 하고 사퇴를 종용했다.

이승만은 사태를 수습하려고 하였으나, 상하이에 체류하는 동안1921년 1월부터 5개월간 오히려 분란만 키운 채로 5월 17일 미국으로 돌아갔다. 실제로 당시 상하이 임시정부가 겪는 상당한 혼란은 이승만으로 인해 발생한 문제였다. 대통령이 출발부터 임시정부의 힘을 분산시켜 발전을 가로막는 존재가 된 것이다.

당초 독립이 오래 걸리지 않을 것이라 판단해서 임시대통령 임기를 정하지 않았다. 이승만을 물러나게 하기 위해서는 탄핵을 할 수밖에 없었다. 채원개는 최석순崔錫淳, 1892~?, 문일민文一民, 1894~1968 등 임시정부 의원 10명이 이승만 임시대통령 탄핵안을 의정원에 제출했다. 1925년 3월 18일, 탄핵안을 가결하고, 3월 21일 심리하여 대통령 면직을 결정한 후, 3월 23일 이승만 탄핵 심판서를 발표했다. 이승만 대통령의 탄핵 문제가 처리되자 곧바로 박은식朴殷植, 1859~1925을 임시정부 제2대 대통령으로 추대했다.

한편, 만주의 대한통의부는 국민대표회의가 진행되는 동안 복벽주의파와 공화주의파가 적대관계로 대립하여 분열되었다. 양기탁梁起鐸, 1871~1938을 비롯한 공화계 인사들이 많은 요직을 차지하고 복벽주의 대표인 전덕원全德元, 1877~1943에게는 권력 없는 참모부 부감이라는 직책이 주어진 데 대한 불만이 원인이었다.

1922년 10월 14일 전덕원 휘하의 독립군이 선전국장 김창의金昌義, 1885~1923를 살해하고 양기탁을 비롯한 공화계 주요 간부들을 포박하여 구타하는 참혹한 동족상잔이 발생했다. 전덕원을 비롯한 복벽주의파 인사들은 1923년 2월 '의군부'라는 새로운 군단을 만들어 대한통의부를 이탈했다. 전덕원 계열이 이탈하고 또 일부 세력이 지도층의 노선에 불만을 품고 이탈하려는 조짐이 일었다.

통의부와 의군부는 무력충돌을 불사하면서 상대를 반목하고 적대시했다. 이런 상황을 타개하기 위해 통의부 의용군 제1중대장 채찬蔡燦, 이명 백광운, ?~1924, 을 비롯한 박응백, 김원상 등이 1923년 말 상하이 임시정부를 찾아가서 임시정부에 소속되어 오로지 독립운동에만 전력하겠으니 임시정부가 구심점이 되어 문제를 해결해 줄 것을 요청했다.

채원개는 내무부장 이유필李裕弼, 1885~1945과 남만주를 방문했다. 주요 임무는 민족 사이에 발생한 갈등을 조정하는 일이었다. 1925년 5월 통허현通河縣에 임시정부 산하의 '육군주만주참의부'가 설립되었고, 채원개가 육군주만주참의부 군무부장에 임명되었다. 육군주만주참의부가 성립된 것은 동족 간의 갈등을 피하고 광복전선을 하나로 통일하려는 의도였으나 오히려 역효과가 나타났다.

통의부 간부들은 남만군단이 임시정부에 복종한 것을 수치로 여기고 참의부를 질시하는 성토문을 발표하고 음력 7월 2일 밤, 참의부 제5중대를 공격했다. 참의부 대장 김명봉金鳴鳳, ?~1924 외 1명이 암살당하고 무기도 강탈당했다. 그리고 암살단을 파송하여 중앙부의 참모장 채찬을 사살했다. 또 국내에서 일제 주요 기관을 파괴하고 만주로 돌아오는 참의부 일행 5명을 압록강변에서 사살하고 무기 및 군자금 3만 원도 탈취했다.

채원개는 각 부의 지도자들을 만나고 한인 사회를 순방하며 통의부와 참의부 두 단체의 갈등해소를 위해 노력했다. 지방 정부라고 자임하는 통의부나 참의부는 싸워야 할 적은 그냥 두고 동족끼리 대혈투를 치르고 있었다. 만주의 민중들은 통의부나 참의부 어느 부에 소속된 인민이 되어야 했고, 부민 확보를 위해 지도자들은 이런 식으로 동족끼리 전쟁을 하고 있으니, 혁명지사뿐 아니라 일반 민중도 독립운동 자체에 환멸을 느끼는 자들이 늘었다.


## 황푸군관학교에 파견된 임시정부 군사지도자

1926년 봄, 채원개는 임시정부의 지시에 따라 육군주만주참의부 군무부장 직을 사임하고 황푸군관학교로 파견되었다. 기술주임 교관 김훈양림(楊林)의 안내로 교육장 팡딩잉方鼎英, 1888~1976을 접견하고 제5기생 제1학생총대 부대장에 임명되었다.

그 무렵, 황푸군관학교에는 윈난강무학당을 졸업한 김훈과 최추해, 임시정부에서 활동하던 손두환, 공주선, 최철남 등이 교관으로 재직하고 있었다. 황푸군관학교는 제6기부터 외국인 학생 600여 명을 독립학생대로 별도 편제했는데 채원개가 독립학생대 대장에 임명되었다.

1927년 4월 18일 황푸군관학교 구락부에서 회의 도중 갑자기 공산당원과 혁명학생 200여 명이 체포되었다. '청당사변'으로 불리는 장제스의 반공운동이 시작된 것이다. 이들은 중산함中山艦에 억류되거나 난스터우南石头감옥으로 호송되어 구금되거나 사살되었다. 사회주의 계열의 학생들은 퇴학을 당하거나 자퇴하여 학교를 떠났다. 이 시기 황푸군관학교도 난징南京으로 이전했다. 청당운동이 한바탕 휩쓴 후 1927년 7월에는 800여 명의 한인 혁명가들 중 70여 명이 광저우에 남았다.

채원개는 광저우에 남아 중국군에 입대했다. 그는 국민당 군대의 중교中령 신분으로 광둥수정공서广东绥靖公署에서 우전邮电 검사를 하면서 광저우에 남은 교민들을 결속했다.

1928년 1월, 채원개는 유월한국혁명청년회 집행위원의 일원으로서 중산대학 법학원 강당에서 개최한 유월한국혁명청년 임시대회에 참여했다. 종래에는 입회자를 청년으로 제한했으나 조선의 독립을 위해서는 남녀노소를 차별하지 않고 다수의 동지를 결속해야 한다는 이유에서 '유월한국혁명청년회'라는 명칭을 '유월한인혁명회'로 변경했다.

1931년, 채원개는 중국군 제1군에 전직하여 참모처장, 교도단장 등의 직을 맡고 있었다. 1932년 윤봉길 홍구공원 폭탄투척 의거 이후부터 광저우에 다시 한인이 모이기 시작했다. 한국독립당 광둥지부도 설립되었다. 상하이에서 활동하던 지사들이 하나 둘 광저우로 피신오고, 중산대학에도 약 30여 명의 한인 유학생이 입학했다. 채원개는 유월한인광복회 명의로 유학생들에게 학교를 소개하고 학비도 일부 제공했다. 중산대학은 한인 학생이 입학할 수 있도록 정원 수를 남겨 두고 비밀경로를 통해 한국독립당이 추천하는 학생들을 수용했다. 중일전쟁 발발 직전, 중산대학의 한인 학생은 80여 명으로 늘었다.

이런 상황을 보면 유월한인광복회는 임시정부 산하의 한국독립당 활동을 대신한 것으로 보인다. 1938년 3월 안창호安昌浩, 1878~1938가 사망하자 채원개는 유월한인광복회의 명의로 4월 15일 창사長沙에서 거행될 안창호 추도회 안내장을 중국 각 기관에 발송했다. 애도를 표시하는 완장의 접수처가 광주시 동산東山 쉬구위안로恤孤院路 1-13번지 채씨 댁蔡宅이었는데 바로 채원개의 집으로 추정된다.

1937년 중국 전면에 항일전쟁이 발발하자 채원개는 중국군 제19집단군에 배속되어 작전참모로서 상하이, 난징 방위전에 참가했다. 1938년 7월, 임시정부가 광저우로 피난 왔을 때, 중국군에 복무하고 있던 채원개가 광저우 교민을 대표하여 청사로 사용할 동산백원을 마련하고 임시정부 요원의 가족들이 아시아여관에 짐을 풀 수 있도록 도왔다. 청사로 사용한 동산백원의 주소가 쉬구위안로 후가伽孤院路后街 35번지이다.

1940년 7월 말, 7당 통일회의가 쓰촨성四川省 치장綦江에서 열릴 무렵, 채원개의 연락처가 군사우·편함廣東軍郵 72局 劍字 89號 附인걸 보면 임시정부 일행이 광저우를 떠날 때, 채 장군은 광저우에 남아서 중국군에 복무하고 1940년대 초반 충징에서 광복군과 합류한 것으로 보인다.


## 광복군 참모로 승격한 의병

1940년 9월 17일 한국광복군이 창립되는 날, 채원개는 광복군총사령부 참모처장에 임명되었다. 광복군 창군식에서 임시정부 외교부장 조소앙趙素昂, 1887~1958이 한국광복군은 1907년 해산된 대한제국의 군대를 계승한다고 성립 보고를 했다.

광복군 총사령부 임원은 만주에서 의병활동을 시작해서 줄곧 무장 투쟁에 참여했던 인원으로 구성되었다. 대한제국의 군대 해산 이후 전국 각지에서 일어난 의병들이 일본군 병력과 맞서 일제의 국권 강탈을 막았고, 만주로 이동한 의병들이 대한제국의 군대를 대신해 나라를 지켰기 때문이다.

채원개는 만주에서 의병들이 조직한 대한독립단에서 활동한 이래 30여 년간 줄곧 독립군으로 활동했다. 1944년 한국광복군 제1지대장에 취임하여 해방이 될 때까지 후난湖南, 간贛,강서지역에서 일본군에 복무중인 한적군인 귀순을 유도하고 적 후방 교란 및 유격작전에 전력했다.

## 자신이 탄핵한 이승만의 통치하에서

일본의 투항 후 조국에 돌아온 채원개는 남한의 통위부統衛部 간부로 활동했다. 통위부는 국방부의 전신이다. 한국이 미소공동위원회 지배하에 있으므로 국방부라는 용어는 부적절하다는 소련 측의 주장을 미군이 받아들여 국방부를 국내경비부로 개칭했다.

1948년 9월 1일, 남한에 대한민국 정부가 수립된 지 2주가 지난 후 통위부는 국방부가 되었다. 초대 국방부 장관 이범석李範奭, 1900~1972은 여단旅團 위주였던 한국군을 사단師團 편제로 갖추고 각 도마다 1개 연대씩 모두 9개 연대를 설치했다. 1947년 12월 한국군은 처음으로 3개 연대를 산하에 둔 여단을 창설하고 채원개 같은 광복군 출신 군인을 간부로 대거 영입했다.

채원개는 통위부에서 국방경비대 조직에 참여했다. 1949년 6월 7개 여단이 사단으로 증편돼 수도경비사령부가 창설됐다. 이 무렵, 채원개는 지리산 좌익 공산당 토벌전을 지휘한 2사단장으로 승진했다.

채원개는 자신이 탄핵한 이승만 정부 치하에서 28년을 보냈다. 1960년 이승만 대통령이 물러나 하와이로 망명하기 전까지 그의 독립운동 공로는 인정받지 못했다. 1963년 들어선 새 정권이 제18회 광복절을 기념하여 채원개에게 대통령 표창을 수여하겠다고 통보했다.

채원개는 내각사무처장에게 편지를 보내 "광복군 출신 유공자 명단에 포함된 것을 송구스럽게 생각하고 맡겨진 의무의 일부를 다했을 뿐이니 이를 다른 유공자에게 돌려주기 바란다"며 대통령 표창수여를 거부했다. 표창은 원치 않았던 것이기에 과분한 표창장을 반환하고 나니 몸이 가뿐하다고 말했다.

1968년 정부는 채원개에게 건국국민훈장을 수여했다. 기자가 채원개가 살고 있는 부천군 신앙촌을 찾아갔을 때 그는 단칸방에 누워 앓고 있었다. 24세의 막내아들이 한전 검침원으로 벌어오는 월 수입 5천 원으로 겨우 생계를 유지하고 있었다. 채원개는 기자에게 "다 죽게 된 늙은이에게 훈장을 주기보다는 차라리 자식들에게 직장을 주어 생계위협을 받지 않게 해달라"고 부탁했다. 당시 건국훈장 독립유공자 본인은 매월 5천 원, 가족수당 1인당 1천 원, 간호수당 2천 원, 생계수당 2천 원을 받았다.

참고문헌 및 자료

湖南省档案馆校 編, 『黃埔軍校同学录』, 湖南人民出版社, 1989.7.

박은식, 김도형 역, 『한국독립운동지혈사』, 소명출판, 2008.

한상도, 『한국독립운동과중국군관학교』, 현대지성사, 1994.3.

채원개, 「자필이력서」, 박정신 외, 『희산 김승학선생 독립운동사 자료 정리』, 한국학중앙연구원 출판부, 2018.

蔡根植, 『武裝獨立運動史』, 大韓民國公報處 發行, 1949.

안병무, 『칠불사의 또오기』, 友社, 1988.5.

김학민·이병갑 주해, 『백범일지』, 학민사, 1997.3.

『대한민국임시정부자료집 별책 2 – 조선민족운동연감』(한국사데이터베이스 한국근대사료DB).

「大韓民國臨時政府公報 第42號(1925.4.30)」, 『대한민국임시정부자료집 1 – 헌법·공보』(한국사데이터베이스 한국근대사료DB).

「정의, 신민의 갈등과내무 총장의 조정, 독립단 대회의 원만을 도모」, 『시대일보』, 1925.6.4.

『한민족독립운동사 4 – 독립전쟁』, 국사편찬위원회.

「비화(秘話)한 세대(時代)(57), 창건전야(創建前夜)(45~48年)통위부장(统卫部长) 인선」, 『경향신문』, 1977.1.24.

「내가 겪은 체험(體驗) 내가 본 사건(事件). 원로(元老)들의 역사(历史)회고(21) 한국군(韓國軍)태동」, 『조선일보』, 1990.8.14.

「서훈무용(敍勳無用), 광복투쟁(光復鬪爭)은 민족(民族)의 의무(義務)」, 『동아일보』, 1963.8.30.

「한국독립단(韓國獨立團) 군사책임자(軍事責任者) 채원개(蔡元凱) 옹-」, 『조선일보』, 1968.3.1.

# 김성숙

金星淑, 1898~1969

**약력**

| | |
|---|---|
| 1898년 | 평안북도 철산군 출생 |
| 1916년 | 불가에 입문 |
| 1917년 | 봉선사에서 법명 받음. |
| 1919년 | 남양주 광릉천 자갈마당에서 만세 시위 주도 |
| 1921년 | 불교유신회 활동 참여 |
| 1923년 | 중국망명, 민국대학교 경제과 입학 |
| 1925년 | 광둥 중산대학 법학대 정치학과 입학 |
| 1927년 | 국민혁명군 제2연대 5연대장 |
| 1930년 | 좌익작가연맹에 가입 창작비평위원 |
| 1932년 | 광시성립사범대학에서 1년간 교수 |
| 1935년 | 중국공산당 탈당, 조선공산주의자동맹 조직 |
| 1936년 | 조선의용대 지도위원 및 정치조장 |
| 1942년 | 임시정부 내무차장 선임 |
| 1943년 | 임시정부 외교연구위원회 외교위원 선임 |
| 1944년 | 임시정부 국무위원 |
| 1946년 | 미군정 비판 설화사건으로 체포 구금 |
| 1947년 | 근로인민당 조직 |
| 1958년 | 박정호 간첩사건 누명으로 구금 |
| 1961년 | 5·16군사정변으로 10개월 구금 집행유예로 석방 |
| 1969년 | 숙환 기관지염으로 사망 |

김성숙의 호는 운암雲岩이며 법명은 태허太虛이다. 승려에서 혁명가로 투신했으며 중국에서 활동하는 동안 규광奎光, 충창忠昌, 창숙昌淑, 성암星岩 등 가명을 사용했다. 1925년 하반기, 광둥성국립대학현재 중산대학 법학대 정치학과에 입학

했을 때, 중국은 국공이 합작하는 대혁명 기
간이었다. 김성숙은 중산대학에 재학하는
중국공산당 조선대표였다.

중산대학 졸업 사진
출처_ 운암김성숙선생기념사업회.

## 혁명운동에 투신한 승려

김성숙은 평안북도 철산군 빈곤한 농가에
서 출생했다. 어려서부터 농사일을 돕고 철
산독립학교에서 공부하다가 한일병합이 되
었다. 할아버지가 일본학교 등교를 중지시키고 집에서 한학을 가르쳤다. 만주에
가서 독립군이 된 삼촌이 할아버지를 찾아왔다. 삼촌은 대한제국 신식군대 정
위正尉였는데 군대가 강제 해산당하자 신흥무관학교에 가서 독립군이 되었다.
삼촌을 만난 김성숙은 외삼촌처럼 독립군이 되고 싶은 마음을 참을 수 없었다.

1916년, 만 18세가 된 김성숙은 신흥무관학교에 가기 위해 집 판 돈 200위안을
훔치고 아내와 딸 몰래 집을 나왔다. 함경북도 청진에서 일본 경찰 단속에 걸렸
다. 일경은 김성숙이 가진 돈을 발견하고 고향의 부모에게 연락하겠다며 그를
한 여관에 맡겼다. 석가모니 탄신일날, 여관 주인과 절에 놀러 간다고 맡긴 돈
을 돌려 받아 등에 메고 절에 가서 하룻밤을 잤다. 다음날 새벽 일찍 산등성이
를 걸으며 도망갈 궁리를 하다가 위풍당당한 한 승려를 만났다. 승려에게 상황
을 이야기하고 데려가 달라고 부탁하여 경기도 용문사에서 머리를 깎고 승려
가 되었다.

1918년 봉선사로 옮겨 불교 교리를 익히고 '성숙星淑'이라는 법명을 받았다.

이때 불교뿐 아니라 현대철학에도 심취하여 칸트, 헤겔, 스피노자의 저작 등을 일본어로 읽었다. 헤겔의 관념론과 변증법 이론에 빠져들어 갔으나 그때까지 마르크스주의의 영향은 받지는 않았다.

봉선사에서 한국민족운동 지도자 손병희孫炳熙, 1861~1922와 한용운韓龍雲, 1879~1944이 대규모 민족운동을 비밀리 계획하고 있었다. 김성숙은 이들의 심부름을 하면서 3·1운동 거사 준비작업에 개입했다. 손병희와 한용운 등 민족대표 33인이 독립선언을 발표했다는 소식을 듣고 김성숙은 봉선사 사무실에 조선독립단 임시사무실을 차리고 독립선언서와 봉기설명서를 인쇄했다. 동료 몇 명과 인쇄한 문서를 밤새 주변 4개 마을에 뿌리고 3월 31일 마을 사람 600여 명과 광능 하천가에서 승복을 입고 '대한독립 만세'를 외쳤다.

김성숙은 만세운동 주모자로 체포되었다. 시위 가담 및 불법문서 작성과 유포 혐의로 서대문형무소에 8개월 수감되었다. 그 무렵, 만주와 시베리아에서 사회주의를 접한 사람들이 조선에 들어와 비밀리 공산주의를 전파하고 있었다. 감옥에서 김사국金思國, 1895~1926으로부터 사회주의 사상을 전해 들었다.

1920년 4월 출옥 후, 늘 가난하게 살아온 김성숙은 가난한 사람을 구제한다는 사회주의 신념에 자연스럽게 동감하고 조선무산자동맹회와 노동공제회에 가입했다. 무산자동맹회는 국내 유일의 사회주의운동단체이며 조선노동공제회는 한국 최초의 전국적인 노동운동단체이다. 당시 조선공제회는 전국에 1만 5천 명 회원을 확보했고 기관지 『공제共濟』를 발간해 서양 노동운동사와 사회주의 신사상을 소개했다.

1920년 일제 통치기구는 조선에 공산주의 사상이 확산되는 것을 통제하고 불교계에 사찰령을 반포했다. 젊은 승려들은 사찰령에 반발하고 불교유신회를 조직했다. 1923년, 김성숙은 공산주의 사상을 가진 승려 김봉환1897~?, 김정완?~?, 김규하[1899~1927], 차응준[車應俊, 1893~?], 윤종묵[?~1927] 등 6명 승려들과 자유롭게 정치활동을 할 수 있는 베이핑[北平, 베이징. 중화민국시대에는 베이징을 베이핑이라고 했으나 일반적으로 베이징으로 통용되고 있다]으로 망명했다.

김성숙은 김충창[金忠昌]이란 이름으로 민국대학교 정치경제학과에 입학하고, 윤종묵은 평민대학교 법학과에, 김규하와 차응준은 민국대학교에 각각 입학했다. 1923년 베이핑에 약 800명의 조선 학생이 유학하고 있었다. 대학생활에 어느 정도 적응이 되자 김성숙은 친목, 학술연구를 목적으로 불교유학생회를 조직했다. 유학생회 사무실은 샤오징창[小经厂] 16호에 두었다. 각자 회비를 내서 기관지『황야[荒野]』를 편집하고 베이징 세계어전문학교에서 인쇄해서 배포했다. 불교유학생회는 친목단체로 출발했지만 점차 공산주의를 연구하는 사회주의 단체로 발전했다. 그중 함께 중국에 온 두 승려는 공산주의 이론이 이해가 되지 않아 무슨 잠꼬대 같은 소리라며 금강산으로 돌아갔다.

김성숙은 베이징에 있는 조선 공산주의자들을 규합하려고 나섰다. 1922년 극동인민대표대회에 한국 대표로 참석한 장건상[張建相, 1882~1974]을 중심으로 유학생 10여 명과 혁명사를 조직했다. 혁명사는 고려공산당 이르쿠츠크파의 표면단체였다. 혁명사 기관지『혁명』은 한인이 발행하는 최초의 공산주의 잡지이다. 주필은 김성숙이다. 불과 32쪽의 작은 잡지였지만 창간호 800권이 금세 동이 날 정도로 독자들의 반응이 뜨거웠다. 특히 사회주의 지지자, 좌파 민족주의자, 무정부주의자들이 구독을 신청하고, 조선, 만주, 시베리아, 호놀룰루 캘리포니아, 유럽 등에서도 정기구독 신청자가 나왔다. 1925년 1월『혁명』창간 이래 6개월 만에 고정 독자 3천 명을 확보했다.

『혁명』의 기본 논조는 공산주의를 통해 민족독립운동을 완성하자는 것인데 김성숙은 '공산주의와 민족주의 사상의 범벅'이었다고 회상한다. 당시 조선 공산주의자들은 프롤레타리아 국제주의를 옹호하고 절대적으로 마르크스 레닌주의를 신봉했기 때문에 민족주의는 부르주아 이데올로기라고 무시했다. 김성숙은 이 점을 반대했다. 먼저 민족이 있어야 공산주의나 사회주의를 실행할 수 있음으로 민족주의 우선을 주장했다.

베이징 협화의과대학協和医科大学에 다니던 장지락张志乐, 金山, 1905~1938이『혁명』기자가 되어 김성숙을 도왔다. 한글을 인쇄하는 시설이 없었다. 김성숙은 모든 글을 손으로 써 석판 인쇄를 하며 밤을 지새우고 실명의 위기도 겪었다. 장지락이 병원에 데려가 실명을 면했다.

중국공산당 창시자 리다자오李大钊, 1889~1927가 3·1운동을 높이 평가했다. 조선청년의 혁명사업을 돕는다고『혁명』의 고문을 자임하며 고정 필자가 되어 주었다. 리다자오는 창일당과『혁명』잡지를 공산국제극동국 책임자인 그레고리 보이틴스키Grigori Voitinsky, 1893~1953에게 소개했다. 김성숙은 리다자오를 통해 보이틴스키를 여러 차례 만났다.

어느 날『혁명』잡지 사무실로 의열단이 보낸「조선혁명선언」을 받았다. 김성숙은 의열단에 입단하고 무정부주의자로 변신했다.

강도 일본이 우리의 국호를 없이하며, 우리의 정권을 빼앗으며, 우리 생존적 필요조건을 다 박탈하였다. (…중략…) 우리는 일본의 강도정치, 곧 다른 민족 통치가 우리 조선민족 생존의 적임을 선언하는 동시에, 우리는 혁명 수단으로 우리 생존의 적인 강도 일본을 살상하는 것이 곧 우리의 정당한 수단임을 선언하노라.

의열단 창립 이후 4~5년 동안 김원봉1898~1958과 의열단 성원들은 자신의 신분을 은폐하고 일제의 고관과 매국노를 암살을 시도하고 일제의 통치기관을 파괴하면서 독립운동을 감행하고 있었다. 김성숙은 자신의 독립운동 방법이 너무 추상적이었다는 생각이 들었다. 김원봉을 만나 의열단에 가입하고 홍보부장을 맡았다.

1925년 3월 쑨원이 사망하고 장쭤린張作林, 1875~1928이 정권을 장악했다. 장쭤린은 조선독립운동단체가 북벌전쟁을 준비하는 남방 광둥廣東 정부를 지지한다는 이유로 추방령을 내렸다. 김성숙은 베이징에서 더 이상 혁명 활동을 할 수 없게 되고『혁명』도 정간되었다.


## 중국대혁명에 투신


1925년 하반기, 김성숙은 광저우로 내려와 광둥국립중산대학 법학대학 정치학과에 입학했다. 중산대학 교장 쥐루鄒魯, 1885~1954가 쑨원의 유지를 받들어 한국의 혁명청년들을 특별 우대하고 학비와 기숙사를 제공했다. 1926년 중산대학 조선 학생은 50여 명이었으며 대부분 혁명 정치가나 지식인이었다.

1926년 말, 광저우에 체류하는 한국인은 약 800여 명이나 되었다. "중국대혁명이 성공하기를 희망하는 만주, 러시아, 유럽, 일본 등지의 한인 혁명가들이 혁명의 성지 광저우를 찾았다. '국공합작'이라는 기치를 든 중국대혁명은 한인들에게도 정신적 감화를 불러일으켰다. 한인혁명가들은 중국혁명이 완성되면 한국의 독립을 앞당길 수 있다고 굳게 믿으며 대부분 황푸군관학교와 중산대학에서 교육받기를 희망했다.

광저우로 집결한 한국 청년혁명지사들은 민족주의자, 무정부주의자, 공산주의자 등 사상이 다양했으며 정치적으로나 지역적으로 지도층이 없었다. 소련고문단을 따라 황푸군관학교에 온 러시아계 한인들도 30여 명이나 되었다. 이들의 평균 연령은 23세 안팎이고 일부 중학생은 열너덧 살, 최고령자도 40세를 넘지 않았다.

김성숙은 이들을 하나로 단합하려고 했다. 1926년 봄, 조국 광복을 목표로 중산대학에서 조선혁명청년연맹 창립총회를 열었다. 호응이 좋아 즉석에서 회원 300명을 확보했다. 선출된 중앙위원의 다수는 공산주의자들이었다. 김성숙은 조선혁명청년연맹 중앙위원으로 선출되고 사회주의 이론에 탁월한 자신의 장점을 발휘하여 기관지『혁명운동』을 발행했다.

중산대학에서 김성숙의 인기는 폭발적이었다.『혁명운동』이 발간되는 날, 중국학생들은 줄을 서서 이 잡지를 받아 갔다. 학생들에게 사회주의 사상뿐 아니라 침탈당한 조선의 상황, 그리고 자신도 민족운동에 참여했다가 수감된 감옥 생활과 피압박민족 조선의 해방운동도 소개했다. 또 보름에 한 번씩 일본어 교습반을 열어 중국 여학생들에게 일어도 가르쳤다.

이 무렵 코민테른이 중국국민당 고문으로 파견한 미가엘 보르딘[1884~1951]과 미국 공산당 서기장 얼 브라우더[Earl Browder, 1891~1973]와 같은 외국 인사들도 만났다. 이들을 찾아가 사진도 찍고, 베트남, 대만, 인도의 혁명인들과도 교류했다.

1926년 늦여름부터 김성숙은 중산대 1기생인 두쥔후이[杜君慧, 1904~1981]와 열애에 빠졌다. 두쥔후이는 총명하고 예쁜 신여성이었다. 이들은 종종 황화강 72열사광장에서 데이트를 즐겼다. 김성숙은 원래 엄격한 금욕주의자로, 혁명은 강한 남자의 일인 만큼 조선 혁명가들은 결혼을 해서는 안된다고 주장했었다. 사랑 자체를 파괴해서 자유를 획득해야 한다고 강력히 주장하자 결혼하지 않겠다고 맹세하는 동지들도 있었다.

이런 김성숙이 열애에 빠지자 일부 한인 동지들은 그가 혁명을 배반했다고 여기고 헤어지기를 바랐다. 두 사람이 헤어지는 방안으로 두쥔후이가 일본으로 유학하도록 유도했다. 두쥔후이는 일본에 가서 매일 편지를 써 보냈으나 김성숙이 회신을 하지 않자 석 달 만에 광저우로 돌아오고 말았다.

1927년 12월 김성숙이 중산대학을 졸업하던 해, 중국공산당은 국민당을 전복하려는 광저우기의를 일으켰다. 김성숙은 국민혁명군 제4군교도단 5연의 중국공산당 책임자로 광저우기의에 참여했다. 우한에서 남하한 한인 학생과 교도단, 황푸군관학교 5기생, 룽징龍井 대성중학교, 동흥중학교 학생 등 200여 명이 참가했다.

김성숙은 한인으로 편성된 제2연대 5연대 소속 50여 명을 인솔해서 사허沙河사포병단 공략전에 참전했다. 1927년 12월 11일 새벽, 봉기 명령이 떨어지자 황푸군교 포병 한인 교관 양달부는 교도단 제2대대 5중대 등 300명을 인솔하고 국민혁명군의 포병대가 주둔한 사허沙河로 갔다.

사허포병대 지휘관은 양달부가 아는 사람이었다. 양달부가 투항을 권유해 10분 만에 사허포병단은 무장을 해제하고, 500~600명의 포병들이 투항하여 전투는 신속하게 마무리되었다. 양달부는 포로를 인솔해 시내로 들어가고 김성숙이 5연대 50여 명을 데리고 남아서 포병부대 일대를 수비했다.

11일 아침, 중국공산당은 광저우 소비에트 정부 수립을 선포했다. 다음날 12일 정오 시과원西瓜園에서 경축대회가 열렸다. 중국공산당 한인 대표 7~8명이 경축대회에 참가했는데 김성숙은 광저우 소비에트 정부 숙반위원으로 선임되었고 한인 교도단들이 경축대회 방위를 담당했다.

12일 정오부터 공산당 봉기군은 국민혁명군의 반격을 받았다. 국민당군 약 7~8천 명이 광저우시 공안국 북쪽 건물에 설치된 홍군총사령부를 습격했다. 또 일부 국민당군은 관음산웨수산,越秀山 기슭을 우회해 홍군 사령부를 공격했다.

제1인민공원 입구에서 황푸군관학교 제5기생으로 조직된 적위대가 반격하는 국민당군과 응전하다가 열세에 몰렸다. 한인 학생군 100여 명이 공원 입구에 총을 걸어놓고 교전을 지원하다가 악전고투 끝에 50여 명이 희생됐다.

12일 밤 김성숙은 한인 동지 50여 명과 사허의 포병부대 일대를 수비하다 국민당군 1개 사단 병력의 반격을 받았다. 지휘부는 패전을 인정하고 철퇴했으나 11일 새벽부터 사허포병대를 점령하고 줄곧 방어한 봉기군은 먹을 것이 없었다. 총알도 다 떨어지고 13일 새벽 날이 밝을 무렵 광저우 시내로 철수했다. 김성숙은 사허에서 한국에서부터 같이 온 승려 네 명과 한 조가 되어 싸웠다. 윤종묵 승려는 총탄에 맞아 자신의 어깨에 기대 숨을 거두고 김규하 차응준 승려는 보이지 않았다.

김성숙은 삼 일 동안 먹지 못하고 싸우느라 먼지투성이에 앙상하고 초췌한 몸꼴로 여자친구 두쥔후이 집에 가서 도움을 요청했다. 몸꼴은 곧 죽을 것 같았으나 그의 정신만은 의지가 충만했다. 두쥔후이에게 한인 동지가 많이 죽었다는 사실을 알렸다. 중산대학 기숙사에 있는 한인 동지들이 급히 이동을 해야 하는데 양복을 입고 있으면 공산당원이라고 곧바로 체포되는지라 중국 복장과 음식, 돈 등이 필요했다. 두쥔후이는 어머니와 상의하여 아버지와 오빠들의 옷을 찾아내고, 그래도 한 벌이 모자라 두쥔후이 어머니는 밤을 새워 중국식 겹저고리 한 벌을 만들고 약간의 돈도 마련했다.

다음 날, 두쥔후이 집에 하숙생 아종에게 옷과 돈을 들려 중산대학 기숙사의 한국학생들에게 전달하라고 부탁했다. 아종은 집을 나섰다가 길에 시체가 너무 많아 속이 메스꺼워 도저히 갈 수 없다고 되돌아왔다. 김성숙도 혼자 갈 수 없는지라 두쥔후이가 동행했다. 두 사람은 시관西關구역을 나와 시과원을 지나는데 길 양편에 시신들이 너저분하게 널브러져 있었다.

대불사大佛寺 광장에는 학살된 봉기군의 시신이 주판알처럼 빼곡히 놓여 있었다. 원더로文德路, 원밍로文明路, 용한로永漢路에도 미처 치우지 못한 시신들이 널려있고 발을 옮길 때마다 시체에서 흘러나온 핏방울이 다리에 튀었다. 날씨가 더워 복부가 팽창한 시신도 있고 어떤 시신은 아직 완전히 숨이 끊어지지 않아 머리가 흔들리고 있었다. 흰 천을 덮고 중앙에 붉은 천을 덮거나 옆에 큰 촛불을 켜 놓은 시신도 있었다.

정오 경 중산대학 기숙사에 도착하고 김성숙은 한인 학생 동지들이 광저우를 탈출할 수 있도록 조치했다. 이틀 뒤 김성숙도 두쥔후이都君惠와 부부로 가장해 광저우를 탈출해 홍콩을 거쳐 상하이로 갔다.


## 백색공포 속에서 좌익활동

공산당기의에 참여했다가 생존한 한인들은 주로 상하이 프랑스 조계지로 도피했다. 우호적이던 프랑스 당국도 한국 독립운동가들을 적대시하고 일본 영사관 경찰까지 경계 수위를 높여 한국인 사회주의자 감시를 강화했다.

백색테러가 만연한 상하이에서 어떻게든 살아남아야 했다. 김성숙은 혁명 일선에서 물러나 예리한 필치로 공산주의 이론을 선전하고 번역, 글쓰기를 하며 생활비를 벌어 어려움에 처한 동지들의 생활비를 도왔다. 두쥔후이는 1928년 초 일본에 가서 사회과학연구소에서 공산주의를 배우고 돌아와 중국공산당에 가입했다.

김성숙과 두쥔후이는 상하이에서 결혼했다. 돌아다니기를 좋아하던 김성숙은 온종일 집에 틀어박혀 글을 쓰며 아이의 출생을 기다렸다. 첫 아이가 태어나자 이름을 톈부이라고 지었다. 달콤함을 선사하는 사람이 되라는 뜻이다. 첫 아이 출생 후 김성숙은 안정된 직장을 찾아 광저우로 내려와 『민국일보』 기자로 취직했다. 신문 기사는 잡지 『혁명운동』처럼 자신의 주장을 펼 수 없었다. 『민국일보』 기자직을 사직하고 중산대학 일어연구소 통역사로 취직했으나 학교 분위기에서 예전처럼 혁명적 열정이 느껴지지 않았다. 김성숙은 이런 생활이 자신의 이상과 맞지 않아 상하이로 돌아오고 말았다.

1930년 8월 김성숙은 김규광이란 가명으로 좌련에 가입하여 각종 정치활동에 참여했다. 1932년 1월 28일 송후松滬전쟁이 발발했다. 2월 3일, 좌익작가와 진보인사 43명과 연명으로 「상하이 문화계가 세계에 고하는 글上海文化界告世界書」을 발표했다.

2월 7일, 루쉰魯迅, 1881~1936, 마오둔茅盾, 1896~1981, 톈한1898~1968등 중국 작가 130명과 「중국 작가가 일본군이 상하이를 침공해서 민중을 학살하는 데 대한 선언中国著作者为日军进攻上海屠杀民众宣言」을 발표했는데 김성숙도 좌련 작가 명의로 공동 서명을 했다.

김성숙은 루쉰, 마오둔 등과 좌익작가연맹 창작비평위원으로도 활동했다. 마르크스주의 문예 이론 및 창작 방법으로 작품을 지도하고 좋은 작품을 추천하여 발표하고 부족한 부분은 고치는 게 창작비평위원회 주요 업무였다. 그 외 김성숙은 전쟁 시기 특별 간행물인 『봉화烽火』와 『반일민중反日民衆』의 뉴스 편집자로 일하며 신문을 이용해 항일을 선전하고 항전열기를 북돋웠다.

쑹후전쟁이 실패했다. 국민당의 바이충시白崇禧1893~1966 장군의 추천으로 김성숙은 가족을 데리고 광시성립사범대학广西省立师范大学에서 1년간 교수 생활을 했다. 1934년, 다시 상하이로 돌아와 두쥔후이와 외국 저서를 번역하며 집필에 종사했다.

1928년부터 1930년까지 김성숙은 일본저서『일본경제사론』,『변증법과정』,
『통제경제론』,『산업합리화』,『중국학생운동』등을 중국어로 번역했다. 영어
와 일어에 능통한 두쥔후이는『교육병리학』등을 번역하고 부부 공동으로『사
회과학사전』,『교육사』등 모두 20여 권을 번역해서 출판했다.

1934년, 두쥔후이는 선즈주沈茲九, 1898~1989와『부녀생활』잡지를 창간했다. 마
르크스주의 방법으로 여성해방 문제를 해석한 두쥔후이는 "여성은 검소하며
성실하게 자신의 책임을 다하고 규율을 지키는 것이 곧 여성이 해방되는 길"
이라고 주장하는 글을 써서 발표했다. 상하이 여성계 구국회 조직부장과 전국
여성계 구국 연합회의 이사직도 수행했다.

김성숙과 두쥔후이는 베이핑 애국학생운동을 지원했다. 1935년 12월, 상하
이의 문화계 진보 인사 281명과 좌익작가들이 공동명의로 '상하이 문화계 구
국운동 선언문'을 발표했다. 이 선언에는 "영토와 주권의 완전함을 견지하며
영토 주권을 훼손하는 모든 협정을 부인한다"는 등 8개 항목을 내세우고 있다.


## 민족해방운동에 투신


김성숙은 공산주의자이지만 진정한 민족주의자였기 때문에 중국혁명을 위
해 조국 해방운동을 취소할 수 없었다. 일찍이 200여 명의 한국 청년을 인솔
하여 공산당 광저우기의에 참여했다 그중 150여 명이 전사하는 아픔을 겪었
다. 본의 아니게 중국내부의 갈등과 권력 투쟁에 휘말려 조국독립운동과는 거
리가 멀고 부질없이 희생만 초래한 일이 되었다.

김성숙은 중국공산당을 탈퇴했다. 한인들이 중국공산당 활동만 지속한다

면 조선공산당은 중국공산당이 될 것이고 조선공산주의자는 중국공산당원이 된다. 중국혁명 실패를 통해 조선혁명에 매진해야 한다는 교훈을 얻었다. 결국 김성숙의 공산주의 사상은 기회주의자, 반혁명분자로 의심받고 두궨후이도 당적에서 제명됐다.

1936년 3월, 김성숙은 공산주의 이념에 동의하는 한인들과 조선민족해방동맹을 결성했다. 맹원은 박건웅 손두환 김철남 등 20여 명이었다. 조선민족해방동맹은 스스로를 공산주의자 집단이라고 자처했지만 중국혁명의 좌편향노선을 벗어났고 공산국제와 아무런 관련이 없다는 뜻에서 단체 이름에 일부러 공산주의라는 표현을 쓰지 않았다.

1937년 7월 중일전쟁이 본격화되자, 장제스는 한중연합 항일전선을 형성하자며 풍부한 자금을 제공했다. 한국 측의 연합전선을 형성하기 위해 김성숙은 자신이 인솔하던 조선민족해방동맹과 조선민족혁명당, 조선혁명자<sup>조선 무정부주의자</sup>연맹, 조선청년선봉동맹이라는 4개 좌파단체와 연합하여 '조선민족전선연맹'을 결성했는데 중국국민당 중앙 정부로부터 매월 군사비를 지원받았다

김성숙은 조선민족전선연맹의 상임 이사 겸 홍보부장으로 선임됐다. 1938년 4월부터 김성숙과 유자명<sup>1894~1985</sup>은 매월 10일과 25일 조선민족전선연맹의 기관지 중문판『조선민족전선』과 한글판『민족전선』150권을 발행해서 창사長沙, 광둥廣東, 충칭重慶 등에 배포했다.

1938년 10월 10일, 조선 의용대가 한커우漢口에서 조직되었을 때 김성숙은 조선의용대 지도위원 겸 정치부장에 임명되었다. 이때 두궨후이는 쑹메이링宋美齡이 설립한 전시戰時아동보육회와 중국여성연합회 상무이사직을 겸했다. 우한이 함락되기 직전, 두궨후이는 고아들을 데리고 불타는 우한武漢에서 탈출했다. 쓰촨四川으로 피신하여 전시아동보육원 제38분원을 설립하고 원장이 되

었다. 김성숙은 조선의용대 본부를 따라 중국 군사령부 서남행영西南行營이 있는 구이린桂林으로 이동했다.

1940년대의 항일 시기, 구이린은 군사, 문화 중심지였다. 중국군사 제3구, 제4구, 제 9구의 작전을 지휘하는 사령부가 구이린에 설치되었다. 베이징 상하이 등 중국 유명 문화기관과 서점들도 구이린으로 이동해서 지사를 설치했다. 구이린에는 매일 수십 종 신문과 항일 잡지, 서적이 발간되어 항일 의욕을 북돋우었다. 중국 각지의 문학가, 배우, 음악가, 미술가 등 지식인들도 망국에 직면한 국가를 구하려는 사명감을 안고 구이린에 집결하여 다방면으로 민중의 항일 의지를 고취시켰다.

그 가운데는 한국, 베트남, 인도, 말레이시아, 싱가포르 등 동남아시아 피압박 민족 지사도 있고 영국, 프랑스, 미국과 유럽 및 반파시스 일본 기자들도 전쟁 반대와 반파시스 투쟁을 전개했다. 1939년 1월, 김성숙은 광시廣西학생군의 초청을 받아 '압박받는 조선과 조선 사람들의 반발'을 강연하고 한·중 공동문제에 대해 청중과 교류하며 토론했다.

김성숙은 조선의용대 제1, 2구대 전방 활동 상황과 구이린 조선의용대본부의 소식을 편집하여 『조선의용대통신』을 발간했다. 초기에는 통신원 한지성 1912~?이 현장에 가서 의용대 활동을 취재했으나 5월부터 한글판위원회와 중문간위원회를 구성해 우편으로 투고 원고를 수집했다. 김성숙은 중국 신문이나 잡지에 게재된 전쟁 형세, 한·중 연합 상황, 일본의 침략 소식 등 국내 상황을 분석 편집해서 『조선 의용대 통신』에 실었다.

## 임시정부와 통일전선 형성

1941년 말, 태평양전쟁이 발발하고 연합군 영향력이 강력해졌다. 일제의 패망이 임박해졌다고 예견되자 김성숙은 조선민족단결을 위해 자신이 인솔하던 조선민족해방동맹을 해체하고 조선 독립 투쟁의 역량을 집결하기 위해 모든 군사조직들을 광복군 체제 아래 둘 것을 역설하며 충칭 임시정부로 들어갔다. 임시정부의 내무차장, 외교연구위원, 홍보위원을 역임하고 두쥔후이는 외교부 과원으로 일했다.

그러나 김성숙은 임시정부에서 설 자리를 제대로 찾지 못했다. 광저우에서 공산당봉기에 참여했다는 이유로 임시정부 우파 인사들은 그를 공산주의자라고 간주했고 좌파 인사들은 기회주의자 혹은 종파주의자라고 비판했다. 그러나 김성숙은 국내 절대 다수의 프롤레타리아 대중의 지지를 받아야만 공산주의 국가를 실현할 수 있다는 원칙을 굳게 믿었기 때문에 공산주의 혁명보다 민족해방운동이 우선이라는 신념을 지켰다.

그래서 김성숙은 옌안延安으로 가지 않았다. 조선의용대가 화북공산당 팔로군八路軍 활동구역으로 진입하는 것도 만류했다. 1941년 초, 화중·화남지역에서 활동하던 조선의용대 3개 지대가 팔로군지대로 진입하기 위해 뤄양洛陽에 집결했거나 이동 중이었을 때였다. 김성숙은 뤄양으로 가서 조선의용대가 임시정부와 대동단결할 것을 주장하며 공산당군 활동지 진입을 만류했다.

중국에서 임시정부가 수립된 것은 한국민족혁명외교사에 있어서 하나의 큰 업적이며 군사통일을 실행하는 데 있어서도 임시정부만큼 유익한 기구가 없기 때문에 현존하는 모든 행동부대와 조선혁명 청년들을 임시정부가 창립한 대한민국광복군으로 집결하자고 주장했다.

이 의견에 대해 조선민족해방투쟁 중앙집행위원 7명 중 김성숙, 박건웅 등 4명이 찬성하고 나머지 3명은 동의하지 않았다. 결국 1941년 3월 중순부터 5월 하순까지 조선의용대 3개 지대 80%가 네 차례로 나누어 황하를 건너 타이항산 중국공산당 항일 근거지로 들어갔다.

1945년 둥비우董必武, 1886~1975가 중국공산당 해방구 대표로 샌프란시스코에서 개최하는 유엔 제헌회의에 참석했다가 이승만李承晩, 1875~1965 주미 외교위원장이 임시정부 명의로 반소反蘇 전단을 회의장 안팎에 뿌리는 것을 보았다. 이에 대해 소련 대표는 충칭의 임시정부는 중국국민당의 앞잡이이며 반소특무기관이라고 지탄했다. 둥비우로부터 이 이야기를 들은 김성숙은 화가 나서 임시정부는 소련과 손을 잡아야 하며 임시국무회의를 열어 이승만의 주미 외교위원장직을 해임하고, 임시정부 명의로 미국과 소련에 해명과 사과를 표명하자고 주장했지만 성사는 되지 않았다.

김성숙은 라디오를 켜놓고 낚시하다가 미국이 원자폭탄을 투하해서 일본이 투항했다는 뉴스를 들었다. 감정을 억누르지 못하고 미치광이처럼 '한국 독립 만세'라고 외치며 집으로 돌아왔다. 민족의 염원이 이루어졌지만 임시정부와 민족의 장래를 생각하면 여전히 암담했다. 하지만 어쨌든 30년간의 망명생활을 끝내고 조국으로 돌아가 그리운 부모형제와 두고 온 가족들을 만나야 했다. 두췬후이도 김성숙이 빨리 귀국하기를 바랐다.

## 해방된 조국에서 받은 수난

1945년 11월 5일 김성숙이 충칭을 떠나 상하이로 가는 날, 두쥔후이는 장남 간뿌, 차남 젠뿌과 공항으로 배웅을 나갔다. 김성숙은 일단 귀국해서 생활이 정착되면 중국 가족을 한국으로 데려갈 예정이었다.

일본이 투항했지만, 임시정부 요원들은 곧바로 귀국하지 못했다. 미군정이 임시정부를 해산하고 임정 요인들은 개인 자격으로 귀국하라고 요구했기 때문이다. 상하이에서 임시정부의 마지막 국무회의를 열어 대책을 논의할 때, 김성숙은 다음과 같은 약법 3장을 제시했다.

1. 임시정부가 해체되고 국무위원이 개인 자격으로 귀국하지만 미군정부가 허용하는 범위 내에서 좌우로 치우치지 않게 활동하며 초연한 입장으로 좌우 대립을 해소하자.
2. 입국 즉시 각 정당 및 사회단체 대표, 각 지방 민주인사들을 소집해 대표대회를 열고, 30여 년간 중국에 있던 임시정부의 헌법, 국호, 연호를 선택해 명실상부한 한국의 민주 정부를 재조직하자.
3. 미·소 대등한 원칙에서 외교관계를 수립하자.

1945년 12월 1일 김성숙 등 임시정부 요원 2진 23명이 소형 미군 수송기를 타고 전남 옥구공항에 도착했다. 공항에는 환영 나온 동포는 없고 호송을 맡은 미군만 있었다. 김성숙은 비행기에서 내리자마자 무릎을 꿇고 흙냄새를 맡았다. 3일, 귀국한 임정요원들은 김구가 거주하고 있는 서울 경교장에 모였다. 상하이 국무회의에서 결의한 「약법」에 따라 비상정치회의를 소집해 특별정치위원회를 구성했다. 김성숙은 7명 특별정치위원 중 한 명으로 선임되었다.

1945년 12월 말, 해방에 대한 한국인의 흥분과 감격은 답답함과 암울함으로 변하고 있었다. 미군 점령군 통치가 시작됐는데 이것은 일제 식민통치와 같은 듯도 하고 다른 듯도 했다. 일본총독이 가고 미국 하지 중장이 왔으며 총독부 국장과 기관장 자리를 대령부터 중위까지 미군 장교들이 차지했다. 모든 직제가 일제시대 그대로이고 해방 후 도망갔던 조선인 경찰들이 다 예전 자리로 돌아왔다.

여운형이 건국준비위원회를 조선인민공화국이라는 정치체제로 바꾸려하니 미군이 불법화시켰다. 대신 미군정은 10월, 미국에서 돌아온 이승만 환영대회를 열어주고 11월, 중국에서 돌아온 김구 환영대회를 열었다. 일본이 투항했지만 미소 양군이 삼팔선을 만들어 한국인의 남북통행을 방해했다. 한국 문제를 해결한다고 모스크바에서는 미·영·소 3국 수상이 회담하고 신탁통치를 거론했다. 한국 사회는 국제 신탁통치 문제를 수용해야 한다는 문제에 빠져들고 있었다.

1946년 3월, 김성숙은 전라북도 전주, 이리, 김제 등지에서 정국에 대한 자신의 의견을 강연하며 다니다가 미군정 비판 설화사건으로 6개월간 구금되고 만기 3주 전에 석방됐다.

1957년 김성숙은 이승만 정권에 반대하는 민족혁신당을 조직했다. 모든 정력을 민족혁신당에 쏟아붓고 혁신세력의 단결을 호소했으나 이승만 정권은 혁신계 인물을 잠재적인 위험세력으로 간주했다. 11월 초 서울경찰서에서 김성숙 등 9명이 간첩 혐의로 체포되었다. 간첩 박정호와 조선노동당 재건을 모의했다는 혐의이다. 징역 12년을 선고를 받았으나 1심에서 무죄가 선고되고 6개월 만에 석방됐다.

박정희朴正熙, 1917~1979 쿠데타가 일어나면서 김성숙은 다시 혹독한 시련을 겪었다. 박정희 군사 정권은 반공을 국가의 근본으로 삼고 모든 정당을 해산하고 5월 18일부터 혁신계 인사를 체포했다. 김성숙은 반국가 죄명으로 군사혁명재판소에 회부되었다. 그러나 그가 이미 60세가 넘었고 과거 임시정부 국무위원을 지내며 독립운동을 했던 공로를 인정받아 1심에서 집행유예를 선고받고 수감 10개월 만에 풀려났다.

한국에 귀국해서 정착을 하면 곧바로 중국에 남은 가족을 한국으로 데려오려고 했으나 형편은 여의치 못했다. 김성숙이 귀국하고 몇 달 후, 두쥔후이는 김성숙의 편지를 받았다. 귀국해 보니 한국에 남은 아들과 딸이 다 컸고, 이미 늙어 할멈이 된 전처가 그를 기다리고 있어 중국 가족을 데려올 형편이 못된다는 내용이었다.

여성운동을 하는 두쥔후이는 후처 생활이 어떤지를 잘 알고 있다. 이혼을 선택했지만 세 아들은 아빠가 있는 한국에 보내고 싶었다. 두쥔후이는 아들의 성을 자신의 성으로 바꾸고 아들 이름 앞에 부친의 성 '金' 자를 붙여 두첸杜鎭, 두젠杜鍵, 두렌杜鏈으로 변성명했다. 1950년 16세가 된 차남 젠이 아버지를 찾아 혼자 인천부두에 도착했을 때 마침 한국전쟁이 일어났다. 부두에서 충칭에서 한집에 살던 박건웅 아저씨만 만나고 중국으로 되돌아왔다.

김성숙의 말년 생활은 무척 어려웠다. 좌파라는 낙인이 찍혀 정부의 어떠한 보호나 경제적 지원을 받지 못하고 지인의 도움으로 생활했다. 예순 살 생일까지 집 한 채 없이 셋집에서 살았다. 옛 중산대학 동지 구익균具益均, 1908~2013이 자신의 집 한쪽 20평 땅을 제공했다. 친구 30여 명이 돈을 모아 10.5평짜리 작은 집을 짓고 비나 피하라는 뜻으로 '피우정避雨亭'이라는 이름을 지어 주었다.

1969년 4월 12일, 김성숙은 서울 서대문구 성요셉병원에서 만성기관지염으로 사망했다. 돈이 없어 병원에 가지 못하고 약을 사서 집에서 치료하다가 병세가 악화되어 병원에 입원했다가 죽었다. 막상 세상을 떠났지만 병원비가 모자라 퇴원도 못하고 숨진 지 6시간이 지나서야 돈을 빌어 유해를 모시고 병원을 나섰다.

1949년 3월, 두쥔후이는 중국여성 제1차 전국대표대회에서 전국여성연합회 집행위원 후보로 선출되고 그해 9월 중국인민정치협상회의 제1기 전체회의에 참석했다. 1950년 공산당적을 회복하고 1955년 베이징 제3여자중학교 교장에 재임했다. 1955년 베이징 제6중학교 당지부 서기로 임명되었다. 1976년부터 광둥총화온천요양원에서 골수암 치료를 받아오다 1981년 2월 7일 베이징에서 사망했다.

김성숙 사후 13년 만인 1982년, 대한민국 정부는 고인의 공훈을 기려 건국훈장 독립장을 추서하고 2016년 두쥔후이에게도 혁명가 김성숙을 도와 한국혁명을 도운 공적을 인정해 건국훈장 애족상을 추서했다.

참고문헌 및 자료

김영범, 『혁명과 의열』, 경인문화사, 2010.4.

이정식·김학준·김용호 편, 『혁명가들의 항일회상』, 민음사, 2005.

김정인·이정은, 『한국독립운동의 역사 제19권 – 국내 3·1운동 I』, 독립기념관한국독립운동사편찬위원회, 2009.11.

한동민, 「일제강점기 불교계의 항일운동 연구 동향과 과제」, 『선문화연구』 창간호.

조규태, 「1920년대 재북경 한인 革命社의 『혁명』발간과 혁명운동」, 『한국독립운동사연구』 제36집.

김재명, 「김성숙(金星淑), 민족해방과 통일 위해 바친 자의 묘비명(墓碑銘)」, 『운암김성숙의 생애와 사상』, 선인, 2013.3.

운암김성숙선생기념사업회 편, 『운암 김성숙의 생애와 사상』, 선인, 2013.3.

「쓸쓸히 간 臨政 要員」, 『동아일보』, 1969.4.15.

杜君慧, 「广州起义见闻」, 『广东文史资料』 第二十七辑, 广东人民出版社, 1980.3.

리정문, 「광저우봉기에 참가한 조선족전사들」, 『조선백년사화』 제2집, 랴오닝출판사, 1984.4.

姚辛, 『左联词典』, 光明日报出版社, 1994.12.

姚辛, 『左联史』, 光明日报出版社, 2006년

崔龙水, 「周恩来与朝鲜革命志士」, 『百年潮』, 2002.

# 장지락

張志樂, 1905~1938

| 이명 | 김산金山, 유청화劉淸華, 장북성張北星, 유한평劉漢平 등 |
|---|---|
| 직위 | 황푸군관학교 강사 |
| 학력 | 베이징협화의과대학, 중산대학 경제학과 이수 |

**약력**

| | |
|---|---|
| 1905년 | 평안북도 용천 출생 |
| 1919년 | 평양 숭실중학교 자퇴, 일본 유학 |
| 1920년 | 베이징 협화의과대학 수학 |
| 1923년 | 중국공산청년동맹에 가입 |
| 1926년 | 중산대학 경제학과 입학 |
| 1928년 | 하이루펑海陸豊현 소비에트인민위원회 심판위원 |
| 1929년 | 베이핑시위원회 중국공산당 조직부장 |
| 1935년 | 조선민족해방동맹 결성 |
| 1936년 | 옌안延安항일군정대학 교수 |
| 1938년 | 일본 간첩이라는 죄명으로 처형 |
| 1941년 | 님 웨일즈의 『아리랑』영어판 출판 |
| 1983년 | 명예 회복 |

장지락은 김산金山이란 가명이 더 잘 알려져 있다. 그는 1926년 중산대학 경제학과에 재학하면서 중국공산당과 국민당 이중의 신분을 확보하고 황푸군관학교 강사로 강단에 섰다. 공산주의운동만이 조선의 꿈을 실현시킬 수 있는 유일하고도 진정한 희망이라고 단정한 장지락은 중국 공산당의 지하 활동에 종사했으나 일본 간첩이라는 혐의로 중국 공산당에 의해 처형당했다.

국민당 군대의 삼엄한 포위망을 뚫고 옌안延安에 들어온 미국인 기자 님 웨

(좌) 1931년 톈진 일본총영사관 체포 당시 모습
(우) 1937년 옌안에서의 모습
출처_ 광저우기의기념관.

일즈Helen Foster Snow, 1907~1997가 장지락의 비밀스러운 삶을 세상에 드러냈다. 1937
년 6월 중순, 님 웨일즈는 남편 에드가 스노Edgar Snow , 1905~1972와 옌안에서 활동
하는 34명 정계 인물에 대해 특종 기사를 쓰려고 마오쩌둥의 허가를 받아 옌안
에 왔었다.

　　님 웨일즈는 옌안 루쉰예술학원魯迅藝術學院 도서관 도서대출 명단에서 여름
내내 거의 모든 종류의 영문 책과 잡지를 빌려 읽은 장지락을 발견했다. 당시
장지락은 옌안 군정대학에서 일본 경제, 물리와 화학을 가르치고 있었지만 사

실은 그의 공산당 사상이 온전하지 못하다고 의심을 받고 있던 때였다. 자신의 억울함을 호소할 곳이 없어 책을 읽으며 일본과 맞서 싸울 전략을 연구하며 소일하고 있었다.

님 웨일즈는 약 40일간 장지락이 머물고 있는 토굴로 찾아가 그가 진술하는 혁명적 생애를 받아 적었다. 미국으로 돌아가 장지락의 일대기『아리랑』을 저술하고 1941년 뉴욕에서 영어판『아리랑』을 출판했다. 그때 장지락은 이미 처형된 뒤였다.


## 민족해방을 위해 공산주의운동에 투신

1905년 한국보호조약이 체결되던 해에 태어난 장지락은 어려서부터 망국민의 비애를 체험하며 성장했다. 그는 어른들로부터 시베리아와 만주에서 조국을 위해 군사 훈련을 하는 독립군들의 이야기, 하얼빈에서 이토 히로부미伊藤博文, 1841~1909를 저격해서 죽인 안중근安重根, 1879~1910의 이야기를 들으며 자랐다.

1919년 3월 1일, 그의 학교 선생님은 일본이 조선을 노예화하는 것을 미국이 용납하지 않으며 단지 평화적인 방법으로 대규모 시위를 하면 세계의 모든 언론이 한국 대중 시위를 보도할 것이라며, 파리평화회의에 참석한 열강들이 양심의 눈을 뜨고 약소민족을 지배하는 일본을 용납하지 않아 조선은 자유로운 나라가 될 수 있다고 말했다. 선생님은 윌슨 대통령의 14개 조항을 하나씩 설명해 주었다. 학생들은 함성을 터트리고 환희의 눈물을 흘리며 거리로 나갔다. 조선인 독립에 대한 의지를 온 세계가 들을 수 있도록 '대한독립 만세'를 외쳤다.

만세 시위는 조국의 독립을 위해 평화적으로 싸우자는 기독교적인 항일운동이었다. 장지락은 이러한 정신을 아주 영웅적으로 보았다. 그러나 일본군이 찬송가나 민족독립가를 부르는 신도들을 향해 발포하는데도 도망가지 않고 조용히 하늘을 우러러보며 기도만 하는 것을 보니 화가 치밀었다. 신도들은 월슨 대통령을 위해 기도하고 일본이 조선의 요구에 대해 정당하게 귀를 기울여 유혈사태가 일어나지 않기를 기도했다. 하지만 일본 경찰은 위험사상 용의자를 검거하여 죽이고 교회를 파괴했다.

1919년 여름, 15세가 된 장지락은 하느님을 찾거나 기도하지 않고 자신의 의지로 어려움을 극복하고 조국을 되찾겠다고 결심했다. 숭실학교를 그만두고 둘째 형의 경제적 지원을 받아 중·일·영 사전을 옆구리에 끼고 일본으로 유학을 떠났다. 동경제국대학에서 고학하면서 민족해방의 길을 모색하던 중 마르크스주의를 알게 되었다. 모스크바에 가서 마르크스주의를 공부하며 구국의 길을 찾겠다고 하얼빈까지 갔으나 소련의 내전으로 모스크바행 열차가 끊긴 상황이었다.

갈 길을 잃은 그는 지린吉林성 싼위안푸三元浦 신흥무관학교로 향했다. 경비를 아끼려고 종일 길바닥에 깊게 파인 마차 바퀴 자국을 따라 700리를 걸어 한 달 만에 신흥무관학교에 도착했다. 신흥무관학교 입학 연령은 18세였다. 갓 15세.를 넘긴 장지락은 취학 연령에 미달해 석 달간 방청하고 혁명운동에 합류하기 위해 1920년에 상하이로 갔다.

상하이에 막 도착했을 때만 해도 약간의 무정부주의적인 경향을 가진 민족주의자였으며 마르크스주의와 레닌주의에 대해서는 아무것도 몰랐다. 월 20달러를 받고 임시정부의 독립신문사 교정원으로 취직했다. 간혹 임시정부 의정원회의도 방청하고 밤에는 삼일학원에 가서 영어도 배웠다.

이후 둘째 형의 경제적 지원을 받아 베이징 협화協和의과대학에 입학했다.

그때『공산당선언』,『사회발전사』 등 공산주의 서적을 심독하면서 공산주의 운동만이 조선의 꿈을 실현시킬 수 있는 유일하고도 진정한 희망이라는 생각이 들었다. 그리하여 1923년 겨울, 공산청년동맹에 가입했다.

장지락은 한국에서 온 승려 김성숙金星淑, 1898~1969으로부터 공산주의 이론을 확실하게 배웠다. 당시 베이징 유학생들 사이에 공산주의자와 민족주의자 이론 투쟁이 첨예했다. 공산주의 이론에 해박한 김성숙의 지도는 장지락으로 하여금 헤겔 변증법에서 마르크스 이론까지 나갈 수 있는 논리적인 디딤돌이 되었다.

## 잔혹함 속에 존재하는 진리

1925년 가을, 광저우로 남하하여 중산대학 경제학과에 입학했다. 그때부터 1927년 12월, 광저우코뮌이 실패할 때까지 장지락은 광저우를 한 발자국도 떠나지 않았다. 국공합작 이후 중국공산당원들도 개인 자격으로 중국국민당에 입당했다. 장지락을 포함한 한인공산당원 6명도 개인 자격으로 중국국민당에 입당했다. 중국공산당은 한인공산당원들에게 조선인 세포에 들어가라는 명령을 내렸고 5명이 조선인 세포의 일원이 되었다.

1927년 12월 광둥코뮌까지만 해도 장지락은 톨스토이의『인생독본』일본어 번역본을 주머니에 넣고 다니며 읽었다. 톨스토이의 작품에 나오는 모든 현실은 해결할 수 없는 모순과 모순의 충돌이었다. 작품 중 인물은 언제나 투쟁하지만 절대로 문제를 해결하지 못했다. 톨스토이는 극한의 현실에서 보편적인 진리를 찾아냈다. 인간의 잔혹성을 진리의 한 측면으로 받아들인 것이다.

어려서부터 잔혹한 행위를 지긋지긋하게 보아 온 장지락은 톨스토이를 통해 잔혹함이 존재하는 곳에 정의를 만들어 내야 한다는 것을 배웠다. 톨스토이는 농민들을 구제하고 그들에게 토지를 주고 싶었다. 잔혹함에 대한 증오가 아니라 잔혹함 존재를 폭로하는 데 힘쏟았으며 결정론에 대항하여 싸울 것을 강조하는 톨스토이의 작품은 장지락으로 하여금 진리에 도달하기 위해 투쟁해야 한다는 인간 문제와 인간 역사발전의 특질을 가르쳐 주었다.

그래서 광저우코뮌이 진행되는 전쟁터에서도 톨스토이 책을 주머니에 넣고 다니며 자신이 투쟁해야 하는 합리적 이유를 확인했다. 광저우 제4군 군의무처 의무주임 허청賀誠, 1901~1992은 장지락과 베이징협화의학원의 동창이었다. "광저우에서 옛 동창인 황잉수黃英秀와 장지락을 만났는데, 이들은 모두 C. Y.공청단원였다. 장지락 동지는 약상자를 메고 총성이 가장 격렬했던 방향으로 달려갔다. 조선동지가 이렇게 중국 해방사업을 사랑하니 얼마나 존경스러운가"라는 생각이 들었다.

광저우코뮌이 실패하자 장지락은 한국인 15명과 하이루펑海陸豐 소비에트로 퇴각했다. 하이루펑 사람들은 '조선인 동지 환영회'까지 열어주었다. 1928년 1월, 장지락은 장북성張北星이라는 가명으로 동장東江 공산당학교 설립에 참여했다. 장지락은 '노동운동사'와 '코민테른 역사와 활동' 등을 강의했다. 하이루펑 동장공산당학교는 1928년 1월 21일부터 2월까지 운영했다.

펑파이澎湃, 1896~1929와 함께 하이루펑현 소비에트인민위원회 심판위원 7명 중 한 명으로 2주간 일했다. 그들은 객관적이고 공정한 재판을 위해 지역 감정이나 현지 계급적 증오의 영향을 받지 않는 외국인 장지락을 선임했다. 장지락은 재판소에서 일하는 동안 4명에게 사형 선고를 내렸다. 잔혹하고 부패한 일을 해 온 지주들에게는 선고를 내리는 것이 어렵지 않았다.

그러나 무고하게 보이는 지주 아들에게 사형을 내릴 때는 모순에 빠졌다. 김산은 펑바이에게 이 청년은 죄가 없어 보인다고 말했다. 펑바이는 계급적인 정의는 개인적인 것이 아니며 내전을 위한 필수적인 수단이므로 계급적인 지주를 혼내지 않으면 농민들은 살 길을 잃고 혁명에 의심을 품게 된다고 조언했다. 그럼에도 그는 자신이 무고한 사람을 잡아 죽이는 것 같아 괴로웠다.

중국국민당이나 인민 가운데 훌륭하고 용감한 사람들, 그리고 사회적으로 촉망받는 많은 사람들이 간단하게 체크되어 죽어 나갔다. 예수가 하이루펑에 있었다면 정의의 이름으로 무엇을 했을까? 톨스토이 같은 박애주의자는 이럴 때 뭐라고 말했을까. 김산은 머리가 무거워서 들 수 없을 정도였지만 국공내전에 참가하는 철학을 찾아야 했다.

국민당군에 포위를 당해 하이루펑을 빠져나갈 때는 지옥과 같았다. 광저우 기의에서 생존한 병력 2,000명 중 1/4 이상이 하이루펑에서 죽고 남은 병력은 겨우 300명 정도였다. 그나마 모두 굶주리고 상당수가 중병에 걸렸다. 장지락도 말라리아에 걸렸다. 오한과 고열에 시달리면서도 행군을 했다 숲을 지날 때는 키를 가리기 위해 무릎과 손으로 땅을 짚고 기었고, 기침을 참기 위해 땅에 엎드려 목을 졸랐다.

거의 반년 동안 바람막이도 없는 산속에서 잠을 자며 하이루펑을 탈출했다. 숨을 곳이 없을 때는 물속에 들어가 코만 내놓고 숨을 쉬었다. 몇 날 며칠을 물속에 숨고, 물속을 행군하였기 때문에 발바닥과 허벅지가 심하게 부르텄지만 희망은 버리지 못했다. 때로는 밝은 달을 보며 힘이 얻었다. 하이루펑에서 구사일생으로 홍콩까지 탈출했다.

홍콩에서 만난 동포 인삼 장수 박씨의 도움으로 병을 치료하고 상하이에 들렀다. 우연히 옛 동지 오성륜과 김성숙을 만났다. 오성륜은 사공의 배를 빌어 하이루펑을 탈출했는데 병에 걸려 뼈만 앙상하게 남았다. 김성숙은 여자 친구 두쥔후이<sup>杜君慧</sup>와 결혼하여 글을 쓰거나 번역을 해서 번 돈으로 동지들을 먹여 살리고 있었다.


## 기구한 중공 지하 활동


광저우와 하이루펑 투쟁을 겪으면서 공산주의운동으로 조국독립을 성취해 야 된다는 정신은 더 강렬해졌다. 1929년 봄, 유청화<sup>劉淸華</sup>라는 이름으로 중국 공산당 인사 문제를 담당하는 고위직 베이핑시위원회 공산당 조직부장에 선 임되었다. 화베이조직위원회 위원도 겸직했다. 모든 활동은 비밀이었다.

장지락은 중국공산당 지도부로부터 한인들의 핵심 혁명지 만주에 가서 조 선공산당과 중국공산당을 연결시키라는 특별 임무를 받았다. 당시 중국공산 당은 만주지역에 지식인과 도시노동자들로 구성된 노조는 결성했지만 농민 조직은 없었다. 반면 조선공산당은 농장과 노동자는 있지만 노조가 결성되지 않은 상태였다. 조선공산당은 몇 차례 일제에 의해 조직이 파괴되었으나 만주 총국을 설립하여 완강하게 일본제국주의를 반대하며 조선의 독립을 쟁취하 기 위해 열심히 혁명활동을 펼치고 있었다.

장지락은 펑톈<sup>奉天</sup>에서 중국공산당 만주성 당대표를 만난 뒤 지린<sup>吉林</sup>으로 가서, 1929년 8월, 제2차 혁명청년연맹대회에 참가했다. 이 회의에 앞서 조선 청년동맹은 1928년 5월 26일부터 29일까지 개최된 1차 대표대회에서 중국 본 부 한인청년동맹, 남만청년총동맹, 하얼빈, 창춘청년동맹, 북만청년총동맹 등 8개 단체가 연합해서 재중국인청년동맹을 결성한 상태였다. 제2차 대표자회의는 '일국일당' 원칙에 의해 조선공산당만주총국을 해체하고 당원들이 중국 공산당에 입당 문제를 협의하는 것이 주요 의제였다.

조선청년동맹 2차 대표대회에 참석한 80여 명의 대표는 만장일치로 새로운 노선을 채택하고 민족적 항일 투쟁뿐만 아니라 중국인 지배계급이나 지주에 대한 계급 투쟁도 함께하기로 결의했다. 모두가 열성적이고 목적 의식과 정치 의식이 뚜렷했다. 만주에 머문 2달여 동안 장지락은 한인 공산주의자들의 혁명 의식이 날로 고조되고 조선 대중운동의 잠재력이 보여 조선혁명운동에 대한 신념과 희망도 생겼다.

1930년 3월과 4월, 조선공산당 ML파 만주총국과 화요파 만주총국도 일국일당 원칙을 수용했다. 각각 총국을 해산하고 개인 자격으로 중국공산당에 가입했는데, ML파 계통 당원만 430명에 이르렀다. 이 기회에 중국만주성위원회는 1930년 7과 10월 사이, 랴오루위안廖如愿, 1904~1973 등 중국공산당 지하당원을 남만주南滿와 동만주東滿 한인 밀집지역으로 파견해 조선 공산당원과 현縣에 위원회를 조직했다.

1930년 초 베이핑으로 돌아온 장지락은 중국공산당 베이핑특별시위원회 조직부장 직을 수행하면서 시위행진, 선전, 강연 등 활동을 주도했다. 그해 4월 다가오는 5·1노동절 폭동계획을 협의하던 중 중국 관헌의 습격을 받아 체포되었다. 일본영사관에 인도되었으나 혐의 부족으로 오래지 않아 석방되었다.

1930년 11월 20일, 장지락은 베이핑시청西城에서 광저우 봉기 기념 추도회를 준비하다가 중국국민당 경찰에게 재차 체포되었다. 중국공산당원은 체포되면 곧바로 처형되는데 장지락은 중국 국적이 아니어서 한국으로 압송되었다. 각종 고문을 당했지만 그는 끝까지 자신이 공산당원임을 진술하지 않아 증거불충분으로 풀려났다.

1931년 6월, 장지락은 베이핑으로 돌아왔으나 복당하지 못했다. 동포 한위건韓偉健, 1900~1937이 장지락을 대신해 중공 베이핑시위원회 조직부장직을 수행하고 있었다. 당 지도부는 장지락이 체포되었지만 사형도 안 당하고 단시간에 석방된 점에 대해 그를 일본 간첩이거나 그의 정치사상이 온건하지 못하다고 의심했다. 이때 베이핑은 국민당 중앙 정권과 지방 군벌로부터 이중 감시를 받는 상황이라 당조직도 정상활동을 하지 못하고 마비되었다. 장지락도 중공조직과 연결이 끊어지고 심한 폐결핵에 걸렸지만 치료도 받지 못한 채 혼수상태에서 죽음의 문턱을 몇 차례나 넘었다.

1932년 초, 허베이河北 성립省立 바오딩保定사범학교에 있던 친구가 학생연합회를 통해 오갈데 없는 장지락을 교사로 초빙했다. 장지락은 학교 수업 외 당 대표를 도와 학생운동을 지도했다. 신분이 드러나자 허베이성 가오양高陽현의 한 농촌 교육학원으로 옮겨 학생들을 가르쳤다.

그해 8월 허베성위원회에서 장지락에게 토지 문제를 해결하기 위해 학생들을 동원해 무장폭동을 일으키라는 지시를 내렸다. 장지락은 베이징성위원회를 찾아가 상황을 설명했다. 몇 자루 지주의 총은 탈취할 수 있지만 이런 방식의 폭동은 성공할 수 없다며 무장폭동 계획을 반대했다. 이로 인해 장지락은 다시 한번 사상이 온건하지 못하며, 난징 국민당 정부 우파라는 비판에 직면했다.

1933년 4월 26일 새벽, 장지락은 또 체포되었다. 국민당 경찰은 체포된 공산당원들에게 사형이나 전향 중 하나를 선택하도록 요구했다. 장지락이 구금된 4월 26일부터 6월 1일까지 수감된 공산당원 50명 중 40여 명이 전향하고 감옥을 나갔다. 장지락은 한 달간 중국 감옥에서 심문과 고문을 받고 한국으로 압송되어 재판받았다. 결과, 3년간 중국으로 갈 수 없다는 판결을 받고 고

항에서 지냈다.

1935년 베이핑으로 돌아왔지만 장지락의 당적은 회복되지 않았다. 두 번이나 일본 경찰에 체포되고도 무죄판결로 풀려난 일이 화근이었다. 일본간첩이라는 의심은 가중되고 공산당원 자격을 잃고 당의 모든 일에서 배제되었다.

친구의 도움으로 스자좡石家庄으로 이동했다. 유한핑劉漢平이란 가명으로 철도 노동자로 취직했다. 한편 중국인 친구들과 일본어 학원을 운영하며 중국인 상보商報도 발간해서 마르크스주의를 선전하는 등 공산당 지방 조직을 재건하는 일에 힘을 다했다. 이런 일이 비교적 성공적으로 진행되어 1935년 5월, 중국공산당 북부지역위원회에 파견되었다.


## 숙청


6년이 지나도록 당적을 회복하지 못한 장지락은 조국혁명을 위해 무엇인가를 해야 한다고 생각했다. 1935년 여름과 가을 사이 상하이로 와서 한국 혁명가들과 합류했다. 조선 공산주의자들은 더 이상 물에 녹아버린 소금처럼 자아를 잃고 중국혁명만을 위해 희생할 것이 아니라 반일 투쟁에서 지도적 책임을 져야 한다는 공감대가 형성되었다.

1935년 8월 중국공산당이 국민당과 항일민족통일전선을 구축할 무렵, 장지락은 한인공산주의자, 민족주의자, 무정부주의자들이 연합해 결성한 조선민족해방동맹의 중앙집행위원직을 맡았다. 이 동맹은 반일 투쟁의 기초위에 조선 부르주아 민주혁명 단계를 완성하여 자유국을 세운다는 목표로 결성되었다.

1938년 8월, 조선민족해방동맹은 장지락을 조선민족해방동맹의 대표로 중공과 협력관계를 맺기 위해 옌안으로 보냈다. 장지락은 이 기회에 일본에 맞서 치열하게 싸우는 모습을 보여줌으로써 자신의 결백을 입증하려고 했다. 하지만 공산당 지도부는 그에게 싸울 기회조차 허락하지 않았다. 결국 그는 항일군정대학에서 일본 경제와 물리·화학을 가르치면서 소일하며 시간을 보냈다.

장지락이 옌안에 도착하기 몇 주 전, 미국인 기자 님 웨일즈가 옌안으로 왔다. 그녀는 옌안에 머무는 넉 달 동안 장지락을 22번 찾아갔다. 희미한 양초불 앞에서 장지락이 진술하는 그의 혁명 생애를 받아 적었다. 미국으로 돌아간 님 웨일즈는 장지락의 일대기를 소재로 영어판 『아리랑』을 1941년 뉴욕에서 출판했다.

1938년 10월, 장지락에게 타이항산太行山 전선으로 나가라는 명령이 내렸다. 전선진출은 위험하고 힘든 일이지만 누명을 벗고 명예를 회복할 기회가 왔다는 뜻이기도 하다. 정율성鄭律成, 1914~1976이 이 소식을 듣고 작별 인사를 하러 장지락의 숙소를 찾아갔다. 장지락은 일본군과 싸우며 죽는 것도 영광이라며 웃었고, 정율성은 조국의 독립을 볼 때까지 건강하게 지내라는 인사를 했다. 짧은 인사를 나눈 후 그는 웃으며 보안원의 손에 이끌려 옌안을 떠났다.

장지락은 타이항산에 나타나지 않았다. 정율성은 여러 해 동안 장지락에 관한 아무런 소식을 듣지 못했다. 전사했다면 그 소식이라도 알려질 텐데 감감소식이다. 그에 대한 관심을 드러내는 것조차 위험한 일이란 것을 정율성은 잘 알고 있었다.

섬감녕陝甘宁보안처는 장지락이 "트로츠키주의자" 혹은 "일본 간첩"이라는 판결을 내렸다. 보안처 책임자인 캉성康生, 1898~1975이 지령을 내려 장지락은 비밀리에 살해되었다. 문화대혁명이 끝난 뒤에야 님 웨일즈는 자신이 옌안을 떠난 직후 장지락이 살해됐다는 사실을 알았다. 1983년 1월 27일, 중국공산당 중앙조직부는 장지락 피살은 특정한 역사적 조건에서 발생한 억울한 사건이라고 명예를 회복했다.

참고문헌 및 자료

님 웨일즈·김산, 송영인 역, 『아리랑』, 동녘, 2005.8.

김은식, 『중국의 별이 된 조선의 독립군 정율성』, 이상, 2016.7.

贺诚(东较场第四军军医处医务主任), 「党啊, 我听着你的呼唤—广州起义回忆(节录)」, 『广州起义』, 中共党史资料出版社, 1988.

张文渊, 「土地革命初期的东江党校」, 『海陆丰革命根基地研究』, 人民出版社, 1988.10.

李香花, 「黄埔军校出身的朝鲜族革命者在东北抗日游击队建设中的历史功绩」, 『西部大开发中旬刊』, 2012.

尼姆·威尔士(海伦·斯诺)·金山, 『阿里郎之歌』, 新华出版社, 1993.6.

# 박영

朴英, 1887~1927

| | |
|---|---|
| 소속 | 황푸군관학교 교도단 |
| 경력 | 대한군무도독군부 참모장, 러시아 흑룡주 고려부 책임비서, 광저우기의 예팅의 참모 |

약력

| | |
|---|---|
| 1887년 | 함경북도 경흥군 아오지 출생 |
| 1906년 | 중국 지린吉林 허룽和龍으로 망명 |
| 1912년 | 일본으로 갔다가 신해혁명 성공에 고무되어 다시 중국으로 돌아옴 |
| 1919년 | 대한군무도독부 참모장 |
| 1920년 | 대한북로독군부 군무부장 |
| 1920년 | 봉오동전투, 청산리전투 참전 |
| 1921년 | 흑룡강주 고려의용군 군사위원 |
| 1922년 | 만주 닝안현으로 돌아옴 |
| 1926년 | 중국 망명 |
| 1927년 | 국민당 리푸린李福林 전지에서 총살 |

　박영朴英은 박근성朴根星, 박응서朴应瑞, 박영朴泳, 박진朴镇 등 이름을 사용하고 중국 동북, 러시아. 광저우, 우한 등 광범위한 지역에서 무장 활동에 종사한 혁명 군인이다.

## 대한군무도독군부大韓軍務都督軍府 참모장

박영은 1887년 함경북도 경흥군 아오지 농민
가정에서 출생했다. 1906년, 마을 사숙에서 공부
할 때, 아오지 주민들이 반일무장단체 사포대私炮
隊를 조직하더니 경흥, 경원, 종성으로 가서 일본
헌병수비대를 습격하여 일본순경을 격살하고 돌
아왔다. 박영은 학업을 그만두고 마을 사포대의
반일무장 투쟁에 가담했다. 19세였다.

1908년부터 박영도 사포대원 100~200명을 인
솔해서 경흥 일본군수비대를 공격하거나 일본인

박영
출처_ 중국 중앙방송국 인터넷 중국어
조선어 방송.

거점을 습격하고 다녔다. 격노한 일본은 한 개 대대의 병력을 파견해 아오지
사포대를 격파하고 박영과 그의 부친을 감옥에 가두었다.

1910년 출감 후, 아오지에서 활동할 수 없게 된 박영은 가족과 중국 지린성
허룽和龍 산동포三洞浦 산골마을로 이주했다. 그러나 시골에 파묻혀 세계와 담
을 쌓고 살 수만은 없다고 판단한 박영은 일본으로 갔다. 동경에서 쑨원이 혁
명에 승리했다는 소식을 들었다. 쑨원 혁명에 기대를 걸고 다시 중국으로 돌
아와 학교 교원이 되어 계몽활동에 종사했다.

1919년 3·1만세운동 이후, 박영은 봉오동鳳梧洞 신한촌新韓村에서 최진동崔振東,
1878~1945과 대한군무도독부를 조직했다. 최진동은 무장 투쟁만이 국권을 회복
하는 길이라고 믿고 일찍이 청나라 군에 입대해서 왕칭현 대덴즈大甸子 순경국
장巡警局長으로 승진한 인물이다. 또 축산과 곡물을 무역해서 거액의 재산을 모
아 봉오동의 황무지를 대량 매입하고 개간해서 조선인 신한마을을 조성했다.

최진동은 자신의 자위단 청년 300여 명을 기간으로 대한군무도독부를 조직했다. 그의 집은 봉오동 뒷산 3,000여 평을 개간하여 지은 대저택이었다. 담장을 토성처럼 쌓고 대포를 배치했다. 저택 안에 큰 막사 3동을 지어 연병장을 마련하고 소련제 수 백정의 장총과 신식무기를 구입하여 청년들을 무장 훈련시켰다.

박영은 대한군무도독부의 참모장이었다. 1920년, 대한군무도독부 대원들은 인솔해서 8차례 두만강을 건너가 함북 종성과 온성, 무산 등에 소재하는 일본헌병대를 습격해서 파괴하고 돌아왔다. 1920년 3월부터 6월까지 국내 진격은 대부분 군무도독부에서 감행하였는데, 국경과 가까운 종성군 일본헌병주재소를 36회나 공격하였다.

대한군무도독부는 일본헌병대를 파괴하고 노획한 무기와 전리품으로 무장력을 보충했다. 이런 국내진공유격전은 한말 이래 일본과의 유일한 전쟁이었다. 대부분 소규모 유격대원들이 변경지역에서 일본관서와 파출소 등을 공격하여 파괴하고 일본순경을 격살함으로써 일본 통치질서를 교란시켰다. 이런 전쟁을 지속하면 국내민중이 호응하여 최종적으로 독립을 쟁취할 수 있다고 전망했다.

상하이 임시정부는 대한군무도독부처럼 만주와 러시아 연해주 변경지역에서 활동하는 독립군 유격전에 힘을 얻어 1920년을 "독립전쟁의 해"로 선언했다. 1920년 1월 임시정부 국무총리와 각부 총장 명의로 발포한 「포고문」에 "우리 독립전쟁의 중견이 될 아·중러시아와중국 양령의 2백만 동포가 독립전쟁에 대하여 가장 중대한 책임을 졌다"고 언급했다.

그 이유는 첫째, 동북지역과 러시아 연해주가 지리적으로 한국과 인접하여 전쟁 준비와 개전에 유리한 점, 둘째, 이미 10여 년간 위기에 처한 국가에 대한

헌신과 애국심, 셋째, 교민이 2백만 명이라는 이유를 들었다.

박영은 홍범도가 이끄는 독립군과 협조하여 봉오동전투를 대승리를 이끌었다. 봉오동에는 동쪽과 서쪽, 북쪽으로 갈라지는 세 갈래의 골짜기가 있고 독립군 단체들은 봉오동 중심으로 포진해 있었다.

대한군무도독부는 병력을 강화하기 위해 홍범도洪範圖, 1868~1943가 인솔하는 대한독립군과 안무安武, 1883~1924가 인솔하는 대한국민회군까지 연합하여 대한 북로독군부를 결성했다.

봉오동전투 군사작전을 전개할 때, 홍범도가 '정일제일군사령관'이란 이름으로 대한북로독군부를 통수했다. 대한북로독군부는 총사령관에 최진동, 연대장은 홍범도, 부관은 안무安武, 1883~1924였다. 대한북로독군부 산하에 군무도독부의 병력 약 670명, 홍범도와 안무의 국민회군 550명으로 총 1천2백여 명이며 무기는 기관총 2문, 군총 약 900정, 권총 200정, 수류탄 100개, 탄환 군총 1정당 150발, 망원경 7개를 보유했다.

박영은 대한북로독군부의 통신과장이었다. 통신과는 다른 독립군단과 상호 연락을 할 수 있는 인력 통신망을 갖추고 일본군의 동태와 숫자, 지방 관헌들의 행동 등 정보를 얻으면 마을의 남녀노소 모두 신속하고 교묘하게 다른 독립단에 통보했다.

봉오동전투는 임시정부가 1920년을 '전쟁의 해'로 선포한 이후 규모가 가장 큰 전쟁이었다. 1920년 6월 4일 새벽 5시, 대한군무도군부의 한 개 소대 약 20명이 허룡현 산툰즈三屯子를 출발해서 종성군 강양동江陽洞 상류에서 강을 건너 헌병순사의 병정을 격파하고 두만강 맞은편 산툰즈로 돌아왔다. 산툰즈에서 일본군 제19보병 사단장 야스카와 지로安川二郎 대대가 남양파견대장 니히미지로新美二郎와 합세하여 봉오동으로 진입한다는 정보를 얻었다.

대한북로독군부 사령관 최진동은 북산 서간西間 최고봉 독립수獨立樹 아래에 총지휘 본부를 설치하고, 일본군 전위부대로 하여금 봉오동 입구를 통과시키고 본대가 독립군이 잠복한 포위망에 들어오면 일제히 사격하기로 작전을 세웠다.

6월 7일 오전 6시 30분, 일본군 보병대대 선두가 고려령 서편 약 1,500미터 지점에 도착했다. 큰 나무가 하나 뿌리까지 뽑혀 우묵이 패인 곳에 러시아 장총과 폭탄으로 무장한 신민단 군인 8명이 매복했다. 갑자기 안개가 자욱이 끼고 궂은 비가 부슬부슬 내려 지척을 분별치 못하는데 신민단 군인들이 러시아 총을 한두 방을 쏘아 퇴각하는 척하면서 일본군을 포위망으로 유인했다.

일본군은 총소리가 나는 곳을 향하여 좌우편으로 사격을 퍼부었다. 몇 시간 후, 비와 우박이 그치고 나서야 일본군들은 저희끼리 총격전을 한 걸 알고는 화가 나서 봉오동 좌우 조선인 촌락으로 들어왔다.

홍범도 장군이 러시아 총으로 '따꿍', '따꿍', '따꿍' 소리를 냈다. 이는 몰사격을 퍼부으라는 암호였다. 일본군은 자기들끼리 사격하면서 마을로 들어오다가 몰사격을 받고 이리저리 쓰러지거나 도망했다. 봉오동 삼개 입구에 일본군의 시체가 쌓였다.

1920년 6월 10일, 봉오동전투 3일째가 되는 날이다. 대한국민회 제일남부지방회장 마용하馬龍河, 1875~?가 지회장들에게 호외號外를 보냈다. "6월 7일 오전 8시부터 시작된 봉오동전투에서 일본군은 150명이 사살되었고, 독립군 측은 3명 전사했다. 전쟁은 계속 중인데, 독립군 측은 북로독군부 최진동과 홍범도 병력 300명과 신민단 30명이 합세하여 이끌어낸 대승이며, 이 전투를 독립전쟁의 개시"라고 전했다.

국민회 제2중부회장 강구우姜九禹, 1884~?도 같은 날짜로 산하 지회장들에게 공문을 보냈다. 봉오동전투는 "독립전쟁 제1차 대승리"이며, 6월 7일 봉오동에서 "일본 육군 수백 명과 독군부가 교전하여 왜놈 120명을 격살하고 기관총 2문과 소총 약간을 탈취하고 우리 독립군에는 1인의 사상자도 없다"고 전했다.

## 러시아 흑룡주 고려부 책임비서

봉오동전투에서 대패한 일제는 중국 당국으로 하여금 독립군을 쫓아내라고 지시했다. 그러나 중국 측이 한국독립군에 대해 소극적으로 대처하는 데 불만을 품고 일제 당국은 5개 사단병력을 투입해 독립군을 뿌리채 뽑으려고 했다. 불시에 일본군의 공격을 받았지만 독립군들은 연합작전으로 1920년 10월 21일부터 6일간 청산리에서 일본군과 맞서 싸워 대승리를 했다. 청산리에서 대패한 일제는 더 광폭하게 독립군을 지원하는 동포까지 학살하려는 '간도지방불령선인초토화'작전을 전개했다.

더 이상 중국에 머물 수 없게 된 독립군들은 러시아로 넘어가기로 결정했다. 소련 당국이 한국독립군을 군제군으로 편성해서 한국 독립운동을 지원하겠다고 발표했다. 청산리에서 약 2천여 리 떨어진 미산密山에 집결해 겨울을 나면서 '대한독립군단'을 편성하고 자유시로 향했다. 박영은 대한독립군단 군수물자 조달원軍需科員으로 흑룡강주아무르주 자유시로 가서 1920년 11월경 하바롭스크 공산당 한인책임부로 들어갔다.

자유시에 집결한 각 지역 독립군단은 통솔이 되지 않아 혼란스럽고 어수선했다. 식량 사정마저 악화되었다. 지도층은 러시아어를 모르고 향후 사태를 전망할 수 없었다. 국제공산 동양비서부가 정치적 압력을 가하자 일부 독립단은 이탈하거나 다시 만주로 돌아갔다. 최진동이 인솔하던 대한북로독군부도 러시아가 편성하려는 국제군에서 이탈했다.

1920년 12월, 한인사회당, 신민단, 홍범도 군대의 대표들이 연합하여 '제일수청빨치산군'을 결성했다. 보병 3중대 543명, 기병중대 103명, 기관포 3문, 말 6필, 각부 사무원 41명 모두 683명이었다. 박영은 '제일수청빨치산군' 피복 부장이 되었다. 피복부는 광목에 참나무 껍질을 삶아서 물들이고 소유한 자봉침 4대로 군복과 모자를 만들었다.

자유시로 모인 독립군은 동포끼리 싸우는 자유시참변을 남기고 흩어졌다. 박영은 이만에 남아 고려혁명군 결성에 참여했다. 1921년 8월 16일을 7.13 군비단 군사부 제3회 회의에서 자유시참변으로 흩어졌다가 이만에 집결한 한인의용군을 '고려혁명의용군'으로 편성했다. 박영은 고려혁명의용군 임시군사위원회의 10명의 군사위원 중 한 명으로 선임되었다. 고려의용군은 교련을 실시하고 주민 농사일을 의무적으로 돕고 마적방어에 힘썼다. 박영은 공산주의를 선전하기 위해 고려혁명의용군 내에 야체이카<sup>공산당의 세포 조직</sup>를 조직해서 공산주의 선전했다.

소비에트 측이 당시 중립지대인 블라디보스토크를 점령하기 위해 이만, 인, 볼로차예프카 등에서 일곱 차례 공격하고 여섯 차례 후퇴하였는데 박영은 소련의 홍군을 도와 7차례 전투에 모두 참전했다. 백위군은 의용군이 체포되면 코, 눈, 손가락, 귀 등 신체 일부를 찢고 입을 파열시켰다. 1921년 12월 25일부터 인정거장을 둘러싼 전투에서 박영은 앞니가 몽땅 부러졌지만 그냥 싸웠다. 고려의용군 2개 중대가 참여한 인정거장 전투를 마지막으로 홍위군이 백위군을 최종적으로 숙청했다.

이만전투, 인전투, 볼로차예프카전투 등 '원동해방전쟁'에서 이용의 지휘하에 있던 60명의 고려의용대는 소비에트 원동국으로부터 희생과 공헌을 인정받아 이만의 고려인촌에 정착했다. 박영과 그의 동생들도 용감하게 싸운 대가로 토지를 받아 농산조합을 조직하고 벼와 곡물들을 파종하며 생활했다.

## 중국으로 축출

1922년 말 레닌 정부는 백위군을 소탕하자, 일본과 협약을 빌미로 한인 무장단체를 해체시키고 중앙아시아로 강제 이주시켰다. 하바롭스크 공산당 고려부 서기로 활약하던 박영도 출당당했다. 희생적으로 백위군전투에 참여했던 조선인 지식층 의용군들도 다 쫓겨났다. 이들은 비밀히 만주국경지대로 이동하여 논밭을 일구거나, 교육 사업 등에 종사하며 살았다.

1922년, 박영은 부하 수십 명을 데리고 지린 닝안현寧安縣으로 돌아왔다. 2년 후 안도安圖에서 백산무사단白山武士團 부단장으로 활동할 무렵, 중국대혁명에 참여하고 있는 친구 이영李英, 이용으로부터 광둥에 와서 혁명에 참가하라는 권유 편지를 받았다. 1926년 말, 박영은 아내와 두 동생 박근만朴根滿, 박근수朴根秀를 데리고 광둥으로 왔다. 박영은 황푸군관학교 교도단에 가담하고 두 동생은 황푸군관학교 제5기에 입교했다.

광저우에서 박영 형제는 조선민족혁명당에 가입해서 장지락張志樂, 1905~1938, 김성숙金星淑, 1898~1969 등과 친숙해졌다. 토요일 밤이 되면 이들은 늘 한 곳에 모여 밤새도록 회의나 토론을 했다.

박영은 창저우도長洲島 병영에서 오는지라 늘 늦게 도착했다. 어떤 날은 부인과 그의 두 동생까지 데리고 왔다. 그는 40세의 연장자이기도 했지만 한학에 박식하고 공산주의 이론도 밝았다. 한인들 사이에는 지도력을 장악하기 위해 싸움이 끊이지 않았지만 박영은 지도권에 대한 관심이 전혀 없었다. 그는 "조선혁명이 완성되기 전까지는 내게 평화가 단지 고통일 뿐이야. 투쟁은 삶이지. 소극성은 죽음이고, 나는 싸우는 것을 더 좋아해"라고 말해서 모인 사람들 모두를 감동시킨 적도 있다.

1927년 4월 15일 청당정변이 발생하여 공산주의자에 대한 탄압이 시작되었다. 박영은 우한武漢으로 갔다. 그러나 그해 7월, 우한 중앙군사정치학교에도 정변이 발생했다. 공산주의에 편승했던 교사와 학생들이 학교를 떠나고 무한 중앙군사정치학교 4,000여 명 교직원과 학생 중 1,700여 명이 학교에 남았다. 한인 200여 명은 제4군 장파쿠이張發奎, 1896~1980 부대에 영입되었다. 박영도 장파쿠이 부대 교도단 장교가 되어 광둥으로 돌아왔다.

1927년 12월 12일, 광저우기의 첫 날 박영의 임무는 국민당 간부 장파쿠이, 황치샹黃其翔, 1898~1970, 천궁보陳公博, 1892~1946 등 국민당 간부를 생포하거나 사살하는 일이었다. 두 동생과 오성륜吳成崙, 1900~1947, 박건웅1906~?이 한 조였다. 이들이 장파쿠이가 체류하는 제4군 군부 소재지 자오칭肇慶회관으로 갔을 때, 장파구이는 이미 빠져 나간 뒤였다.

코뮌 둘째 날, 박영에게 주장珠江을 건너 국민당 리푸린李福林 장군의 진지를 공략하라는 임무가 주어졌다. 주장 맞은편 허난河南에 리푸린 연대 7개가 있었다. 광저우기의 지도층은 리푸린 군대 공격은 엄두도 내지 못했으나 리푸린 군대가 병력은 많지만 제대로 훈련을 제대로 받지 못한 오합지졸이라고 판단되었다. 전투 경험이 풍부한 정규군 200명이라면 리푸린 군대를 쉽게 격멸할 것으로 판단하고 도강 돌격대를 조직했다. 그중에는 조선인 60여 명이 있었다.

박영이 돌격대를 인솔했다. 돌격대는 주장을 건너 영남대학 부근의 한 진지를 점령했다. 13일 밤, 적위대는 72열사공원 양쪽에 세워진 자동차를 타고 철퇴하라는 명령을 내렸는데 이 명령은 박영에게 전달되지 않았다. 교도단이 철수하면서 도강돌격대 200명 전우에게 철퇴명령을 내리는 것을 깜박 잊어버린 것이다.

13일부터 전투력이 강한 국민당 쉐웨薛岳, 1896~1998 부대가 리푸린 부대와 연합해서 박영이 점령한 전지를 반격했다. 게다가 일본, 프랑스, 영국 제국주의의 함포가 주장을 차단해서 박영과 돌격대 200명은 삼면으로 포위를 당했다. 철퇴명령이 내린 상황을 모르는 박영은 17일까지 전투를 계속하며 진지를 사수했다. 광저우기의 지휘부에서 뒤늦게 철퇴 명령을 전달하려고 두 명의 한인을 파견했으나 이들도 돌아오지 못했다.

12월 17일, 박영과 돌격대원 200여 명은 물고기처럼 밧줄에 묶여 리푸린 사령부로 끌려갔다. 한인과 중국인들은 결박된 채 각각 다른 방에 갇혔다. 안청이라는 16세 소년의 포승은 느슨하게 묶였다. 동지들의 도움으로 포승을 풀고 천정 창문을 열고 닫는 밧줄을 타고 탈출해서 지붕에서 까무라쳤다. 연발하는 기관총 소리와 동지들의 절규와 비명소리를 들으며 안청은 정신을 차렸다. 돌격대 전원이 학살을 당했다. 밤이 되기를 기다려 안청은 감방 창문 밧줄을 밖으로 내려뜨리고 매달려 아슬아슬하게 땅을 디뎠다. 벙어리 거지 노릇을 하며 경찰의 눈을 피해 도망을 쳤다.

박영의 부인은 임신 중이었는데 남편의 전사소식을 듣고 상심한 나머지 시베리아에 있는 자신의 농장으로 돌아갔다. 박영의 두 동생은 교도단과 함께 광저우를 탈출해 하이루펑海陸豐을 경유해 상하이로 탈출했다.

참고문헌 및 자료

님 웨일즈·김산, 송영인 역,『아리랑』, 동녘, 2005.8.

김홍일,『대륙의 분노』, 문조사, 1972.7.

반병률,「1920년대 전반 만주·러시아지역 항일 무장 투쟁」,『한국독립운동의 역사』제49권 , 독립기념
　　　관한국독립운동사편찬위원회, 2009.12.

김춘선,「발로 쓴 청산리전쟁의 역사적 진실」,『역사비평』가을호, 역사비평사, 2000.

「수청 제일 빨치산 군대, 비밀 연락부장이던 고상준 회상기」,『회상기(아령과 중령에서 진행되던 조선
　　　민족해방운동을 회상하면서)－이인섭』, 독립기념관 자료번호 1-012259-001.

黎显衡,「박영」,『중국조선족인물전』, 연변인민출판사, 1990.5.

金雨雁·卜灿雄,「广州起义中的朝鲜义士」,『广州起义研究』, 广东人民出版社, 1987.10.

총을 든 의사

# 방우용

方禹鏞, 1893~1958

약력

| | |
|---|---|
| 1893년 | 경상남도 언양 출생 |
| 1914년 | 훈춘에서 한국인 연합운동회 발기 |
| 1917년 | 경성의학전문학교 1기 졸업 |
| 1919년 | 천주교인 무장단체 의민단 조직 |
| 1920년 | 동도독군부 창설 |
| 1921년 | 의민단, 봉오동전투과 청산리전투에 참전 |
| 1921년 | 경신대참변 |
| 1928년 | 난징 황푸군관학교 7기 교본부 군의 교관 |
| 1938년 | 조선의용대 제3지대 소속 |
| 1939년 | 공산당 통치구 |
| | 백구은白救恩 국제평화병원 내과과장 |
| 1943년 | 화북조선독립동맹 연안지부 집행위원 |
| 1945년 | 북한 임시중앙위원, 조선신민당 중앙위원 역임 |
| 1946년 | 조선노동당 검열위원 |
| 1956년 | 종파사건에 연루, 숙청 |

방우용은 경상남도 언양彦陽 출신이며 난징 황푸군관학교 7기 교본부 군의처 11명 교관 중 한 명이다. 10년간 국민당 군의관으로 일하던 방우용은 1939년 6월 시안西安 팔로군 출장소 소개로 국민당 통치구에서 공산당 통치구로 넘어갔다. 백구은白求恩국제평화병원에서 내과장으로 일하다가 해방 후 북한 정권 수립에 참여했다.

중국 측 자료에 의하면 방우용의 출생일은 1893년 2월 20일이며 경성의학전문학교 졸업생이다. 청년시기 일제가 한국 학생들에 대해 불평등한 대우를 목격하고 일본으로 유학을 갔다가 다시 러시아로 가서 사회주의를 수용했다는 인물이다. 서울대 의대 총동창회 동문록에는 1기 졸업생 48명 가운데 방우용이라는 이름만 있다.

방우용 관련자료는 아주 희소하다. 단지 방우용方禹鏞과 동음인 방우용方雨龍이란 이름이 일제 공문서와 독립운동사의 사건 속에 드문드문 남겨져 있다. 저자는 이 둘이 동일인이라는 전제하에 이 글을 작성했다.

방우용方禹鏞은 경성의학전문학교에 입학하기 전, 한인이 많이 이주한 중국 동북에 와서 종교인들과 연합하여 민족운동에 종사했다. 1914년 6월, 동북 훈춘琿春 토우다우거우頭道溝에서 기독교, 천주교, 대종교가 연합하여 대형 운동회를 개최했다. 참가한 기관은 한국인 자치단체 간민회를 비롯하여 대종교, 예수교, 천주교회가 설립한 부속학교등이다. 참가한 학교는 간민회가 운영하는 태성학교泰成學校, 보명학교普明學校, 양성학교養性學校, 협동학교協東學校와 대종교가 운영하는 청일학교靑一學校, 동일학교東一學校, 그리고 예수교가 운영하는 보진학교普進學校, 신일학교新一學校, 보흥학교普興學校, 인성학교仁成學校, 흥동학교興東學校, 천주교가 운영하는 양등학교兩等學校, 경애학교敬愛學校 등 15개 학교이며 모두 300여 명이 참가했다. 이를 근거로 보면 방우용은 한일합방 이후 중국 동북으로 이주해서 민족운동에 종사하며 민족의 출로를 모색한 것으로 보인다. 일본 문서에는 방우용이 운동회 발기자 중의 한 명이라고 언급했다.

그 후 다시 한국으로 가서 의학을 공부하고 1919년 3·1만세운동 이후 재차 중국 동북지방으로 이주한 것으로 추정된다. 1916년 설립된 경성의학전문학교는 현 서울대학교 의과대학의 전신이다. 1917년 3월 27일 제1회 졸업생 48명을 배출했다. 경성의학전문학교 전체 선발인원 1/3은 일본학생이고 2/3는 한국 학생들이었다. 경성의학전문학교는 민족주의적 색채가 강해서 일본학생과 차별적인 교육 과정, 일본인 교수의 민족 차별에 대한 불만도 컸다. 당시 경성의학전문학교 학생들은 압제를 받는 민족의 현실을 누구보다 잘 아는 당대 최고의 지식인들이었다. 1919년 3·1만세운동에 참가하여 구금된 학생 중 경성의학전문학교의 학생이 전체의 20%를 차지하는 31명이었으며, 재학생 중 79명이 만세운동에 참여했다가 퇴학당했다.

경성의학전문학교 졸업 후 1919년 중국 동북지방으로 다시 온 방우용은 기독교에 귀의한 동포들이 중심이 되어 조직한 자치기관 북간도국민회의 평의원으로 활동했다. 북간도 국민회는 간도를 5개의 구로 나누고 그 아래 52개의 지회를 가지고 있었다. 1919년 3월 훈춘 대한국민회가 합류함으로써 북간도 국민회 지회는 80여 개로 늘었다.


## 항일 무장단체 의민단 단장


1919년 말, 방우용方雨龍은 왕칭현 춘화향春華鄉에서 의민단을 조직했다. 의민당 단장은 방우용이었다. 의민단은 열정적이고 정의감이 있는 남녀 천주교 신자로 구성되었다. 이들은 일본군과 직접 전투도 하고 일본군의 상황을 정탐하며 일본군수품을 파괴하기도 했는데 군비 조달 과정 체포된 사람도 있었다.

의민단은 왕칭汪淸현 밍웨구明月溝에 본부를 두었다. 동부, 서부, 남부, 북부, 중부에 의민단 지부를 설치하고 산하에 외교부, 선전부, 통신부, 재정부, 경위부, 교육부 등을 설치했다. 각지의 신자들과 질서있게 연락하며 헌금으로 운영하는데 자금은 비교적 풍부한 편이었다.

1920년 6월, 의민단은 옌지延吉에서 조직된 대한광복단과 연합하여 군자금 의연을 촉구하는 내용의 격문을 인쇄하여 각지에 배부했다. 일제가 격문을 발견하고 협박장을 송부했다는 혐의로 대한학생광복단과 대한의민단 간부 다수를 체포했다.

1920년 5월, 상하이 임시정부는 만주 및 러시아 연해주에서 활동하는 독립운동 단체와 긴밀한 관계를 맺기 위해 특파원을 파견했다. 특파원 왕삼덕王三德, 1878~?은 방우용이 천주교 신자와 의병 200명 군인으로 대한의민단을 조직해서 활동하고 있다고 보고했다.

1920년 7월 26일, 의민단은 병력 강화를 위해 대한국민회大韓國民會, 대한독립군大韓獨立軍 등 9개 단체와 연합하여 왕칭현汪淸縣 거야강嘎呀河에서 창설한 동도독군부東都督軍府에 참여했다. 방우용은 동도독군부 대장에 임명되었다. 방우용은 밍웨구明月區 자신의 자택과 성당을 동도독군부 사령부로 제공했다. 군사양성을 위해 얼칭베이二靑背에 사관양성소도 설치했으나 그해 9월에 일제의 사주를 받은 중국기병 100명이 사관양성소를 불질러 태웠다.

대한독립군 대장 홍범도洪範圖, 1868~1943가 독립군 총연합을 서두를 무렵, 훈춘 사건이 발생했다. 일제는 독립군을 토벌할 구실을 조작하기 위해 중국 마적 두목 창강호長江好에게 돈과 무기를 주어 훈춘의 일본영사관을 공격해 달라고 요청했다.

1920년 10월 2일 새벽 4시쯤, 마적 400명이 대포 2문을 끌고 와서 훈춘을 습격했다. 마적들은 먼저 훈춘 공병대를 공격하고 중국인 70여 명, 일본평민 11명, 조선인 7명을 죽이고, 일본영사관 분관과 소속 관사를 방화하고 물러갔다. 일제는 이 사건을 한국인 반일무장단체의 소행이라고 덮어씌웠다. 일제는 미리 대기하고 있던 제19군의 9,000여 명과 시베리아에서 중국으로 귀환하던 14

사단의 4,000여 명, 그 외 북만주 파견대와 관동군에서 각각 1,000여 명 등 2만여 명의 병력을 집결해서 독립군과 독립군을 지원하는 한인을 토벌했다.

훈춘사건을 구실로 시작된 경신대토벌은 1921년 5월까지 계속되었다. 학살된 사람은 3,500여 명, 체포된 사람 5,058명, 불탄 가옥 2,779채, 방화된 학교 34개, 불탄 양곡이 4만 5천여 섬에 달했다. 그해가 음력으로 경신년이어서 경신대학살 혹은 경신대참변이라고 한다.

천주교 신자 마을 대교동大敎洞을 비롯해 일본군이 미리 점 찍어 둔 조선 마을은 초토화가 되었다. 그때의 상황을 캐나다 선교사 마틴 의사는 "10월 29일 새벽, 영성 한 마을에서 전투복을 입은 일본 보병이 예수교 마을들을 포위했다. 먼저 탈곡하지 않은 곡식더미에 불을 지르고 집안에 있는 사람들을 밖으로 나오라고 명령하여 남자와 늙은이, 어린이를 구분하지 않고 그 자리에 선 채로 총살하였다. 그래도 숨이 끊어지지 않으면 섶에 불을 붙여 던졌다. 이런 잔인한 행위는 죽은 사람의 부모, 처자들이 강제로 이 광경을 지켜봐야 했다. 동시에 불을 놓아 집을 태우니 온 마을이 순식간에 하나의 거대한 불덩이가 되어 불빛이 하늘을 찌르고 멀리 수십 리 밖까지 환하게 비쳤다. 한 마을이 끝나면 또 다른 마을에서 이와 같은 살인 방화를 저질렀다"고 본국에 보고했다.

방우룡이 살던 밍웨거우明月溝는 어느 지방보다 일본 토벌대의 횡포가 심했다. 경신참변이 끝난지 반 년이 지났을 때, 김홍일 장군이 시베리아로 가는 길에 밍웨거우에 들렀다. 마을에 장정이 하나도 없었다. 밍웨거우의 동네 아낙들이 독립군을 존경하고 도와주며 산속에 숨어 있는 독립군들에게 밥을 지어 주었다는 이유로 일본군 토벌대가 수시로 들어와 청년들을 몰살시키고 또 여자들은 닥치는 대로 욕을 보였다는 것이다.

중국 측은 한국 독립군에게 중국을 떠나 달라고 요청했다. 한국독립군 지도부는 잠시 일본군과 전면전을 피하고 창바이산長白山으로 피하기로 결정했다. 1920년 8월 하순부터 옌지延吉, 훈춘琿春, 허룽和龍, 왕칭汪淸에 주둔하던 독립군 2천여 명이 창바이산을 향해 가다가 청산리에서 일본군과 교전하게 되었다.

의민단 병사 100여 명도 청산리에서 일본군과 교전했다. 의민단 부대는 국민회 국민단과 연합작전을 수행하던 중 일제 병력이 대거 투입된다는 정보를 입수했다. 비교적 훈련이 잘된 의민단 모험대 100여 명이 홍범도가 이끄는 연합부대에 가담하여 전쟁을 준비했다.

한국독립군은 일본군 추격을 피해 러시아 자유시로 이동했다. 의민단 군사 일부도 러시아로 옮겨가고 방우용은 중국에 남았다. 1920년 10월 29일, 중국에 남은 대한신민단大韓新民團, 대한광복단大韓光復團, 대한국민회大韓國民會 등 9개 단체가 연합하여 임시정부 군사부의 명령을 따르기로 결정하고 간남북총판부墾[間]南北總辦部를 조직했다. 방우용은 개간북부 부총판에 임명되었다.

러시아 자유시에 집결한 한국독립단은 통수권을 장악하려고 한인 이르쿠츠크파와 상하이파가 충돌해서 한국 독립운동사상 최대의 동족상잔의 비극인 자유시사변흑하사변을 초래했다. 1921년 9월, 방우용은 간도에 남아 있던 독립운동 11개 단체와 대책회의를 개최했다. 동족상잔의 잘못을 성토하고 자유시사변 희생자를 확인한 바, 사망자 272명, 익사 31명, 실종 250명, 포로 917명이 집계되었다. 의민단은 청산리전투 후 일제 토벌대에 쫓겨 주력부대가 분산되고 종교탄압으로 인해 해체되었다.

## 민족혁명당에 합류

의민단 해체 후, 방우용은 황푸군관학교 군의관에 입대한 것으로 추정된다. 1928년부터 중일전쟁이 발생하기 전까지, 방우용은 난징 황푸군관학교 본부에서 군의관으로 근무하면서 민족혁명당에 가담했다. 본격적으로 발발한 중일전쟁에서 중국은 계속 밀렸다. 방우용은 민족혁명당 가족 90여 명과 배 두 척에 나눠 타고 충칭을 향해 가던 중 배를 갈아타기 위해 1938년 1월 이창宜昌에서 내렸다.

그 무렵 일본 공군이 이창을 공습을 해서 비행장 격납고, 발전소, 민생공사 등을 폭파했다. 민족혁명당원들은 이창에서 20리 떨어진 이랑묘二郎庙 반왕전盘王殿에 집 두 채를 빌어 공습이 끝나기를 기다렸는데 3주간이나 걸렸다. 그 사이 방우용은 이창여관에 투숙했는데 간첩 혐의로 중국 관헌에게 잡혔다. 민족혁명당 간부들이 중국 관헌과 교섭해서 방우용은 석방되고 2월 5일 5척의 배를 나눠타고 충칭으로 출범했다.

방우용方禹鏞은 조선의용대 제3지대에 소속이다. 1938년 5월 1일, 충칭시 정부가 주최한 노동절 행사에 참가했다. 충칭의 학교, 단체, 공장 등 각 기관 5만여 군중이 참여했다. 충칭 역사 이래 제일 큰 집회였다. 민족혁명당에서는 방우용외 30여 명이 참여했다. 각 기관 대표들이 돌아가며 연설하고, 민족혁명당의 대표 이춘암1903~?이 조선민족혁명당을 대표해 강연을 했다. 한 대표의 강연이 끝나면 군중들은 "항전승리 만세", "중화민국 만세" 등의 구호를 외쳤다. 강연회가 끝나고 참가단체들은 자기 단체이름과 항일표어를 쓴 크고 작은 깃발을 흔들면서 시내를 행진을 했다. 민족혁명당은 "민족 혁명당 충칭지부"의 깃발을 들고 행진했다.

방우용은 동북노선을 지지했다. 1938년 5월, 민족혁명당은 호북 강릉에서 열린 제3차 임시대표대회에서 민족혁명당의 주력부대가 대거 관내에서만 활동하고 있는바, 점차 한인들이 집결한 중국 동북으로 진출하기로 결정했다.

1938년 6월, 중앙육군학교 특별훈련반에서 훈련을 받던 청년들 84명이 우한의 외곽 소재의 대공중학교에서 숙영할 때였다. 중국 군사 당국의 캉저康澤, 1904~1967가 한국의 청년들에게 중국군을 도와 중국항전에 참가할 것을 건의했다. 이때에 조선민족혁명당 지도부는 전쟁 중이라 중국 군사 당국의 의견을 받아들여 이미 결정한 동북노선 방침을 당분간 중국군 지휘를 받기로 변경했다.

동북진출이 지연되자 동북노선을 주장하던 49명이 민족혁명당을 탈당하고 조선청년전시봉사단을 조직해서 우한 시내에서 가두연설과 가무공연, 전단지를 살포하며 항전 선전사업을 전개했다. 그러나 우한 보위전은 점점 격렬해지고 있고, 경비가 부족해서 조선청년전시봉사단은 조선청년전위동맹으로 이름을 바꾸고 민족전선연맹으로 복귀했다. 그러나 다음 해, 1939년 3월, 30여 명이 중국공산군 팔로군구역에 들어가 항일군정대학에 입학했다.

## 옌안 백구은국제화평의원 내과주임

1939년 6월 방우용은 시안 팔로군 출장소 소개로 국민당군 통치구역을 넘어 옌안 공산당 팔로군의원을 찾아갔다. 팔로군의원에서 일하던 캐나다 의사 백구은白求恩, Norman Bethune, 1890~1939.11이 수술 도중 베인 상처가 감염되어 폐혈증으로 죽었다. 백구은은 캐나다에서 안정된 생활을 포기하고 중국의 최전방에서 죽어가는 수많은 팔로군 병사를 응급수술로 살려낸 유명한 의사이다. 백구

출처_ 산시성 옌안혁명기념관 전시실.

은을 기념하기 위해 팔로군의원을 신축해서 백구은국제화평의원으로 이름을 변경하고 원래 있던 병원은 분원分院으로 사용했다.

방우용은 백구은국제화평의원 분원 내과주임직이 되었다. 이미 20여 년간 내과 임상 지식과 경험을 축적하였기 때문에 환자를 보고 증상을 듣고 부위를 만지면 짧은 시간 내에 환자에 대해 정확한 진단을 내렸다. 뿐만 아니라 전심전력으로 부상병들을 위해 봉사하고 자신의 경험 지식을 동료 의사에게 전수하여 고상한 의사라는 평판을 얻었다. 동료와 환자에 대한 방우용의 성실한 태도는 많은 중국인들을 감동시켰다.

방우용은 백구은국제화평의원 내과 주임으로 6년간 환자를 치료하고 의료진을 양성하는 교수 역할까지 했다. 하루 진료 환자는 780여 명이었다. 당시 방우용의 동료이자 중국군사의학과학원 원장을 지낸 투통진涂通今은 「연안 화평병원을 추억한다回忆延安和平医院」라는 글에서 "처음에는 침대가 200개 있었다. 원장은 루즈쥔鲁之俊, 정치위원 류신취안刘新权, 의무주임 겸 내과주임은 황수저黄树则였는데 나중에 방우용이 내과 주임을 맡았다. 환자들은 한 줄로 지은 석요동흑벽골을 쌓아 만든 토굴에서 묵고 의료진은 모두 산비탈에 있는 토굴에서 살았다. 과주임 이상의 기술 간부들은 새로 지은 석요동에 묵었다. 병원이 학교와 가까워 학생들이 실습하는 데 매우 편리했다"고 기록했다.

1943년 5월 방우용은 화북조선독립동맹 연안지부 집행위원이 되었다. 1939년 10월, 동북노선을 제창한 최창익 등 조선의용대 18명이 충칭重慶을 떠나 산시山西성 랴오현遼县에서 '화북청년연합회'를 조직했다. 화북조선청년연합회는 1942년 7월 11~14일 산시성 랴오현에서 제2차 대표대회를 열고 화북청년연합회를 '화북조선독립동맹'으로 이름을 변경하고 중국 화북지방에서 활동하고 있는 모든 한인 청년을 결집했다. 조국 광복의 대업에 참가하려는 청년들이 결성한 동맹이다.

1943년 2월, 방우용의 50세 생일이었다. 마오저둥毛澤東, 1893~1976이 이 소식을 듣고 친필로 "세한연후지송백지후조岁寒然后知松柏之后调"를 써서 선물했다. '엄동 추운 날씨를 겪은 후에야 소나무와 잣나무는 늦게 시든다는 것을 안다'는 뜻이다. 수많은 사람들이 고달픈 연안 생활을 이기지 못하고 떠났다. 병원에서 방우용은 나이가 가장 많아 '어머니 의사'라고 불렸다. 고달픈 생활을 감내하는 방우용에게 잘 어울리는 헌사이다. 주더朱德, 1889~1976팔로군 총사령관도 그에게 "의국의인의지구医国医人医地球"라는 글을 선사했다. '나라를 치료하고 사람을 치료하며 지구를 치료한다'는 뜻이다. 화가 장펑江豐, 1910~1982은 "오늘의 편작今日扁鹊"이라는 그림을 선물하여 방우용의 의술을 극찬했다. 얼굴은 방우용이고 머리모양과 복장은 전국시대의 명의로 유명한 편작이 손에 약 든 호리병을 들고 있는 모습이다.

1945년 해방 후, 방우용은 고향이 있는 남한으로 가지 않고 북한으로 귀국했다. 1946년 2월 8·9일 평양에서는 북한의 정치, 경제, 문화 등 인민생활의 긴급한 문제를 해결하고 개선하기 위해 인민대표대회가 열렸다. 인민대표대회 위원장은 김일성1912~1994, 부위원장은 김두봉金枓奉, 1889~1960, 비서장 강양욱康良煜, 1903~1983 외 3명, 중앙위원 20명이다. 방우용은 북한의 임시중앙위원으로 선출됐다. 그해 3월 연안, 타이항산지역에서 활동하던 조선독립동맹을 조선신민당으로 개편하고 방우용은 조선신민당 중앙위원으로 선출되었으며, 1946년 8월 조선노동당 대회에서 검열위원으로 선출됐다. 방우용은 정치적으로 강한 영향력을 행사한 인물이 아니었지만 연안파가 숙청될 때 함께 처형되었다.

## 참고문헌 및 자료

湖南省档案馆校 編,『黄埔军校同学录』,湖南人民出版社, 1989.7.

반병률,『한국독립운동의 역사－제49권 북간도지역의 독립무장단체』, 독립기념관한국독립운동사편 찬위원회, 2009.12.

황민호,『한국독립운동의 역사－제 22권 3·1운동직후 무장투쟁과 외교활동』, 독립기념관한국독립운 동사연구소, 2008.4.

박은식, 김도형 역,『한국독립운동지혈사』, 소명출판, 2008.

김광식,『한국독립운동의 역사－제38권 종교계의 민족운동』, 독립기념관한국독립운동사편찬위원회. 2008.8.

국사편찬위원회,『한민족독립운동사』제46권, 2001.7.

蔡根植,『武裝独立运动秘史』, 大韓民国公报处发行, 1949.

「李初生訊問調書(第二回)－1939.11.4」,『한민족독립운동사자료집 46－中國地域獨立運動 裁判記錄 4』 (한국사데이터베이스 한국근대사료DB).

「李初生訊問調書(第三回)－1939.11.9」,『한민족독립운동사자료집 46－中國地域獨立運動 裁判記錄 4』 (한국사데이터베이스 한국근대사료DB).

김남일,「조선의 닥터 노먼 베쑨 방우용을 찾아서」,『한겨레 21』제 952호, 2013.3.

「墾地鮮人 各 學校春季運動會 狀況報告의 件」,『不逞團關係雜件－朝鮮人의部－在滿洲의 部』3, 1914.6.4(한국사데이터베이스, 국외항일운동자료 일본외무성기록).

「大韓學生光復團幹部 및 大韓義民團員 逮捕狀況에 관한 보고의 건」,『不逞團關係雜件－朝鮮人의部－ 在滿洲의 部』18, 1920.6.14(한국사데이터베이스, 국외항일운동자료 일본외무성기록).

「各団体的联合计划」,『独立新聞』, 1920.6.22.

「행정기구개선, 북조선인민위원조직」,『자유신문』, 1946.2.20.

「조선신민당, 중앙위원결정」,『중앙신문』, 1946.3.13.

涂通今,「回憶延安和平醫院」,『中國醫院管理』, 1985.

張啓安,「延安時期援华醫療隊和外國醫生的高尚道德」,『中國醫學理論學』15, 2002.12.

# 김규흥

金奎興, 1872~1936

약력

| | |
|---|---|
| 1872년 | 충청북도 옥천 출생 |
| 1905년 | 대한자강회 가입 |
| 1908년 | 고종의 임명으로 중국 망명 |
| 1908년 | 중국동맹회에 가입 |
| 1910년 | 광저우에 조선신문사 설립 실패 |
| 1912년 | 중화민국 광둥군 정부 도독 군사고문 |
| 1913년 | 『향강잡지香江雜志』 발간 |
| 1919년 | 중한 합자 흥국실업은행 발기 |
| 1920년 | 푸젠성 장저우漳州 러·중·한 대표 회의 |
| 1921년 | 중한협회 조직 |
| 1922년 | 베이징흥화실업은행 개업 |
| 1923년 | 광저우 3·1 한국독립선언 4주년 기념행사 개최 |
| 1924년 | 황푸군관학교 군부대 심장審長 |
| 1932년 | 한국독립당 광둥지부에서 활동 |
| 1936년 | 톈진에서 병사 |

김규흥은 황푸군관학교 군의軍醫 심장審長으로 순더順德의 오철성吳鐵成, 1888~1953
이 이끄는 부대에 근무했다. 김복金復, 김기제金寄濟 등의 가명을 사용했다. 호는
범재凡齋이다.

김규흥은 고종이 설치한 정보기관 제국익문사의 해외 요원이었다. 상하이
에 익문사 요원 두 명이 있었는데 그중의 한 명이 김규흥이다. 김규흥을 제국
익문사 요원이라고 단정하는 것은 고종의 돈 3만 엔을 받아 중국으로 망명했

기 때문이다. 일제 문서에 김규흥은 "자질과 성품이 온화하고 구 한국시대 참봉을 지낸적이 있다. 1907년 고종 양위사건 때 고종으로부터 약 3만 엔을 받아 장래를 획책하고자 중국으로 달아났다. 제1차 및 제2차 혁명 때는 혁명당에 가입했다"는 기록이 있다.

## 상하이무관학교 설립 실패

김규흥의 증조부와 조부는 세도정치를 피해 충청남도 옥천군 교동으로 낙향한 세가였다. 낙향해서 한동안 거부로 살았지만 대원군이 경복궁을 중건할 때 무리한 과세를 요구해 가세가 기울었다. 김규흥이 15세가 되던 해, 집안 기둥이던 조부가 사망하고, 20살 때 부친도 세상을 떠났다. 집안의 가장이 되었지만 김규흥은 모친을 동생에게 맡기고 경성에 머물렀다. 대한자강회에 가입해서 국민 교육의 필요성을 절감하자 옥천의 사재를 털어 진명<sup>創明</sup>학교를 설립하고, 선진화된 일본을 방문하여 일본 문물도 살폈다.

1905~1906년경 김규흥은 인삼과 한지 장사꾼으로 변장하여 중국을 드나들었다. 탕샤오이<sup>唐紹儀, 1862~1938</sup>, 천중밍<sup>陳炯明, 1878~1933</sup>같은 인사들과 교류하며 중국에 한인 무관학교 설립에 관해 상의했다. 독일의 군사관련 전문가와 학자들 또한 무료로 군사학교 운영과 교육에 동참해 주겠다고 나섰다.

중국에 군사학교를 설립하는 일에 대해 고종과 상의한바, "중원<sup>中國</sup>에 가서 광복의 대업을 도모하라"는 밀명과 비자금을 받았다. 고종에게는 상하이 아청<sup>俄淸</sup>은행에 비축된 비자금 9천만 위안이 있었다. 고종은 아첨으로 들어오는 돈은 국고에 넣지 않고 아청은행에 저축했다. 김규흥 외가 쪽 친척을 통해 고

종으로부터 비자금을 찾을 수 있는 조칙을
받았다.

김규홍
출처_ 김규홍선생기념사업회.

그러나 상하이로 가려다가 인천항 선상
에서 일본헌병에게 잡힌 그는 6개월의 옥고
를 치르고 1년의 거주 제한을 당했다. 통감
부의 고등관 한두 명이 김규홍의 사랑방으
로 매일 찾아왔다. 조칙을 다시 얻어줄 터이
니 상하이에 가서 찾은 돈을 통감부 제실재
산청산에 부치면 벼슬을 주겠다며 회유와
협박을 번갈아 했다. 김규홍은 광복을 도모
한다는 뜻으로 이름을 복復이라고 바꾸고 나
라를 위해 일하겠다며 일본인의 감시가 느슨한 틈을 타 중국으로 망명했다.

조칙을 받았기에 돈만 찾으면 모든 일이 잘될 것으로 예상한 김규홍은 군
사학교 예비 학생 30여 명을 미리 상하이로 보낸 상황이었다. 그러나 뜻밖으
로 김규홍이 체포되어 감금되고 거주 제한을 받다 보니 일은 크게 차질을 빚
었다. 미국 대동보국회 상하이지회를 설립하러 온 장경張景, ?~?이 굶어죽게 된
학생들을 데리고 지회를 조직하고, 회관을 기숙사 삼아 체류하게 했다. 학생
들은 중국 된장 한 대접을 10전에 사서 밥만 지어 그 된장만을 반찬으로 먹으
며 고생을 했다. 장경도 돈이 없으니 민영익閔泳翊, 1860~1914등 상하이에 사는 한
인 부자들에게 구걸다시피 하여 이들을 먹여 살렸으나 상하이 무관학교 일은
결국 실패로 끝났다.

상하이 아청은행의 왕실 비자금 실존 여부와 그 돈 행방에 대해서는 현재
까지도 많은 추측이 난무하고 있지만 김규홍이 비자금을 처리하기 위해 상하

이행을 추진했었다는 것과 그 돈을 가지고 중국에서 한인 무관양성을 도모하려는 것이 망명의 동기였다는 것은 사실이다.

## 중국동맹회 활동

김규흥은 한국인으로서는 첫 번째 중국의 신해혁명에 참가한 인물이다. 1908년 하반기부터 광저우에 와서 극도 비밀을 요하는 중국동맹회 활동에 참여했다. 그가 샌프란시스코 한인회에 보낸 편지에 의하면 광둥을 선택한 이유는 다음과 같다.

광둥은 중국에서 가장 먼저 개화한 땅일 뿐 아니라 왜적을 증오하고 원망하는 '골'이 아주 깊게 파여 있는 곳입니다. 그런 까닭에 제弟는 수년 동안 광둥에서 기거하였고 그러는 동안 여러 지사의 돌봄으로 자못 피차에 지기지간이 되었으며,

그 무렵 광둥에는 쑨원의 민주혁명활동이 비밀하지만 활발하게 진행되고 있었다. 일본 유학 중 중국동맹회에 가입하고 돌아온 주즈신朱執信, 1885~1920이 광둥고등학당과 법정대학, 방언대학 등에서 교원신분으로 청 정부의 눈을 가리고 혁명사상을 전파했다. 과감히 청 정부 신군新軍 부대에까지 잠복해서 군인들에게 혁명사상을 강의하고 동맹회 동아리를 조직해 청나라의 전복을 도모했다.

김규흥의 임무는 중국동맹회의 비밀문건을 관리하고 보관하며 전달하는 것이었다. 당시 중국동맹회 광저우 맹주 쥐루鄒魯, 1885~1954는 "김범재 동지는 아

주 충실했다. 나는 비밀 문건이 많았는데 모두 그로 하여금 보관하고 관리하게 했다. 그는 조선 전통 두루마기를 입고 갓을 쓰고 있어서 아무도 그를 의심하지 않았다"라고 추억했다.

김규흥이 첫 번째 참여한 동맹회 활동은 1910년 경술년 신군기의新軍起義이다. 1905년 청나라에서 과거제가 폐지되어 많은 지식청년들은 신군에 입대했다. 청 정부는 재래식 군인 형상을 개선하기 위해 신식장비와 새로운 훈련법을 도입하고 사병들에게는 다른 군인보다 월급도 많이 주고 세금 혜택도 주었다. 신군들은 지식인들인지라 새로운 사조에 관심이 많았다. 동맹회 회원들은 신군으로 위장 입대하고, 군부대 내에 과학학습반 등 학술모임을 조직해서 비밀히 민주혁명을 홍보했다. 발각되어 모임이 금지되면 또 다른 모임을 만들며 홍보했는데 신군 3천여 명이 동맹회에 가입했다.

민주혁명파 지사들은 지식과 교양을 갖춘 신군들로 하여금 청조를 타도하려는 쿠데타를 준비했다. 전체 신군의 절반 이상이 동맹회회원에 가입하여 때가 되었다고 판단한 민주혁명지사들은 경술년1910 2월 24일 정월 대보름날 쿠데타를 기획했다. 예정일을 앞당겨 1910년 2월 12일음1.3, 신군 300여 명이 쿠데타를 일으켰으나 혈기왕성한 젊은이들의 대담한 행동을 눈치챈 정부는 이를 예상하고 있었다. 날씨가 습하다는 이유로 부대에 있는 모든 총과 폭탄을 다른 곳에 옮겼다. 무기가 감추어진 줄 몰랐던 신병들은 창고 담당자를 살해하고 탄환과 무기를 탈취할 예정이었으나 허무하게 진압당했다. 신군 100여 명이 희생하면서 신군기의는 실패로 끝났다.

청 정부가 혁명인 수색에 혈안이 되자 김규흥은 보관하던 동맹회의 비밀문건과 물품들을 가지고 뤄푸산으로 도피한 것으로 추정된다. 김규흥이 광둥성 후이저우惠州 뤄푸산羅浮山에서 찍은 사진 한 장이 있다. 편지 뒷 장에 "산천경관이 멋지고 깍아지른 듯 험하고 깊은 뤄푸산에 위당 전병훈全秉薰,1857~1927씨가 수도를 하고 있어서 후이저우를 관할하는 왕은장王恩章의 병사가 여행길을 호위했다. 뤄푸산에서 십여 일을 머물고 돌아오는 길에 몇몇 관공서에 들러 정겨운 말들을 나누게 되어 즐거웠고 이 여행을 기념하기 위해 사진을 찍었다" 고 썼다.

이 글을 쓴 날은 신군기의 발발 후 한 달이 지난 1910년 3월 13일이다. 광저우에서 뤄푸산까지 약 70~80킬로미터, 뤄푸산에서 십여 일을 머물고 또 몇몇 관공서를 시찰하는데 며칠을 소모했고, 광저우에서 뤄푸산까지 오고 가는 시간을 합치면 꼭 한 달이 된다. 김규흥이 신군기의에 참여했다는 대목이다.


## 조선신문사 설립 시도

김규흥은 중국의 혁명활동에 참여하면서 조국 독립운동을 위해 조선신문사를 설립하려고 했다. 신문사를 거점으로 상호연락도 하고 민심을 고취하려는 의도이다. 동맹회 회원이자 도강병원图强医院의 원장 우한츠伍汉持,1872~1913가 자기 병원에 조선신문사 사무실을 제공했다. 다음은 김규흥의 친필 편지 내용이다.

지난 겨울에는 지사들과 회의를 하여 하나의 신문사를 조직하고 신보를 발간하기로 하여 한국과 중국의 인심을 고취사키는 한편 상호 연락기관으로 할것을 결의하였고 그 후 다시 하나의 개간공사를 창립하고 널리 자금을 모집하여 만주에 떠도는 한국 동포를 안전하게 정착 하도록 하는데, 명목은 황무지를 개간하는 것이나 이는 왜적의 의심을 피하자는 것이고 실제로는 둔병제도를 실행해서 기회가 오는 "때"를 기다리고 있는 것입니다.

도강병원 원장 우한츠는 직접 동북지역에 가서 한국 독립운동 기지를 세울 만한 땅을 물색하고 돌아와 혁명 동지들에게 보고하자 모두 호응했다. 김규흥은 상하이에 놀고 있는 한글 인쇄기가 있다는 말을 듣고 인쇄기를 구입하려고 돈을 모아 사람을 보냈는데 동포에게 사기당해 돈을 잃었다.

인쇄기 구입 자금을 지원받기 위해 샌프란시스코 한인회에 보낸 편지에 이렇게 썼다. "이는 특히 제弟 한사람의 의견이 아니라, 이곳 여러 동지들과 숙의하고 타협하여 결정한 것입니다. 현재 이미 이곳의 동지중 오한지군이 동삼성東三省에 가서 한국인 정황과 형세를 조사하여 환영을 받았기에 이 신문발간 사업만은 꼭 실행해야 할 첫 단계에 있는 것이거늘 (…중략…) 사정의 어려움은 있으나 절의節義로서 주저할 수 없는 것입니다." 그러나 편지를 받은 미국 대한인국민회 문양목文讓穆, 1869~1940 회장은 교민들의 경제사정이 어려워 후원을 할 수 없다는 답신을 보내오고 결국 조선신문사 설립은 무산되었다.

## 중화민국의 고관

신해혁명 성공 후 혁명동지였던 천중밍이 광둥성 도독이 되었다. 김규흥은 광둥성 군사와 치안을 담당하는 기구 광둥총수정처广东总经略处의 참의參議에 임명되었다. 그 이듬해는 광둥성이 아닌 중앙 정부의 호군사서護軍使署 고문으로 승진했다. 용기가 생긴 김규흥은 광둥도독부 참모장 등중위안鄧仲元, 1866-1922을 찾아가 조선의 독립운동을 상의했다. 중화민국 의원 뤄아치羅藹其, 1868~1938 가 김규흥에 대해 쓴 글이다. "중국의 신해혁명은 당시의 일본 식민지 통치하의 조선인민에게 큰 용기를 북돋우게 했다. 멀리서 광둥까지 온 조선혁명지사 김복김규흥은 광둥군 정부 당국과 조선의 독립에 관련해서 상의를 했는데 광둥도독부 참모장 덩중위안은 이 일을 그의 비서 뤄스양羅师扬 혹은 羅幼山, 1866~1931 에게 맡겨서 처리하게 했다."

뤄스양은 중국과 조선의 국경지역에 황무지 개간 회사를 설립해서 조선인민들이 독립운동을 할 수 있는 근거지를 설치하자고 적극적으로 주장했다. 중국 정부 당국은 김규흥과 뤄스양, 뤄아치 등을 동북으로 보내 현지조사를 하도록 승인했다.

1912년 9월 12일, 일행이 동북삼성에 도착했을 때, 임시총통직을 양위받은 위안스카이袁世凱, 1859~1916가 정변을 일으켜 당국에 변화가 생겼다. 현지를 관할하는 도독도 핑계를 대면서 일을 못하도록 말려서 일행은 1913년 1월 28일 광둥으로 돌아왔는데 총 139일이 소요되었다. 이런 사실은 동북지역 현장답사에 동행한 뤄아치가 일기 형식으로 기록한 「임자여행기壬子旅行记」에 남아 있다. 위안스카이 정변으로 인해 동북삼성의 둔전병 양성계획도 중단되었다.


## 홍콩에서 『향강잡지香江雜志』 발간

중화민국 광둥군 정부는 1911년 11월 10일 성립되어 20여 개월 유지하다가 1913년 6월 14일 붕괴되었다. 쑨원으로부터 임시 대총통직을 양위받은 위안스카이袁世凱, 1859~1919는 수하의 롱지광龍濟光, 1868~1925과 군대를 보내 광둥 혁명

정부를 전복시켰다. 쑨원은 일본으로 도피하고 광둥성 도독 천중밍에게도 현상금 6만 위안이 걸렸다.

곤경에 빠진 중국을 위해 무엇을 할 것인가? 김규흥은 중국 인사들의 재정적 지원을 받아 홍콩 퀸스로드 88번지에 보관報館을 설치했다. 잡지 발간을 위해 당대 한국 최고로 손꼽는 역사학자 박은식朴殷植, 1859~1925을 주필로, 그외 다수의 한국 문필가를 초청했다. 박은식이 상하이에서 홍콩에 온 지 두 달 만에 작업을 끝내고 12월 1일 『향강잡지』 창간호를 발행했다.

『향강잡지』 창간호는 표지와 목차, 추가 등을 제외하고 전체 152면이다. 핵심은 논설 14편인데 주로 공화혁명의 좌절과 실패, 공화국이 실종하게 된 원인을 예리하게 파헤쳤다. 김규흥은 창간 축사와 「애광동哀廣東」이라는 글을 썼다. 다만 모처럼 한중 언론기관을 만들고 한인들이 집필을 했음에도 『향강잡지』에는 한국 문제에 대한 주장이 없다. 출판 자금을 지원한 중국혁명파 지도자들의 입장을 먼저 고려해 위안스카이 토벌, 나아가 중국혁명 성공에 치중해야 할 형편이었기 때문이다.

『향강잡지』는 4호까지 발행되고, '위안스카이를 비판했다'는 이유로 당국으로부터 폐간을 당했다. 박은식은 『향강잡지』 창간호를 발간하고 안창호安昌浩, 1878~1938에게 아래와 같은 편지를 보내며 고민에 찬 심경을 토로했다.

작년 겨울에 김범재김규흥 군이 또 상하이로부터 홍콩으로 이주하여 신문사를 운영하고 있는데, 이미 1호가 발행되었고, 이는 중국과 한국이 합동으로 운영하는 기관입니다. (…중략…) 현재 중국이 어려운 상황에 있지만 그나마 한국으로서는 기댈 수 있는 나라는 중국밖에 없기 때문에 지금 중국을 위하여 헌신하는 것이 반드시 남의 밭을 매는 것이라고 할 수만은 없습니다.

## 3·1운동의 주역인가? 임시정부의 밀정인가?

3·1운동은 누가 획책했는가? 우리 역사계는 명확한 답을 내지 못하고 있다. 2013년 3·1절 특집으로 KBS가 〈3·1운동의 숨겨진 대부 김규흥〉이란 다큐멘터리를 방영했다. 2015년 8월, 〈광복 70년 특집 다큐 – 항일무장투쟁의 선구자 김규흥〉도 방영했다. 표면에 드러나지 않은 김규흥의 숨은 노력과 영향을 찾아서 굴절된 우리의 독립운동사를 다시 쓰려는 기획이었다.

그러나 2019년 KBS는 3·1운동 100주년 기념 특집 다큐멘터리에서 김규흥이 임시정부를 파괴하려는 밀정이라고 방영했다. 이유는 동경국회도서관 미정리된 자료에 조선군 사령관 우쓰노미야 다로宇都宮太郞의 서신 모음 중 김규흥과 우쓰노미야가 주고 받은 편지 두 통이 있는데 김규흥이 임시정부를 무너뜨리기 위해 자금을 요청하는 내용이 있기 때문이다

1919년 10월 초, 김규흥이 돌연 서울에 나타나 조선군 사령관 우쓰노미야를 10월 2·4·9·16·19일 모두 5차례 만났다. 우쓰노미야는 김규흥에게 상하이 임시정부를 분열하고 애국지사들을 전향시켜 줄 것을 요청했다.

이런 요청에 대해 김규흥은 "독립은 스스로의 힘으로 이룰 수 없다고 믿는다. 희망이 없는 독립운동은 더욱 동포를 궁지에 몰아넣을 뿐"이라며 "일본의 통치를 받아들여야 한다"는 가부 없는 말을 했다. 우쓰노미야는 그의 모친께 드리라고 100엔을 주었다. 10월 28일, 상하이로 돌아가는 김규흥에게 우쓰노미야는 여비 조로 200엔을 주었다. 당시 100엔은 현재 200만 원의 가치로, 우쓰노미야가 김규흥의 서울 방문과 환심을 사기 위해 현 시가로 약 700~800만 원 정도의 돈을 지급한 것이다.

11월 27일, 우쓰노미야는 일기에 상하이 김복金圭興으로부터 돈을 요구하는

편지가 왔다고 썼다. 김규흥은 상하이 독립운동가 200여 명 가운데 독립을 주장하는 과격파가 60여 명이고 그 가운데 최근 20여 명이 귀국하게 되어 나머지 40여 명을 대상으로 회유하려면 20~30만 위안의 경비가 필요하다고 말했다. 당장 필요한 베이징 3만 위안, 상하이 2만 위안을 즉시 지급해 달라고 요구했다.

우쓰노미야의 일기와 편지 속에 나타나는 김규흥의 언행과 내용을 보면 김규흥은 일본의 조선 통치를 인정하고 상하이 임시정부를 비롯한 한인 독립운동가들을 회유하는 친일 활동을 전개할 예정으로 보인다. 표면적으로는 김규흥이 독립운동을 배반하고 친일의 입장에 선 것으로 보이나 김규흥의 활동 속에는 친일 전향이나 친일 행위와는 구별되는 가짜 친일 면모가 있다.

김규흥의 가짜 친일 전향 의도는 무엇인가? 김규흥이 회유자금으로 일차로 요청한 2만 위안은 2010년 기준으로 약 4억 원 정도다. 1919년 11월 초, 중국으로 돌아온 김규흥은 상하이에서 중한합작은행 홍국실업은행을 발기했다. 그의 가짜 '친일 행위'는 은행설립 자금을 얻어내기 위한 무모하다고 할 만큼의 '위험한 거래'였으며 우쓰노미야에게 접근함과 동시에 추진한 은행 설립은 그가 독립운동 방략으로 추구해온 둔전병 양성을 위한 자금 마련책이었다는 것이 현재로서 내릴 수 있는 '잠정적 결론'이다.

김규흥이 전향하지 않았음을 보여주는 또 다른 행위는 1920년 4월 푸젠성福建省 장저우漳州에서 한국 대표 김규흥과 여운형, 중국 대표 천중밍, 러시아 대표 포타포프가 참석한 회의에서 한국 독립운동에 대한 방략을 모색한 점이다. 포타포프가 레닌에게 요청하여 시베리아 모 지역을 조차하여 6개 사단 규모의 병력을 양성할 수 있는 병영을 설치하고, 무기는 러시아가, 자금은 중국과 러시아가, 한국은 병력을 담당한다는 조건이었다.

청일전쟁과 러일전쟁에서 승리한 일본은 한국을 교두보로 장차 중국과 러시아 침략 기회를 노렸다. 한국, 중국, 러시아는 일본에 대한 경계와 대결이 불가피한 동병상련의 관계였다. 이렇게 만들어진 한·중·러 3군 연합군을 베이징 정부를 타도하고, 조선의 독립을 위해 사용하며 러시아의 일본 침략을 저지해 궁극적으로 삼국의 안전을 보장하고자 했다.

그 이후 김규흥의 행적에는 (가짜) 친일의 흔적이 없다. 1921년 9월 23일, 신규식이 광저우로 남하하여 임시대총통 쑨원을 방문했다. 이 기회를 빌어 김규흥은 김기제金寄濟라는 이름으로 중국 관민들과 협력하여 중한협회를 조직하고 기관지 『광명光明』을 발행했다. 임시정부가 광저우로 이동한다는 소문이 날 정도였다.

1922년 5월, 흥국은행은 베이징에서 흥화실업은행이라는 이름으로 개업했다. 동북지역이나 내몽고에 농지를 구입해서 둔전제를 실시할 때 필요한 자금을 확보하려는 은행이었다. 그러나 은행 설립 중국 측 발기인이었던 쑨원과 천중밍 사이가 결렬되어 후원이 끊겼다. 은행은 망하고 김규흥은 사기꾼이라는 평을 받았다.

1923년 상하이로 쫓겨났던 쑨원이 광저우를 수복하고 군정부를 수립했다. 1923년 3월 1일, 김규흥은 김기제金寄濟라는 이름으로 3·1한국독립선언 4주년 기념행사를 진행했다. 행사가 끝나고 우리 동포 9명이 각각 자동차에 분승하여 광저우 시내를 돌면서 선언서를 뿌렸다. 당시의 행사에 대해 『독립신문』에서는 다음과 같이 말했다.

광둥에 체류하던 동포 김기제, 정인영, 김함산 등 9명은 3월 1일 독립선언일을 기념하기 위하여, 약 1개월부터 준비하여 기부금 130여 원을 득하여 동지 동아주

점에서 성대한 기념식을 거행하였는데 당일 중국 내빈으로는 각 군정요인 100여 명에 달하고 배정중학교 악대는 의무적으로 와서 주악하였으며 광둥에 주재하는 군에서는 금색테두리 액자를 기증하여 축의를 표하였더라.

1924년 김규흥은 순더順德 소재 황푸군관학교 오철성 군부대 산하에서 군의軍醫 심장審長으로 근무하며 의열단을 추스렸다. 윤봉길 의거 이후, 1932년 한국독립당 광둥지부에서 활동했다. 한국독립당 기관지 『한성韓聲』에 「유일당만이 비로소 역량을 발휘할 수 있다」는 글을 발표했다. 『대한민국임시정부자료집』 한국독립당 당원에 이름이 남아 있다.

중국망명생활 28년을 지속하면서 오로지 조국 광복의 대업만을 매진했으나 김규흥의 말년은 외로왔다. 지병 이질병이 있었다. 병세가 악화되고 노환마저 겹쳐 정신이 혼미한 상태로 오랫동안 병상에 누워있다가 1936년 8월 16일 톈진天津에서 향년 65세로 세상을 떠났다. 우리는 아직까지 그의 독립운동사를 수립하지 못하고 3·1만세운동 기획안도 확인하지 못했다.

참고문헌 및 자료

「김현구회고록」, 『범재와 독립운동 후속자료』, 사단법인김규흥기념사업회, 2016.10.

「김규흥사건」, 『국민보(國民報)』, 1951.5.23.

「廣東의 三月 一日」, 『독립신문』, 1923.3.14.

「『韓聲』 제3호(1933.1.20)」, 『대한민국임시정부자료집』 33(한국사데이터베이스 한국근대사료DB).

배경한, 「독립운동과 친일의 경계 – 재중 독립운동가 金奎興의 宇都宮太郎 조선군사령관에의 접근 문제」, 『歷史學報』 제244기, 2019.12.

鄒魯, 「조선의 광복을 화고하고 축하함」, 『중앙일보』(重慶), 1945.10.25.

罗蔼其, 「壬子旅行记」, 『兴宁文史』 第26集, 兴宁 : 兴宁县政协文史委员会, 2001.

「朝鮮人의 動靜에 관한 件 1」, 『不逞團關係雜件 – 朝鮮人의部 – 在支那各地』 3, 1924.8(한국사데이터베이스, 국외항일운동자료 일본외무성기록).

「在支那 朝鮮人陰謀事件에 관한 件 2」, 『不逞團關係雜件 – 朝鮮人의部 – 在支那各地』 1, 1916.9.22(한국사데이터베이스, 국외항일운동자료 일본외무성기록).

「廣東地方 不逞鮮人의 動靜에 관한 報告의 件」, 『不逞團關係雜件~朝鮮人의部 – 在支那各地』 4, 1926.1.25(한국사데이터베이스, 국외항일운동자료 일본외무성기록).

「廣東에서의 中韓協會 발회 건」, 『대한민국임시정부자료집』 22(한국사데이터베이스 한국근대사료DB).

## 나가는 말

2019년 추석이 막 지난 어느 날, 이동화 지사의 후손이 만나고 싶어 한다는 연락을 받았다. 관련 자료를 뒤졌더니 광저우 제2군관학교 졸업, 의열단 간부학교 교관, 폭탄 제조 전문가 등 약간의 국가보훈처 공적 기록이 전부였다. 이동화 지사의 둘째 딸 87세 이의중 여사가 아들 며느리와 함께 나오셨다. 이동화 지사는 딸의 출생 보름 만에 수류탄 사고로 세상을 떠났다.

아흔을 바라보는 나이에, 중국이 아닌 북한 국적을 소지하고 있지만, 자신은 한국인이셨다. 저녁 식사를 마치고 헤어지기 전, 이의중 할머니는 동석한 한국인을 향해서 "우리는 한 식구야"라고 말씀하셨다. 그로부터 1년이 지나고 이의중 할머니는 2020년 9월 세상을 떠나셨다. 긴 세월 부친에 대한 그리움이 이들의 가슴을 얼마나 잔인하게 후볐을지 짐작조차 어렵다.

몇몇 독립운동가 후손들을 만날 때마다 나는 그들에게 무엇인가 갚아야 할 빚이 있다고 느껴졌다. 이들이 일평생 치러온 희생이 내 마음까지 후빈다. 그것이 어쩌면 비전공인 내가 이 작업을 마무리할 수 있게끔 한 것이다. 지사들이 풍찬노숙하며 되찾아 온 나라, 그저 망국의 역사가 다시 되풀이되지 않고 우리 모두가 나라의 주인이 되어 잘 지키기를 바란다.